인문학의 고향, 도서와 팔괘
해와 달을 머금은 주역

해와 달을 머금은 주역(周易)
청고 이응문 지음

초판 발행	2019년 04월 17일
펴낸이	서경원
편집	나진연
펴낸곳	도서출판 담디
등록일	2002년 9월 16일
등록번호	제9-00102호
주소	01036 서울특별시 강북구 삼각산로 79 2층
전화	02-900-0652
팩스	02-900-0657
이메일	damdi_book@naver.com
홈페이지	www.damdi.co.kr

—

2019 ⓒ 이응문
지은이와 출판사의 허락 없이 책 내용 및 사진, 드로잉 등의 무단 복제와 전재를 금합니다.

—

Printed in Korea
ISBN 978-89-6801-088-0 (04150)
ISBN 978-89-6801-044-6 (세트) (04150)

—

이 도서의 국립중앙도서관 출판예정도서목록(CIP)은 서지정보유통지원시스템
홈페이지(http://seoji.nl.go.kr)와 국가자료공동목록시스템(http://www.nl.go.kr/kolisnet)
에서 이용하실 수 있습니다. (CIP제어번호 : CIP2019011488)

청고의 주역이야기 4 **인문학의 고향, 도서와 팔괘**

해와 달을 머금은
주역周易

청고 이응문 지음

목차

- 006 · 축사
- 008 · 머릿말
- 012 · 일러두기

020 역(易)과 하도(河圖)
- 022 **우주자연과 역(易)**
- 022 역(易)의 정의
- 027 태극(太極)과 동방목도
- 036 삼역(三易)의 도
- 041 역·역·혁(歷·曆·革)

- 044 **인류문명의 고향, 하도(河圖)**
- 044 용마부도(龍馬負圖)
- 048 자연수 십(十)으로 열리는 우주(宇宙)
- 052 삼재생성과 음양오행
- 054 신비 용마(龍馬)와 천지의 수(55)

- 058 **하도의 기본수리**
- 058 복희의 하도 효칙(效則)
  수의 득합(得合)-기우·생성(奇偶·生成)의
- 062 십진수열(十進數列)
- 070 천지남녀의 사상위수(四象位數)
- 073 음양교합(남녀)과 오행생성(자녀)
- 077 하늘이 펼치는 십간(十干)

- 082 **하도의 오행응용**
- 082 오행의 기질작용
- 085 오행의 순역유행-좌선상생과 우회상극
- 088 오행의 수장(首長)
- 090 오행의 사물배속

100 복희(伏羲) 선천팔괘의 원리
- 102 **하도를 법한 성인 복희(伏羲)의 팔괘창시**
- 103 복희(伏羲)와 여와(女媧)
- 105 동방의 3·8목도를 펼친 복희씨
- 110 하도수리와 팔괘배치
- 112 효(孝)와 교학(教學)

- 114 **선천팔괘 차서도(次序圖)의 전개**
- 114 태극의 삼변성도(三變成道)
- 119 선천팔괘의 차례 이름 물상(괘서 괘명 괘상)
- 125 「차서도」로 본 팔괘의 사상위수(四象位數)

- 130 **선천팔괘 방위도(方位圖)의 배치**
- 130 선천팔괘의 방위
- 131 「방위도」의 기틀인 정(井)
- 133 음양 대대(待對)와 정반합(正反合)
- 135 팔괘상착(八卦相錯)에 의한 오행생성

150 중천의 교역수리, 구궁 낙서(洛書)
- 152 **낙서(洛書)의 출현**
- 152 신구배문(神龜背文)
- 154 구궁수 45
- 155 도서의 십체구용(十體九用)

- 160 **선천팔괘의 교역상착(交易相錯)**
- 163 왕래순역(往來順逆)과 왕래굴신(往來屈伸)

165	선후주종(先後主從)과 격물치지(格物致知)	216	이천·기천·상천(理天·氣天·象天)
		217	중어선후(中於先后) 정기종시(正其終始)

168 오행의 생성
- 168 사상위수와 오행생성
- 171 천지의 선천오행
- 175 5용10작(五用十作)
- 178 인연과보(因緣果報)

218 후천팔괘의 차서도(次序圖)
- 221 후천 남괘 배위(配位)
- 222 후천 여괘 배위(配位)
- 224 5중 황극(○)

184 오행의 상극상생
- 184 오행의 상극운행(右回)
- 185 금화교역(金火交易)에 의한 오행의 상생운행 (左旋)
- 188 삼오(參伍)와 착종(錯綜)
- 193 극기복례에 의한 천하귀인(天下歸仁)

228 후천팔괘 방위도(方位圖)
- 228 「후천팔괘방위도」의 오행상생
- 235 후천팔괘의 특징
- 236 건구오도설(乾九五圖說)
- 243 득상붕도설(得喪朋圖說)

196 「홍범구주(洪範九疇)」와 5황극(皇極)
- 197 하우(夏禹)의 치수대법
- 201 연산(連山)과 홍범(洪範)
- 203 황극(皇極)과 유극(有極)
- 205 고요(皐陶)의 구덕(九德)

252 신묘문(神妙文)

256 도서팔괘의 전체 흐름

262 참고 역도해(易圖解)

212 문왕(文王) 후천팔괘의 원리

214 낙서를 법한 성인 문왕(伏羲)의 후천팔괘
- 215 선천팔괘(음양지도)와 후천팔괘(오행지리)
- 215 중천교역(사상배합)과 교역팔괘(오행생성)

- 272 • 부록
- 366 • 찾아보기

축사

　동양학에 관심이 있는 몇 몇 분들이 동유회(同有會)를 결성하여, 청고(靑皐) 선생으로부터『주역』을 배운지가 벌써 10년이 지났다. 당구풍월(堂狗風月)이라는 말도 있지만, 우리들은 그 속에 담긴 깊은 이치와 참 의미를 아직도 제대로 이해하지 못하는 게 사실이다.
　『주역(周易)』은 '3천년 세월'에 걸쳐 복희씨·문왕·주공·공자의 '사성일심(四聖一心)'으로 이어진 동양최대의 철학서이다. 유구한 세월동안 전해 내려온 성인들의 심법(心法)은 참으로 심오해 이해하기가 결코 쉽지 않다. 그래서 후학들이 알기 쉽도록 공자가 '십익대전(十翼大傳)'이라는 주석을『역경』에 달아, 후세에 전해지게 되었다.

　『주역』은 우주만물이 생성 변화하는 궁극의 원리를 밝히고, 이 '변화(變化)'에 대처하는 인간의 '처세(處世)'를 담은 경서(經書)이다.『주역』64괘·384효의 풀이는 인생의 다양한 경우에 대한 지침(指針)으로서, 최선의 대비책(對備策)을 제시한다. 결론적으로『주역』은 철학서이자 교양서이며, 실천적 지혜를 강조한 처세의 책이라 생각된다.

　이번에 청고(靑皐) 선생이 펴낸 '해와 달을 머금은『주역』'을 읽어보면, 상수(象數)와 의리(義理)가 하나로 통하여 뭔가 학문의 열락(悅樂)을 느끼게 한다. 특히 기존『주역』해설서에서는 볼 수 없었던 '수(數)의 흐름'이 지극히 자연하여 부절을 합한 듯하다. '하도낙서, 선후천팔괘'의 이치가 일이관지(一以貫之)되어, 역에 담긴 '지정(至精), 지변(至變), 지신(至神)'의 경지를 독자들이 접하는데 분명 큰 도움이 되리라 믿는다.

'『주역』의 종장(宗匠)'으로 알려진 야산(也山) 이달(李達) 선사께서 공자이래로 숨겨져 온 핵심종지를 다 밝히셨지만, 생전에 제자들에게 "『주역』이 아직 세상에 완전히 드러낼 때가 아니다, 앞으로 60여년의 세월이 지나면, 『역경』의 심오한 진면목이 세상에 드러날 것이다"라고 말씀하였다고 전한다.

이제 선사의 친손자인 청고(靑皐) 선생이 그간 36년간 심혈을 기울여 공부해 온 학문적인 성과가 이 책을 통해 세상에 널리 알려지길 바란다. 하나로 일관되지 못해 난맥상을 보여 온 하도낙서, 선후천팔괘의 내용을 일목요연하게 정리해서 그동안 캄캄했던 『역경』의 핵심이치들이 마치 개안(開眼)을 한 듯 쉽게 다가온다.

동양학을 연구하는 제현들의 공부연구에 커다란 도움을 주리라 믿어 의심치 않는다.

이 글을 통하여 축하와 경의를 진심으로 표한다.

동유회장(前 대구은행장). 화산(和山) 이화언(李和彦)

머릿말

　인류는 최초의 부호문자인 팔괘를 사용하면서부터 선사(先史)에서 역사(歷史)로 전환되는 획기적인 문명(文明)시대를 열게 된다. '만학(萬學)의 제왕'이라 이르는 『주역』은 팔괘를 창시한 복희씨(伏羲氏)로부터 문왕·주공·공자(文王·周公·孔子)에 이르는, 3천여 년이라는 장구(長久)한 세월을 거쳐 완성된 가장 오래된 경전(經典)이다. 시대적으로는 하은주(夏殷周) 삼대를 거치고, 사람으로는 네 분 성인의 손길이 미쳤으므로, '시력삼고·사성일심(時歷三古·四聖一心)'의 천서(天書)라 한다.

　옛 성인들이 이토록 고심하여 역을 지은 까닭은 과연 무엇일까?
　대성(大聖)이신 공자는 "옛적에 성인이 역을 지을 적에, 그윽하게 천지신명을 도와 50개비 시초(蓍草)를 끌어내고, 하늘의 양과 땅의 음을 3과 2로 한 자연[易]의 수를 정하였다. 음양변화를 살펴보아 괘를 세우고, 강유(剛柔)를 발휘해서 효를 생하니, 밖으로는 도덕과 의리가 실현되는 아름다운 세상을 만들고, 안으로는 궁리진성(窮理盡性)을 함으로써 하늘의 명에 이르게 하였다"고 밝혔다.[1] 천도(天道)와 인사(人事)의 합일완성을 꾀하였다는 말씀이다.

　또 易에 대해 자문(自問)하시길,
　"글로는 말을 다하지 못하고 말로는 뜻을 다하지 못한다. 그렇다면 易을 지으신 성인의 뜻을 과연 알 수 없는가?"
　자답(自答)하시길,

---

1. 『주역(周易)』설괘전 1장: 昔者聖人之作易也 幽贊於神明而生蓍 參天兩地而倚數 觀變於陰陽而立卦 發揮於剛柔而生爻 和順於道德而理於義 窮理盡性 以至於命

"성인이 형상을 세움으로써 뜻을 다하며, 괘를 베품으로써 참과 거짓을 다하며(드러내며), 글을 지음으로써 그 말을 다하며, 변통(變通)함으로써 그 이로움을 다하며, 고무(鼓舞)시킴으로써 신명을 다하였다"[2]

대자연의 현묘한 조화는 무궁무진하여 언설(言說)로 다 표현할 수 없지만, 성인이 易 속에다 입상·설괘·계사(立象·設卦·繫辭)하여 변통·고무함으로써, 세상을 이롭고 신명나도록 지극한 정성을 다 쏟았다는 말씀이다.

易은 끊임없이 변화하는 대자연(大自然) 자체이자 그 원리이다. 자연한 것보다 쉬운 것은 없으므로 '쉬울 이'라고도 한다. 하지만 양과 음이 늘 바뀌듯이, 易은 종잡을 수 없는 신비 자체이므로 어렵다고만 느껴진다. 易의 기틀인 하도·낙서·팔괘(河圖·洛書·八卦)도 난해하여, 공자 이후 2500여년 가까이 지금까지도 그 내용이 운무(雲霧)에 감춰진 상태이다.

역학이 선유대현(先儒大賢)들의 지극한 노력으로 꾸준하게 응용 발전되고, 이에 대한 광대한 해설서가 한량없지만 막상 『역경』의 세계에 들어서면 그저 끊없이 막막하기만 하다. 우리 후학들에게는 도서팔괘에 담긴 상수리(象數理)를 일관하는 통설정립(通說定立)이 절실하다.

공자의 '일관지도(一貫之道)'는 성인의 법통·연원(法統·淵源)이 하나로 이어지는 '사문(斯文)의 도'이다. 천문·인문·사문이 하나로 회통하는 역의 이치는 대자연의 흐름이며, 이로부터 하도낙서와 선후팔괘의 자연한 상수·

---

[2] 『주역(周易)』 계사상전 12장: 子曰書不盡言 言不盡意 然則聖人之意 其不可見乎 聖人 立象 以盡意 設卦 以盡情僞 繫辭焉 以盡其言 變而通之 以盡利 鼓之舞之 以盡神

의리(象數·義理)도 펼쳐진다.

　야산(也山) 선사는 1946년 대둔산 석정암자에서 108명의 제자를 양성할 당시, 『서경』 홍범(洪範)의 오행학과 『주역』의 음양학을 하나로 묶어 '홍역학(洪易學)'을 제창하였다. 선사의 경륜포부를 담은 「홍역학 부문(敷文)」에서, "지금의 시대가 인류대변혁을 맞이하는 중차대(重且大)한 때이므로, 선후의 중심을 잡아 그 종시를 바로 해야 한다."는 '중어선후·정기종시(中於先後·正其終始)'를 강조하였다. 그 도학의 핵심사상은 '중천교역관(中天交易觀)'이며, 학문적인 결실정화(結實精華)는 1944년에 창제한 주역책력인 '경원력(庚元歷)'에 명확하게 나타난다. 자연의 역수(易數)는 삼라만상의 이치를 밝히는 '일월등대'와도 같다. 모든 사물의 근본현상을 밝히려면, '중정(中正)한 역의 수'가 반드시 정립되어야만 한다. 세상만물의 법도가 바로서고, 인류사회의 질서를 바로잡는 근본계기가 열리기 때문이다.

　짧지만도 않은 1甲의 세월이다. 삶은 불현 듯 찾아온 무심결의 시절인연에서 비롯된다. 갑자년 갑자기(甲子起) 학역(學易)의 길로 들어선지 어언 36년, 당시 25살의 한 젊은이가 옛 성현들의 가르침을 접하면서 세운 소박한 결심이 있었다. 주역경전을 만든 밑바탕 근거가 반드시 있을 터인데, 이 길로 들어선 이상 찾아내보자는 것이었다. 어찌 보면, 제자신의 그릇도 모르는 무모한 서원(誓願)을 세워, 귀중한 세월을 덧없이 보내었는지도 모른다.

　천만다행히도 홍역학(洪易學)이라는 도학의 큰 맥과 스승의 올바른 인도와 가르침에 힘입어, 그동안 틈틈이 도서팔괘에 대해서 나름대로 관상·추수·정리(觀象·推數·定理)를 해왔다. 제대로 다듬지 못한 투박한 글이긴 하지만, '해와 달을 머금은 주역'이라는 제목으로 세상에 내놓는다. 필자가 오래도록 고민하고 풀고자 한 바는 분명 易의 진리세계에 관심을 둔 후학들에게도 똑같이 겪는 힘든 난제라고 생각된다. 미력하나마, 공부의 바른 지름길을 찾고 깨달음의 참 목적지에 이르는데, 정력과 시간을 아낄 수 있는 계기가 되기를 바라마지 않는다.

 이 책을 내는데 후원을 아끼지 않은 대구시, 담디 출판사, 축사를 써주신 동유회(同有會) 화산(和山) 이화언 회장님을 비롯한 회원 제위께 진심으로 감사드리며, 부록에 관련논문을 싣도록 협조해 준 학형 겸산(謙山) 임채우 교수께도 고마움을 표한다. 편집교정에 애쓴 경연당(庚衍堂) 송준영, 관초(觀礎) 고승순, 서산(筮山) 김형석, 서형(徐亨) 강영관 학인 여러분들과 예성(豫誠) 이용규, 명강(明疆) 남중근 학회간사를 비롯하여, 말없이 마음으로 응원해주신 동방문화진흥회의 회원 여러분께도 감사말씀을 올린다.
 끝으로 아내로서 변함없이 격려해주고, 같은 길을 걷는 학우벗님으로서 원고정리에 함께 밤잠을 지새운 덕천(德泉) 오금지님께도 고마운 마음을 전한다.

　　　　　옛 성인들의 아름다운 꿈이 펼쳐지는 새로운 세상을 그리며,
　　　　　2019(己亥年) 정월 대보름날 새벽에 청고(靑皐) 이응문 쓰다.

일러두기

이 글의 핵심요지

　본서를 펴는 주된 목적은 『주역』의 근간인 상수리(象數理)가 면면히 일관회통(一貫會通)함을 논증하여, 희문주공(羲文周孔) 사성일심(四聖一心)으로 전한 도학의 연원(淵源)을 되찾음에 있다.

　역은 태극의 이기일원(理氣一元)을 극진히 밝혀준다. '유물유칙(有物有則)', 존재하는 모든 사물의 결과는 이를 빚는 원인이 반드시 있다. 대자연의 도는 스스로 삼재합일(三才合一)의 지극한 조화를 말없이 베푼다.

　천지건곤에서 남녀동식의 만물이 화성되므로, 하늘의 도가 세워진 다음 사람의 일이 정하여진다. 건도성남·곤도성녀(乾道成男·坤道成女)를 말씀하며, 역의 이간덕업(易簡德業)을 가르친 공자의 학문사상도 이를 바탕으로 한다.

　자연의 수리질서[禮]는 천도·인사를 동시에 펼치는 터전으로서, 모든 변화의 안정된 기틀이 된다. 천인합발(天人合發)의 신묘한 작용을 두루 담은 도기(道器)가 만고불역의 하도(河圖)와 낙서(洛書)이다. 대자연을 주재·통어하는 역의 강목(綱目)도 모두 하도낙서에서 비롯된다.

　'강거목장(綱擧目張)', 벼릿줄을 들어 올리면 그물눈은 펼쳐지기 마련이다. 팔괘는 우주자연의 천라지망(天羅之網)이다. 태극이 펼치는 음양오행이 선천팔괘와 후천팔괘로 나타나며, 이를 바탕으로 천도의 선후변화를 64괘·384효로 설명한 글이 바로 『역경』이다. 천도의 음양오행은 주야한서와 세월을 운행하는 일월의 신비조화를 낳으며, 달력의 간지(干支)와 역수(曆數)를 펼친다. 문왕·주공이 복희씨의 도를 이어, 역의 경문 속에 선천·후천의 변화를 담았으며, 공자는 이를 십익(十翼)의 해설전문으로 극진히 후세에 전하였다.

　이 글을 접하는 분들을 위하여, 책의 핵심요지에 대한 필자의 학문적 견해와 입장을 앞서 소개하면 다음과 같이 간략히 정리된다.

① 1~10에 이르는 자연의 수를 담은 하도의 내외생성법도는 성인 복희씨가 창시한 선천팔괘의 기본바탕이다. 하도 내부의 천도 생수 1 2 3 4 5는 남자, 하도 외부의 지도 성수 6 7 8 9 10은 여자에 상응한다. 천도와 지도는 음양의 기(氣)와 강유의 질(質)을 생성하며, 남녀 팔괘를 순차적으로 생성한다.

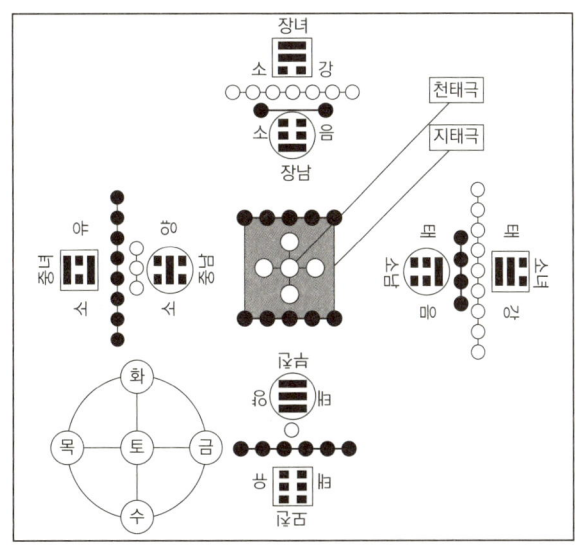

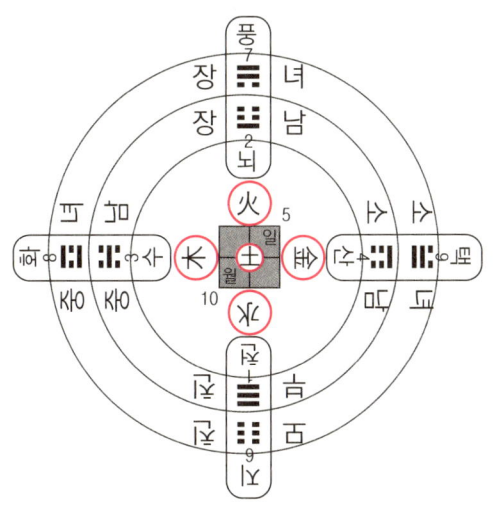

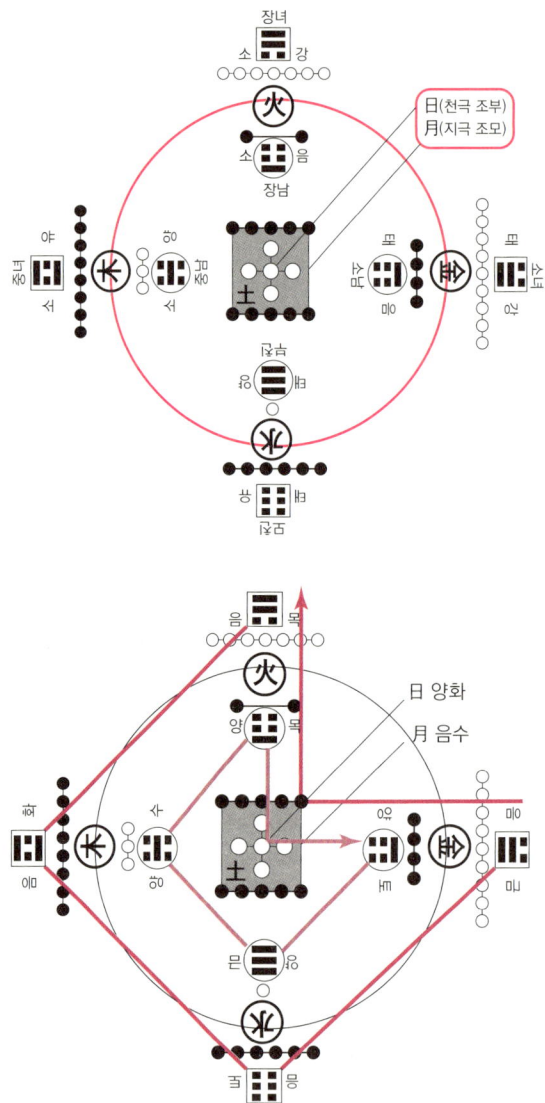

남자괘는 1(부친☰) 2(장남☳) 3(중남☵) 4(소남☶), 여자괘는 6(모친☷) 7(장녀☴) 8(중녀☲) 9(소녀☱)로 각기 전개된다. 남녀를 화성하는 본체인 5와 10은 태극인 '천극·지극, 황극·무극'이며, 주야한서를 운행하는 일월(日月)의 중심역할을 한다. 인사 측면에서는 인극·유극(人極·有極)인 조부·조모 격에 해당한다. 하도는 사상의 체위(體位) 1 2 3 4와 사상의 용수(用數) 6 7 8 9가 배합하여, 수화목금을 순차적으로 생성함을 보여준다. 중앙에서 토를 배합

생성하는 중심태극 5·10은 50대연(大衍)의 조화를 베푸는 64괘 384효의 모체 역할을 한다.

건도성남·곤도성녀의 하도배열을 살피면, 천지남녀의 선천오행이 배정되는 근본이치도 관찰된다. 나아가 남괘는 시계방향으로 순행, 여괘는 시계반대방향으로 역행하며 자녀인 후천오행을 생성한다. 천도의 십간(十干)은 후천오행을 이른다.

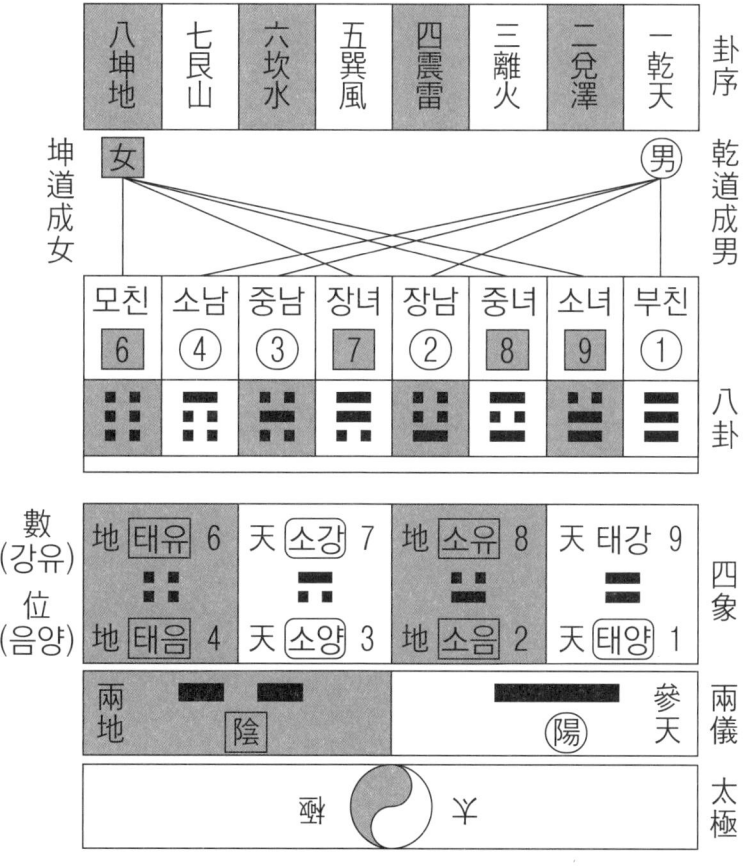

복희선천팔괘 차서도(필자 견해)

② 복희씨가 하도를 효칙(效則)하여 창시한 선천팔괘는 기본적으로 음양의 동정변화를 나타낸다. 선천음양은 부부로 남녀배합을 이루어 자연히 후천오

행을 생성한다. 천지는 부친·모친(☰·☷), 뇌풍은 장남·장녀(☳·☴), 수화는 중남·중녀(☵·☲), 산택은 소남·소녀(☶·☱)이다. 남녀가 부부로 배합하여, 자녀를 낳는 것이 선천과 후천이다.

선천팔괘는 천지의 1·6 합수, 뇌풍의 2·7 합화, 수화의 3·8 합목, 산택의 4·9 합금, 팔괘를 펼치는 중심에서는 일월의 5·10 합토를 스스로 펼친다. 선천팔괘 자체로부터 오행생성이 말미암는데, 이를 표상한 것이 바로 낙서의 구궁교역이다.

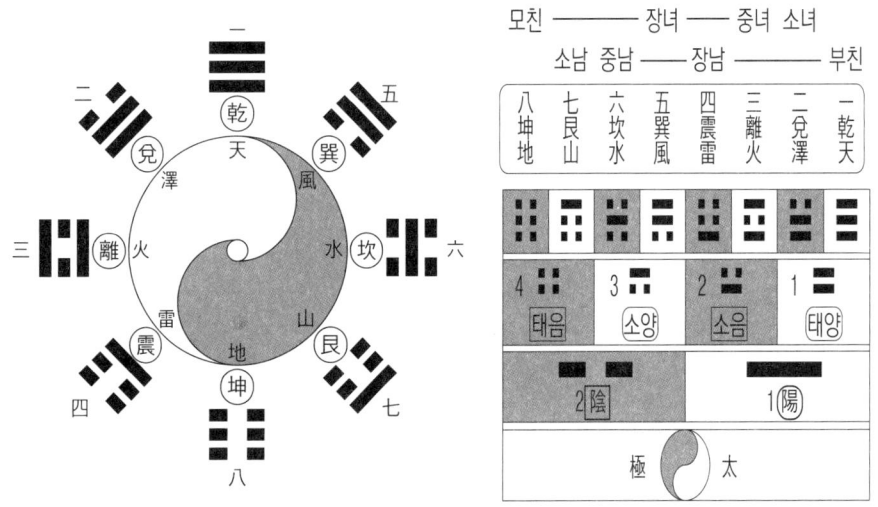

③ 「선천팔괘방위도」에서 남녀가 왕래하여 부부로 배합하는 것이 낙서의 구궁교역이다. 선천팔괘의 1 2 3 4 남자는 선천팔괘의 6 7 8 9 여자로 나아가, 천지·뇌풍·수화·산택의 부부배합을 이루며, 수화목금을 생한다. 반면, 선천팔괘의 9 8 7 6 여자는 선천팔괘의 1 2 3 4 남자를 순히 따라서 사상의 체용합일을 이루며, 오행을 생하는 남자를 돕는다. 천도에 해당하는 남괘는 주장하여 앞장서는 주괘(主卦), 지도에 해당하는 여괘는 순종하여 뒤따르는 종괘(從卦)이다.

④ 구궁낙서에서 5황극의 도를 세운 우임금의 「홍범구주(洪範九疇)」가 펼쳐지며, 문왕 후천팔괘의 신비한 묘용이 일어난다. → 1감(坎) 2곤(坤) 3진(震) 4손(巽) 5중(中) 6건(乾) 7태(兌) 8간(艮) 9리(離)

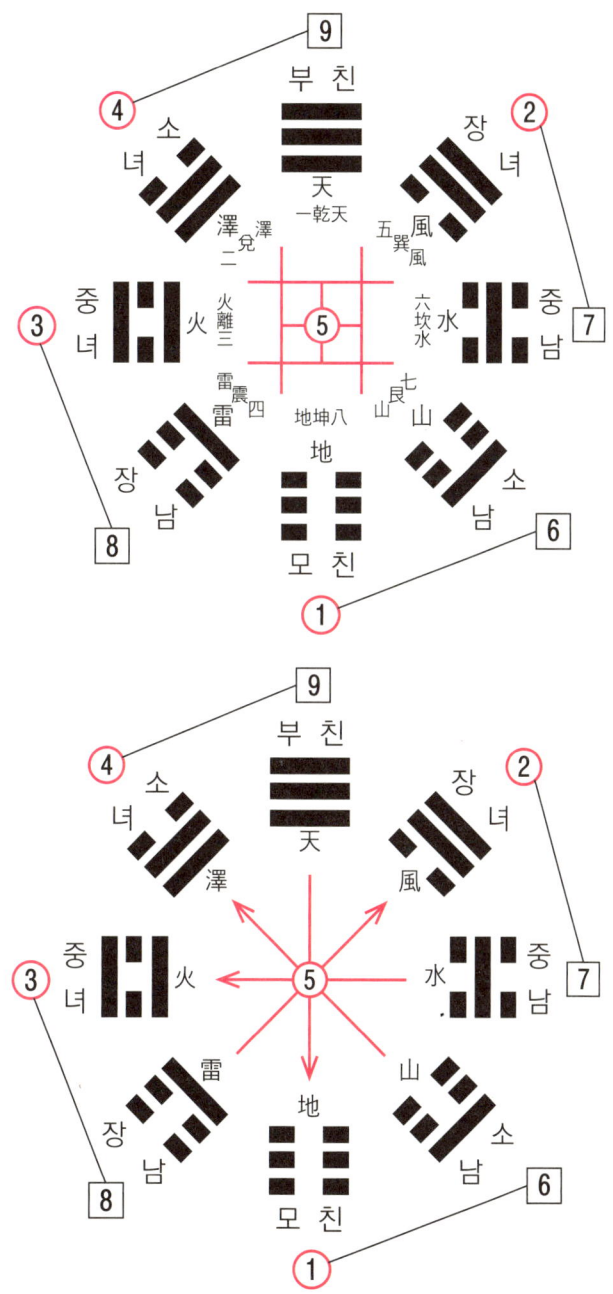

　구궁낙서는 오행을 생성함과 동시에 오행상극으로 역행하지만, 후천팔괘는 하도의 오행상생으로 순행한다. 순역(順逆) 대칭의 상대성원리에 따라 일어나는 오행의 극즉반(極則反)이 '금화교역(金火交易)'이다. 『주역』 전체의 가르침이 인과(因果)의 자연섭리를 바탕으로 한다.

중정한 5황극인 건구오(乾九五)에 의해 펼쳐지는 무위이치(無爲而治)의 후천조화가 곧 '극기복례(克己復禮)를 통한 천하귀인(天下歸仁)'이다. 『중용(中庸)』머릿장에, 천하의 대본달도(大本達道)인 중화(中和)가 확립되어 천지가 안정되고 만물이 길러진다고 한 바와 같다.

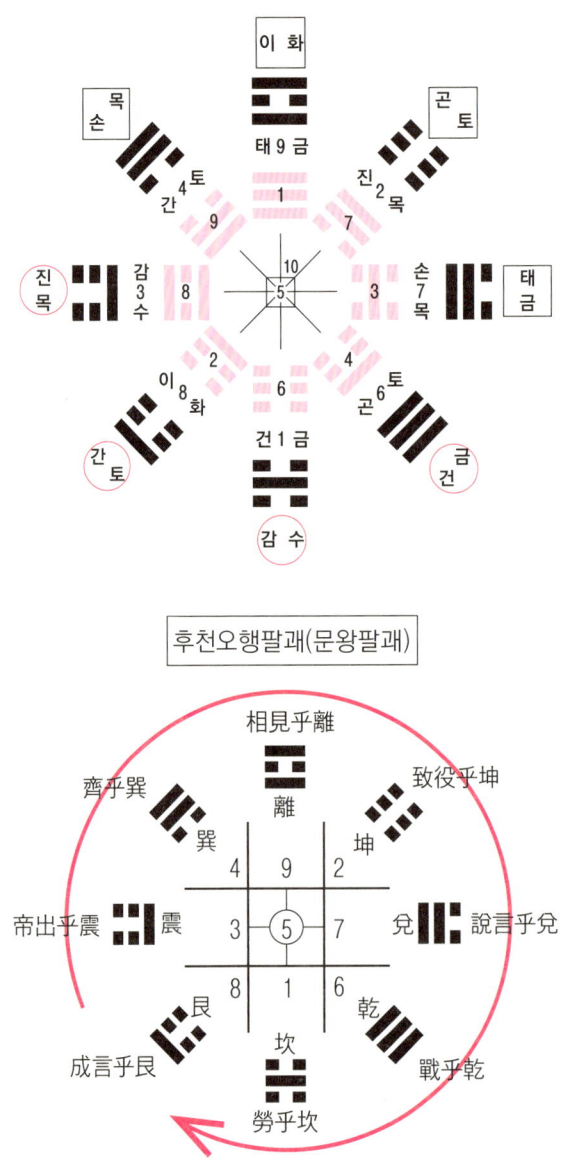

도설(圖說) 및 참고문헌

역경을 비롯한 경전원문
소강절 선생의 황극경세도(皇極經世圖)
주렴계 선생의 태극도(太極圖)와 태극도설(太極圖說)
주회암 선생의 역학계몽(易學啓蒙) 및 역도해(易圖解)
야산 선생의 태극도(太極圖)를 비롯한 역도해(易圖解)
야산 선생 문집 및 경원력(庚元歷) 해설
대산주역강의(1권~3권. 한길사 간행)
주역의 관문 대학(담디출판, 필자 저술)
동인(同人. 동방문화진흥회 학회지)
홍역학술대회(규장각) 기조발표
동방문화진흥회 수련대회 기조발표

부록 소개

1. 천도변화와 후천시대

'해와 달을 머금은 주역'을 읽는데 필수적인 내용으로, 바둑과 윷, 달력의 상식 등을 소개

2. 야선선생의 『대학착간고정』 소개

『대학』의 강목(綱目)인 삼강령과 팔조목은 본래 태극의 삼팔목도(三八木道)에 의한다. 하도와 역의 수리를 바탕으로 야산선생의 대학착간고정을 소개

3. 동방목도와 도서팔괘

하도와 낙서, 선천팔괘와 후천팔괘 등에 대한 전체흐름을 조명하여 정리한 글

4. 주역의 원형을 찾아서(논문발췌) - 謙山 임채우 교수

한국역학사의 큰 흐름을 이해하는데 도움이 되는 논문이라 여겨져 발췌소개

역(易)과 하도(河圖)

우주자연과 역(易)

역(易)의 정의
역과 자연

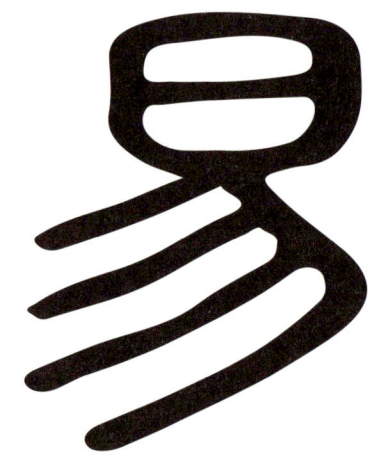

우주 삼라만상을 펼치는 자연(自然)은 끊임없이 변화하며 바뀐다. 역(易)은 '바꿀 역, 쉬울 이'로, 대자연의 역동적인 움직임과 간이(簡易)한 변화원리를 이른다.

易은 머리(☉)와 사지(勿)를 갖춘 도마뱀의 모습을 본뜬 상형(象形)문자, 해(日)와 달(月=勿)을 합성한 회의(會意)문자이다. 도마뱀은 주변상황에 따라서 시시각각 몸의 색깔을 자연스레 바꾸고, 일월은 교대왕래하며 주야한서의 변화를 자연하게 펼친다.

형상을 갖춘 생명체는 머리로 생각하고 몸으로 움직인다. 공자(孔子)는 형이상을 '길 도(道)', 형이하를 '그릇 기(器)'로 정의하였다.[1] 정신은 내적 본체원리인 도(道), 육체는 외적 현상작용인 기(器)에 해당한다. 도마뱀의 상부 머리[☉]는 형이상(形而上), 하부 몸은[勿] 형이하(形而下)에 속한다. 달[勿]의 위상은 해[☉]의 반영에 의해 차고 비므로, 해와 달 또한 형이상하의 체용관계로 대비된다.

대개 아득한 태초 천지가 열리기 이전, 고요하고 혼돈된 상태를 무극(无極)이라고 일컫는다. 시초를 알 수 없는 이 무극[0]으로부터 태극(太極)의 일점

---

1. 『주역(周易)』 계사상전(繫辭上傳) 제12장: 是故 形而上者 謂之道 形而下者 謂之器

[ㆍ] 씨앗이 불현듯 발한다. 먼저 가볍고 맑은 양기가 위로 올라 하늘이 열리고, 다음 무겁고 탁한 음기가 아래로 내려와 땅이 열린다. 천지자연과 우주시공이 탄생한 다음, 천지의 청탁동정에 의해 음양과 오행이 펼쳐지고 만물이 생성되어 나온다.

무극은 태극의 무궁무진함을 나타내며, 자연의 무궁무한한 도를 담는 텅 빈 그릇이다. 태극은 무극의 진공(眞空)을 꽉 채운 진실(眞實)의 본체로, 일음일양의 도를 펼친다. 수리적으로는 무극과 태극을 0과 1로써 정의하는데, '태극을 열다'는 측면에서는 무극을 '열 十(10)'으로 표명한다. 『역경』에서는 태극의 무궁한 조화를 천도와 인사로 나누어, 음양의 동정변화와 오행의 유행작용으로 설명한다.

易이란 한 글자가 본체인 태극을 대표한다면, 상하의 머리·몸, 해·달은 양과 음이다. 각기 4획인 일(日)과 월(月=勿)은 일월성신·산천동식·사시사방·춘하추동이라 일컫듯이 사상(四象), 전체 8획은 팔괘(八卦)에 상응한다. 지극히 은미하고 지극히 광대한 천지자연을 역(易)이란 한 글자로 간단히 표현한 옛 선인들의 지혜에 감탄하지 않을 수 없다.

형이상(形而上) → 도(道) 원리
형이하(形而下) → 기(器) 작용

易

양(陽) - 외부로 드러난 밝은 측면 / 표(表)
 : 日[해] 奇[홀] 輕 淸 上 先 動 大 剛 天 男 幹 晝 暑

음(陰) - 내부로 감춰진 어두운 측면 / 리(裡)
 : 月[달] 偶[짝] 重 濁 下 後 靜 小 柔 地 女 枝 夜 寒

이렇듯, 역(易)은 자연의 변화를 상수리(象數理)로 풀어낸다. 상(象)은 밖에 나타난 사물의 모양새, 리(理)는 안에 담겨진 본뜻, 수(數)는 외적인 상(象)과 내적인 리(理)를 하나로 이어주는 수단방법이다. 자연의 역은 상수리가 삼위일체를 이루므로, 이를 일관회통해야만 그 근본실체를 알 수 있다. - 정상(定象) 정수(定數) 정리(定理)

자연의 힘[力]과 흐름[理]

易은 자연의 '역동적인 원리이며 법칙'이다. '바꿀 역(易)'은 '힘 력(力)', 쉬울 이(易)'는 '다스릴 리(理)'와 그 음의(音義)가 잘 통한다. 뭔가로 변하거나 현상의 흐름을 바꾸는 데에는 힘이 필요하고, 사물을 잘 다스리는 데에는 섬세한 구슬의 무늬 결처럼 물결 흐르듯 자연스러워야 한다.

역의 자연이치에서 변역·교역·무역·간이·평이·난이(變易·交易·貿易·簡易·平易·難易) 등과 물리·사리·수리·생리·심리·도리·교리·철리·윤리(物理·事理·數理·生理·心理·道理·敎理·哲理·倫

理) 등의 일상용어도 나왔다.

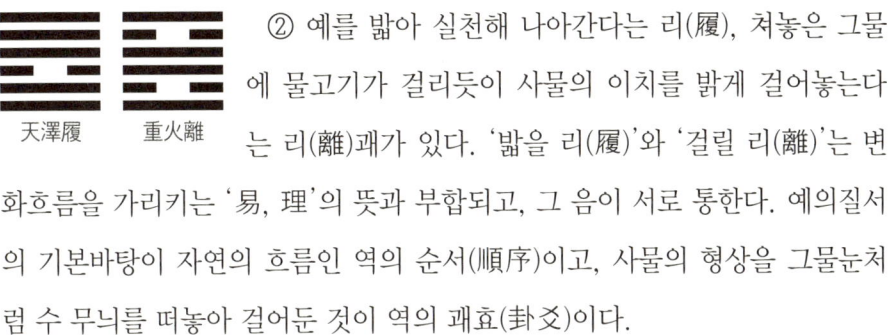
澤火革　　天澤履　重火離

① 오전에서 오후, 여름에서 가을, 선천에서 후천으로 바뀌는 때, 만물은 완성된다. 이를 상징하는 괘가 '바꿀 혁(革)'이다. 革은 역동적인 자연의 힘을 가리키는 '易, 力'의 뜻과 부합되고, 그 발음도 서로 통한다. 따라서 易은 자연의 변화법칙을 알아내고, 그 시기에 맞춰 힘써 고치고 바꾸는 개혁(改革)·혁신(革新)을 가르치고 있다.

② 예를 밟아 실천해 나아간다는 리(履), 쳐놓은 그물에 물고기가 걸리듯이 사물의 이치를 밝게 걸어놓는다는 리(離)괘가 있다. '밟을 리(履)'와 '걸릴 리(離)'는 변화흐름을 가리키는 '易, 理'의 뜻과 부합되고, 그 음이 서로 통한다. 예의질서의 기본바탕이 자연의 흐름인 역의 순서(順序)이고, 사물의 형상을 그물눈처럼 수 무늬를 떠놓아 걸어둔 것이 역의 괘효(卦爻)이다.

역경과 주역

『역경(易經)』은 복희씨(伏羲氏)의 괘효(卦爻), 문왕(文王)의 괘사(卦辭), 주공(周公)의 효사(爻辭)로 이루어진 고대의 경전(經典)이다. 문자가 없었던 상고시대의 복희씨는 양(—)과 음(--)이라는 간이한 부호를 중첩하여 괘효(卦爻)를 그었고, 문왕(文王)은 '64괘에 대한 말씀'인 괘사(卦辭), 주공은 '384효에 대한 말씀'인 효사(爻辭)를 달았다. 복희씨가 역을 그으셨기에 획역(畫易), 문왕·주공이 글을 달으셨기에 작역(作易) 성인이라 일컫는다.

'성경현전(聖經賢傳)'이란 말은, 성인의 가르침이 벼릿줄과 같아서 근본법도인 경(經), 그 문하의 현인들이 성인의 도가 훼손되지 않도록 오롯이 후세에 전한 글이 전(傳)이 됨을 이른다.

『역경』의 진리가 시방(十方)으로 나래를 활짝 펼치도록, 춘추시대 말엽에 공자가 십익(十翼)이라는 전문(傳文)을 붙여 종합적으로 해설한 글이 오늘날 전하는 『주역(周易)』이다. 전대 성인의 도를 존숭하는 입장에서는 공자 같은 성인의 글도 경문이 아닌 전문에 속한다. 그러나 공자가 십익(十翼)을 달지 않았다면 『주역』이란 큰 글이 전해졌겠는가?

　주자(朱子)는 『주역』을 집대성한 공자에 대해, "우리 부자(공자)같은 이는 비록 천자의 지위를 얻지 못하였으나, 지나간 성인을 이으시고 후학들에게 문을 활짝 열어주시어 도를 전수하셨으니, 그 공이 요·순보다 더 훌륭하다."[2]고 하였다.

　「공자세가(孔子世家)」에는 "만이희역(晩而喜易)하야 위편삼절(韋編三絶)이라", 즉 '공자가 만년에 역과의 만남을 기뻐하여, 쇠가죽으로 엮은 책이 세 번이나 끊어질 정도로 심취했다'는 기록이 있다. 따라서 『주역』은 공자의 '비결서(秘訣書)'로도 불린다. 그는 계사상전(繫辭上傳)에서 "지극한 입신의 경지로 들어가 미래사를 알아내고, 『주역』 속에 비결(秘訣)을 감추고 가니 누가 알아내겠는가?"[3]라고 말씀하였는데, 천기를 보고 후천시대에 펼칠 사상·경륜·도덕을 모두 넣어놨다는 의미일 것이다.

　『주역』은 "시력삼고(時歷三古)하고 인경사성(人經四聖)이라, 사성일심(四聖一心)이라", 즉 써진 기간만도 3천년이란 세월이 흘렀고, 복희씨·문왕·주공·공자라는 네 분 성인의 일심(一心)으로 이루어진 큰 글이라는 경력(經歷)을 지니고 있다. 따라서 『주역』은 현존하는 유학(儒學)경전 가운데 최고(最古)이며, '최고봉(最高峰), 만학의 제왕, 제왕학'으로 일컬어지며, 오늘날에 이르기까지 수천 년간 지극히 받들어져왔다.

　주(周)나라 때에 문왕·주공이 역(易)을 글로 지었으므로, 『주역(周易)』이라고도 부르는데, '두루 주(周), 바꿀 역(易)', 두루 교통하여 삼라만상의 이치를 담은 글이기도 하다. 64괘와 384효의 괘효(卦爻) 속에는 주천도수·주천상수(周天度數·周天常數)를 비롯하여, 일월기삭·월령절기·천간지지(日月

---

2. 「중용장구서문(中庸章句序文)」: 若吾夫子 則雖不得其位 而所以繼往聖開來學 其功 反有賢於堯舜者
3. 『주역』 계사상전(繫辭上傳): 神以知來 知以藏往 其孰能與於此哉

氣朔·月令節氣·60干支) 등이 근본적으로 깔려있다.[4]

오늘날 상황시기에 따른 판단처세를 알려주는 일종의 점서(占書)로 여기지만, 『주역』 속에는 태극의 음양·오행과 선천·후천의 천도변화 등을 두루 함축하고 있다. 마땅히 천도의 운행변화를 바탕으로 인사의 모든 준칙법도를 제시한 큰 글로 보아야한다.

태극(太極)과 동방목도
역유태극(易有太極)

태극을 최초로 언급한 문장은 『주역』 계사상전(繫辭上傳)의 '역유태극(易有太極)'이다. 대자연인 역이 스스로 태극(太極)을 포괄하고 보유한다는 의미다. 태극은 천·지·인 삼재(三才)를 생성하고 거느리는 조화옹·조물주(造化翁·造物主)로서, 우주시공과 삼라만상을 생생(生生)한다.

태극이 나오는 밑바탕인 무극은 텅 빈 모태(母胎)와도 같다. 무시무종(無始無終), 시작도 없고 끝도 없는 태초 이전을 뜻하기에, 무극을 대개 한 점[丶] 또는 이를 확대한 하나의 밝고 둥근 원[○]으로 표상한다. 왼쪽의 태극도(太極圖)는 야산(也山. 1889~1958) 선생의 작품이다. 중심부에 그린 동심원은 태극의 씨눈에 해

---

4. 주역경전엔 실전된 고대달력, 일명 태음태양력의 생성원리가 도도히 흐른다. 『주역』 계사하전(繫辭下傳)에서 공자는 "夫易 彰往而察來 微顯而闡幽 當名 辨物 正言 斷辭 則備矣", 즉 "무릇 역은 지나간 일들을 환히 밝히고, 다가올 일들을 살펴놓았다. 현저히 드러난 것을 미세하게 담고, 그윽한 것을 밝게 열었다. 이름을 합당하게 세웠고, 물건을 자세히 분별하였다. 말씀을 정확히 하였고 문장으로 판단하였으므로, 모든 것을 두루 완비하였다."고 극찬하였다.

당하는 유극(有極)의 인(仁)을 상징하므로, 일명 유극도(有極圖)라고도 한다. 상하의 양극(兩極)을 꼿대로 乙자 형태로 태극의 무궁조화를 나타내었다.

    태극도설(太極圖說)을 지은 송대(宋代)의 역학자 주렴계(周濂溪. 1017~1073) 선생은 태극이 끝이 없어 가장 큰 존재임을 "무극이태극(旡極而太極)"으로 표현하였다.

    태극에서 '클 태(太)'는 세상을 구성하는 기본재료인 천·지·인 삼재(三才)가 순차적으로 열린다는 의미이므로, '열릴 태, 클 태'를 뜻하는 태(泰)와 음의가 서로 통한다. 위 一은 태극, 좌우 人은 천지음양, 아래 한 점[丶]의 씨눈이 만물인 인(人)이다.[5]

    예로부터 우리나라에서는 이 太를 오곡의 태두(太豆)인 '콩 태'로도 풀이하였다. 콩은 떡잎이 벌어지면서 중간에 씨눈이 발아하여 생장한다. 삼태극의 이치를 잘 보여주기 때문인데, '머리 두(頭)' 속의 '콩 두(豆)'와도 같이 쓰인다. 豆는 그릇 가운데 으뜸인 제기(祭器)를 뜻하기도 한다.

    『주역』의 뇌화풍(雷火豐. 55)은 우레(☳)와 번갯불(☲)이 상응하는 형상이다. 원대(元大)하고 풍성(豐盛)한 동방 태극을 대표하는 괘이다. 번갯불(☲)에 콩(☵) 구어 먹는다고 하듯이, 콩이 쑥쑥 자라남을 뜻한다. '풍년 풍(豐)'에 이 '제기 두(豆)'가 들어있다.

주렴계 선생의 「태극도설」

無極而太極이니 太極動而生陽이라
  무 극 이 태 극   태 극 동 이 생 양

動極而靜하며 靜而生陰하니 靜極復動이라
  동 극 이 정   정 이 생 음   정 극 부 동

---

5. 국조이신 단군이 지어 전하였다고 하는 『천부경(天符經)』은 "일시무시일, 석삼극무진본(一始旡始一, 析三極旡盡本)"으로 시작된다. 하나로부터 시작하지만, 그 하나를 낳는 바탕은 본래 무(旡)라는 뜻이다. 무극에서 비롯된 태극 하나가 셋으로 극진히 쪼개지며, 이를 천극·지극·인극인 '삼극', 또는 천태극·지태극·인태극인 '삼태극'이라고 한다.

一動一靜이 互爲其根이니 分陰分陽하여 兩儀立焉이라
일동일정   호위기근   분음분양   양의입언

陽變陰合하여 而生水火木金土하며
양변음합   이생수화목금토

五氣順布하여 四時行焉이라.
오기순포   사시행언

무극이면서 태극이니, 태극이 움직여서 양(천극)을 낳는다. 움직임이 지극해서 고요하며, 고요해서 음(지극)을 낳으니 고요함이 지극하면 다시 움직인다. 한번 움직이고 한번 고요해짐이 서로 그 뿌리가 되니, 음으로 나뉘고 양으로 나뉘어 두 가지 모양이 세워진다.

양은 변동하고 음은 배합하여, 수·화·목·금·토의 오행이 생성되며, 다섯 가지의 기운이 골고루 펼쳐져 사시(춘하추동)가 운행된다.

- 원문 중에서 발췌인용

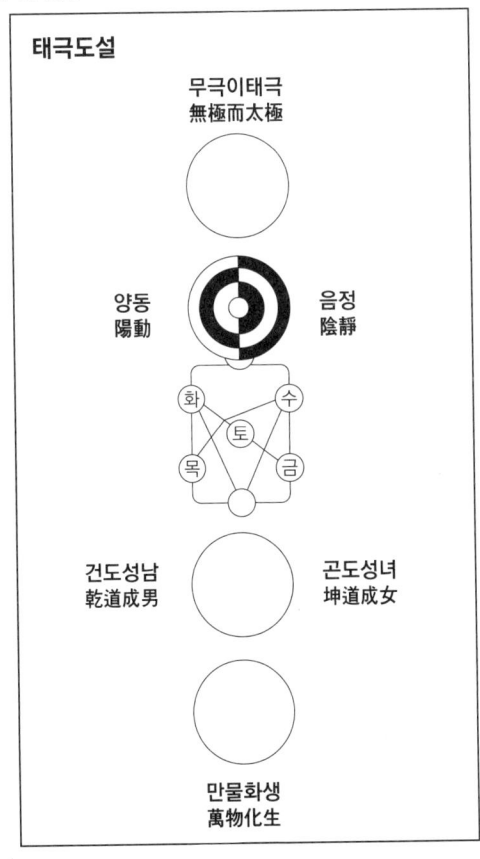

야산선생의 태극도(太極圖)와 태극수기(太極手旗)

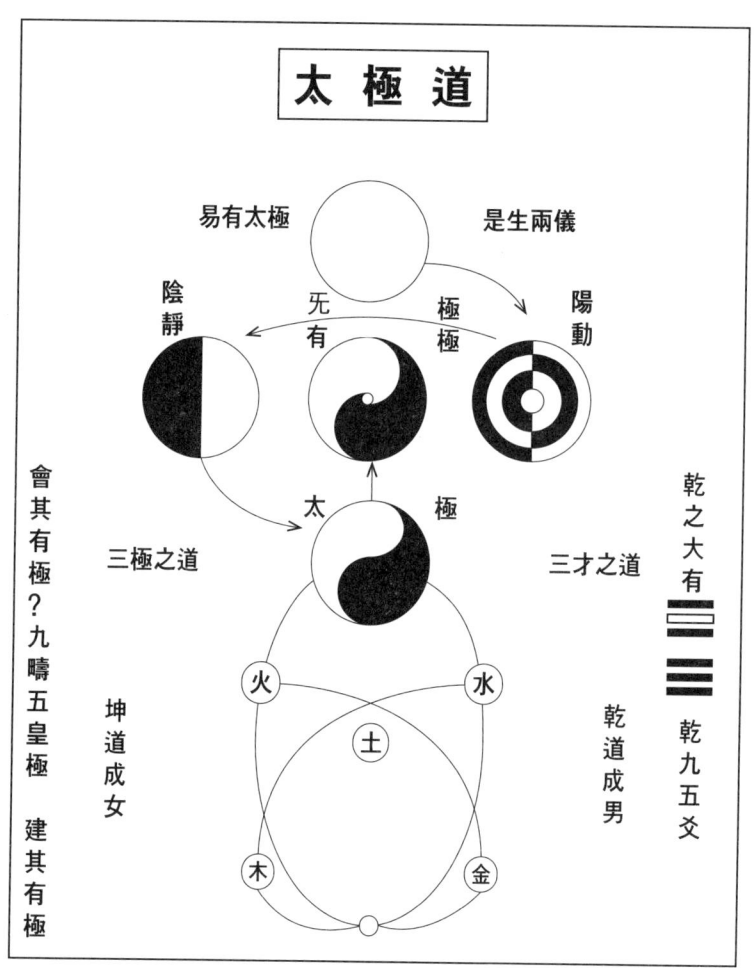

태극과 팔괘

태극에서 '끝 극(極)'은 '나무 목(木)'과 '빨리 자랄 극(亟)'을 합성하여, 밑뿌리로부터 줄기·가지·잎사귀가 차례로 생장하는 것을 나타낸다. 태극을 기본바탕으로 두 줄기가 양과 음, 줄기에서 나온 네 가지 태양·태음·소양·소음이 사상, 다시 둘씩 잔가지를 친 것이 팔괘이다.

8괘가 처하는 공간의 세계가 '집 우(宇)', 3변으로 펼쳐지는 시간의 세계가 '집 주(宙)'이다. 3변하여 8괘를 펼치는 태극의 집이 곧 광대무변한 우주시공이다. 보이는 현상세계의 사방·사계(四方·四季) 즉 동서남북·춘하추동 가운데 '동방 목(木)'이 우두머리이므로, 태극을 나무에 빗대어 표명한 것이다. 계절의 으뜸인 봄철, 초목(木)이 생명의 눈[目]을 뜨고 서로 바라보는 것이 '볼 상(相)'이란 글자이다. 팔괘의 상(象)이 상(相)의 음의와 서로 통한다.

복희팔괘는 일반적으로 괘의 순서인 '괘서(卦序)'에 괘의 이름인 '괘명(卦名)'을 붙이고, 괘를 대표하는 자연의 물상인 '괘상(卦象)'을 하나로 묶어서 표명한다.

뒤에서 상세히 설명하지만, 태극이 팔괘를 낳는 이치를 간단히 살피면 '일생이법, 양선음후(一生二法, 陽先陰後)'이다. 먼저 태극에서 두 가지 거동인 양의(兩儀) 즉 동적인 양의(陽儀, ⚊)와 정적인 음의(陰儀, ⚋), 이를 바탕으로 네 가지 형상인 사상(四象) 즉 태양·소음·소양·태음(⚌·⚍·⚎·⚏)이 뒤이어 나온다. 다시 사상에서 여덟 가지로 사물을 구체화하여 걸어놓는 팔괘(☰·☱·☲·☳·☴·☵·☶·☷)가 나온다.

구체적으로 보면, 양의(⚊)에 속한 태양(⚌)에서 양(⚊)과 음(⚋)이 나와 건태(乾兌, ☰☱), 소음(⚍)에서 리진(離震, ☲☳)이 생성된다. 다음으로 음의(⚋)에 속한 소양(⚎)에서 손감(巽坎, ☴☵), 태음(⚏)에서 간곤(艮坤, ☶☷)이 생성되어, 팔괘가 차례로 펼쳐진다. 복희팔괘의 명칭은 '건곤진손감리간태(☰☷☳☴☵☲☶☱)', 이를 대표하는 자연의 물상이 '천지뇌풍수화산택(天地雷風水火山澤)'이다. 팔괘의 상하에는 부모로 대표되는 하늘땅(☰·☷), 그 중간에 장남중남소남인 우레·물·산(☳·☵·☶), 장녀중녀소녀인 바람·불·연못(☴·☲·☱)이 각기 자리한다.

부모의 교역에 의해 먼저 생성되는 것이 장남장녀인 우레·바람(☳·☴)이다. 그 다음이 중남중녀인 물·불(☵·☲), 마지막이 소남소녀인 산·못(☶·☱)이다. 부친은 순양의 3양(☰)이고 모친은 순음의 3음(☷)이며, 아들은 1양2음(☳·☵·☶)이고 딸은 1음2양(☴·☲·☱)이다.

'자리 위(位)'라는 글자대로, 선천팔괘의 상하좌우 방위(方位)는 사람을 중심으로 정해진다. 선천팔괘는 「차서도」와 「방위도」로 대별되는데, 이에 대한 내용은 제2부를 보기 바란다.

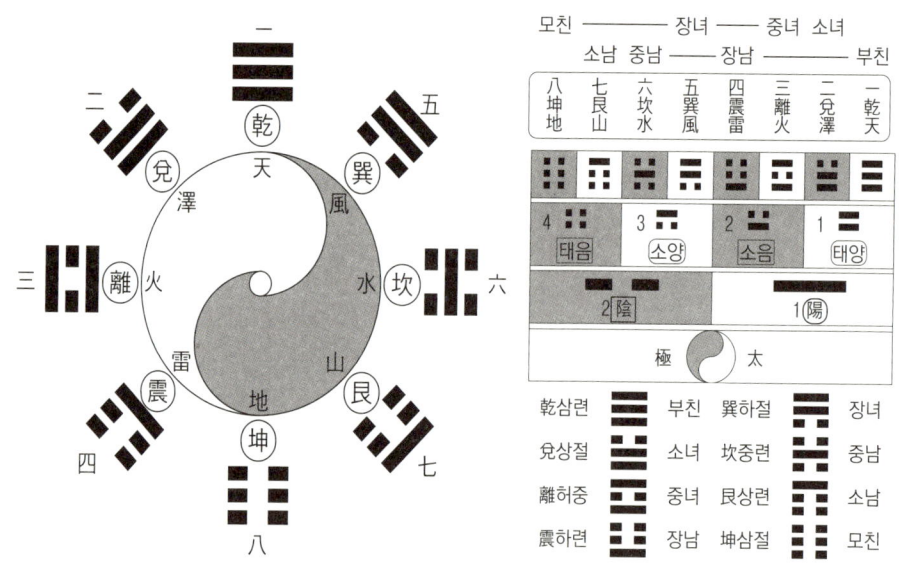

동방목도

태극이 펼치는 실상(實相)은 3과 8의 배합에서 생성되는 '삼팔목도(三八木道)'를 본체로 한다. 음양부호도 나무의 줄기·가지(━·╌) 형상이다. 양(━)은 줄기[幹], 음(╌)은 가지[枝]이다. 나무에서 줄기·가지가 뻗어 나올 때, 줄기는[幹] 나무를 주장하고[干] 가지는[枝] 줄기를 지탱[支]한다. 천지운행의 기본법도인 간지(干支) 60갑자도 위와 같은 나무의 간지(幹枝)를 바탕으로 생성된다. 본체를 주장하는 것은 줄기이지만, 잎사귀가 돋아 꽃피고 열매를 맺는 작용은 다 가지에서 이루어진다. 이렇듯, 만물은 음을 어미로 하여 출생(出生)한다. 땅이 하늘의 기운을 받아서 만물을 길러내는 것이다.

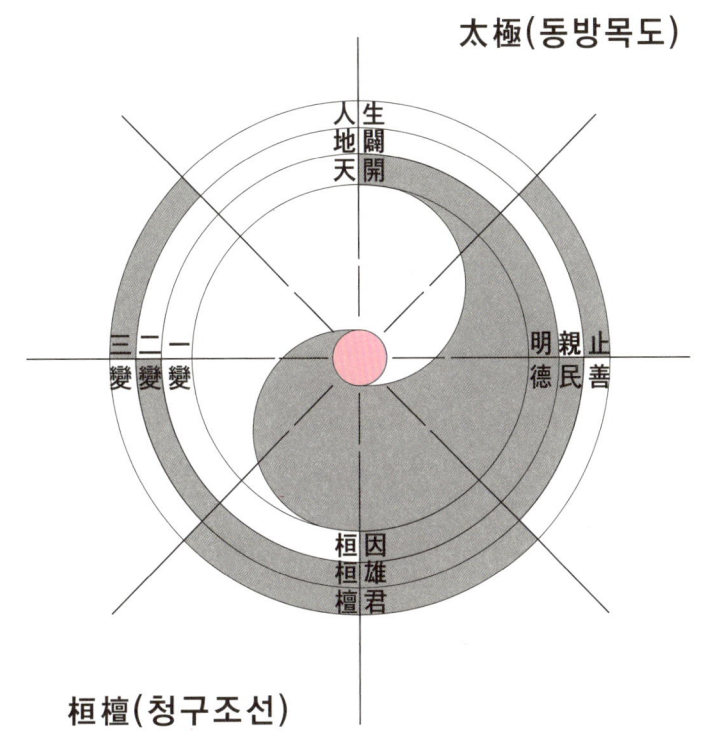

3·8목도(木道)와 연관된 일례를 보면, 예로부터 한반도 전역을 '3천리 8도 강산'으로 일컬어 왔다. 환인·환웅·단군(桓因·桓雄·檀君)의 세 왕조, 마한·진한·변한(馬韓·辰韓·弁韓)의 삼한(三韓) 등 고대역사도 3변하는 태극의 동방목도에 응한다.[6]

청구(靑丘) 땅에 세운 동방예의지국 조선(朝鮮)은 새벽을 여는 동북간토(艮

---

[6]. 우리나라 국기는 휘날리는 만국기 가운데 유일하게 태극을 얼굴로 삼는다. '사필귀정(事必歸正)이라', 세상의 일은 반드시 바른대로 돌아가 귀결되기 마련이다. 모든 사물은 뿌리에서 발해서 줄기를 뻗어 가지를 치고 열매가 달린 후에는, 다시 근원인 뿌리로 돌아온다. 비롯된 근원으로 되돌아와 마침을 '원시반종(原始反終)'이라고 한다. 오늘날 태극의 도가 싹튼 근원지에서 태극기를 사용하는 까닭도 자연의 섭리에서 비롯된 것이 아닐까한다.

土)에 뿌리내린 나라이다. 동북방은 해가 돋는 근본(根本) 방위이므로, 동방 문명의 발원처라고 할 수 있다.

성인 복희씨는 3·8 목덕(木德)으로 임금이 된 분이다. 3변하여 8괘를 펼치는 '태극의 도'를 전한 복희의 성씨 또한 배달 고유의 풍(風)씨라고 전한다.

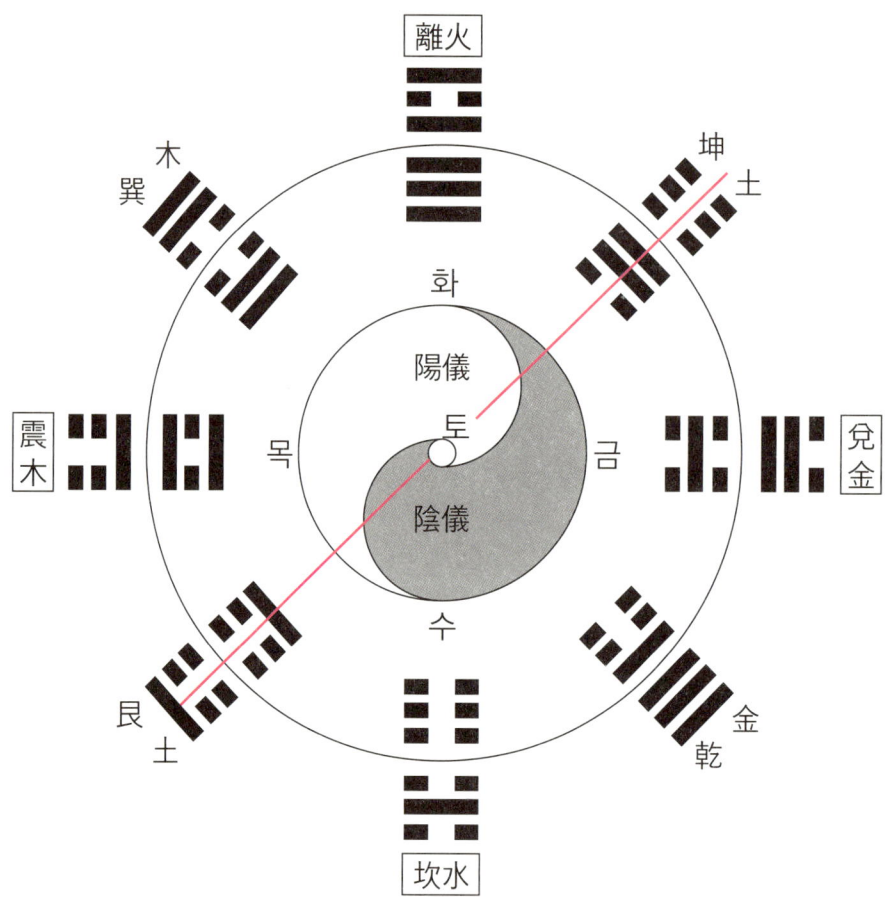

선천팔괘(내부 음양지도)와 후천팔괘(외부 오행지리)

易은 선천음양과 후천오행으로 대별된다. 음양오행의 체용인과를 나타낸 것이 복희의 선천팔괘와 문왕의 후천팔괘이다. 후천팔괘[7]의 동북방에는 양지바른 산언덕인 간괘(艮卦, ☶)가 처한다. '그칠 간(艮)'은 '해[日]가 돋아나오는 땅 속에 뿌리(氏)가 그쳐있다'는 뜻이다. '뿌리 근(根)'이란 글자도 '나무[木]가 간토(艮土)에 뿌리를 박아 나오다'는 의미다.

도(道)와 신(神)

"일음일양지위도(一陰一陽之謂道)", 즉 한번은 양으로 나아가 바뀌고, 한번은 음으로 나아가 바뀌는 자연(易)의 이치가 도(道)이다. 이 도에 의해, '일합일벽(一闔一闢)'으로 한번은 열리고 한번은 닫히는 변(變), '왕래불궁(往來不窮)'으로 일월이 끊임없이 가고 오는 통(通)이 주어진다.

불현듯 음인가 했더니 양으로 바뀌고, 양인가 했더니 또 음으로 바뀌는 易의 끊임없는 지극한 조화, 측량할 수 없는 태극의 묘한 작용이 신(神)이다. 역의 신묘(神妙)한 도를 표상한 태극그림 속에 담기지 않는 물건은 없다. 태극에서 삼라만상의 이치가 다 출현하는 것이다.[8]

"유물유칙(有物有則)이라", 즉 물건이 있으면 반드시 여기에 상응하는 자연법칙이 있기 마련이다. 나라는 존재가 이 세상에 태어났을 때는, 자연하면서도 필연적인 까닭이 있는 것이다. '신비로운 자연이치를 잘 변통해서 지혜로운 인생을 꾀하라'는 공부가 바로 易이다. 희문주공(羲文周孔)은 태극의 음양·동정을 극진히 궁리하고 변통해서 역의 신묘한 도를 일으킨 대표적인 성인들이다.

---

7. 선천팔괘는 음양원리, 후천은 오행작용을 나타내는 부모자녀의 관계이다. 선천의 도가 본바탕이지만, 이미 세상에 나와 살아가는 만물과 사람은 후천적인 존재이므로, 방위나 절기 등에 두루 이 후천팔괘를 적용한다. 8괘의 명칭인 간·곤(艮·坤) 등에 담긴 글자의 의미를 살피면, 후천 오행 팔괘가 이미 오래전에 쓰여 졌다고 여겨진다. 『서경』의 요전(堯典) 순전(舜典) 대우모(大禹謨) 등에 나오는 수많은 문자도 이러한 사실을 더욱 뒷받침한다.

8. 『주역(周易)』 계사상전(繫辭上傳): 一陰一陽之謂道, 一闔一闢 謂之變, 往來不窮 謂之通, 陰陽不測之謂神

삼역(三易)의 도

변역 · 불역 · 교역(變易 · 不易 · 交易)

　천 · 지 · 인 삼재(三才) 법도에 따라서, 역(易)을 삼역(三易)으로 분류하여 정의하기도 한다. 역(易)은 끊임없이 생성변화하면서 결코 변하지 않는 근본 섭리(攝理)가 있다. 이를 변역(變易)과 불역(不易)으로 일컫는다.

　변역의 현상작용 속에는 늘 불변부동의 불역이 본체로 존재한다. 그러나 내가 있으면 남이 있듯이, 하나는 반드시 둘을 낳아 대(對)를 이룬다. 또한 상대와 교감 · 교통을 하게 되므로, 교역(交易)이라고도 이른다. 따라서 변역 · 불역 · 교역은 삼위일체로 하나이다.

　선천팔괘는 '불역'의 본체로 음양 상대성의 원리를 보여주며, 음양의 동정변화인 '변역'을 담고 있다. 반면, 후천팔괘는 선천 음양이 '교역'을 행하여, 즉 남녀가 부부로 배합하여 생성되는 오행의 유행작용인 '변역'을 담고 있다.

　음양은 선천부모, 오행은 후천자녀이다. 팔괘의 선후변화에는 인과(因果)법칙이 있으며, 이를 근거로 길흉화복이라는 점(占)을 글로써 판단 · 정의한 것이 괘사 · 효사이다.

　『대학』에서 일컫는 '격물치지(格物致知)'를 한 글자로 표명하면, 점(占)이다. 占의 본뜻은 '천지상하의 이치를 꿰뚫어[丨], 사람이 나아갈 중심방향을 점찍어[丶] 말하다[口]'는 뜻이다. 64괘사 384효사 가운데, 과녁을 쏘아 맞히듯이, 때의 변혁을 상징하는 괘가 49번째 혁괘(革卦)이다. 그 중심효인 구오(九五) 한군데에만 특별히 占을 언급하였는데, 이는 공자가 말씀한 일관지도(一貫之道)와도 연계된다.

천역 · 서역 · 인역(天易 · 書易 · 人易)

　천문 · 인문 · 사문(天文 · 人文 · 斯文)의 도가 자연의 역에서 비롯된다. 천지자연의 변화가 천역(天易)이다. 이로부터 복희씨 · 문왕 · 주공 · 공자 네 분 성인의 한결같은 마음으로 전한 사성일심(四聖一心)의 서역(書易)이 나왔다.

서역인 주역경전에는 사물의 준칙법도와 예악·문물·제도·법령 등 인사제반에 걸친 지혜가 두루 담겨 있으므로, 생활의 역인 인역(人易)을 낳았다.

획역·작역·찬역(畫易·作易·贊易)

태곳적 성인 복희씨는 문자의 기원인 괘효(卦爻)의 획을 처음으로 그어 획역(畫易)을 하였다. 주나라 성인인 문왕·주공 두 부자는 64괘사·384효사의 찬란한 문장을 지어 작역(作易)을 하였다. 춘추시대 말엽, 공자는 역(易)이 시방세계로 두루 나래를 펼쳐 만세의 귀감이 되도록 십익(十翼)의 해설전문을 달았다. 전대 성인이 세운 역(易)의 도를 도왔으므로, 찬역(贊易)[9]이라고 한다.

연산·귀장·주역(連山·歸藏·周易)

고대 하·은·주(夏·殷·周)시대의 역은 연산·귀장·주역(連山·歸藏·周易)이다. 하나라·은나라 때는 역(易)이란 용어 대신 연산·귀장을 사용하였다.

① 연산

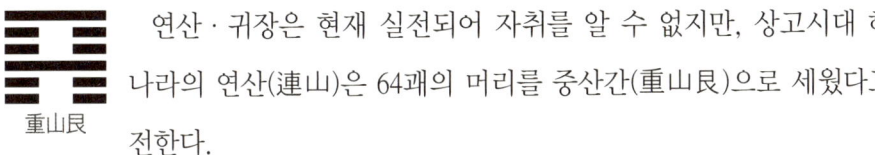

연산·귀장은 현재 실전되어 자취를 알 수 없지만, 상고시대 하나라의 연산(連山)은 64괘의 머리를 중산간(重山艮)으로 세웠다고 전한다.

'산(☶) 넘어 산(☶)'으로 연이어 있음이 연산(連山), 즉 중산(重山)이다. 간(☶)괘의 형상도 아래 두 음효(==)가 양쪽으로 벌어진 협곡, 위 양효(—)가 산 위에 펼쳐진 능선을 나타낸다. 양의 기운은 가볍고 맑아서 위로 오르는 성질이 있다. 제자리에 머물러 요지부동인 산은 양 기운이 위로 올라가 가만히 그쳐 있으면서, 아래 음들의 난동을 막는 모습이다.

---

9. 「공자세가(孔子世家)」에 공자가 "뒤늦게 역을 좋아하여, 쇠가죽으로 엮은 죽간주역의 끈이 세 번이나 끊어질 정도였다"는 '만이희역, 위편삼절(晩而喜易, 韋編三絶)'의 기록이 전한다.

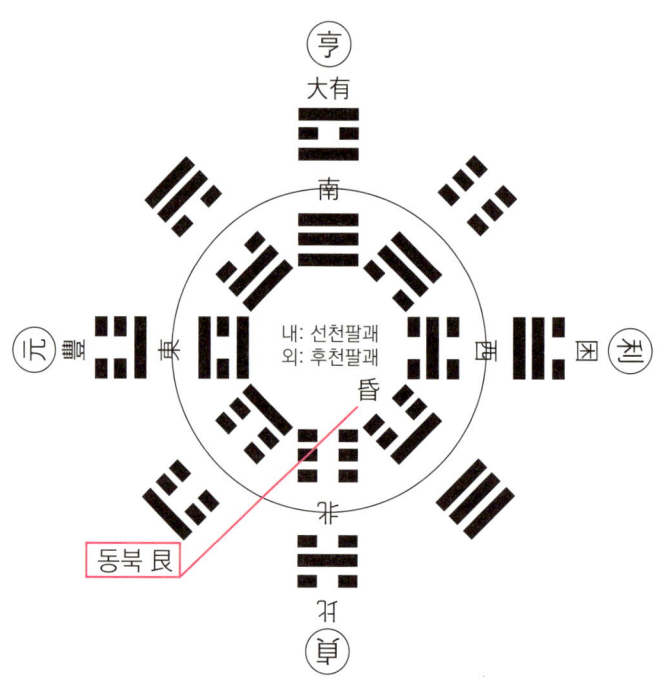

　복희 선천팔괘 방위로 보면, 일몰(日沒)을 지나 어둑어둑해지는 서북방에 간산(艮山)이 자리하는데, 하루의 일과를 마치는 때이다. 후천팔괘 방위로는, 새벽이 열리는 동북방에 간(艮)이 온다. '저물 혼(昏)'의 상하를 바꾼 글자가 艮이다.

　간괘를 연산의 머리로 세운 까닭은, 艮이 만유의 밑뿌리[根]로서 모든 것의 출입처인 태극의 문(門)으로 보았기 때문이다. 산언덕은 정상을 중심으로 양쪽이 서로 등진 상태이다. '문 문(門)'이란 글자에도 좌우로 산(山)을 등지게 해놓았다.[10] 또 艮은 산과 같이 제자리에 머물러 그침을 뜻한다. 모든 움직임은 그침을 바탕으로 해서 일어난다. 먼저 그칠 때 그쳐야만 비로소 움직일 수

---

10. '그늘 음(陰), 볕 양(陽)'에 '언덕 부(阜. 阝)' 부수를 가미한 이유도, 언덕을 경계로 음지가 양지, 양지가 음지로 바뀌는 역의 양극(兩極) 변화가 상대적으로 펼쳐지기 때문이다. '한계 한, 허리 한(限)'이란 글자도 척추를 중심으로 허리가 둘로 나뉘듯이, 음극·양극의 경계가 언덕을 중심으로 나뉜다는 뜻이다.

있음을 '시지시행(時止時行)'이라고 한다.[11]

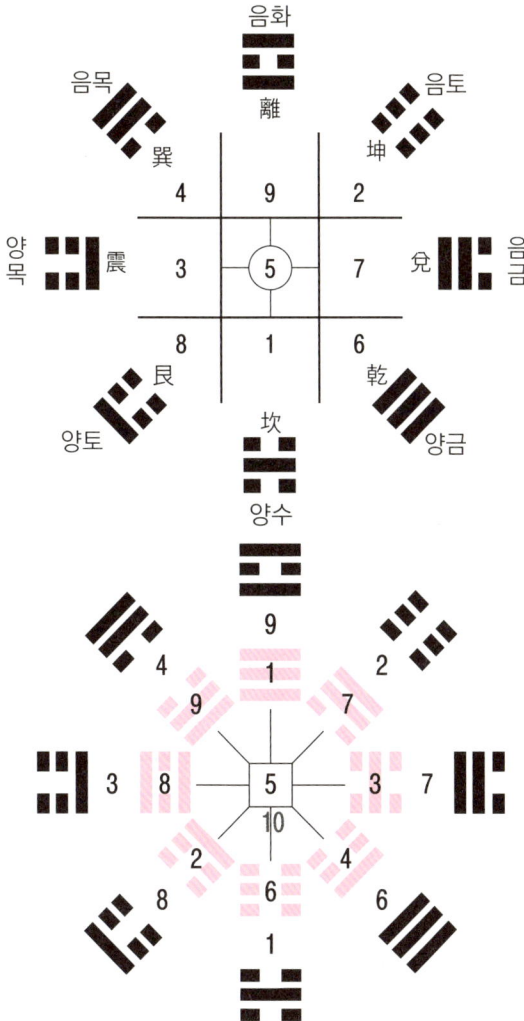

후천오행팔괘(문왕팔괘)

우(禹)는 하나라 시조이다. 필자의 주장이지만, 우가 순(舜)임금의 명으로 치수할 때 응용하였다는 낙서수리는 본래 「선천팔괘방위도」의 남녀왕래에서

---

11. 오행이치를 담은 후천팔괘 방위로는, 새벽이 열리는 동북방에 간괘(艮卦)를 두어, 밤과 아침의 한계(限界)를 갈라놓았다. 공자는 "終萬物始萬物者 莫盛乎艮이라", 즉 '만물을 끝맺고 만물을 시작하는 동북 간방(艮方)에서 선후천의 종시(終始)가 이루어진다.'고 풀이하였다. '뿌리 근(根)' 역시 동북 간토(艮土)에 뿌리내린 동방 진목(震木)을 상징한다.

삼역(三易)의 도 039

자연히 도출되어 나온다. 최초의 역이 하나라 연산임을 미루어볼 때, 용마·거북이가 지고나온 하도·낙서의 수리는 우리 동북간토의 역을 뿌리로 하였으리라 생각된다.

② 귀장

은나라의 역(易)인 귀장(歸藏)은 64괘의 머리를 중지곤(重地坤)으로 세워, 어머니에 해당하는 괘인 땅을 중시하였다고 한다. 귀장은 '되돌아가[歸] 갈무리되다[藏]'는 뜻이다. 곤괘는 전부가 음(--)인 비어있는 형상이다. 땅의 흙[土]이 비어 있기 때문에, 모든 생명을 머금고 기르며 펴낸다[申]. 중산간(重山艮)이 '그침에서 모든 변동이 발생하다'는 자지이행(自止而行)이라면, 중지곤(重地坤)은 '비워서 담고 실어준다'는 자무이유(自無而有)이다.

귀장은 자연의 무(無)를 상징하는 땅에서 만유(萬有)가 나오고, 모든 생명이 마침내 복귀하는 '종(終)과 무위(無爲)'를 중시한다. 공수래공수거(空手來空手去)의 공(空) 사상과도 연관된다고 할 수 있다.

③ 『주역』

괘사·효사를 지은 문왕·주공은 주(周)나라 성인이다. 『주역(周易)』의 명칭 속에는 일월주기변화에 대한 뜻까지 담았다. 『주역』은 중천건(重天乾)을 머리로 내세워 하늘이 일체만유를 포괄하여 이끄는 본체임을 밝혔다.

'양대음소(陽大陰小)', 즉 양은 크고 음은 작은데, 64괘중 건괘만이 모두 양효(—)인 순양괘이므로 가장 크다. 하늘의 양은 一, 땅의 음은 二, 만물의 생성은 三으로 대표된다. 『주역』 64괘 순서도 乾(1) 坤(2) 屯(3)으로 시작되어, 하늘과 땅의 개벽으로 인해 만물이 시생되는 이치를 펼친다.

『주역』에 이르러서 비로소 자연의 상수리(象數理)를 두루 회통한 인문철학이 완성된다. 『주역』은 '양선음후(陽先陰後)'의 선후법도를 바탕으로, 복희의 선천음양팔괘와 문왕의 후천오행팔괘의 인과(因果)를 밝히어, 길흉화복의

점(占)을 두루 판단한다. 천체일월운행에서 일어나는 주천기삭(周天氣朔)의 자연역수를 근본으로 주기율·진법·간지 등을 괘효에 담았으며, 중천교역을 통해서 선천에서 후천으로 미래혁신을 이루는, 때를 제시한 비전서(秘傳書)로도 본다. 연산귀장의 핵심이치도 주역경전 속에 녹아있다고 할 수 있다.

日月明明讀易天 歸藏地秘故山連
일월명명독역천 귀장지비고산련

밝고 밝은 해와 달. 역의 하늘(주역)을 대해보니,

귀장한 땅의 신비, 고향산천(연산)으로 이어지네. - 也山 시문

역·역·혁(歷·曆·革)

易이 일월의 도라는 측면에서는, 기본적으로 책력(冊曆)의 원리를 뜻하기도 한다. 대개 전후의 과정을 과거와 미래로 나누면, 지나온 세월의 행적을 기록한 것은 '지낼 력(歷)', 다가올 미래를 알고자 추정하여 역수를 적은 것은 '책력 력(曆)'이다. 易의 음의(音義)와도 자연 통한다.

澤火革

그 전후중간에 해묵은 것을 때맞추어 고쳐 바꾸는 '혁(革)'이 처한다. 택화혁(澤火革)은 『주역』 64괘 가운데 49번째에 자리하며, 그 형상은 화(火)기운이 왕성한 여름(☲)에서 금(金)기운이 왕성한 가을(☱)로 바뀌는 모습이다. 사계절 가운데 '화극금(火克金)'으로 가장 극(極)적인 변화를 이룬다.

음양의 동정변화를 담은 선천팔괘는 만물의 근원인 자연의 본질세계를 나타내지만, 오행의 생극작용을 담은 후천팔괘는 만물이 생존하는 현실의 현상세계를 나타낸다.

『주역』의 체계를 상경30괘와 하경34괘, 즉 선천과 후천으로 나눈 뜻도 천도와 인사의 선후체용을 대별함에 있다.

역(易)과 역(歷)

　선천의 근원적 측면에서는, 易은 천지가 열리기 이전의 무극상태에서 일점의 태극이 발하여 천지만물이 나오는 근본이치를 밝혀준다. 천지부모가 나오기 이전의 이른바 '부모미생전(父母未生前)'의 선천이치를 담은 그림이 하도와 선천팔괘이다.

역(易)과 역(曆)

시대	역의 명칭	수괘(首卦)	세수(歲首)	역법
하(夏)	연산(連山)	重山艮(䷳)	寅月	人正(人統)
은(殷)	귀장(歸藏)	重地坤(䷁)	丑月	地正(地統)
주(周)	주역(周易)	重天乾(䷀)	子月	天正(天統)

　역사적으로 하·은·주 삼대의 왕조변혁과 더불어 책력의 변화과정이 단행되었다. 하나라 때는 인월(寅月), 은나라 때는 축월(丑月), 주나라 때는 자월(子月)로써 한 해의 머리를 세웠는데, 이를 '세수(歲首)'라고 한다.

　천개어자(天開於子), 하늘의 문은 자시(子時)에 열린다. 자월(子月), 즉 동짓달을 한 해의 머릿달로 삼고, 건괘(乾卦)로써 머리를 세운 주나라의 『주역(周易)』과 연계된다. 천도의 바름을 좇으므로, 천정·천통(天正·天統)의 역법이라 이른다.

　지벽어축(地闢於丑), 땅의 문은 축시(丑時)에 열린다. 곤괘(坤卦)로써 머리를 세운 은나라의 귀장(歸藏)과 연계된다. 지도의 바름을 좇으므로, 지정·지통(地正·地統)의 역법이라 이른다.

　인생어인(人生於寅), 사람과 만물은 인시(寅時)부터 생동(生動)한다. 간괘(艮卦)로써 머리를 세운 하나라 연산(連山)과 관계된다. 인도의 바름을 좇으므로, 인정·인통(人正·人統)의 역법이라 이른다. 인시(寅時)는 새벽을 상징하는 동북의 간방(艮方)에 속한다. 공자도 역법만큼은 하나라의 역법인 연산을 좇고 싶다고 하였다. 사람을 중심으로 놓고 보면, 초봄 인월(寅月)을 정월(正月)로 삼음이 합리적이다.

역(易)과 혁(革)

하·은·주 삼대의 왕조가 바뀔 때마다, 역법을 고쳐 바꾼 까닭은 천명이 바뀌어 혁명이 이루어졌음을 세상에 알리기 위함이었다. 공자는 택화혁(澤火革)괘에서 '책력을 다스려 때를 밝히다'는 '치역명시(治歷明時)'를 강조하였다. 왕조가 교체될 때, 천명이 바뀜을 내세워 왕의 권위를 과시하는 한편, 민심을 수습하는 방편으로 개력(改曆)을 단행했다는 뜻이다.

역의 이력(履歷)은 인도(人道)로부터 지도(地道)를 거쳐 천도(天道)로 회귀되는, 세 단계의 시력삼고(時歷三古)로 표명된다.

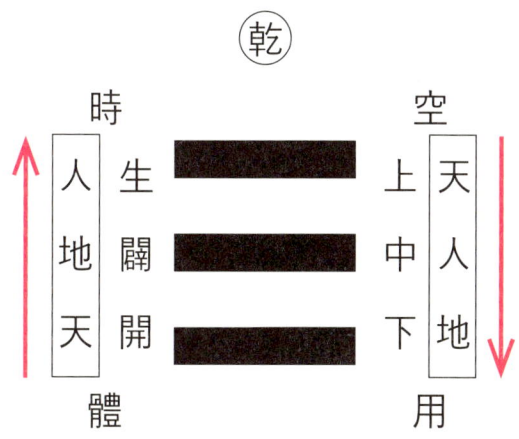

이렇게 삼역(三易)으로 나눈 구체적인 까닭은 易이 일월음양학설이기 때문이다. 일(日)과 월(月)을 합하면 '밝을 명(明)', 일(一)과 이(二)를 합하면 삼(三)이다. 일이삼(一二三)과 일월명(日月明)이 천지인(天地人) 삼재지도(三才之道)인 셈이다. 소성 8괘도 기본적으로 3획(三畫)이다. 괘를 구성하는 자리도 상·하·중, 하늘·땅·사람 자리로 나뉜다. 상천·하지·중인(上天·下地·中人), 시간적으로는 하늘이 먼저 열린 다음에 땅이 열리고 사람이 나오지만, 공간적으로는 상하천지 중간에 사람의 자리가 배치된다. 삼재·삼변(三才·三變)의 법도에 의거해서 삼역으로 나누는 것이다.

삼재사상에 입각하여 선천(先天)과 후천(後天)으로 나누고, 그 중간에 중천(中天)을 놓아 천도변혁을 제시한 글이 『주역』이다.

인류문명의 고향, 하도(河圖)

용마부도(龍馬負圖)
하늘의 은하(銀河)와 땅의 황하(黃河)

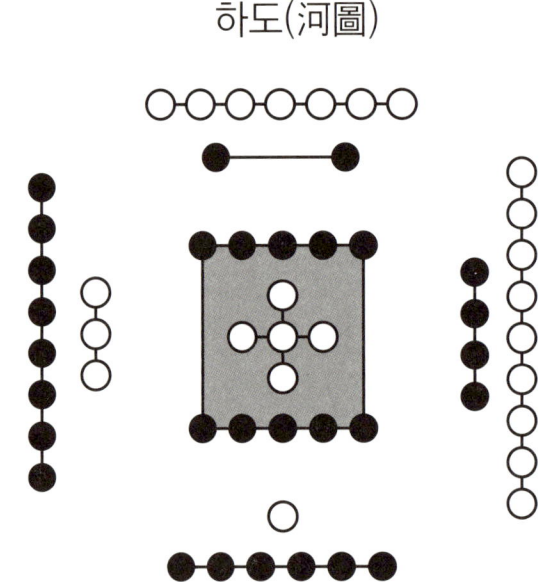

하도(河圖)

하도는 상고 선사시대의 전설적인 그림으로, 『역경』에서의 태극·음양·삼재·사상·오행·팔괘 등 제반분야의 밑바탕이 된다.

지금으로부터 5천여 년 전, 복희씨(伏羲氏) 성인이 처음으로 왕이 되어 세상을 다스릴 때에 하수(河水)라는 강물에 머리는 용, 몸은 말의 형상을 한 신비한 용마(龍馬)가 출현하였다. 그 등에는 열 가지 선모(旋毛) 형태의 '수를 나타낸 무늬'가 있었다고 한다. 이를 '황하에서 출현한 용마의 그림'이라는 뜻에서 '하도(河圖)'라고 부른다. 인류사회는 문자기록의 존재여부에 따라서 선사·역사(先史·歷史)로 크게 대별된다. '강 이름 하(河), 그림 도(圖)'로 일컫는 것은 당시 문자가 없었던 시대였기 때문이다.

'하(河)'는 본래 중원지역에서 가장 큰 강물인 황하(黃河), 도(圖)는 사물의 형상을 본뜬 그림을 일컫는다. 도(圖)는 둥글게 회전[回]하는 시간·공간의 곳집[囘: 곳집 름]인 '우주(宇宙)의 영역'을 상징한다. 상하사방의 무한한 공간세계가 '집 우(宇)', 왕고래금(往古來今)의 무궁한 시간세계가 '집 주(宙)'이다.

하수 강물에서 나왔지만 우주시공의 천체현상을 담았으므로, 하도는 '하늘 은하(銀河)의 선회와 땅 황하(黃河)의 물길'이라는 두 가지 뜻을 겸한다.

『천자문』의 첫 문구 '천지현황 우주홍황(天地玄黃 宇宙洪荒)'에 잘 부합되는 그림이다.

하도는 '용마부도(龍馬負圖)'로도 부른다. 용마가 하도를 등에 짊어지고 나왔기 때문이다. 용마는 '힘차고 건장한 말'이라는 뜻이지만. 머리는 형이상적인 하늘의 용, 몸은 형이하적인 땅의 말 모양을 한 신비로운 짐승으로도 풀이한다. 은하·황하의 천지를 아우른 하도와 동일한 뜻이다.

地澤臨 '밝은 양(—)이 음(--)들 아래로 임하다'는 임괘(臨卦)에 함림(咸臨)이 나온다.[1] 복희씨와 같은 훌륭한 성인이 출현하면, 자연 신성한 영물이 함께 감응하여 세상에 임한다는 뜻으로도 풀이된다. 순임금·문왕 때에 나온 봉황, 공자가 출생할 때에 나온 기린 등이 그 예이다.

복희씨는 용마 등의 1~10에 이르는 둥근 선모(旋毛, 소용돌이 형태인 머리털 가마)를 보고서 "아! 하늘이 나로 하여금 천하창생을 바르게 인도하도록 계시(啓示)를 주셨구나." 여기고, 우주만물의 생성과 천지자연의 변화를 크게 깨쳤다고 한다. 팔괘(八卦) 부호는 문명의 첫 획을 그은 시발점이다. 하늘이 내린 하도이치를 대오(大悟)하여 팔괘를 창시한 복희씨에 의해, 인류사회는

1.『주역(周易)』림(臨)괘: 初九 咸臨 貞吉, 九二 咸臨 吉 无不利

획기적인 문명(文明)시대로 접어들게 된다.

> '은하의 회전과 황하의 물 흐름'을 그린 하도에는 우주자연과 천지만물의 큰 지혜(꾀)가 담겨있다. 상부 머리는 용, 하부 몸은 말의 형상을 한 형이상하의 도기(道器)를 상징한다. 천도의 생수(1~5)와 지도의 성수(6~10)를 실은 하도의 내외수리가 이를 잘 입증한다.
> 하도중심부인 5·10은 역유태극(易有太極)을 이끄는 일·월(日·月)과 같다. 易은 재천성상(在天成象)의 측면에서는 일월(日月), 재지성형(在地成形)의 측면에서는 도마뱀 형체를 본뜬 글자이지만, 천지용마의 형상이기도 하다.

도(圖)와 도(道)

10가지 수 무늬를 담은 하도에는 우주 대자연의 진리(도)가 담겨있다. 도(圖)와 도(道)는 그 음의(音義)가 서로 통한다. 사물에 대한 꿈과 상상력은 곧 사물을 그리는 것이다. 꾀함의 원천이 그림이므로, '꾀할 도(圖)'라고도 한다. 지혜로운 '꾀'에서 나아갈 '길'이 열린다.

도(道)는 '머리(首)에서 생각하는 바대로 몸이 따라 움직이다[辶. 辵]'는 뜻이므로, 도마뱀의 머리와 몸을 본뜬 易과도 자연히 통한다. 10가지의 수로 이루어진 하도에는 기본적으로 천도·지도가 깔려있다. 천도·지도를 음양부모로 하여 자연 인도가 생성되므로, 하도는 삼재지도(三才之道)로 일컫는 易의 바탕이 된다.

상·수·리(象·數·理)

易은 자연의 상수리(象數理)를 때[時]에 맞추어 응용·활용·적용·이용하는 학문이다. 우주만상의 진리를 이끄는 것은 자연의 수이다. 하도의 10가지 수는 괘효(卦爻)를 비롯한 역의 모든 분야에 있어서의 밑바탕이다.

'모양 상(象)'은 본래 긴 코·큰 귀·어금니·몸체 등 코끼리 형상을 본뜬 문자이다. 코끼리는 지상의 동물 가운데 가장 몸집이 크므로, 그 모양이 눈에 잘 들어온다. 또한 계절상 초목의 싹눈이 드러나 보이는 때가 목(木)기운이 왕성한 봄철이므로, 상(象)은 '볼 상(相)'과도 음의가 서로 통한다.

상형(象形)은 '재천성상・재지성형(在天成象・在地成形)'의 의미를 담고 있다. 하늘의 일월성신처럼 추상적으로 드러나 보이는 모습이 상(象), 땅의 산천동식처럼 구체적으로 실재하는 모양이 형(形)이다.

기본적인 양효(—)와 음효(--)의 상(象)은 움직임과 고요함, 굳셈과 부드러움, 밝음과 어두움, 큼과 작음, 앞섬과 뒤따름, 맑음과 흐림, 주체와 객체, 줄기와 가지, 해와 달, 하늘과 땅, 남자와 여자 등을 나타낸다. 수(數)의 측면에서는 1획과 2획이지만, 길이로는 3대 2, 즉 삼천양지(三天兩地)로 대비되는 것이 음양의 효이다.

| 陽(—) | 기(홀) | 선 | 동 | 상 | 변 | 강 | 간 | 허 | 천 | 일 | 남 | 명 | 체 | 본 | 대 |
| 陰(--) | 우(짝) | 후 | 정 | 하 | 화 | 유 | 지 | 실 | 지 | 월 | 녀 | 암 | 용 | 말 | 소 |

본래 '셈할 수(數)'는 '여자[女]가 손에 들고 있는 대바늘로[中] 무늬를 수놓거나 바느질하다[貫]'는 의미인데, 이리저리 꿰어 '셈하다'는 뜻으로 쓰이게 되었다. 모든 사물이 형상을 갖추고 있듯이, 괘・효 또한 수 무늬를 갖추고 있다.

천지수화를 나타낸 건곤감리(乾坤坎離)는 수를 셈하는 가감승제(加減乘除)를 표상하기도 한다. 곱하기・나누기・더하기・빼기의 부호가 건(乾☰→×), 곤(坤☷→÷), 리(離☲→+), 감(坎☵→-)에 상응하기 때문이다.

동적인 양은 팽창 배가하고, 정적인 음은 수축 분리된다. 순양・순음의 건곤은 천지부모이다. '아비 부(父)'와 '어미 모(母)'의 글자에도 ×와 ÷의 부호가 들어있다. 물불을 상징하는 감리는 불이 위로 붙고 물이 아래로 빠지는 성질이 있으므로, '붙을 리(離), 빠질 감(坎)'으로 훈음(訓音)을 삼는다. 리(☲)는 큰 양효 사이에 작은 음효가 걸려 붙고(+), 감(☵)은 작은 음효 사이에 큰 양효가 빠져있는(-) 형상이다.

자연수 십(十)으로 열리는 우주(宇宙)
수·수·수·수(數·首·手·水)

머리[首]로 생각하지 않으면 수(數)를 셈할 수 없다. 수를 세는 원시적인 자연도구가 바로 손[手]이다. 손가락을 굽히고 펴는 굴신(屈伸) 작용으로 수를 셈하는 '머리 수(首), 손 수(手)'는 수(數)의 음의와 서로 통한다. 신체상 머리는 형이상(形而上)의 도(道), 손은 형이하(形而下)의 기(器)에 속한다.

오행가운데 수(水) 또한 수(數)와 음의가 서로 통한다. 오복(五福) 가운데 으뜸인 '목숨 수(壽)'도 수(水)를 바탕으로 한다. 물은 생명의 근원이다. 하도의 십(十)수 이치에 따라, 뱃속의 태아는 열 달이 지나야 열 구멍을 갖춰 태어나는데, 한 방울의 부정모혈(父精母血)인 물로 잉태되고, 모태의 양수 속에서 길러진다.

하락총백(河洛總百)

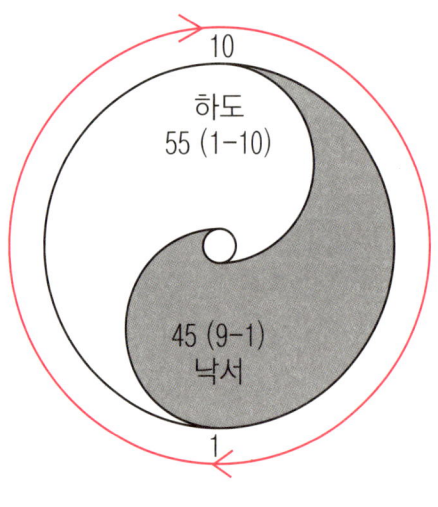

하도는 1~10으로 나아가는 10진(進)을 기본 수리로 하는데, 그 수합이 55이다. 나아감이 극하면 다시 물러나는 자연법칙에 따라서, 정점인 10에 이르면 다시 9~1로 되돌아와 45로 수합을 이룬다. 그 수를 모두 더하면 100이 된다.

물이 어는 온도는 0도, 끓는 온도는 100도이다. 액체인 물은 고체 상태인 얼음과 기체 상태인 수증기 사이에 존재한다. 수온을 100분한 연유도 하도수리에서 자연 찾을 수 있다. '만물 물(物)' 또한 생명의 근원인 물과 관계된 글자이다.

태극이 일으키는 기본적인 순환주기는 55와 45를 합친 100이다. 뒤에 살피겠지만, 45는 낙서(洛書) 구궁수의 총합이다. 하도는 자연히 낙서를 낳고, 낙서는 다시 하도를 낳는다. 하도는 선천적인 본체원리, 낙서는 후천적인 현상작용을 뜻한다.

하락의 전체총합 100을 '하락총백'이라고 한다. '십십지백 · 백백지만 · 만만지억(十十之百 · 百百之萬 · 萬萬之億)'의 무한대로 나아가, 억조창생인 만물이 생성되어 나온다. '무극이태극(无極而太極)'이 자연의 수리로도 입증된다고 하겠다.

좌우상하 · 동서남북의 공간 → 우(宇)

태극은 시공간의 영역인 우주(宇宙)의 생성변화를 행하며, 음양오행을 펼친다. 무궁한 태극의 '이오지십(二五之十)'을 표상한 그림이 바로 하도이다. 안에서는 천도에 해당하는 생수 1~5, 밖에서는 지도에 해당하는 6~10이 각기 내외배합을 행하며, 남 · 북 · 동 · 서 · 중, 상 · 하 · 좌 · 우 · 중 오방(五方)에 거처한다.

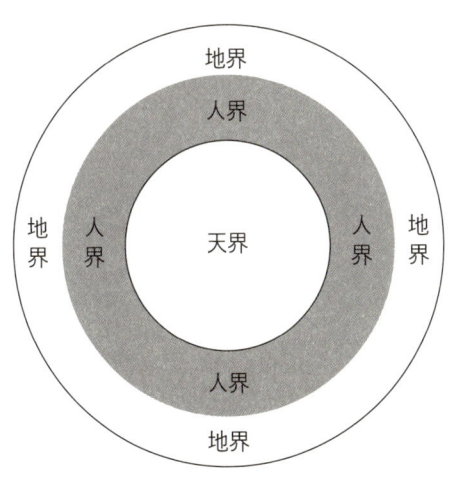

오방은 인도에 해당하는 수 · 화 · 목 · 금 · 토 오행의 집이기도 하다. 공간세계인 '집 우(宇)'는 상하사방 육합(六合)으로도 정의되는데, 대성괘의 밑바탕인 육위 · 육효(六位 · 六爻)의 집이다.

방향(方向)을 정하는 기준이 방위(方位)이다. 방법 · 방식 · 방책(方法 · 方式 · 方策) 등에서 알 수 있듯이, 음양오행의 易을 공부함에 있어서 기본방위 설정은 지극히 중요하다.

역에서는 북쪽을 밑뿌리로 삼아 아래 방위에 둔다. 태극의 극(極)은 나무가 극진히 뻗어 생장함을 뜻한다. 뿌리는 선천의 본(本), 가지는 후천의 말(末)이다. 먼저 땅 아래에 뿌리를 내리므로 아래를 북쪽(북극), 그 다음 가지와 잎사귀가 땅 위로 뚫고 나오므로 위를 남쪽(남극)으로 배정한다. 북극성을 중심으로 천체가 돌아가고, 하루의 때는 해가 북쪽에 있는 자정을 기준으로 하여 돌아감과 같다.

북쪽은 어둡기에 등지는[背] 곳, 남쪽은 밝기에 바라보는[面] 곳이다. 물이 아래로 흐르고 불이 위로 타오르듯이, 하도의 북방은 물이 자리하고 남방은 불이 자리한다. '등 배(背), 낯 면(面)'이란 글자도 어두운 북쪽에 해당하는 등과 밝은 남쪽에 해당하는 낯(얼굴)을 가리킨다.

'상하남북'이 정해짐에 따라 왼쪽은 동쪽, 오른쪽은 서쪽이 되어 자연 '좌우동서'를 이룬다.『대학(大學)』격물장(格物章)에 "물건에는 근본과 결말이 있고, 일에는 마침과 시작이 있다. 앞서고 뒤따를 바를 알면 도에 가까워진다(物有本末 事有終始 知所先后 則近道矣)."고 하였다. 본말선후의 이치를 아는 것이 모든 학문의 근본이라는 뜻이다. 방위설정에 있어서도 마찬가지이다.

춘하추동(생장수장)의 시간 → 주(宙)

점·선·면(點·線·面)은 3차원의 공간영역과 4차원의 시간영역으로 확장된다. 공간은 정적인 땅의 음, 시간은 동적인 하늘의 양에 연계된다. 텅 빈 공간을 바탕으로 시간이 끝없이 흐르는 대자연을 시공간의 집인 우주(宇宙)로 일컫는다.

'돌 회(回)'와 '곳집 름(㐭)'을 더한 글자가 '그림 도(圖)'이다. 끝없이 회전하는 우주(宇宙) 시공의 큰 집을 표상한 그림이 곧 하도이다.

왕고래금(往古來今), 지나간 것은 옛날이고 밀려온 것이 오늘이다. 과거·현재·미래의 삼세(三世)가 '집 주(宙)'이다.

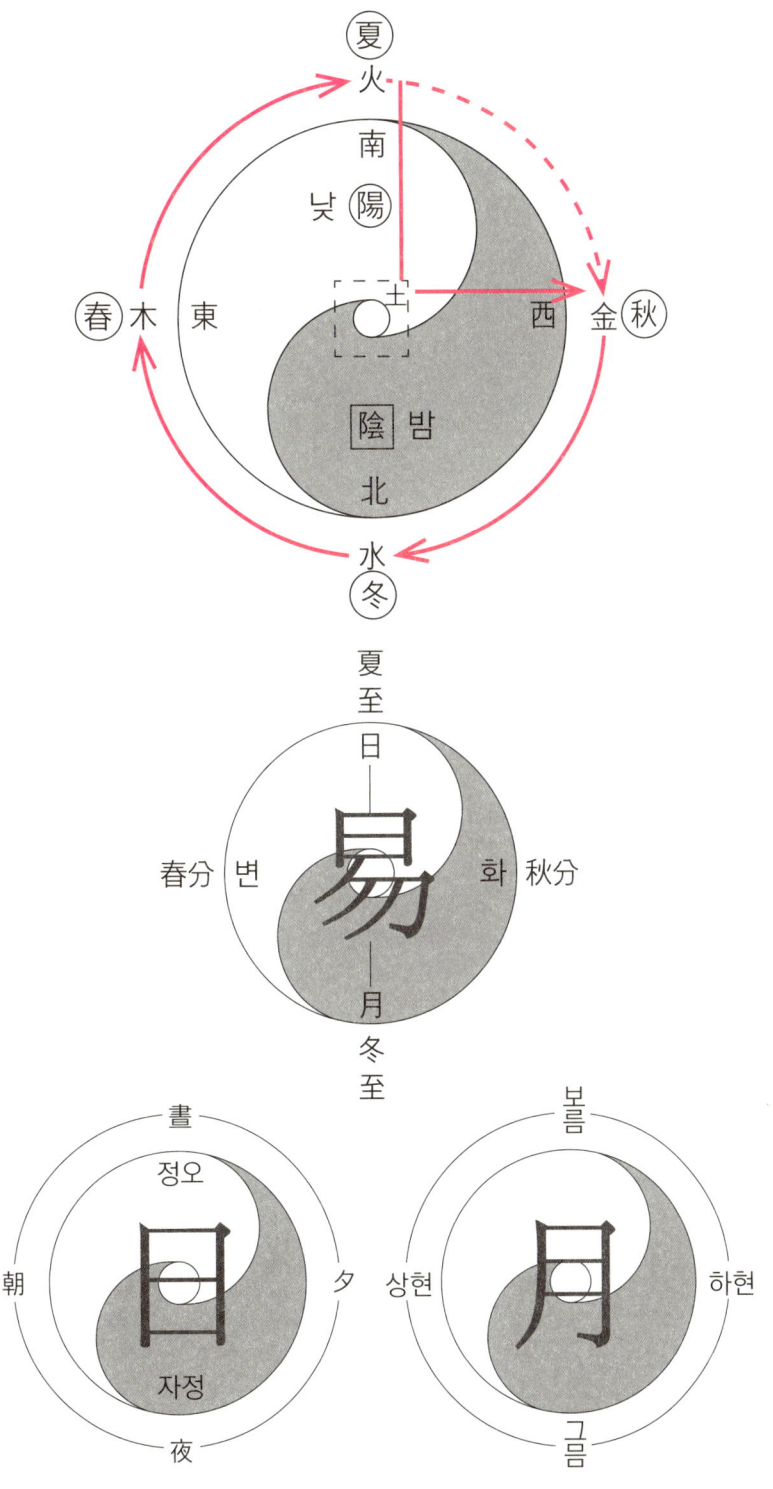

우(宇)의 '어조사 우(于)'는 뿌리를 내리는 일정 공간, 주(宙)의 '말미암을 유(由)'는 과거로 인해 현재·미래가 말미암는 시간을 뜻한다.

우주자연의 易을 대표하는 천지는 '천원지방(天圓地方)'으로 표상한다. '천동지정(天動地靜)', 둥근 원은 무궁하게 도는 시간의 수레바퀴, 모난 방은 변함없이 머무는 공간의 일정방소를 상징한다.

하도의 10가지 수는 중앙과 사방에 분포되어 있지만, 기본적으로 네 모퉁이가 비어있으므로 둥근 천체의 원(圓)을 기본으로 한다.

삼재생성과 음양오행
천지음양의 내외생성

하도를 하나의 원(○)으로 표상하면, 오목한 안과 볼록한 밖의 경계 속에 중간의 둥근 테두리가 있어 셋으로 구분(區分)된다. 안과 밖은 내외체용의 합일을 이루며, 내적인 주체와 외적인 객체로 대응된다. 정신과 육신의 관계처럼, 내부는 형이상(形而上) 천도, 외부는 형이하(形而下) 지도이다.

내외선후로 보면, 천도 1양(━)이 주장하여 앞서고 지도 2음(━ ━)이 순종하여 뒤따르는 주종(主從) 관계가 나타난다. 뱃속에서 열 달을 채운 다음 세상 밖으로 나오는 갓난아이, 땅속에서 뿌리내렸다가 지표를 뚫고나오는 싹처럼, 안에서 밖으로 나오는 것이 바뀔 수 없는 자연의 순리이다.

천도는 맑고 동적인 양물로 본(本), 지도는 흐리고 정적인 음물로 말(末)이 된다. 내·외·중(內·外·中) 삼재(三在)로 존재하는 것이 천·지·인 삼재(三才)이다. 먼저 위 하늘, 다음 아래 땅이 열리며, 만물과 사람이 그 중간에 나와 상천·하지·중인(上天·下地·中人)이 된다.

선후생성의 법도에 따라 하도를 살피면, 내재(內在)된 생수 1~5는 형이상(形而上)의 천도, 외재(外在)된 성수 6~10은 형이하(形而下)의 지도이다. 천도와 지도의 내외배합에 의해, 그 중간에 만물을 구성하는 원소인 오행이 생성되어 인도가 세워진다.

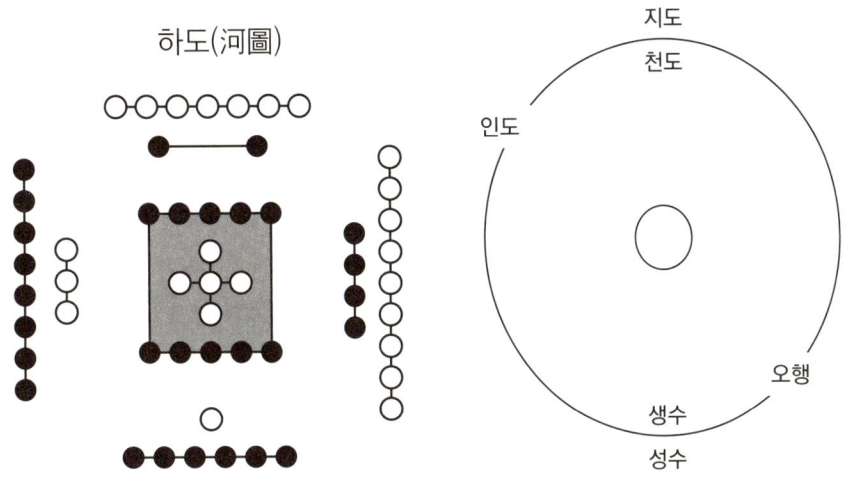

양물인 하늘의 도는 남자, 음물인 땅의 도는 여자를 이룬다. 공자는 '건도성남·곤도성녀(乾道成男·坤道成女)'를 강조하였다. 자연 하도 사방의 내부에는 부친·장남·중남·소남(1·2·3·4)인 남자, 외부에는 모친·장녀·중녀·소녀(6·7·8·9)인 여자가 순차적으로 자리한다. - 필자견해

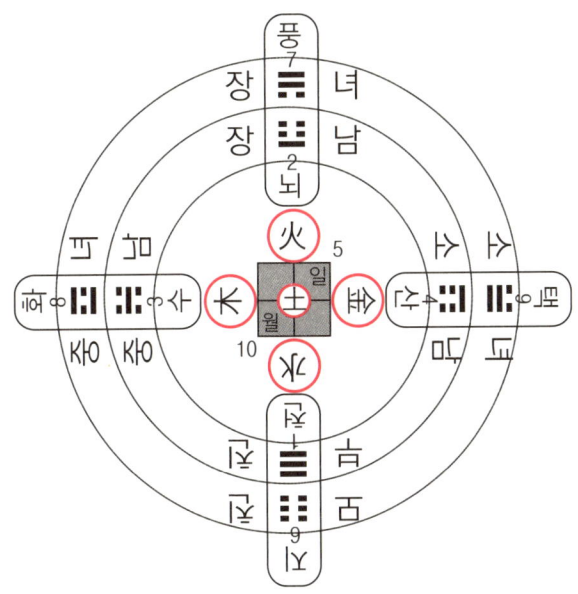

내외생성의 중심부에는 소성 8괘의 근원인 대성 건곤(乾坤)이 자리한다. 부모와 삼남삼녀를 생성하는 조부·조모(5·10)격이므로, 천태극·지태극으로

본다. 성인 복희씨의 팔괘(八卦)창안이 바로 내외선후로 흐르는 자연한 하도 수리에 기인한다.

신비 용마(龍馬)와 천지의 수(55)
황하용마와 무오황마

64괘의 명칭과 순서는 상하『역경』을 지은 문왕이 정하였다고 한다. 주나라 역인『주역』은 천도의 주기변화를 담았으므로, 60간지(干支)와 불가분의 관계를 맺고 있다.『주역』60번째의 괘 또한 연못에 물이 가득한 절(節)로서, 60간지의 절용(節用)을 상징한다.

황하유역에 나온 용마 등의 1~10은 그 전체 수합이 55이며, 공자는 55를 '천지의 수'라 정의하였다. 문왕은『주역』55번째 괘로 풍(豊)을 두었는데, 간지로는 55번째 무오(戊午)가 황하용마(黃河龍馬)인 황마(黃馬)로 상징된다.

풍(豊)의 상괘는 동방 진목(震木, ☳)으로 용, 하괘는 남방 이화(離火, ☲)로 말에 상응한다. 상부 머리는 용, 하부 몸은 말의 모양을 한 신비한 용마(龍馬)의 형상이다.

『역경』의 건괘 효사와 곤괘 괘사에도 각기 용(龍)과 마(馬)를 구체적으로 언급하였다. 하늘 건(乾)은 위에서 형이상의 도(道)를 주장하고, 땅 곤(坤)은 아래에서 형이하의 기(器)를 주관한다. 하도의 용마(龍馬)를 취상하여 천지건곤의 도를 설명한 것이다. 용마부도(龍馬負圖)의 하도와 팔괘를 창시한 복희씨 성인으로부터 비롯된 글이『역경』인 까닭이다.

동방목도와 풍(豊)괘

내괘·외괘(하괘·상괘)의 두 소성괘로 이루어진 대성괘에서 내괘는 본체원리인 선천, 외괘는 현상작용인 후천으로 간주한다. 팔괘의 선후위치로 보면, 풍(豊)괘는 정동방을 대표한다.

아래가 선천팔괘의 동방 삼리화(三離火☲) 불, 위가 후천팔괘의 동방 진목(震木, ☳) 우레인 까닭이다.

「건문언전(乾文言傳)」에는 번개(☲)친 후 우레(☳)소리 따르는 '동성상응(同聲相應)'으로 이를 표현하였다.

동방은 일출(日出)이 이루어지는 광명한 곳이다. 정동을 상징하는 풍괘는 '명이동(明以動)', 즉 밝음(☲)으로써 움직여(☳) 나아가므로 풍대하고 원대하다. 하늘의 4덕인 원형이정(元亨利貞) 가운데 봄의 원덕(元德)이 으뜸이므로, 건(乾)괘에서도 하늘의 6양을 용(龍)에 비견하였다.

'동녘 동(東)'에는 하도의 3과 8이 내외 배합하여 생성되는 木이 들어있다. 태극(太極) 또한 나무가 지극히 생장하는 의미이다.

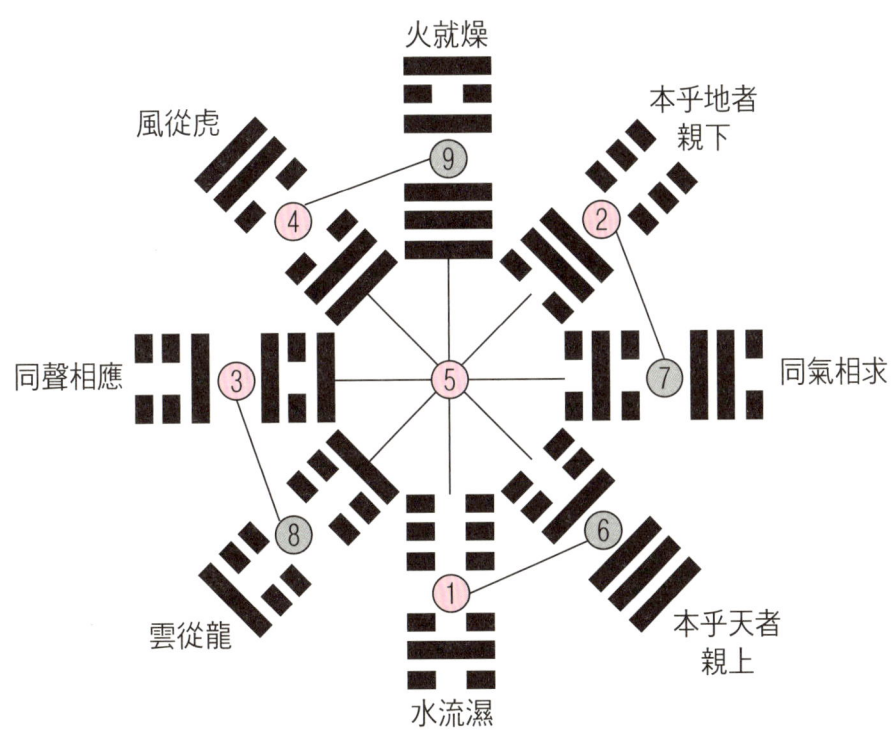

옛 기록에 복희씨를 동방 목덕(木德)을 얻은 성인이라고 하였다. 용마부도(龍馬負圖)에서 창안된 팔괘원리가 '삼팔목도(三八木道)'를 바탕으로 하며, 음양부호도 나무의 줄기·가지를 표상한다.

> '동녘 동(東), 서녘 서(西), 남녘 남(南), 북녘 북(北)', 사방을 대표하는 글자들은 선후천팔괘의 음양오행, 선후인과의 내외배합에서 만들어진 글자이다.
>
> 해 뜨는 방위인 동(東)은 뇌화풍(雷火豐), 저녁이 되면 새가 둥우리로 들어가는 서(西)는 택수곤(澤水困), 태양이 중천에 올라 세상을 비추는 남(南)은 화천대유(火天大有), 만물이 땅으로 돌아가 편히 쉬는 북(北)은 수지비(水地比)에서 비롯된 글자이다.
>
> 공자는 「건문언전(乾文言傳)」에서 동서남북을 "동성상응·동기상구·화취조·수류습(同聲相應·同氣相求·火就燥·水流濕)"으로 풀이하였다. 이러한 동서남북(東西南北)이란 글자는 『서경(書經)』 요전(堯典)에도 나온다. 음양오행의 기본이론이 상고시절 두루 갖추어져 활용되었음을 잘 보여준다.

풍·체·예(豐·體·禮)

밝음(☲)으로 힘차게 움직여 나가므로(☳), 풍괘는 예를 뜻하기도 한다.

'풍년 풍(豐)'은 '예도 례(禮)'의 옛 글자이다. 신체 골육의 풍성함을 뜻하는 '몸 체(體)'에도 풍(豐)이 들어있다. 문왕은 풍(豐)을 55번째 괘로 두었는데, 하도의 천지수가 55이다. 풍대(豐大)하게 음식을 차려 천지신명과 조상에게 제례(祭禮)를 올리는 괘이며, 동방목도로 대표되는 본체(本體) 태극의 원대(元大)함을 상징한 것이다.

1~10까지 총합인 하도의 55는 천도와 지도를 펼치고, 이를 부모로 하여 인도의 오행이 생성됨으로써, 삼재(三才)의 도(道)가 정립된다. 오행생성의 바

탕은 사상이며, 사상은 위수(位數)로 나뉜다.

사상오행과 팔괘에 대해선 뒤에 상세히 살피겠지만, 사방내외로 사상위수(四象位數)가 전개되어 남자(사상위. 1 2 3 4)와 여자(사상수. 6 7 8 9)의 남녀 팔괘가 순차적으로 정립된다. 다음, 선천남녀의 부부교합에 의해 후천자녀인 오행이 자연히 생성된다. 복희씨 성인이 하도를 효칙하여 팔괘를 창시한 근본 이치가 여기에서 입증된다. 하도에 표상된 질서정연한 자연의 흐름은 도의 체(體)가 되며, 이 도를 체득(體得)한 성인에 의해 인사의 기본인 예(禮)가 세워졌다.

하도의 기본수리

복희의 하도 효칙(效則)
공자의 행신문(行神文)

공자는 "하수에서 그림이 나오고 낙수에서 글이 나오거늘, 복희씨 성인이 이를 법도로 삼았다."[1]고 하였다. 『논어』에서도 "하수에서 그림이 나오지 아니하고 봉황이 이르지 않으니 그만두어야하는가?"[2] 하고, 천시가 따라주지 않음을 탄식한 구절이 나온다.

하도의 존재에 대한 공자의 지극한 믿음과 존숭을 엿볼 수 있는 대목이다. 근래 하도나 낙서를 부정하는 학설들이 많은데, 도서(圖書)의 수리를 근본적으로 풀지 못한 데에서 연유한다.

행신문(行神文)

天一地二天三地四天五地六天七地八天九地十이니
천일지이천삼지사천오지육천칠지팔천구지십

天數 五요 地數 五니 五位相得하며 而各有合하니
천수 오 지수 오 오위상득   이각유합

天數 二十有五요 地數 三十이라 凡天地之數 五十有五니
천수 이십유오 지수 삼십   범천지지수 오십유오

此 所以成變化하며 而行鬼神也라.
차 소이성변화   이행귀신야
- 『주역(周易)』 계사상전 9장

하늘은 하나, 땅은 둘, 하늘은 셋, 땅은 넷, 하늘은 다섯, 땅은 여섯, 하늘은 일곱, 땅은 여덟, 하늘은 아홉, 땅은 열이니, 하늘의 수가 다섯 가지이고 땅의

---

1. 『주역(周易)』 계사상전(繫辭上傳): 河出圖 洛出書 聖人則之
2. 『논어(論語)』 자한(子罕)편: 子曰 鳳鳥不至 河不出圖 吾已矣夫

수가 다섯 가지이다. 다섯 자리가 서로 얻으며 제각기 짝함이 있으니, 하늘의 수가 25이고 땅의 수가 30이다. 무릇 하늘과 땅의 수가 55이니, 이로써 변화를 이루고 귀신조화를 행하는 바이다.

공자는 "생생지위역(生生之謂易)"이라고 정의하였다. 역의 태극조화가 끊임없이 낳고 낳아 무궁히 펼쳐진다는 뜻인데, 우리말에도 생명의 활기찬 약동을 '생생하다, 팔팔하다'고 한다. 팔팔(八八)은 선천팔괘·후천팔괘를 각기 상징하는 수이다. 동시에 서로 곱하면 64를 낳으므로, 소성8괘가 내외로 짝하여 대성64괘를 생성함과 통한다.

공자가 하도의 신비조화를 64자로 설명한 문장을 일명 '행신문(行神文)'이라고 한다. 문장형식을 굳이 64자로 맞춘 까닭은, 하도의 수리가 易의 대성 64괘를 펼치는 바탕임을 지적하고자 한 것이라 생각된다.

易을 공부함에 있어서 올바른 길을 잃지 않도록 세심하게 글의 격식을 갖춘 것이다. 문장을 통하여 격물치지(格物致知)가 이루어지도록, 후세에 가르침을 전한 극진한 정성에 새삼 감탄하지 않을 수 없다.

1 2 3 4 5 6 7 8 9 10 열 가지 수에 대해 공자는 홀수인 1 3 5 7 9를 천수(天數), 짝수인 2 4 6 8 10을 지수(地數)로 정의하는 한편, 이웃한 수들끼리의 상득(相得)과 안팎의 수들끼리의 교합(交合)에 의해서 삼라만상이 변화하고 귀신조화가 행해진다고 하였다. 귀신이란 음귀양신(陰鬼陽神)으로, 양(陽)적인 조화를 베푸는 신(神)과 음(陰)적인 조화를 펼치는 귀(鬼)를 일컫는다. 천지의 수 55는 천수 1 3 5 7 9의 합수인 25와 지수 2 4 6 8 10의 합수인 30을 더한 수이다. 달력의 이치로 살피면, 천수를 모두 곱한 945는 32개월의 삭망일수이고, 10을 제외한 지수를 모두 곱한 384는 32년의 평달총수이다.

1~10에 이르는 열 가지 수는 우주자연 전체를 상징한다. 무궁무진한 조화를 펼쳐서 억조창생을 열기에 '열 십(十)'이다. 사람의 손가락·발가락이 각기 10개이고, 태중의 아이도 어머니 뱃속에서 10달 만에 세상에 나온다. 얼굴에 7구멍, 대소변을 보는 2구멍, 모태와 연결된 배꼽까지 합하여, 10구멍을 기본으로 하여 생성된다. 우주자연[十]의 조화를 완벽히 갖춘 존재가 사람이므로, 만물의 영장이라 일컫는 것이다. 예로부터 천도의 운행이치를 십간(十干) '갑을병정무기경신임계'로 세운 것도 이 하도에 기초한다.

주역산책

천체의 28수 별자리

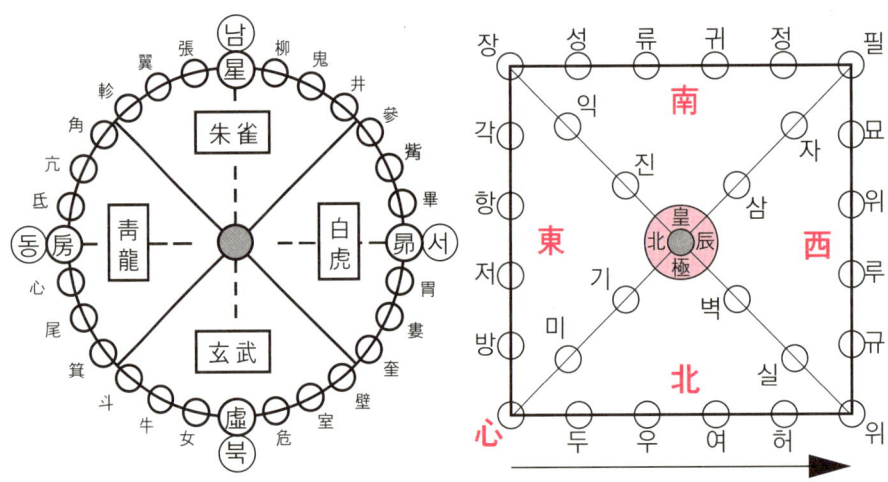

천체의 별자리를 표상하면서, 군신공동일체(君臣共同一體)를 상징하는 것이 윷판이다. 열십자[十]로 벌려진 윷판의 '밭 전(田)' 한가운데가 붙박이 중심별인 북극성, 그 주위의 28점이 사방의 28수에 해당한다. 달력이치로는 7개월의 윤달이 생성되는 19년 주기가 '빛날 장(章)'인데, 4장(章) 28윤(閏)의 기본법도가 28수의 윷판과 합치한다.

『황제음부경(黃帝陰符經)』에 "만 가지 조화가 몸에서 생겨나고, 우주가 내 손안에 들어있다(萬化生乎身 宇宙在乎手)."고 하였다. 태극의 지극한 정화를 얻은 사람은 신묘한 천지자연의 조화가 깃들어 있는 소우주·소자연이다.

  신체의 중심인 목을 제외한 사지의 기본 마디수가 천체의 사방 28수에 합치한다. 두 팔다리의 손목·팔목·오금·발목이 8마디이고, 각기 10개씩인 손발가락을 모두 합치면 대체(大體) 28절을 이룬다. 손에 있어서도 좌우의 손가락을 다 펼치면 열십자(十)로 벌려진 윷판 형상이고, 두 주먹을 편 손가락이 모두 28마디이다.

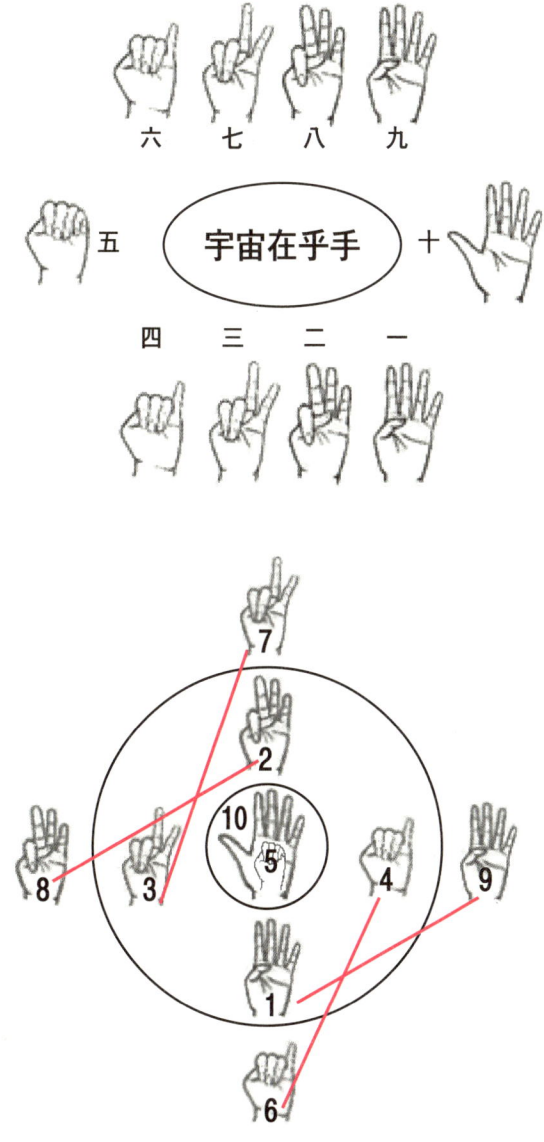

예법의 기본은 두 손을 맞잡는 공수(拱手)이다. 음양이 태극 하나로 합하듯이, '같이 하는 마음'이 공순한 마음[恭= 共+心]이다. 조상님이나 부모님께 절하거나 천지신명에게 기도할 적에, 두 손을 모아 합장하는 것이 공순한 마음을 예로 표현하는 방식이다. 악수도 상대와 나의 손마디가 28마디로 함께하는 '같이 공(共)'을 표현하고 있다.

복희씨 성인이 전한 가르침 가운데 가장 원초적인 것은 손가락의 굴신(屈伸)을 통하여 수를 세는 방법이다. 엄지손가락부터 순차적으로 굽혀 생수인 1~5를 세고, 새끼손가락부터 펴서 6~10을 세는 방법은 우리 겨레가 자연스레 익혀왔던 방식이다. 아득한 태고시절부터 이미 하도의 내외생성 수리를 써왔던 것이다.[3]

수의 득합(得合)
-기우 · 생성(奇偶 · 生成)의 십진수열(十進數列)

공자는 홀수인 기수(奇數) 1 3 5 7 9를 '천수(天數)', 짝수인 우수(偶數) 2 4 6 8 10을 '지수(地數)'로 표명하였다. 천수는 양적(—)인 수로서 홀로 있어 자유로운데다 중심이 실(實)하므로 동적이다. 반대로 지수는 음적(--)인 수로서 짝을 이루어 안정을 이룬데다 중심이 허(虛)하므로 정적이다.[4]

---

[3]. 대산(大山) 김석진 선생은 "엄지손가락은 중심 태극이다. 몸을 능히 굽혀 나머지 네 손가락에 두루 미치므로, 오행으로는 중앙 토(土)로서 사시를 두루 중재하고 조절한다. 검지 · 중지 · 약지 · 소지 네 손가락은 춘하추동을 차례로 나타내는데, 검지 · 약지의 길이가 비슷한 것은 낮밤의 길이가 비슷한 봄 · 가을, 중지가 가장 긴 것은 낮이 가장 긴 여름, 새끼 소지가 가장 짧은 것은 낮이 가장 짧은 겨울을 표상한다. 옛날 분들이 이렇게 격물치지를 하여, 천지자연과 하나가 되도록 어린 아이들에게 손을 쥐었다 폈다 하는 '쥐엄쥐엄'을 시켰다. 네 손가락 마디도 계절이 각기 석 달씩 운용되듯이, 각기 세 마디씩이다. 『주역』을 공부할 때도 '좌양우음'의 기본법도에 따라, 왼손의 엄지로써 나머지 네 손가락의 마디를 짚어가며 방위 · 절기 · 팔괘 등을 익혔다. 남자들이 손을 모을 때도 왼손을 오른 손 위로 놓는데, 양이 음을 누르고 있음을 뜻한다. 길례(吉禮. 제사) 등인 경우는 남자는 왼손을 위에, 흉례(凶禮. 상례)인 경우는 그 반대로 오른 손을 위에 둔다. 여자는 남자와 반대로 한다."고 말씀하였다.

[4]. 수의 기질(氣質)을 사상(四象)의 이치로 보면, 홀수는 태양 · 소양 · 소강 · 태강(1 · 3 · 7 · 9), 짝수는 소음 · 태음 · 소유 · 태유(2 · 4 · 8 · 6)에 속하므로, 천수인 홀수는 기질이 양강, 지수인 짝수는 기질이 음유한 것으로 보아야 한다. 이에 대해서는 뒤에 설명한다.

한편, 하도의 1~10은 내외본말과 선후생성의 자연한 배열을 갖추고 있으므로, 내부의 1 2 3 4 5는 '생수(生數)', 외부의 6 7 8 9 10은 '성수(成數)'라 일컫는다. 만물의 기본원소인 오행생성이 생수와 성수의 내외배합에 의한다.

본문의 오위상득·이각유합(五位相得·而各有合)을 수의 득합(得合)이라고 한다. 오위상득(五位相得)은 천수·지수의 이웃연대, 이각유합(而各有合)은 생수·성수의 부부교합을 뜻한다.

오위상득(五位相得)에 따른 성변화(成變化)

오위상득의 '얻을 득(得)'은 '발을 움직여[彳→行] 가까이 있는 물건[貝]을 손[寸]에 넣다'는 뜻이다. 수가 1에서 10으로 펼쳐지며, 홀짝으로 이어진다. 천수와 지수끼리 가까이 벗하며, 상대의 힘을 얻어서 천일지이, 천삼지사, 천오지육, 천칠지팔, 천구지십(天一地二, 天三地四, 天五地六, 天七地八, 天九地十)으로 화목한 이웃이 된다. 기우홀짝으로 비교되는 천수·지수는 변화(變化)를 이루는 주체이다. 천수는 변(變)하여 오행을 낳고, 지수는 화(化)하여 오행을 이룬다.

天一生水에 地六成之하고　地二生火에 天七成之하고
천일생수　　지육성지　　　지이생화　　천칠성지

天三生木에 地八成之하고　地四生金에 天九成之하고
천삼생목　　지팔성지　　　지사생금　　천구성지

天五生土에 地十成之니라.
천오생토　　지십성지

천1이 변하여 수를 생하고, 지2가 화하여 화를 생하고, 천3이 변하여 목을 생하고, 지4가 화하여 금을 생하고, 천5가 변하여 토를 생하고, 지6이 화하여 수를 이루고, 천7이 변하여 화를 이루고, 지8이 화하여 목을 이루고, 천9가 변하여 금을 이루고, 지10이 화하여 토를 이루는 것이다.

행신문 글 마지막의 '성변화(成變化)'는 천수·지수의 '기우변화(奇偶變

化)'를 이른다.

이각유합(而各有合)에 의한 행귀신(行鬼神)

이각유합의 '합할 합(合)'은 '남녀가 부부로 만나 자녀를 낳고, 한 식구가 되다'는 뜻이다. 내부 1 2 3 4 5와 외부 6 7 8 9 10이 안팎으로 짝하여, 천1지6(天一地六), 위로 지2천7(地二天七), 왼편으로 천3지8(天三地八), 오른편으로 지4천9(地四天九), 중앙으로 천5지10(天五地十)이 배합한다. 내외선후의 생성법도에 따라 안의 1~5가 생수, 밖의 6~10이 성수가 되어, 각기 내외 부부배합을 하여 수·화·목·금·토 오행을 생성하는 '귀신조화(鬼神造化)'를 행한다.

이각유합의 '각기 각(各)'은 남자가 짝하는 여자를 구하고, 여자가 짝하는 남자를 기다려 각기(各其) 자식을 생성함을 나타낸다. 사물에 이르러 이치를 알아내는 격물치지(格物致知)의 '이를 격, 감통할 격(格)'과도 연계된다.

生數	一	二	三	四	五	內本	配 天道 (아비격 / 남편격)
成數	六	七	八	九	十	外末	配 地道 (어미격 / 아내격)
五行	水 (도)	火 (개)	木 (걸)	金 (윷)	土 (모)	中幹	配 人道 (자녀격)

생수와 성수는 천도와 지도, 남자와 여자, 청과 탁, 동과 정 등으로 서로 대비된다. 행신문 글의 마지막 행귀신(行鬼神)은 생수·성수의 오행생성을 가리킨다.

공자는 "천수를 합친 25(=1+3+5+7+9)와 지수를 합친 30(=2+4+6+8+10)을 모두 더한 55(=25+30)를 '천지의 수'라고 정의하며, 이 55에 의하여 삼라만상의 모든 변화가 이루어지며 귀신의 음양조화가 행해진다."고 하였다. 본문의 오위상득이 '성변화(成變化)', 이각유합은 '행귀신(行鬼神)'에 연계됨을 주목하여야 한다.

삼천양지(參天兩地)

역의 수는 양과 음을 3 : 2로 대비하여 기본을 삼는다. 본체 생수를 중심으로 보면, 천수 1 3 5가 셋이고 지수 2 4가 둘이므로, 3 : 2의 '삼천양지(參天兩地)'를 이룬다. 각기 수합도 9와 6으로 3 : 2로 대비된다.

소자(邵子)는 오위상득(五位相得) 가운데 천1지2(天一地二)는 수의 처음이며(數之始), 천9지10(天九地十)은 수의 끝이며(數之終), 천5지6(天五地六)은 수의 중심이라고 설명하였다(數之中). 수의 시중종(始中終)을 모두 더한 33과 그 사이의 천3지4(天三地四), 천7지8(天七地八)을 더한 22도 3 : 2로 대비된다. 오행 수·화·목·금·토에 있어서도, 시·중·종에 해당하는 1·6수, 3·8목, 5·10토의 총합이 33이고, 그 사이의 2·7화와 4·9금의 총합이 22로서 3 : 2를 이룬다.

양획(━)과 음획(╌)의 길이를 3 : 2로 간주하는 것도 삼천양지의 법도를 따른다. 이를 팔괘에 적용하면, 건삼련(乾三連, ☰)은 9, 곤삼절(坤三絶, ☷) 6, 진·감·간(☳·☵·☶)은 7, 손·리·태(☴·☲·☱)는 8이 된다. 9는 태양수, 6은 태음수, 7은 소양수, 8은 소음수다. 구육(九六)을 부모, 칠팔(七八)을 자녀로 간주하는 것에서 사상수에 의한 효의 변동도 설명된다.

성숙한 9·6 부모가 아니면 교역배합이 이루어질 수 없고, 극적인 음양변화가 펼쳐질 수 없으므로, 효를 대표하는 것은 부모인 9·6이다. 따라서 양효(━)는 구(九), 음효(╌)는 육(六)으로 표시한다.

천일지이(天一地二)

양(━)의 부호가 한 획이고 음(╌)의 부호가 두 획이듯이, 하늘의 1양과 땅의

2음에서 수가 시작한다.[5] 한 획을 세우면 좌우(左右) 둘로 나뉘고, 한 획을 눕히면 상하(上下) 둘로 나뉘며, 한 획의 테두리를 그리면 내외(內外) 둘로 나뉘기 마련이다. 일생이법(一生二法)은 가장 기본적인 자연법칙으로, 태극이 양의를 생하는 기본원리에서 출발한다.

하나에서 둘이 갈려 나온 다음, 먼저 나온 첫째(1) 양과 그 뒤의 둘째(2) 음은 필연적으로 짝하여 셋째(3)를 낳는다. 이를 일생삼법(一生三法)이라고 한다. 3변하는 흐름인 태극(太極)을 바탕으로 천·지·인 삼재(三才)의 도가 세워지고, 무궁 무한한 억조창생의 수가 펼쳐진다. 역의 이론은 태극 일원론(一元論)을 본체로 삼음과 동시에 음양 이원론(二元論)과 삼재 삼원론(三元論)을 아우른다. 삼재합일의 측면에선 삼재일원론이다.

천삼지사(天三地四)

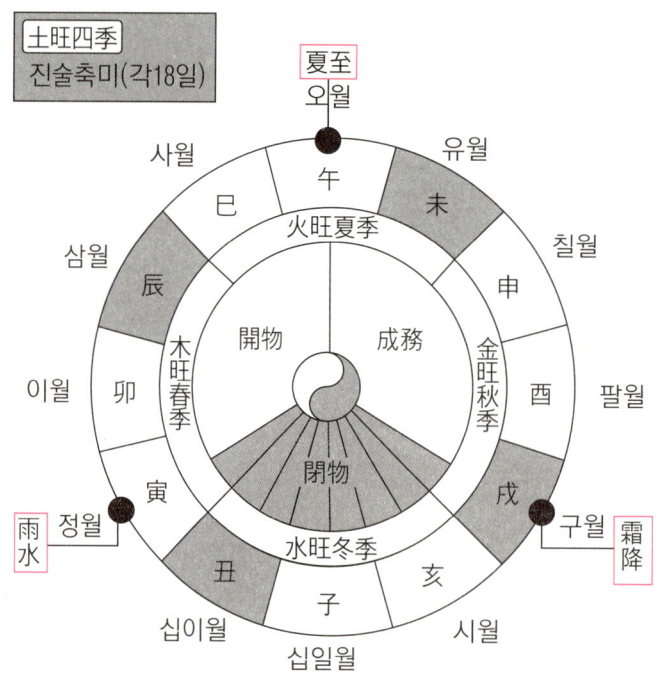

---

5. 시간적으로는 1양을 현존하는 실재, 2음을 과거와 미래로 보아도 좋을 듯하다.

천수 3과 지수 4는 3과 4로써 운행 변전한다는 천부경(天符經)의 '운삼사(運三四)'의 법도를 행한다. 3×4=12로 12지지를 펼쳐, 각 3달씩 4계절로 한 해 12월이 돌아간다.

이를 세 발 달린 솥발처럼, 삼재(三才)로 3분하여 정립하는 법도로도 풀이한다. 정오(正午)를 중심푯대로 하여, 인반(寅半) 우수에서 오반(午半) 하지에 이르는 과정이 인사적으로 선천(先天), 하지에서 술반(戌半) 상강에 이르는과정이 후천(後天)이다.

만물과 사람이 활동하는 개물기(開物期)로 일컫는다. 상강에서 다시 우수에 이르는 과정은 생명이 휴식(休息)하는 폐장기(閉藏期)에 해당한다. → 소자(邵子)의 학설

하루로 보면, 개물기는 인시 중반에서 술시 중반까지이다, 건괘(乾卦) 구삼(九三) 효사의 '군자 종일건건(君子 終日乾乾)'이 이를 표현하였다고 생각된다.

천오지육(天五地六)

천수 5와 지수 6은 수의 한복판에 처하여 때를 총괄하는 중심 역할을 한다. 천수의 총합인 25와 지수의 총합인 30이 5:6으로 대비된다. 5와 6은 천지의 기운인 오운육기(五運六氣)를 생성하고 운행한다. 상호 교합한 5×6=30은 5일 주기의 후(候)가 6회 쌓인 삭망월의 기본상수이다. 천도를 설명한 주역상경도 30괘로 구성되어 있다.

60간지의 5자6갑(五子六甲)인 갑자병자무자경자임자와 갑자갑술갑신갑오갑진갑인, 인체의 5장6부, 지구의 5대양6대주를 낳는다.

천칠지팔(天七地八)

천수 7과 지수 8은 일월운행의 차고 비는 달력의 기삭(氣朔)을 낳는다. 필자의 관점이지만, 윤달을 이루는 달의 기영삭허(氣盈朔虛)에서 소양수 7은 양으로 넘치는 기영도수, 소음수 8은 음으로 부족한 삭허도수에 각기 연계된다.

澤風大過　雷山小過

주역경전에서도, 상경의 28번째에 양(—)의 지나침을 상징하는 대과(大過), 하경 32번째에 음(--)의 지나침을 상징하는 소과(小過)를 놓았다. 양진음퇴의 이치로 미루어보면, 각기 기영삭허, 대과소과를 상징한다. 사상수 6 7 8 9에 사시변화의 4를 곱한 수를 '사상의 책수(策數)'라고 한다. 따라서 4×7=28은 소양 책수, 4×8=32은 소음 책수에 해당한다.

한편, 소양수 7과 소음수 8은 각기 七七49와 八八64로 천원지방(天圓地方)의 신비로운 조화작용을 펼친다. 이를 시초(蓍草) 49책의 원이신(圓而神)과 대성(大成) 64괘의 방이지(方以知)로 일컫는다. 역에서는 성숙한 태양수 9와 태음수 6을 효의 명칭으로 사용하고, 미숙한 소양수 7과 소음수 8을 쓰지 않는다. 교역과 변역은 성숙한 음양이라야 가능하기 때문이다.

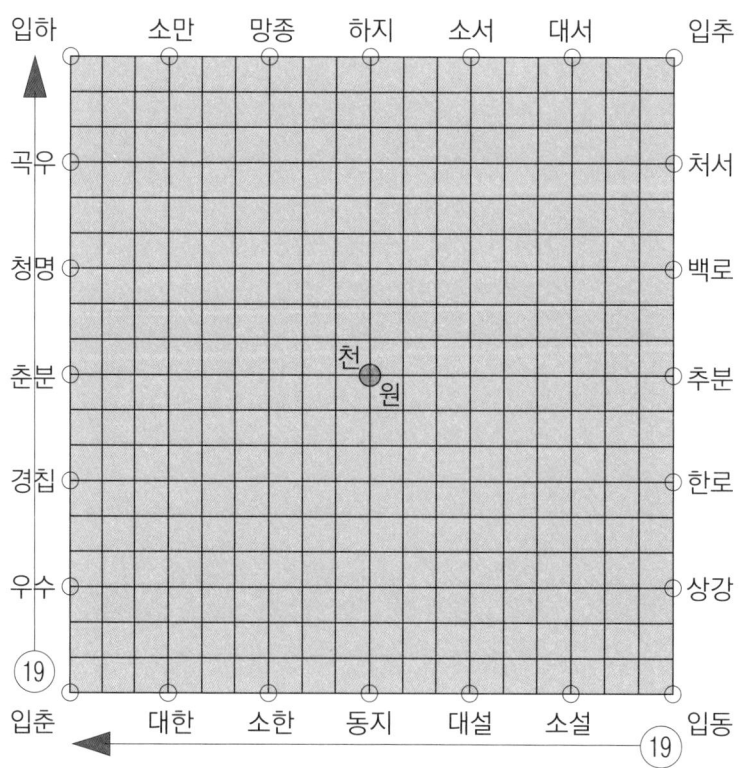

기삭성윤(氣朔成閏), 일월운행의 과불급인 기삭(氣朔) 배합으로 생성되는 윤달은 평상적인 달에 속하지 못하므로, 불용(不用)의 방편이다. 월령도 스스로 주장하지 못하고 전 달의 간지를 붙인다.

천구지십(天九地十)

하도 맨 끝에 오는 천수 9와 지수 10은 수의 마침이다. 하나의 과정을 마치면 다시 처음으로 돌아가 새로운 과정을 일으키므로, '종즉유시(終則有始)'하는 때의 순환마디가 된다.

10과 9를 더한 19는 하도의 10수와 낙서의 9수를 합한 수이다. 십체구용(十體九用)으로서 전체를 대표하는 체수는 10이고, 실제 사용하는 용수의 끝은 하나를 비운 9이다.[6] 어머니 뱃속에서는 태아가 10구멍으로 생명활동을 하다가 바깥세상으로 나올 때는 배꼽 하나가 닫혀 실제적인 쓰임은 구규(九竅)인 9구멍으로 살아감과 같다.[7]

체용관계인 하도낙서의 10과 9를 합한 19가 바둑판에 나타난다. 종횡으로 19줄씩 총 19×19=361점, 여기에서 중앙 1점(天元)은 전체를 거느리는 황극(皇極)의 체수이다. 이를 뺀 나머지 360점이 1년 주천상수(周天常數)의 용수이다.

태음태양력인 달력에서도 일월의 역수가 19년을 주기로 합치하며, 7번의 윤달을 넣는 19년 주기가 장(章)이다. 한 해 양력과 19년 주기 음력이 모두 수의 마침인 10과 9로 종즉유시(終則有始)의 '마디 절(節)'을 이룬다.

천오지십(天五地十) → 소연대연(小衍大衍)

---

[6]. 열(十)에서 싹터(乙) 나온 것이 아홉 구(九)인데, 왼손의 다섯 손가락을 다 편 열(十)의 상태에서 엄지 하나를 구부린(乙) 것이 하나이자 곧 아홉이다.
[7]. 남구여십(男九女十), 여성은 자궁의 문이 있어서 하도의 10수 그대로이다. 자궁은 허하므로 무극(十)의 빈 상태이다.

하도 10수 전체를 태극으로 표현할 수 있지만, 사방을 거느린다는 측면에서는 중앙의 5와 10이 이를 대표한다. 5와 10은 수리적으로 '클 태(太), 끝 극(極)' 즉 가장 크고 끝에 자리한 수이다.

생수와 성수의 궁극에 처하므로, 5와 10을 '천태극지태극, 천극지극'이라고 한다. 5를 황극(皇極), 10을 무극(旡極)으로도 표현한다.

5와 10은 태극을 대표하는 중심이므로, 작게는 소연(小衍) 15와 크게는 대연(大衍) 50이란 수를 펼친다. 공자는 64괘 384효를 전개하는 태극의 큰 조화를 대연(大衍) 50으로 정의하였다.

천지자연의 열림은 먼저 5와 10의 분화작용, 즉 5가 10을 밀쳐 1 2 3 4로 분화되는 것에서 시작한다. 천극 5는 본체 연모(衍母), 지극 10은 연자(衍子)라고 이른다. 체용관계를 이루는 둘을 합친 15가 소연수(小衍數)이다.

5에 의해 10이 사방의 생수인 1 2 3 4를 낳은 다음, 마침내 5가 10의 통제로부터 독립하여 1 2 3 4를 거느린 중심으로 우뚝 선다. 그 다음, 1 2 3 4가 다시 중앙 5의 도움을 받아 바깥으로 각기 사방의 성수인 6 7 8 9 10을 낳는다. 1과 5가 만나서 6, 2와 5가 만나서 7, 3과 5가 만나서 8, 4와 5가 만나서 9, 5는 5 스스로 만나서 10을 이룬다.

하느님이 사람을 창조할 때, 먼저 아담이란 남자를 만들고 그 갈빗대를 취하여 이브라는 여자를 만들었다고 하듯이, 천도(생수)의 남자로 인해 지도(성수)의 여자가 펼쳐져 나온다.

천지남녀의 사상위수(四象位數)

건도성남(乾道成男) 곤도성녀(坤道成女)

하도의 안에 처한 1 2 3 4 5는 생수로서 만물을 생동시키는 천도를 의미한다. 하도의 밖에 처한 6 7 8 9 10은 성수로서 만물을 화성하는 지도를 의미한다. 생수와 성수는 후대 학자들이 붙인 용어이다.

공자는 하늘의 건도(乾道)에서 남자가 나오고, 땅의 곤도(坤道)에서 여자가 나온다고 하였다. 하늘과 땅을 형이상의 건곤(乾坤)과 형이하의 천지(天地)로 분별하여 표명한다. 천도지도는 청탁·동정·남녀·생성·본말 등으로 대비된다. '남선여후(男先女後)'의 선후법도에 따라, 생수가 성수보다 앞에 처한다. 남녀가 부부로 배합을 하면 자식을 생성하듯이, 생수성수·천도지도가 남녀 부부로 짝하여 생성물인 인도의 수·화·목·금·토 오행을 생성한다.

이렇듯, 하도에는 태극·음양·삼재·사상·오행·팔괘 등 모든 법이 다 갖추어져 있다.

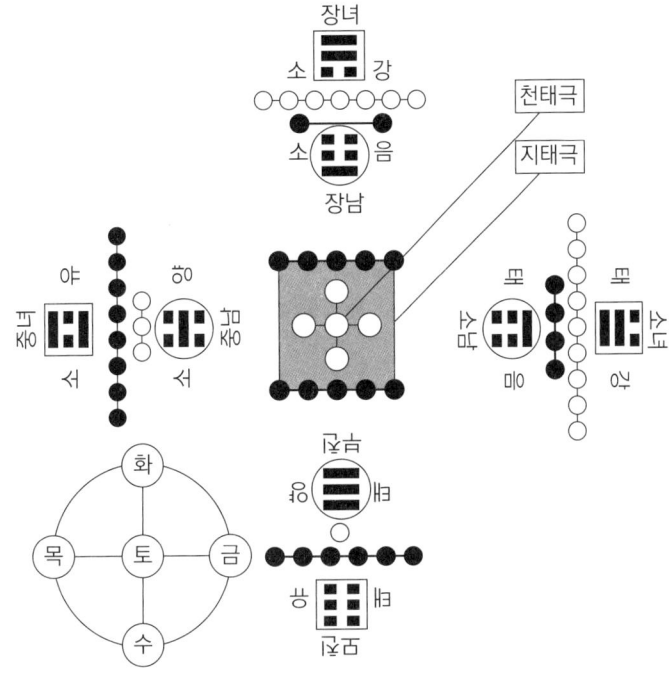

중앙 태극을 배제하고 사상 수리로 설명하면, 천도는 음양의 기(氣)를 베풀고 지도는 강유의 질(質)을 이룬다. 천도의 음양은 1태양·2소음·3소양·4태음의 기(氣)를 생하고, 지도의 강유는 6태유·7소강·8소유·9태강의 질(質)을 이루는 것이다.

사상을 내적인 위(位)와 외적인 수(數)로 분리하여, 1태양위·2소음위·3소양위·4태음위 그리고 6태음수·7소양수·8소음수·9태양수로도 일컫는다. 즉 사상위는 내본인 체, 사상수는 외말인 용이 된다. 체용합일로 이루어진 결과가 오행이다.

 4 다음에 자연 5가 오듯이, 사상의 위수(位數)는 기질배합을 통하여 오행인 수·화·목·금·토를 생성하는 부모역할을 한다. 1과 6이 만나 생성하는 수(水)는 태양·태유(부친·모친)의 부부결합으로 이루어진 자식이다. 2와 7이 만나 생성하는 화(火)는 소음·소강(장남·장녀), 3과 8이 만나 생성하는 목(木)은 소양·소유(중남·중녀), 4와 9가 만나 생성하는 금(金)은 태음·태강(소남·소녀)의 부부결합에 의한 자식이다. 천극·지극(조부·조모)인 5와 10이 배합하여 생성하는 토(土)는 특정기질이 없이 수화목금을 조절하고 중재하는 중심역할을 한다.

 공자는 "하수에서 그림이 나오고 낙수에서 글이 나옴에 성인이 이를 법도로 삼았다. 이러한 사실은 역에 사상이 있는 것에서 드러나고, 괘사·효사의 문장을 달아놓은 것에서 살필 수 있다. …"[8]고 하였다. '사상의 수리법도'는 역을 궁리함에 있어서 지극히 중요하다. 하도·낙서를 밝히는 근본열쇠일 뿐만 아니라, 선후천팔괘의 배열원리를 밝히는 핵심단서가 되는 까닭이다.

 도서팔괘에 일관되게 흐르는 사상수리에 대해선, 공자 이래로 아직 통일된 중심학설이 없다. 백가쟁명(百家爭鳴)과도 같다. 필자 나름대로 정리해본 위의 사상수리는 천도와 인사가 두루 회통(會通)된다. 문언전·계사전·설괘전 등 공자말씀 속에서 두루 입증되기에, 용기를 내어 밝히는 것이다.

 『음부경(陰符經)』에 "천도와 인사가 합일하여야 모든 변화의 기초가 정해진다."고 하였다.[9] 근본이 정립되지 않으면 나아갈 길이 열리지 않는다. 복희

---

8. 『주역(周易)』 계사상전(繫辭上傳): 河出圖 洛出書 聖人則之 易有四象 所以示也 繫辭焉 所以告也
9. 『음부경(陰符經)』에 "하늘의 도를 살피고 하늘의 운행을 잡으면 극진하다. 하늘에 오적(五賊. 오행)이 있으니, 이를 알아보는 이는 창성하다. 오적이 마음에 있으므로 이를 하늘에 시행하면, 우주가 손안에 들어오고 만 가지 조화가 몸에 따르게 된다. 천성(天性)은 사람이고 인심(人心)은 기틀이니, 천도를 세움으로써 인사(사람)가 정해진다. --- 천도인사가 합발을 하여야만 모든 변화의 기초가 정해진다.(觀天之道 執天之行 盡矣 故 天有五賊 見之者 昌 五賊在心 施行於天 宇宙在乎手 萬化生乎身 天性人也 人心機也 立天之道 以定人也---天人合發 萬變定基)"고 하였다.

의 선천팔괘「차서도(次序圖)」와「방위도(方位圖)」의 '사상수리'는 하도의 수리를 담고 있다,「선천팔괘방위도」의 남녀왕래를 바탕으로 '낙서의 구궁법도'가 펼쳐지며, '후천팔괘의 방위배열'도 자연히 설명된다. -후술

천도 지도 인도

천도(음양): 1(태양 부친) 2(소음 장남) 3(소양 중남) 4(태음 소남)

지도(강유): 6(태유 모친) 7(소강 장녀) 8(소유 중녀) 9(태강 소녀)

인도(기질): 수(물) 화(불) 목(나무) 금(쇠) 토(흙)

태극(太極)을 대표하는 오십토(五十土)

천태극(천극) 五: 진실(眞實) 황극(皇極)

지태극(지극) 十: 진공(眞空) 무극(旡極)

인태극(인극) 土: 핵심(核心) 유극(有極)

음양교합(남녀)과 오행생성(자녀)

『대학』격물(格物)장에 "물건에는 근본과 결말이 있고 일에는 마침과 시작이 있으니, 앞과 뒤를 알면 도에 가까워진다(物有本末 事有終始 知所先后 則近道矣)."고 하였다. 천도와 남자는 앞서는 1 2 3 4 5 생수, 지도와 여자는 뒤따르는 6 7 8 9 10 성수에 속한다. 1 3 5 7 9 홀수를 천수(天數), 2 4 6 8 10을 지수(地數)로 둔 것과는 분명히 구분하여야 한다. 처음 역을 공부할 때 천수지수(홀수짝수), 천도지도(생수성수)가 헷갈리기 쉽다.

『시경』에 "부혜생아(父兮生我)하시며 모혜국아(母兮鞠我)하시니---" 하였듯이, 아비가 생명의 씨를 뿌려 자식을 탄생케 하고 어미가 씨를 받아 자식을 육성한다. 천도는 만물을 생(生)하는 아비이고, 지도는 만물을 성(成)하는 어미이다. 내적인 천도는 형이상적인 도(道), 외적인 지도는 형이하적인 기(器)에 상응한다. 천도 · 지도의 부모배합에 의하여 중간 인도가 세워지는 것

이다. 이는 사상위수의 배합에 의해서, 형상을 갖춘 만물이 오행으로 생성되어 나오는 이치이기도 하다.

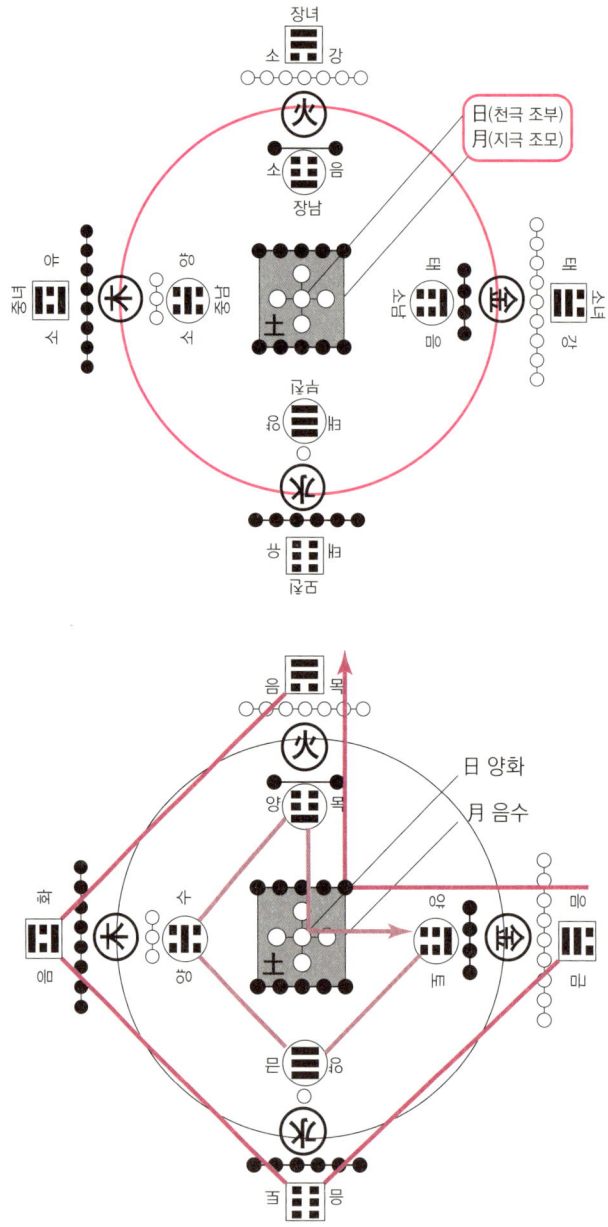

오행은 '다섯 가지가 발걸음을 차례대로 밟아나간다'는 뜻이다. '다섯 오(五)'는 '두 이(二)'와 '사귈 예(乂)'를 합친 글자로, 천도·지도가 서로 사귀어

인도의 오행이 나옴을 가리킨다. 즉 생수·성수가 사귀어 생성물인 만물이 나오다는 의미이다. 오(五)가 '두 이(二)' 부수에 속해있음도 음양에서 오행이 나오기 때문이다.

'다닐 행(行)'은 왼 걸음(彳)과 오른 걸음(亍)으로 발걸음이 나아감, 또는 사방으로 트인 길을 나타내어 통행(通行)함을 가리킨다. 열을 지어 움직이는 '열항'으로도 쓰인다. 대오를 이루며 질서정연하게 하늘을 나는 기러기, 또는 형제간을 안항(雁行)이라고 하는데서 이러한 의미를 찾을 수 있다. 오행도 형제처럼 한 몸을 이루면서 열을 지어 나아간다. 윷놀이의 도·개·걸·윷·모의 다섯 행보와도 같다.

내외체용의 선후본말로써 사상의 위수(位數)가 천도지도, 남자여자로 나뉘듯이, 오행에 있어서도 선천적인 천도의 오행과 지도의 오행으로 나뉘며, 그 교역배합으로 후천적인 인도의 오행이 생성된다. 실제 활용하여 쓰는 것은 후천적인 인도의 오행이다. 복희의 선천팔괘와 문왕의 후천팔괘의 배열 속에 이러한 이치가 발견된다. -후술

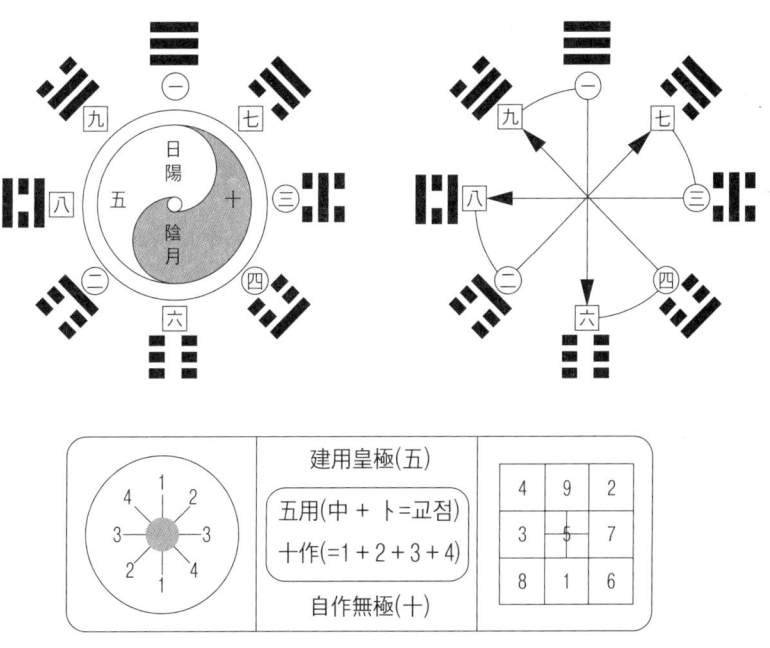

"건도성남 곤도성녀(乾道成男 坤道成女)"라는 공자의 말씀대로, 천도는 굳센 남자를 이루고 지도는 순한 여자를 이룬다. 천지가 상하로 교통하여 중간에 만물을 생성하는 법도대로, 남녀가 부부로 교합하여 자식을 생성하는 것이다.

만물의 생성원소인 오행은 1 2 3 4 5라는 생수(천도/남자)가 6 7 8 9 10이라는 성수(지도/여자)를 각기 만나 부부로 교합해서 생성되는 수·화·목·금·토(水·火·木·金·土)를 이른다.

生數	一	二	三	四	五	內本	配天道 (아비격/ 남편격)
成數	六	七	八	九	十	外末	配地道 (어미격/ 아내격)
五行	水(도)	火(개)	木(걸)	金(윷)	土(모)	中幹	配人道(자녀격)

오행은 맨 먼저 1·6이 짝하여 생성된 수(水)로부터 시작하여, 2·7이 짝하여 화(火), 3·8이 짝하여 목(木), 4·9가 짝하여 금(金), 5·10이 짝하여 토(土)를 차례로 생성한다. 오행의 생성순서는 윷말이 도(1) 개(2) 걸(3) 윷(4) 모(5)로 차례로 나아가듯이, 1 2 3 4 5의 과정 그대로 수화목금토로 전개된다.

오행은 생수와 성수의 교합으로 생성되어 그 중간에 자리한다. 나무로 표현하자면, 내본(內本)과 외말(外末)의 중간(中幹)인 핵심줄기와 같다. 하도의 핵심줄기가 오행이므로, 일육수·이칠화·삼팔목·사구금·오십토(一六水·二七火·三八木·四九金·五十土)라 하고, 방위를 붙여서 북방수·남방화·동방목·서방금·중앙토(北方水·南方火·東方木·西方金·中央土)라고 이른다.

하도에 천도·지도에 의한 인도의 생성원리, 삼재지도(三才之道)가 담겨져 있다. 삼재(三才)의 '바탕 재(才)'는 일명 '싹 재'라고도 하는데, 글자 획수도 마침 3획이다. 木에서 비롯된 才를 바탕으로 한 글자가 '있을 재(在)'이다.

생수 1 2 3 4 5가 내재(內在), 성수 6 7 8 9 10이 외재(外在), 오행 수화목금

토가 중재(中在)하는 것이다.

　삼재를 펼치는 주인공은 '조화옹, 조물주, 하늘'이다. 삼재의 도를 실은 하도는 '하늘 천(天)'자 하나로 압축 표현된다. 일(一)과 대(大)로 구성된 천(天)은 '장인 공(工)'과 '사람 인(人)'으로도 파자(破子)되는데, 이는 위 하늘과 아래 땅이 음양으로 교통하여 만물(人)의 형상을 빚어냄을 뜻한다.

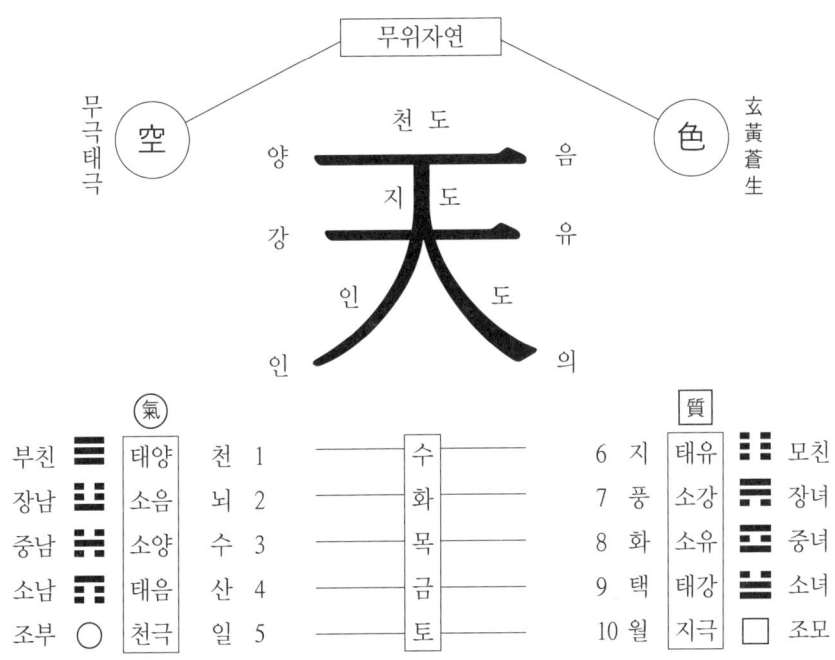

　1 2 3 4 5 천도가 6 7 8 9 10 지도와 음양 교통하여(工), 수 화 목 금 토 인도의 오행(人)을 생성해내는 주체가 바로 천(天)이다. 세상에서 제일 큰 존재로서, 삼재를 낳고 이를 통솔 주재하며, 음양오행의 조화로 만물을 생성하는 이치까지 두루 천(天)이란 글자에 표현된다. 천(天)을 둘로 나누면, 좌우로 '천간 간(干)'이 있어서 21의 수리를 내포한다. '하늘 건(乾)' 또한 이러한 의미를 품고 있다.

하늘이 펼치는 십간(十干)

은하의 선회(旋回)를 표상한 하도의 10수는 십간(十干)인 천간(天干) '갑을병정무기경신임계'를 생성한다. 오행생성 이치로는, 수·화·목·금·토의 순서에 따라 북방수 임계(壬癸)를 머리로, 남방화 병정(丙丁), 동방목 갑을(甲乙), 서방금 경신(庚辛), 중앙토 무기(戊己)가 펼쳐진다.

해가 시계방향인 동남서북으로 돌아 주야와 사시가 흐르듯이, 하늘이 베푸는 때는 오행이 상생하는 순서인 목생화→화생토→토생금→금생수로 유행한다. 이에 따라 동방의 갑을(甲乙) 목, 남방의 병정(丙丁) 화, 중앙의 무기(戊己) 토, 서방의 경신(庚辛) 금, 북방의 임계(壬癸) 수를 10간의 진행순서로 정한다.

동방 3(갑)·8(을) 木 : 머리(甲) 목(乙)
남방 2(정)·7(병) 火 : 어깨·팔(丙) 척추(丁)
중앙 5(무)·10(기) 土 : 갈비(戊) 배·창자(己)
서방 4(신)·9(경) 金 : 성기(庚) 다리(辛)
북방 1(임)·6(계) 水 : 정강이(壬) 발바닥(癸)

四季五旺十干

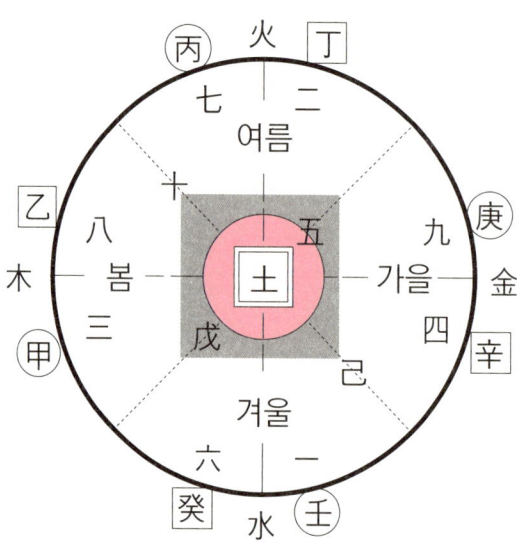

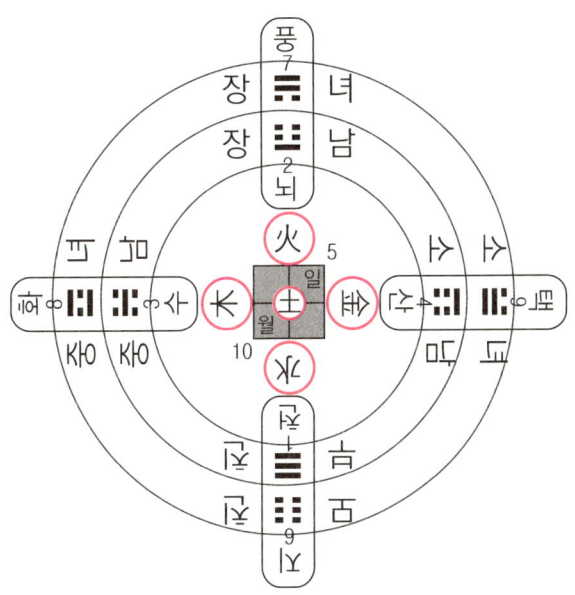

　하늘이 사람을 앞세운다는 것은 강건한 덕을 뜻하는 '굳셀 건(健)'이란 글자에 잘 나타난다. 만물과 사람은 하늘이 베푸는 오행의 기운으로 살아가며, 아침·봄에 해당하는 동방의 목에서 인사적인 활동이 시작된다. 나무가 극진히 생장하는 뜻을 담은 태극(太極) 그대로 10간인 '갑을병정무기경신임계'는 일반적으로 인체 또는 나무에 비겨서 만든 글자로 본다.

　사람의 신체(身體)는 자연을 본받아, 상천(上天)을 표상하는 둥근 머리가 위에 있고 하지(下地)를 표상하는 배가 아래에 있다. 하늘에서 땅으로 기운을 내리듯이, 천간의 간(干)은 자일지십(自一至十), 즉 위로부터 아래로 전개된다.

　　첫째 천간인 갑(甲)은 단단한 머리
　　둘째 천간인 을(乙)은 굽혀지는 목
　　셋째 천간인 병(丙)은 둘로 벌어진 어깨
　　넷째 천간인 정(丁)은 허리의 척추
　　다섯째 천간인 무(戊)는 내장을 보호하는 갈비뼈

여섯째 천간인 기(己)는 구불구불한 뱃속 창자
일곱째 천간인 경(庚)은 교합하는 남녀의 성징
여덟째 천간인 신(辛)은 우뚝 선 다리
아홉째 천간인 임(壬)은 다리 아래 정강이
열째 천간인 계(癸)는 좌우의 발바닥을 각기 표상한다.

나무의 생장과정으로 천간을 살피면
첫째 천간인 갑(甲)은 단단한 껍질 속에서 생명의 뿌리내림
둘째 천간인 을(乙)은 연약한 싹이 어렵게 비틀고 나옴
셋째 천간인 병(丙)은 밝게 꽃이 피어남
넷째 천간인 정(丁)은 줄기를 힘차게 뻗어 나아감
다섯째 천간인 무(戊)는 잔가지가 생겨남
여섯째 천간인 기(己)는 내부적으로 열매익음
일곱째 천간인 경(庚)은 단단해진 열매를 거두어들임
여덟째 천간인 신(辛)은 가지를 자르듯 새롭게 가다듬음
아홉째 천간인 임(壬)은 좋은 씨앗을 가려 보관함
열째 천간인 계(癸)는 씨앗의 암수음양이 결정됨을 각기 표상한다.

선천팔괘 · 하도에서 비롯되는 천간의 음양오행 - 필자 견해

부친	☰	1	태양천금(선천건금) ⇨	천 1 생수 ⇨	壬水(후천양수)
장남	☳	2	소음천목(선천진목) ⇨	지 2 생화 ➡	丁火(후천음화)
중남	☵	3	소양천수(선천감수) ⇨	천 3 생목 ⇨	甲木(후천양목)
소남	☶	4	태음천토(선천간토) ⇨	지 4 생금 ➡	辛金(후천음금)
조부	○	5	천극천화(선천일화) ⇨	천 5 생토 ⇨	戊土(후천양토)
모친	☷	6	태유지토(선천곤토) ➡	지 6 성수 ➡	癸水(후천음수)
장녀	☴	7	소강지목(선천손목) ➡	천 7 성화 ⇨	丙火(후천양화)
중녀	☲	8	소유지화(선천이화) ➡	지 8 성목 ➡	乙木(후천음목)
소녀	☱	9	태강지금(선천태금) ➡	천 9 성금 ⇨	庚金(후천양금)
조모	●	10	지극지수(선천월수) ➡	지10 성토 ➡	己土(후천음토)

부친	☰	1	태양천금(선천건금) ⇨	천 1 생수 ⇨	壬水(후천양수)
모친	☷	6	태유지토(선천곤토) ➡	지 6 성수 ➡	癸水(후천음수)
장남	☳	2	소음천목(선천진목) ⇨	지 2 생화 ➡	丁火(후천음화)
장녀	☴	7	소강지목(선천손목) ➡	천 7 성화 ⇨	丙火(후천양화)
중남	☵	3	소양천수(선천감수) ⇨	천 3 생목 ⇨	甲木(후천양목)
중녀	☲	8	소유지화(선천이화) ➡	지 8 성목 ➡	乙木(후천음목)
소남	☶	4	태음천토(선천간토) ⇨	지 4 생금 ➡	辛金(후천음금)
소녀	☱	9	태강지금(선천태금) ➡	천 9 성금 ⇨	庚金(후천양금)
조부	○	5	천극천화(선천일화) ⇨	천 5 생토 ⇨	戊土(후천양토)
조모	●	10	지극지수(선천월수) ➡	지10 성토 ➡	己土(후천음토)

하도의 오행응용

오행의 기질작용

五行	성질 및 작용
水	윤하 (潤下 : 적셔 내림)
火	염상 (炎上 : 타 올라감)
木	곡직 (曲直 : 굽되 곧음)
金	종혁 (從革 : 따라 바뀜)
土	가색 (稼穡 : 심고 거둠)

『서경』홍범(洪範)에서는 오행의 생성순서와 기질작용에 대해서 "물의 본성은 적셔서 아래로 흘러가고, 불의 본성은 위로 타 올라가고, 나무의 본성은 굽혀지면서도 곧게 뻗고, 쇠의 본성은 가하는 힘에 따라서 모양이 바뀌고, 흙은 특정한 성질 없이 이에 심고 거두는 작용을 한다."[1]고 정의하였다.

하도 방위에 견주어 오행을 살피면, 먼저 1과 6이 짝하여 생성된 차가운 수(水)가 윤하하여 아래 북방, 다음 2와 7이 짝하여 생성된 뜨거운 화(火)가 염상하여 위 남방에 처한다. 수화의 기운이 생성된 뒤에, 3과 8이 짝하여 생성된 부드러운 형질의 목(木)이 왼쪽 동방, 4와 9가 짝하여 생성된 단단한 형질의 금(金)이 오른쪽 서방에 처한다. 마지막으로 중앙에 5와 10이 짝해서 토(土)가 생성되는데, 사방의 수화목금과 달리 중심에 자리하므로 특정한 성질이 없이 심고 거두는 작용만 한다. 기후로는 상하남북의 수화가 한열(寒熱), 좌우동서의 목금이 온냉(溫冷)으로 대비되며, 중앙의 토가 습(濕)에 해당한다.

---

1. 『서경』홍범(洪範): 水曰潤下 火曰炎上 木曰曲直 金曰從革 土爰稼穡

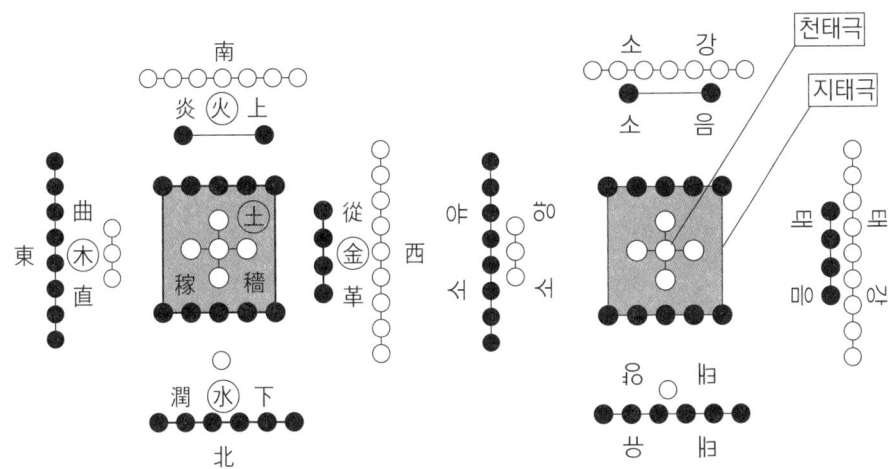

　수·화·목·금·토 순서로 생성과정을 설명한 까닭은, 만물의 생성이 수액·화기·목형·금질·토체 즉 '액기형질체(液氣形質體)'의 과정을 차례로 밟아 나왔기 때문이다. 태아생성도 부모의 정혈로 수태되어[水] 기혈이 흐르고[火], 모발이 생기고[木], 골격이 갖추어지고[金], 마침내 피부가 생성되는[土] 과정을 밟는다.

　그 기질속성을 체용관계로 나누면, 물은 1체6용이다. 안으로 쉼 없이 흐르고 맑은 생기를 불어넣는 1태양(태양위 ☰), 밖으로 고요하고 차가운 6태유(태음수 ☷)에 짝한다. 불은 2체7용이다. 안으로 흐리고 탁한 기운이 타는 2소음(소음위 ☳), 밖으로 활활 움직이고 뜨거운 7소강(소양수 ☲)에 짝한다. 나무는 3체8용이다. 안으로 뿌리와 줄기가 곧게 뻗는 3소양(소양위 ☱), 밖으로 부드럽게 굽혀지는 8소유(소음수 ☵)에 짝한다. 쇠는 4체9용이다. 안으로 가루로 삭기 쉬운 4태음(태음위 ☷), 밖으로 단단한 면모를 견지하는 9태강(태양수 ☰)에 짝한다.

　흙은 5체10용이다. 안으로 생명의 씨를 품어 기르는 천극(일양. 황극) 5와 밖으로 심은 대로 열매를 거두는 지극(월음. 무극) 10에 짝한다.

남녀팔괘의 부부배합으로 생성되는 오행이치는 다음과 같다.[2]

오행의 머리인 수(水)는 만물의 근본인 하늘(☰)과 땅(☷), 즉 천지부모의 배합으로 생성되어 나온다. 물은 바깥으로 땅과 같이 고요한 덕이 있으며 정적이고 음습하지만, 안으로는 하늘과 같이 생동하는 기운이 있으며 동적이고 양명하다.

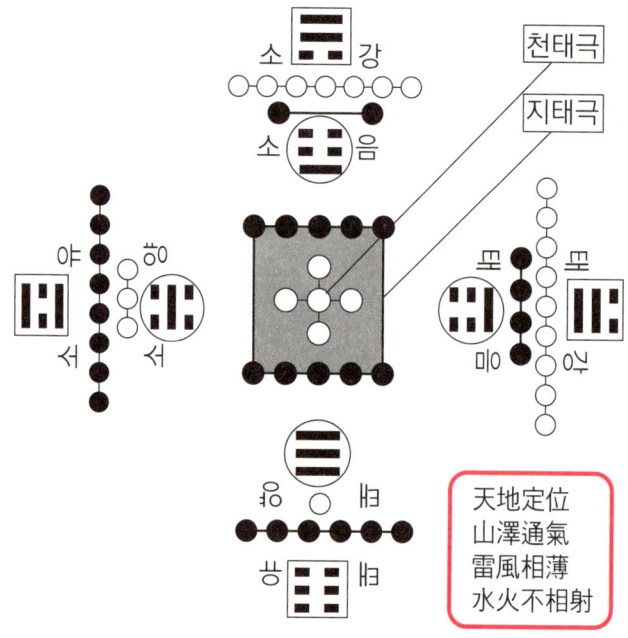

화(火)는 우레(☳)와 바람(☴), 즉 장남과 장녀의 배합으로 생성되어 나온다. 우레와 바람이 맞부딪쳐 불이 일어나는데, 불은 안으로는 우레처럼 위로 움직이고 바깥으로는 바람과 같이 흩어진다.

목(木)은 물(☵)과 불(☲), 즉 중남과 중녀의 배합으로 생성되어 나온다. 물은 적시고 불은 말리듯이, 나무는 속이 촉촉하고 껍질은 말라 있다. 또 뿌리는 물을 찾아 땅속으로 내려가는 반면, 줄기가지는 밝은 해를 향하여 위로 뻗어

---

2. 여기에서 선천팔괘의 남녀관계를 하도에 연계한 것은, 옛 선유들의 학설과 입장이 다르다.
   필자의 독자적 주견(主見)임을 밝히며, 독자들의 깊은 관심과 연구하는 분들의 질정을 바란다.

올라간다.

금(金)은 산(☶)과 못(☱), 즉 소남과 소녀의 배합으로 생성되어 나온다. 산과 못이 기운을 통하여 하나로 합하듯이, 금은 단단하게 수합(收合)한다. 안으로 보면 산과 같이 흙의 입자가 단단하게 뭉쳐지고, 바깥으로 보면 바다 연못처럼 투명하며 매끄럽고 밝은 빛을 내뿜는다.

토(土)는 오행의 중심으로서 생명의 최종 완성처이다. 일월[易有太極]로 표상되는 천극(조부격)와 지극(조모격)의 배합으로 생성되어 나오는 인극에 해당한다. 해와 달이 지구에 밝음과 주야한서를 베풀어 만물은 존재한다. 흙은 생명의 씨를 심고 거두는 인과(因果)의 작용을 하므로, 안으로는 밝고 힘찬 원양(元陽)의 정을 품고[日→ 陽動], 밖으로는 순하고 안정된 순음(純陰)의 정을 펼친다[月→ 陰靜]. 지구과학적 측면에서 보면, 땅거죽은 대지가 식어 안정되어 있지만 땅속은 고온상태의 마그마가 활동하고 있다. 토를 생하는 근원은 5이고 이루는 작용은 10이므로, 지구(토)는 근본 태양(5)을 따라 공전하고 달(10)은 지구를 따라 공전한다.

오행의 순역유행-좌선상생과 우회상극

오행을 수·화·목·금·토로 정의한 것은 생성순서에 기준한 것이고, 순환원리로는 목·화·토·금·수로 표현한다. 동방 삼팔목(三八木)으로써 머리를 세우는 까닭은, 만물의 생명활동이 이 목(木)에서부터 펼쳐지기 때문이다.

오행의 유행작용은 수생목(水生木)으로 발원한 목(木)을 근본으로 삼는다. 목생화·화생토·토생금·금생수(木生火·火生土·土生金·金生水), 시계방향으로 좌선(左旋)하면서 진행된다. 해가 동에서 남과 서를 거쳐 북으로 순환하고, 춘하추동으로 계절이 변화하는 이치이다.

오행의 시원(始原)은 북방 수(水)인데, 겨울은 수왕(水旺)의 계절이고 한밤중 자정은 수기(水氣)가 왕성한 때이다. 한밤중의 잠은 물속에 잠김과도 같다. 물은 나무를 생하여 수생목(水生木)을 한다.

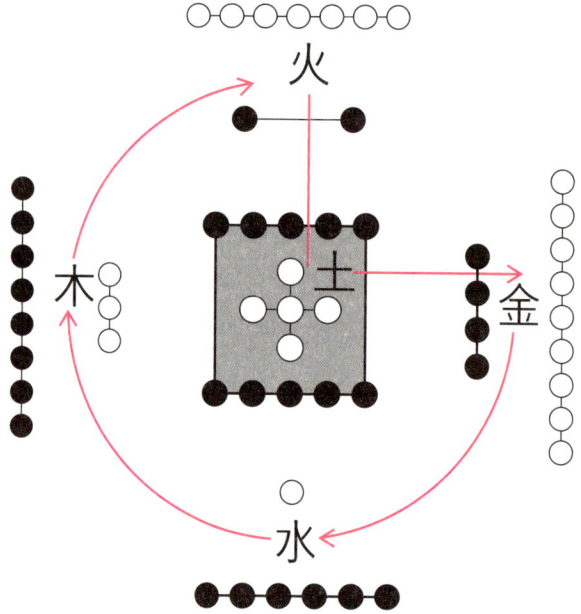

　잠든 생명이 눈을 떠 기지개를 켜듯이, 아침이 되면 세수를 하고 정신을 차린다. 목왕(木旺)의 계절인 봄에는 잠든 생명이 바깥으로 나온다. 해가 일출하면, 문을 열고 바깥으로 나가 활동을 시작한다.

　봄에서 여름으로 변하는 과정이 목생화(木生火)이다. 마른 나뭇가지를 비벼 불을 얻고 장작을 지피듯이, 목생화(木生火)의 이치로 초목이 줄기를 뻗고 꽃을 피우며 열매를 맺는다.

　뜨거운 불은 쇠를 녹이는 화극금(火克金)을 일으킨다. 한낮·여름에서 저녁·가을로 넘어가는 중간에 화극금(火克金)의 상극하는 작용을 중앙의 토(土)가 들어서서 상생으로 바꾸는 조절·조화를 한다. 토는 사방의 수화목금을 중앙에서 관장하고 조절하는 오행으로서, 특히 금(金)과 화(火)의 중간에 처하여 매개 작용을 펼친다. 여름의 화기를 화생토(火生土)로 먹어버리고, 그 속에서 토생금(土生金)을 하여 단단하게 금을 이룬다.

　예로부터 염천(炎天) 더위에는 삼복(三伏: 初伏 中伏 末伏)을 하는 전래유

풍이 내려온다. 불기운을 땅 속에 저장하여 금을 보호하는 한편, 그 속에서 단단하게 잘 나오도록 토생금(土生金)하는 방편이다. 흙이 단단히 응집해서 반짝반짝 윤이 나는 것이 금이다.

 가을은 열매가 단단해지고 차가워지는 금왕(金旺)의 계절이다. 하루로는, 일과를 마치고 집에 들어가 식구가 모이는 저녁때이다. 금과 쇠붙이는 다 차갑다. 이 금으로부터 금생수(金生水)를 하여 겨울로 넘어간다. 단단한 열매 속에는 물이 저장되어 있다. 과실 속에 수액이 들어 있듯이, 열매 속에 물이 들어있는 이치이다.

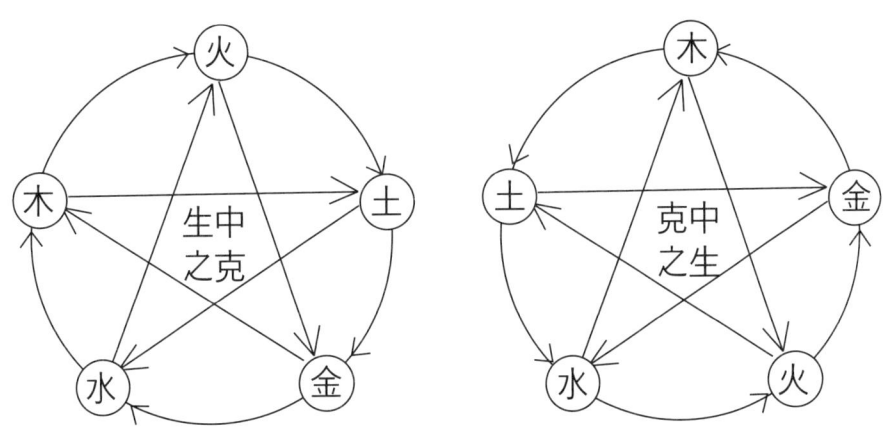

 그러므로 수생목·목생화·화생토·토생금·금생수로써 오행상생을 말한다. 오행생성의 순서는 1 2 3 4 5, 도개걸윷모의 전개순서로 수·화·목·금·토이지만, 오행상생의 흐름으로 설명할 때에는 목·화·토·금·수이다. 오행은 만물가운데 으뜸인 사람을 대표로 세운다. 뱃속에 있을 때는 사람 구실을 하는 때가 아직 아니다. 밖으로 출산되어 나와야 생명활동이 시작되듯이, 수생(水生)에 의한 목(木)을 앞세워 오행의 순환을 설명하는 것이다.

 한편, 오행은 상생하는 가운데 상극을 일으켜, 상호 제어하고 통어하는 작용을 한다. 수생목과 목생화 사이에서 수극화, 목생화와 화생토 사이에서 목극토, 화생토와 토생금 사이에서 화극금, 토생금과 금생수 사이에서 토극수, 금생수와 수생목 사이에서 금극목이 일어난다.

반면, 오행은 상극하는 가운데 역으로 상생을 일으키는데, 이는 극기복례(克己復禮)의 이치와도 통한다. 수극화와 화극금 사이에서 금생수, 화극금과 금극목 사이에서 목생화, 금극목과 목극토 사이에서 토생금, 목극토와 토극수 사이에서 수생목, 토극수와 수극화 사이에서 화생토를 일으킨다.

오행의 수장(首長)

천지오행에 의한 만물을 개충·우충·인충·모충·나충(介蟲·羽蟲·鱗蟲·毛蟲·裸蟲)으로 일컫는다. 만물을 구성하는 원소가 오행이므로, 오행배속에 따라 오충(五蟲)으로 구분하는 것이다.

겨울의 그윽한 북방 수기를 관장하는 물짐승 가운데 현무(玄武)를 최고 영물로 일컫는데, 거북이나 조개처럼 단단한 껍질을 지닌 존재가 개충(介蟲)이다. 돌을 단박에 쪼갬을 '개석(介石)'이라고 한다. '껍질 개(介)'는 '중간사이에 끼다, 쪼개어 경계(境界)를 나누다'는 뜻으로도 쓰이므로, 시비를 가리는 분별 지혜와 관계된다.

동서남북·춘하추동의 사방 목화금수는 인예의지(仁禮義智)의 덕성을 낳는데, 물은 막히면 휘돌아가고 속으로 스며들어 통해 나간다. 공자는 "지혜로운 자는 물을 좋아한다."는 '지자요수(知者樂水)'를 말씀하였다. 생명은 물에서 비롯되므로, 물은 수명(壽命)과 관계된다. 낙서를 지고 나온 신구(神龜)를 만년 내단(內丹)을 가진 존재로 일컫는다. 하늘의 4덕인 원형이정(元亨利貞) 가운데 겨울은 정고(貞固), 봄은 원대(元大)한 덕이 있다.

확고부동함을 상징하는 '곧을 정(貞)'은 좋은 씨앗[貝]을 가려내어[卜. 점찍어] 겨울에 잘 지키는 것이고, '으뜸 원(元)'은 그 씨를 봄에 뿌려 생명을 크게 일으키는 것이다. 고대 은나라에서는 거북의 껍질인 귀갑(龜甲)을 불에 구어 그 등의 갈라진 모양을 보아 조짐(兆朕)을 살피고, 길흉화복을 예측 판단하였다. 신구(神龜)의 지혜로움과 정고(貞固)한 덕을 점(占)의 방편으로 활용한 것이 '점 복(卜)'이다.

여름의 밝은 남방 화기를 관장하는 날짐승 가운데에서는 주작(朱雀) 봉황을 최고영물로 일컫는다. 날개달린 존재가 바로 우충(羽蟲)이다. 불은 염상(炎上)의 성질이 있어 타오르므로, 날짐승으로 보는 것이다. 봉황은 태평성대의 형통함을 상징한다. 순임금이 아홉 소절로 된 소(韶)라는 음악을 연주하자, 봉황이 날아와 춤을 추었다고 하며, 문왕이 기산(岐山)에 태어날 당시 봉황이 단서(丹書)를 물고 날아왔다고 전한다.

봄의 어진 동방 목기를 관장하는 최고영물은 '창룡(蒼龍)=청룡(靑龍)'이다. 용에 비늘이 붙어있듯이, 비늘달린 존재가 인충(鱗蟲)이다. 동방 목덕은 용덕(龍德)으로도 표현되는데, 이를 얻은 성인이 팔괘를 창시한 복희씨이다. 당시 하수에서 용마(龍馬)가 그림을 짊어지고 나왔다고 한다.

『주역』의 건괘(乾卦)에는 용의 덕을 취하여 하늘의 신비한 조화를 설명하고, 어진 임금의 덕을 강조하였다. 용안 · 용포 · 용좌 · 용상(龍顔 · 龍袍 · 龍座 · 龍床) 등이 그 예이다.

가을의 의로운 서방 금기를 관장하는 최고영물은 백호(白虎)이다. 털갈이하는 범처럼, 뾰족한 털이 달린 존재가 곧 모충(毛蟲)이다. 「공자가어(孔子家語)」 등에서는 백호 대신 기린(麒麟)을 영물로 보았다. 공자가 노(魯)나라 곡부(曲阜) 땅에 태어날 당시, 기린이 나와 '소왕소왕' 하고 울었다 하여, 세속의 제왕이 아닌 학문의 제왕으로 보아 공자를 '소왕(素王)'으로 일컫는다.

공자가 쓴 노(魯)나라의 역사서 『춘추(春秋)』 마지막 대목에 '서수획린(西狩獲麟)'이라는 글이 나온다. 노나라 대부들이 서쪽으로 수렵을 나가 기이한 짐승을 잡았는데, 이를 들은 공자가 자신의 천명이 다했음을 탄식하고 『춘추』를 절필(絶筆)하였다고 한다.

사신도(四神圖)에 보이는 네 신묘한 영물을 거느리는 것은 만물의 영장인 사람 가운데 으뜸인 성인(聖人)이다. 중앙의 황토는 완전한 덕을 이룬 자리이고, 태극 본체에 합하는 자리이다. 오충 가운데 오직 사람만이 발가벗은 상태이므로, 나충(裸蟲)이라고 일컫는다.

오행을 설명한 문왕 후천팔괘를 살피면, 북방 감수(☵)가 현무(玄武), 남방 이화(☲)가 주작(朱雀), 동방 진목(☳)이 청룡(靑龍), 서방 태금(☱)이 백호(白虎)를 표상한다.[3]

오행의 사물배속

오방(五方) → 북·남·동·서·중(北·南·東·西·中)

수·화·목·금·토 오행을 방위적으로는 북·남·동·서·중(北·南·東·西·中) 오방(五方)으로 보는데, 이 공간을 본체로 하여 시간의 운용인 주야한서가 펼쳐진다. 지구를 중심으로 도는 해를 위주로 설명하면, 해가 북방에 있으면 어두운 밤, 남방에 있으면 밝은 낮, 동방에 있으면 동트는 아침, 서방에 있으면 해지는 저녁인 때이다.

중앙에서 사방을 거느리지만, 방위의 기본(基本)은 수에 해당하는 아래 북방(北方)이다. 하늘도 북극성을 중심으로 별자리가 돌고, 하루도 해가 북쪽에 처한 자정에서 시작된다.

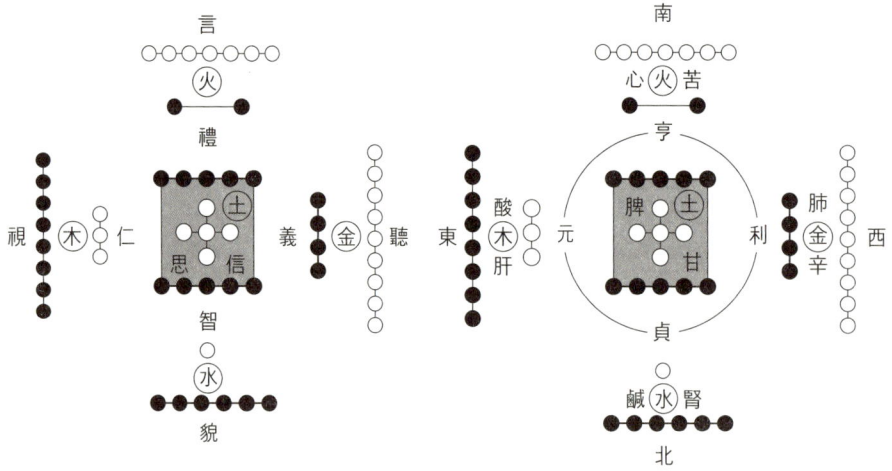

3. 외부의 단단한 껍질로 몸을 보호하는 거북이를 후천오행팔괘의 남방 이화(離火 ☲)로 표상하기도 한다.

오색(五色) → 흑·적·청·백·황(黑·赤·青·白·黃)

　북방의 수는 어두운 밤중(자정/동지)의 때에 상응한다. 물속 깊은 곳은 캄캄하여 보이지 않는 흑색으로 표현한다(黑).

　남방의 화는 밝은 태양이 비추는 한낮에 상응하기에, 붉은 색으로 표현한다(赤). 불의 빛은 붉으므로 서로 통한다.

　동방의 목은 아침·봄에 해당하므로, 푸릇푸릇 싹이 나온다는 뜻에서 청색(青), 서방의 금은 저녁·가을에 해당하므로, 본래의 모습을 회복하는 뜻에서 백색으로 대표한다(白). 가을이 되면 흰 이슬이 맺히고 하얀 서리가 내려서 백색이라고도 말할 수 있지만, 콩을 심으면 콩, 팥을 심으면 팥이 열리는, 본색(本色) 그대로를 회복한다.

　중앙의 토는 황색이다(黃). '누를 황(黃)'은 누렇게 익은 볏단이 황금벌판에 깔려있는 모습을 취한 글자이다. 여름에서 가을로 넘어가는 중간에 토가 중재를 한다.

오사(五事) → 모·언·시·청·사(貌·言·視·聽·思)

　오행에 의하여 원천적인 삶의 활동, 즉 오사(五事)인 모·언·시·청·사(貌·言·視·聽·思)가 비롯된다. 『서경』 홍범에서는 '경용오사(敬用五事)', "오사를 공경히 잘 받들어 쓰라."고 하였다. 만물의 영장인 사람은 오행의 정수를 지극히 얻고 있다.

　그 처음은 오행의 수(水)에 상응하는 '얼굴 모(貌)'이다. 한 방울의 물에 의해 생명이 잉태가 된다. '부정모혈(父精母血)'이라는 말처럼, 아버지의 정액과 어머니의 혈액이 합해서 자식이 잉태되고 생명체의 모양을 갖추는 것이다. 신체 대부분이 물로 구성되며 만물 또한 수생(水生), 즉 물로부터 진화되어 나왔다.

　그 다음, 화(火)기운을 얻어 말을 한다(言). 먼저 모양을 갖추고 그 다음에 말을 한다는 것이다. 불이 발양되어 에너지가 바깥으로 발산되듯이, 말을 할 적에는 더운 불기운이 동한다.

그 다음, 목(木)기운에 의해 사람은 사물을 본다(視). 본다는 것은 사물을 인식하고 식별함이다. 동방 목에서 초목이 눈을 뜬다. 생명이 눈을 뜨는 때가 일출 동방의 봄철이므로, '볼 시(視), 볼 상(相)' 등의 글자가 나왔다.

금(金)은 단단하게 수합·수렴(收合·收斂)하는 성질이 있으므로, 사물의 소리를 끌어당겨 듣는다(聽). 목(木)이 눈을 떠 밖의 사물을 보는 시각적(視覺的)인데 비해, 금(金)은 귀를 열어 소리를 응집하기에 청각적(聽覺的)이다.

마지막 중심, 토(土)기운에 의해서 스스로 종합하여 깊이 생각을 하고 판단을 한다(思). 사(思)에 '마음의 밭(思)'에 대한 뜻이 내포되어 있다.

처음에 모양이 생겨나 태중에서 길러지다가, 태어나서 맨 처음 하는 일이 우는 일이다. 그러다가 눈을 뜨고, 다음 귀가 열리고 마지막에 배고프면 어미에게 젖을 달라 보채는 생각을 한다.

오상(五常) → 인·의·예·지·신(仁·義·禮·智·信)

『중용』의 첫머리 글이 '천명지위성(天命之謂性)'으로 시작한다. 사람의 성품이 본래 하느님의 명에 기인함을 가르친 말씀이다. 오행으로 부여받은 인·의·예·지·신(仁義禮智信)의 다섯 가지 떳떳한 덕이 오상(五常)이다.

동방 목에 상응하는 어질 인(仁)을 머리로 세움은 하늘의 덕성을 부여받아 사람이 어질게 세상에 나왔음을 강조하는 것이다. 천지의 음양조화가 펼쳐지는 봄에는 모든 생명이 사랑[仁]의 기운으로 화창하게 다 일어난다.

사물이 환히 드러나는 한낮 남방의 화에 상응하는 것은 예(禮)의 덕성이다. 상하본말의 기본질서를 밝혀 서로를 형통하게 하는 것이 예(禮)이다. 해가 남방에서 모든 것을 환하게 비춰주듯이, 예(禮)로써 서로 교통하여 나아가는 것이다.

일과를 마치는 저녁, 만물이 결실을 맺는 가을에 해당하는 서방의 금은 의(義)의 덕성이다. 콩은 콩대로 팥은 팥대로 어김없이 뿌린 그대로 되돌아오듯이, 의(義)는 분명하여 마땅함(宜)을 뜻한다.

겨울에는 생명이 땅 속에 잠장(潛藏)된다. 북방의 수에 상응하는 것이 바로 지(智)이다. 지혜는 내적으로 갈무리되므로, 바깥으로 드러내고 행하는 예(禮)와는 정반대의 측면이 있다.

인의(仁義)는 좌우동서의 목금(木金), 예지(禮智)는 상하남북의 화수(火水)로 서로 대비된다.

중앙 토에 해당하는 것은 곧 신(信)이다. 흙이야말로 삶의 중심토대이고, 태극을 대표하는 믿음의 본체이다. 농부는 땅에 대한 믿음으로 농사를 짓는다. 스스로 존재에 대한 올바른 신념(信念)과 남과의 관계에 대해서는 약속을 지키는 신용(信用)이 있어야만 한다. 신(信)을 잃으면 내 자신도 설 수 없고, 밖에서 일을 함께 더불어 행할 수가 없다.

맹자는 사람에게는 사단(四端)이 있어, 본래의 성품이 선하다는 '성선설(性善說)'을 주장하였다. 인(仁)의 실마리인 측은(惻隱)히 여기는 마음, 예(禮)의 실마리인 사양(辭讓)하는 마음, 의(義)의 실마리인 수오(羞惡: 수치 혐오/ 부끄러이 여기고 미워함)하는 마음, 지(智)의 실마리인 시비(是非)를 가리는 마음이 사단이다. 사단에 의해 표현되는 인의예지(仁義禮智)에다 중앙에 신(信)을 붙여 오상(五常)이라 한다.

오장(五臟) → 신 · 심 · 간 · 폐 · 비(腎 · 心 · 肝 · 肺 · 脾)

사람의 오장(五臟)에다 오행을 갖다 붙이면, 북방의 수는 수분찌꺼기인 오줌을 걸러주는 콩팥[腎], 남방의 화는 붉은 피가 끊임없이 박동하는 염통[心]에 해당한다. 동방의 목은 피를 만들어 심장에 공급해주는 간(肝), 서방의 금은 호흡을 관장하는 허파[肺]이다. 기포가 있어 공기를 빨아들여 사람의 신체 온도를 낮추기도 하고, 숨을 통하여 공기가 집합되므로 금의 속성에 잘 부합된다. 중앙의 토는 오장을 중화하는 중심인 지라[脾]로 본다.

사람은 소천지 · 소자연이므로, 오장이 병들거나 이상이 생겼을 경우, 그 징후와 기미가 안색으로 나타난다. 이는 오행의 배색과 관련되는데, 먼저 북방

수를 관장하는 신장이 안 좋으면 얼굴이 검어진다(黑). 남방화를 관장하는 심장에 무리가 오거나 혈압이 높으면 얼굴에 붉은 기가 돌고(赤), 동방목을 관장하는 간이 안 좋으면 입술이 푸릇푸릇 변하고(靑), 서방금을 관장하는 폐가 안 좋으면 얼굴이 창백하게 질리고(白), 비위가 상하거나 뒤틀리면 멀미와 구토가 나고 얼굴이 누렇게 뜬다(黃). 한의학에서도 이렇게 설명한다.

오미(五味) → 산·함·신·감·고(酸·鹹·辛·甘·苦)

오행이치에 따라 만물은 오미(五味)의 산·함·신·감·고(酸·鹹·辛·甘·苦) 다섯 가지 맛을 낸다. "오미이생(五味而生)에 오미이사(五味而死)라.", 즉 만물이 오미의 섭취로 살아가지만, 오미의 적체(積滯)로 인해 결국 죽게 된다.

『천자문』에 '해함하담(海鹹河淡)'이라고 하였듯이, 물이란 상류로 올라갈수록 싱겁고 하류로 내려갈수록 짜다(鹹). 물은 결국 흘러서 바다로 귀장되므로, 북방의 수를 짠 맛으로 간주한다.

다음, 남방의 화는 불로 모두 태워지기 때문에 쓴 맛이 난다(苦). 또, 봄이 되면 초목에 물이 오르는데, 껍질을 벗겨 혀를 대보면 시큼한 맛이 나므로, 동방의 목을 신 맛으로 본다. 서방의 금은 쇠붙이로서 쇳가루는 그 맛이 맵다(辛). 가을은 숙살(肅殺)의 기운이 있어 형극을 당하는 매운 측면이 있다. 그리고 땅의 자양분에 의해 오곡백과가 단맛이 생기기에, 중앙의 토를 감미로운 단맛으로 대표한다(甘).

음식의 맛을 더해주는 조미료가 감미료(甘味料)이다. "약방의 감초(甘草)"라는 말이 있듯이, 단맛은 오미를 두루두루 조절하고 조화한다. 특히 '화생토·토생금'의 이치로 금화(金火)의 신고(辛苦)를 중화하는 역할을 토의 감미가 한다.

오음(五音) → 궁·상·각·치·우 / 후·설·아·치·순

세상에서 오행을 벗어날 수 있는 존재는 아무도 없다. 음률도 오음(五音)인 궁·상·각·치·우(宮·商·角·徵·羽)로 나뉜다, 북방의 수에 해당하는 음은 '깃 우(羽)'이다. 큰물이 흐를 때, 멀리서 들으면 우- 하는 소리가 난다. 우(羽)는 두 날개로 나래를 쳐서 날듯이, 물이 거듭거듭 흐른다는 뜻이다.

남방의 화에 해당하는 음은 '밝을 치(徵)'이다. '치'로 읽지만, 징(徵)은 본래 작은 조짐이 밖으로 나타난다는 '드러날 징(徵), 부를 징(徵)'이다. 불의 소리는 물을 끼얹어 보아야 잘 들린다. 불에 물을 끼얹으면 치익~ 소리가 나므로 '치'로 발음되고, 밝기에 바깥으로 드러난다(徵).

동방의 목에 해당하는 음은 '뿔 각(角)'이다. 나무끼리 부딪치면 '탁' 소리가 난다. 탁과 비슷한 음이 각인데다, 뿔은 나무와 비슷한 재질이다.

서방의 금에 해당하는 음은 '거래할 상(商)'이다. 완성된 물품을 교역할 때에는 금전거래를 하는데다, 쇠붙이는 서로 부딪치면 '깡, 상' 하는 맑은 소리를 낸다.

중앙 토에 해당하는 음은 '집 궁(宮)'이다. 집을 지을 때 가장 토대가 되는 것이 흙인데다, 땅에 발을 굴러보면 쿵- 소리가 난다. 일반적으로 오음(五音)을 오성(五聲)으로 같이 혼용하는 경우가 많다. 엄밀히 말하면, 입에서 나오는 소리는 문자로 표현될 수 있어야 음(音)이고, 악기의 소리처럼 자연에서 들리는 소리는 성(聲)이다. 궁상각치우를 오성으로 봄이 보다 합리적이다.

발음되는 기관을 위주로 봤을 때에는 목구멍소리(喉音), 혓소리(舌音), 어금닛소리(齒音), 잇소리(牙音), 입술소리(脣音)이다. 북방의 수에 상응하는 것은 후음(喉音)이다. 소리의 근원은 목구멍이다. 한글 자음으로 보면, ㅇ나 ㅎ이 원래 목구멍의 모습을 본뜬 것이다.

남방의 화에 해당하는 것이 설음(舌音)이다. 혀 놀림을 보면, 불처럼 잘 움직여 활동한다. 한글자음으로는 ㄴ(ㄷ ㅌ ㄹ)이 곧 설음에 해당한다.

그리고 동방의 목에 해당하는 것이 바로 아음(牙音)이다. 단단히 뿌리내린 어금니를 본뜬 아(牙)와 같이, 나무는 뿌리를 깊게 내리는 것을 근본으로 삼는다. ㄱ(ㅋ)이 아음(牙音)이다. 아(牙)에 기억(ㄱ)자가 들어있다.

서방의 금에 해당하는 것이 치음(齒音)이다. 금과 같이 단단한 것이 치아이다. 한글의 자음으로는 ㅅ(ㅈㅊ)이 여기에 속하는데, 치(齒)에 ㅅ(시옷)이 들어 있다.

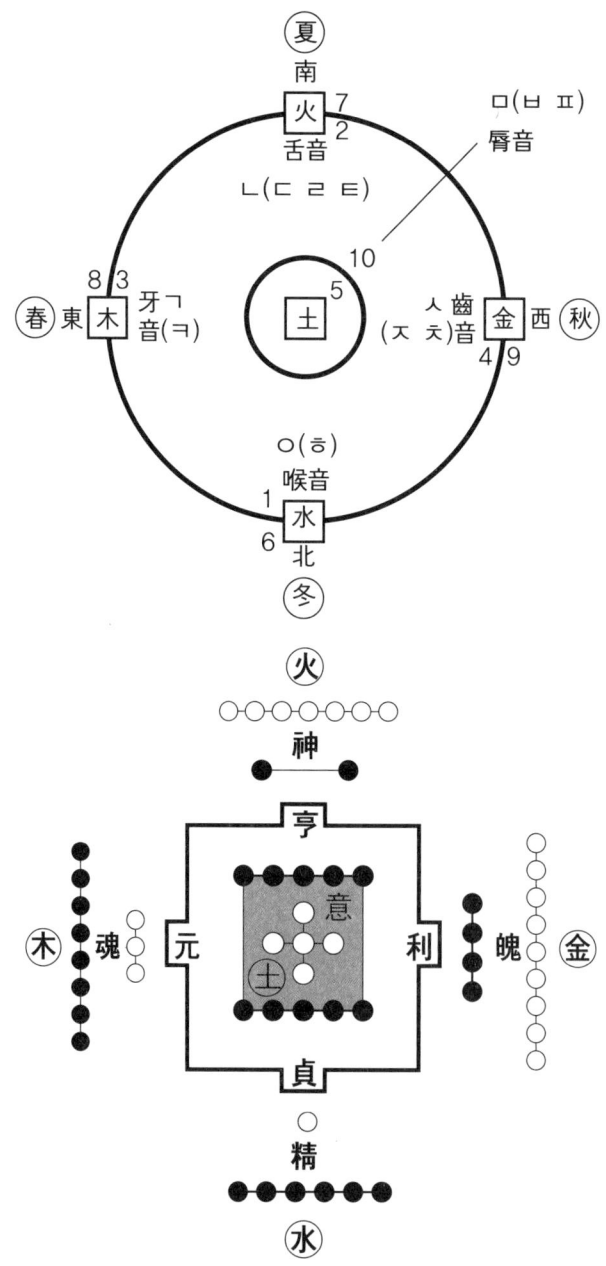

중앙의 토는 입술소리로 순음(脣音)에 해당한다. 중앙토가 사방의 수화목금을 관장하듯이, 입 모양에 따라서 소리가 조절된다. 한글자음으로는 ㅁ(ㅂㅍ)이 입술소리에 해당하는데, '입 구(口)'의 네모진 형태이다.

기본적으로는 목·화·토·금·수의 오행상생에 입각한 아·설·순·치·후의 순서에 따라서 '가·나·마·사·아'라고 한다. 이를 기본으로 하여, '가나다라마바사아자차카타파하'로 읽는 방식이 곧 '목생화·화생토·토생금·금생수'하는 오행상생의 순환원리에 따른 것임을 유념하여야 한다. 작명(作名)하신 분들이 근거 없이 순음인 ㅁ을 수(水)로, 후음인 ㅇ을 토(土)로 바꾸어서 설명하는 경우가 있는데, 시정함이 좋을 듯하다. 오성(五聲) 궁상각치우는 '수화목금토'와는 반대로 '토금목화수'의 순서로 놓은 것이다.

오성(五性) → 정·신·혼·백·의(精·神·魂·魄·意)

사람이 신령한 까닭은 정·신·혼·백·의(精·神·魂·魄·意)가 내재하기 때문이다. 먼저 북방 수기로 에너지의 원천인 정(精)이 갖추어지고, 다음 남방 화기로 신(神)이 발하여 밖으로 생명을 밝게 펼친다. 합해서 정신(精神)이 된다.

동방 목기와 서방 금기는 혼백(魂魄)이 된다. 마음과 몸이 함께 하듯이, 혼백이 뭉쳐 살다가 흩어지면 죽는다. 사람이 죽으면 혼[木]은 흩어져 위 하늘로 올라가 신(神)이 되고, 백[金]은 흩어져 아래 땅으로 돌아가 귀(鬼)가 되어 분리된다.

중앙의 토에 상응하는 것이 생각에 의한 '뜻, 의지, 이념'이다. 정신과 혼백의 조화여부가 뜻에 달려있다. 천지자연과 합일하려면, 반드시 올바르게 생각하여 진실한 뜻을 세우고[中], 정신혼백의 안정조화[和]를 이루어야 한다.

五行	水	火	木	金	土
五事	貌(모)	言(언)	視(시)	聽(청)	思(사)
五常 (五德)	智(지) 是非시비	禮(례) 辭讓사양	仁(인) 惻隱측은	義(의) 羞惡수오	信(신) 忠恕충서
五方	北(북)	南(남)	東(동)	西(서)	中(중)
五氣	寒(한)	熱(열)	溫(온)	冷(냉)	濕(습)
五色	黑(흑)	赤(적)	靑(청)	白(백)	黃(황)
五臟	腎(신)	心(심)	肝(간)	肺(폐)	脾(비)
五味	鹹(함)	苦(고)	酸(산)	辛(신)	甘(감)
五性	精(정)	神(신)	魂(혼)	魄(백)	意(의)
五聲 五音	羽(우) 喉(후)ㅇ	徵(치) 舌(설)ㄴ	角(각) 牙(아)ㄱ	商(상) 齒(치)ㅅ	宮(궁) 脣(순)ㅁ
五蟲 五靈	介(개) 玄武 현무	羽(우) 朱雀 주작	鱗(인) 靑龍 청룡	毛(모) 白虎백호 麒麟기린	裸(나) 聖人 성인
五賊	哀	樂	喜	怒	慾

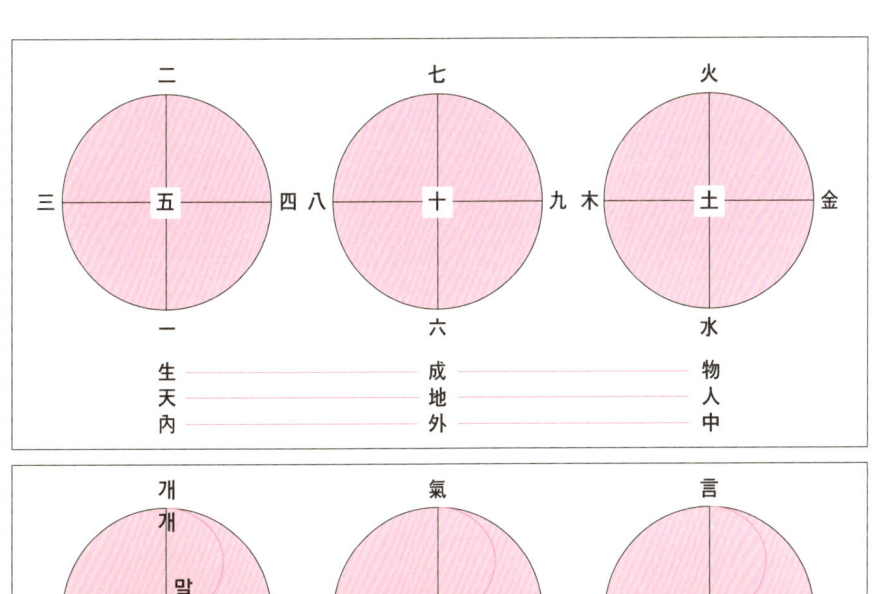
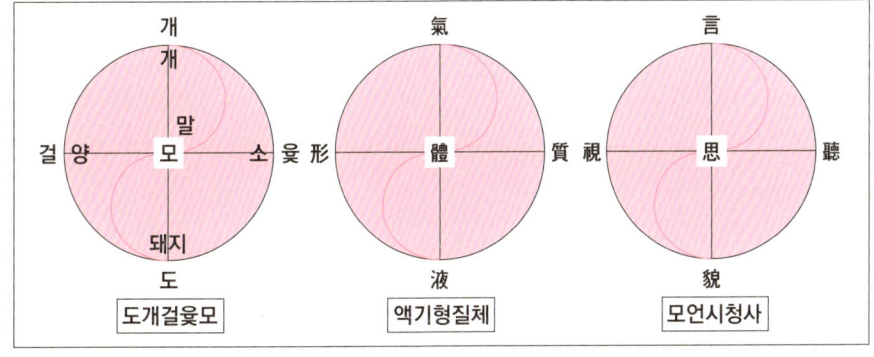
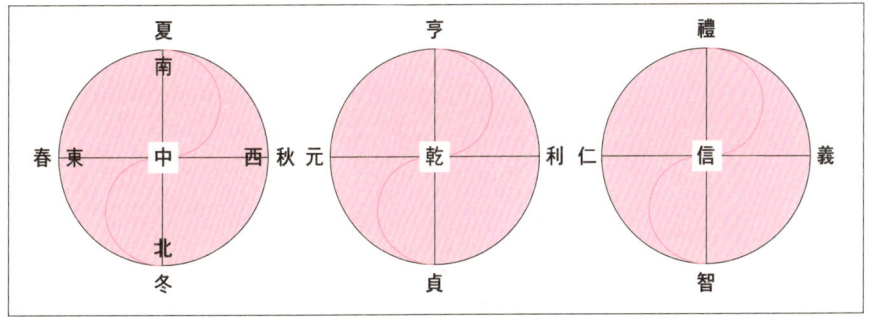

복희(伏羲) 선천팔괘의 원리

하도를 법한 성인 복희(伏羲)의 팔괘창시

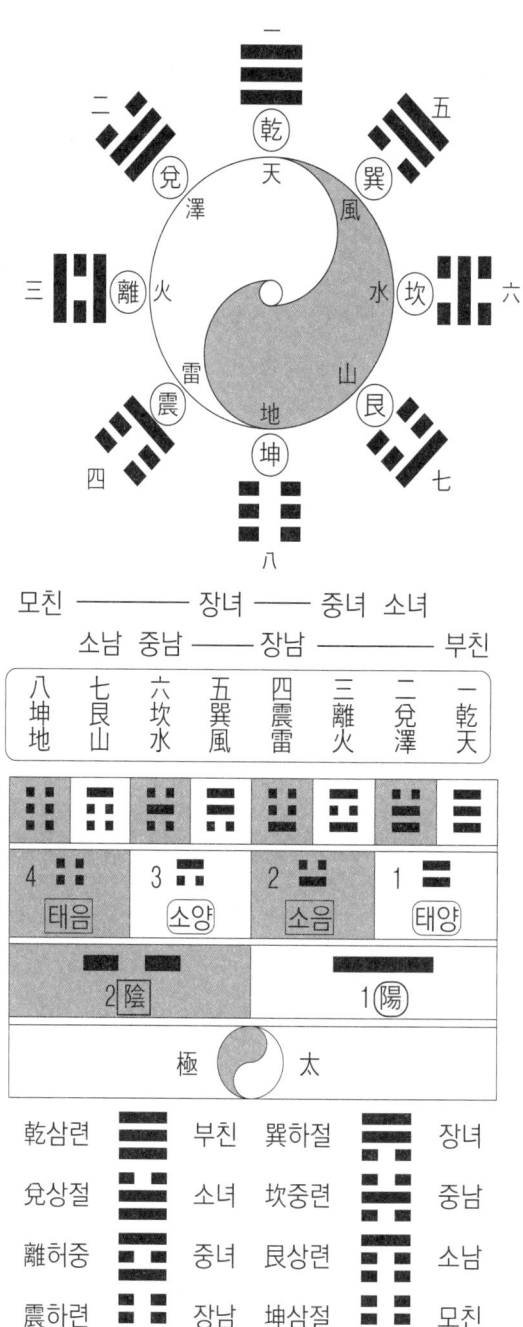

복희(伏羲)와 여와(女媧)

예로부터 인류 초창기의 조상신으로 숭상한 이가 동방 복희(伏羲)와 서방 여와(女媧)이다. 남자를 대표하는 복희는 밝은 하늘의 덕으로써 팔괘를 창시하였고, 여자를 대표하는 여와는 땅의 흙과 물을 반죽하여 사람형상을 빚었다고 전한다. 태극이 천지남녀를 낳는 음양이치에서 비롯된 전설이라 여겨지는데, 부부 또는 오누이 사이로 보기도 한다.

옛 기록들에 의하면, 복희씨는 동방 목덕(木德)을 얻어 세상을 다스린 성인으로 동이족(東夷族) 고유의 풍씨(風氏) 성을 사용하였다 한다. 고운(孤雲) 최치원 선생이 우리나라 고유의 현묘지도(玄妙之道)인 풍류(風流)에서 유불선(儒佛仙) 삼교가 근원하였다는 말씀도 풍씨 성인 복희씨와 깊은 연관이 있으리라 여겨진다.

복희「선천팔괘방위도」를 살펴보면, 하늘로부터 불어내리는 바람을 대표하는 괘가 오손풍(五巽風 ☴)이다. '바람 풍(風)'은 평상[几] 속에 벌레[虫]가 파고들어 좀먹는 것을 뜻한다. 아래의 음(--)이 위의 두 양(=)에게 납작 엎드린 모습이므로, 부드러운 바람, 밑으로 뿌리를 내리는 음목에 해당한다. 풍향에 따라서 풀이 쏠려 눕혀지므로, '군자지풍(君子之風), 초상지풍(草上之風)', 즉 군자는 바람, 백성은 풀에 비견된다.

'공손할 손(遜)', 또는 우리말 '손'과 음의가 서로 통하는 것이 손(巽)이다. 바람을 통해 씨앗이 멀리 퍼지듯이, 물건을 들어 옮길 때 손을 사용한다. 모든 생명을 부드럽게 포용하여 감싸는 바람처럼, 손은 물건을 감싸 쥐며, 손바람을 일으킨다. 두 손을 잘 쓰는 원숭이가 주인공으로 등장하는 서유기(西遊記)의 손오공(孫悟空)도 '손씨'이다.

중국인들과 달리 우리 조상들은 수를 셈할 때, 엄지에서부터 새끼손가락까

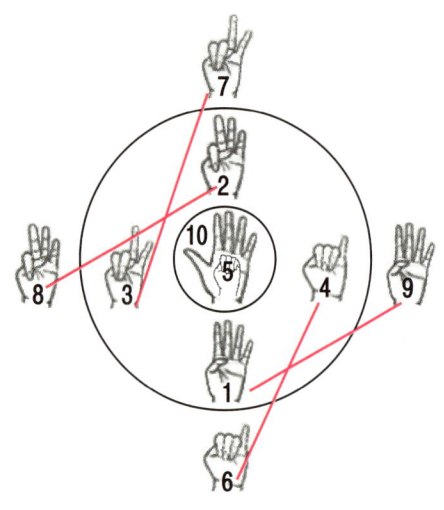

지 순차적으로 굽혀 안의 생수 1 2 3 4 5를 센 다음, 다시 새끼손가락에서부터 엄지에 이르기까지 순차적으로 펴서 밖의 성수 6 7 8 9 10을 세었다.

  손가락의 굴신(屈伸)에는, 태양의 위수인 1체9용, 소음의 위수인 2체8용, 소양의 위수인 3체7용, 태음의 위수인 4체6용, 즉 하도의 내외생성 수리가 기본적으로 깔려있다.

  엄지 하나를 구부린 것이 곧 아홉, 둘을 구부린 것이 곧 여덟, 셋을 구부린 것이 곧 일곱, 넷을 구부린 것이 곧 여섯이다. 주먹과 보로 표상되는 다섯과 열은 각기 독립적으로 존재하는 천태극·지태극이다.

  우리나라는 현묘한 풍류의 도를 행하는 은둔군자의 신선지국으로 알려져 왔다. 풍류(風流)는 부드러운 바람이 온 누리에 불어 유통한다는 뜻이다. 군자지풍(君子之風)은 바람처럼 공손한 군자의 미덕을 이른다. 바람은 은복(隱伏)하여 보이지 않으며, 하늘의 명을 공손히 받들어 펼치고, 헌신적인 희생(犧牲)을 한다.

  공자는 '역유태극(易有太極)', 즉 대자연의 역(易)에는 만유를 생성하고 주재하는 태극(太極)이 보유되어 있다고 말씀하였다. 그 태극사상의 발원지는 상고동방이고, 역의 조종(祖宗)은 복희씨이다. 동이(東夷) 고유의 풍씨(風氏)를 썼고, 또한 복희(伏羲)라는 이름 속에 담겨있는 뜻이 은복·희생(隱伏·犧牲)을 상징하는 바람을 취하였다는 데서 이를 잘 뒷받침한다.

주역산책

신명(申命)의 바람

重風巽

중풍손(重風巽)은 상하가 모두 바람(☴)인 괘이다. 공자는 "바람 따라 바람이 일어나듯이, 군자는 이를 본받아 공순히 하늘의 명을 거듭 펼쳐 일을 행해야 한다."는 '신명행사(申命行事)'를 말씀하였다.[1]

아홉째 지지인 신(申)은 음력 7월, 절기로는 입추·처서인 초가을을 상징한다. 천지상하가 번개[電]로 통하듯이, 밭[田]에 자란 초목이 줄기를 쭉 펼쳐[丨] 다 생장하였음을 나타낸다. 탐스런 오곡백과가 주렁주렁 여무는 초가을에는 신비로운 후천조화가 펼쳐진다. 하늘의 신비조화가 마침내 땅에서 펼쳐지는, 신(神)과 곤(坤)에 '펼 신(申)'이 담겨 있다.

'몸 신(身)'은 본래 신(申)의 반자(半字)이다. 두 몸(身)이 거듭 하나로 포개어져 한 몸이 되므로, '거듭 신(申)'이라고도 한다. 손(巽)도 두 몸[己+己]이 하나로 같이[共] 어우러짐을 뜻한다.[2]

두 뱀[巳+巳]이 몸을 거듭 꼬아 하나로 같이[共] 포개지는 뜻으로도 손(巽)을 풀이한다. 아래로 불어내리는 바람처럼 은복하여 풀숲에 숨어있고, 늘 밑으로 납작 엎드려 기어 다니는 것이 뱀인 까닭이다. 두 뱀이 서로 한 몸으로 엉킨 모습인 복희·여와의 그림에서도 손(巽)과 신(申)의 상징적 의미를 찾을 수 있다.

동방의 3·8목도를 펼친 복희씨

해 뜨는 동방은 생명이 약동하는 아침과 봄을 여는 곳이다. 복희씨는 동방의 목덕을 얻어 세상을 다스렸다고 전하는데, 창시한 선천팔괘가 태극(太極)이 3

---

1. 『주역(周易)』 중풍손(重風巽)괘: 象曰 隨風 巽 君子 以 申命行事
2. 선손후곤(先巽後坤), 즉 선천팔괘 오손풍(五巽風 ☴) 자리에 후천팔괘 서남곤토(☷)가 온다. 장녀(맏며느리)가 모친(시어머니)으로 화하여, 후천곤도를 신명행사로써 펼침을 암시한다.

변하여 8괘를 펼치는 동방의 삼팔(三八) 목도에 기본을 둔다.

태극은 팔괘를 생성하는 근원바탕이다. 태(太)는 '천지인·삼재가 크게 열리다', 극(極)은 '나무가 재빨리[亟. 빠를 극] 줄기가지를 뻗다'는 뜻이다.

나무가 뿌리로부터 줄기·가지·잎사귀(열매)로 세 단계로 분화하여 뻗어나간 것이 '천·지·뇌·풍·수·화·산·택'으로 표상되는 8괘이다.

8괘의 바탕인 음양부호는 나무의 줄기(━)와 가지(--) 형상이며, 이 간지(幹枝)를 취하여 천지운행법도인 간지(干支)도 후대에 만들어졌다. 목왕지절(木旺之節)인 봄은 만물이 그 모습을 드러내고, 생명이 눈을 떠서 사물을 보는 때이다.

三八木道

8	7	6	5	4	3	2	1	괘서
坤	艮	坎	巽	震	離	兌	乾	팔괘
太陰		小陽		小陰		太陽		사상
陰儀				陽儀				양의
太極								

太는 천지인 三才의 열림
極은 3변(체)하여 8괘(용)로 시공세계를 펼치는 태극의 도
오행 수리로는 三과 八의 배합으로 생성된 '동방木'을 태극으로 표상
『대학(大學)』의 3강령(綱領) 8조목(條目)

그 초목의 싹눈을 상징한 글자가 '볼 상(相)'이다. 모양새를 뜻하는 상(象)과도 그 음의가 서로 통한다. 팔괘로써 사물을 표상(表相 → 表象)하게 된 이후, 인류는 비로소 원시미개로부터 벗어나 문명사회로 진입하게 된다.[3]

공자는 계사하전(繫辭下傳)에서 복희씨의 팔괘창시에 대해 다음과 같이 설명

---

3. 역(易)은 무위자연(無爲自然) 자체, 또는 대자연의 생성변화원리를 가리킨다. 공자는 우주자연과 삼라만상을 이끄는 중심주체가 태극임을 '역유태극(易有太極)'으로 표현하였다. 『대학』의 강목(綱目) 또한 태극의 도를 본체로 한다. 3강령·8조목이 태극이 3변하여 펼치는 8괘와도 같다. 구체적으로 설명하면, 태극이 1차 분화하여 양의(兩儀), 2차 분화하여 사상(四象), 3차 분화하여 팔괘(八卦)가 생성된다. '삼세판'이라고 하듯이, 3변에 의한 8괘로써 만상(萬象)의 기틀이 마침내 갖춰진다.

한다.

"옛적 복희씨가 천하에 임금이 되었을 적에, 우러러 하늘의 상(象)을 살피고 허리 굽혀 땅의 법(法)을 살피며, 조수(鳥獸)의 무늬와 땅의 마땅한 작용(토질 지형 등)을 살폈다. 또 가까이로는 자신, 멀리로는 만물의 형상에서 이치를 취하여, 처음으로 팔괘를 작성하였다. 그리하여 신명의 덕을 통하게 하고 만물의 실정을 부류대로 나누어 놓았을 뿐만 아니라, 노끈을 맺어 그물을 만들어 짐승을 사냥하고 물고기를 잡게 하였으니, 대개 이는 이괘(離卦, ☲)의 형상을 취한 것이다."[4]

세상을 구성하는 기본바탕은 상천과 하지, 그리고 그 중간의 만물과 사람이다. 복희씨는 이를 관찰하여 삼재(三才)의 도를 세웠다. 3획으로 이루어진 8괘의 공간적 기본위치를 설정하는 한편, 대자연을 축소한 소자연이 사람이므로 안으로는 자기 자신, 밖으로는 모든 만물을 두루 관찰한 다음, 이를 하나로 연계하여 팔괘에 걸려 붙도록 표상하였다.

불로 대표되는 이괘(☲)는 중간의 음(--)이 두 양(⚌) 사이에 걸려 붙은 상태이다. 그물의 눈과 같이 '수놓다, 밝다, 무늬'를 나타낸다. 불은 붙는 성질이 있다. 사물을 환히 비추는 천중의 해와 달, 사람의 두 눈도 걸려 붙어 있다. 그물 또한 물고기나 들짐승이 걸려 붙도록 하는 도구이다. 강거목장(綱擧目張), 즉 벼릿줄을 들어 올리면 자연 그물눈이 따라 펼쳐지듯이, 3강령(綱領)·8조목(條目)으로 구성된 『대학』도 이를 효칙(效則)한 것이다.[5]

음양부호가 뒤섞인 역의 소성8괘·대성64괘도 모든 천지자연의 사물을 밝

---

[4] 『주역(周易)』 계사하전(繫辭下傳): 古者包犧氏之王天下也 仰則觀象於天 俯則觀法於地 觀鳥獸之文 與地之宜 近取諸身 遠取諸物 於是 始作八卦 以通神明之德 以類萬物之情 作結繩而爲網罟 以佃以漁 蓋取諸離

[5] 3강령·8조목은 태극이 펼치는 '삼팔목도'에 상응한다. 『주역(周易)』 계사상전(繫辭上傳)에 이른 "역(易)은 태극을 보유하며, 이것의 조화로 양의·사상·팔괘가 생생(生生)한다. 팔괘에서 길흉이 정해지며 대업(大業)을 낳는다(易有太極 是生兩儀 兩儀生四象 四象 生八卦 八卦定吉凶 吉凶 生大業)."는 글은 공자가 『대학』 경문을 3강령·8조목으로 세운 구체적인 근거가 된다.

게 걸어놓은 천라지망(天羅之網)이다. 괘(卦)의 본뜻도 '걸어놓을 괘(掛)'를 가리킨다. 중녀에 해당하는 이(離)는 '셈할 수(數)'를 뜻하기도 한다. 수(數)는 본래 여자가 대바늘로 그물을 뜨듯이, 아름다운 수(繡) 무늬를 놓는 것을 의미한다. 따라서 수의 역할은 헤아려 계산하듯, 사물의 이치에 눈을 뜨는 것이다.

건곤용마(乾坤龍馬)

『주역』의 건괘(乾卦)에는 원대한 용덕(龍德), 곤괘(坤卦)에는 정고한 암말인 빈마(牝馬)가 등장한다.[6] 『주역』이란 글이 복희씨 때의 용마부도(龍馬負圖)에 근원하였음을 잘 보여주는 대목이다. 머리는 용, 몸은 말의 형상을 한 용마는 형이상(形而上)의 하늘과 형이하(形而下)의 땅을 상징한다. 역(易)이란 글자도 용마형상에 비견된다.

오행 가운데 목(木)은 3·8의 사상배합으로 생성되며, 소양·소음의 기질을 갖추고 있다. 양(━)과 음(--)의 부호로 조합된 8괘는 본래 태극(太極)이란 나무의 줄기·가지를 상징한다. 작게 이루어진 소성 8괘는 기틀인 체(體), 이를 크게 펼친 대성 64괘는 쓰임인 용(用)이 된다.[7]

선천팔괘의 여덟 가족

소성팔괘에서 건곤(乾坤)이 부모가 되고, 그 사귐에서 3남 3녀가 나와 여덟 식구의 한 가족을 이룬다. 작대기 셋이 다 양으로 이어진 순양괘 건(乾, ☰)과

---

6. 문왕은 봄의 덕인 원(元)으로 건(乾)의 머리를 세우고, 주공은 하늘을 나는 신비한 용(龍)으로 이를 표현하였다. 『주역(周易)』의 첫 문장은 "건(乾)은 원(元)코 형(亨)코 이(利)코 정(貞)하니라."로 시작한다. 만물과 사람은 하늘의 원대한 원덕(元德)에 힘입어 나온다. 사람을 만물의 영장이라고 일컫는 것도 하늘의 원덕에서 비롯한 어진 인성(仁性)을 체득하였기 때문이다.
용은 특히 봄철을 대표하는 동방의 신령한 영물이다. 봄은 목왕지절(木旺之節)로 춘하추동의 머리이고, 동방은 동서남북의 으뜸이며, 인(仁)은 인의예지의 근본이다.

7. 복희씨 당시에는 처음 소성 8괘를 쓰다가 훗날 대성 64괘를 썼겠지만, 아득한 요순시대 이전부터 대성 64괘가 쓰여 졌다고 본다. 월령(月令)·간지(干支)·별자리 등에 관계된 문자들이 『서경(書經)』의 요전(堯典)·순전(舜典) 등에 나오기 때문이다.

작대기 셋이 다 음으로 끊어진 순음괘 곤(坤, ☷)을 건삼련·곤삼절(乾三連·坤三絶)로 일컫는다.

나무가 뿌리에서 줄기·가지로 뻗어나가므로, 건곤의 아래 양효·음효가 먼저 오가서 진하련(震下連, ☳)의 장남 우레, 손하절(巽下絶, ☴)의 장녀 바람이 생성된다. 그 다음, 중간의 양효·음효가 오가서 감중련(坎中連, ☵)의 중남 물, 이허중(離虛中, ☲)의 중녀 불이 생성된다. 마지막으로, 맨 위의 양효·음효가 오가서 간상련(艮上連, ☶)의 소남 산, 태상절(兌上絶, ☱)의 소녀 연못이 생성된다. 건삼련(乾三連)의 3양을 인자(因子)로 한 진·감·간(☳·☵·☶) 세 아들은 양괘(陽卦), 곤삼절(坤三絶)의 3음을 인자(因子)로 한 손·리·태(☴·☲·☱) 세 딸은 음괘(陰卦)이다.

공자는 "양괘(아들)는 음이 많고, 음괘(딸)는 양이 많으니 그 까닭은 무엇인가? 양괘는 홀수이고, 음괘는 짝수이기 때문이다."[8]라고 말씀하였다. 아래의 도표는 하도 10수에서 중앙토를 생성하는 5·10을 조부·조모로 삼고, 이로부터 부모와 3남 3녀가 나와 여덟 가족이 됨을 보여준다. 인사남녀의 차례 순서를 중시한 필자의 학문적 입장임을 밝힌다. -후술

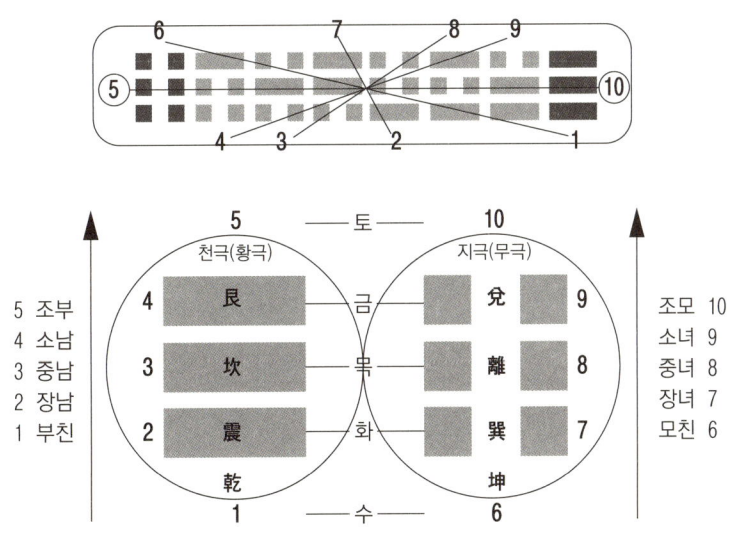

8. 『주역(周易)』 계사하전(繫辭下傳): 陽卦 多陰 陰卦 多陽 其故 何也 陽卦 奇 陰卦 耦

하도수리와 팔괘배치

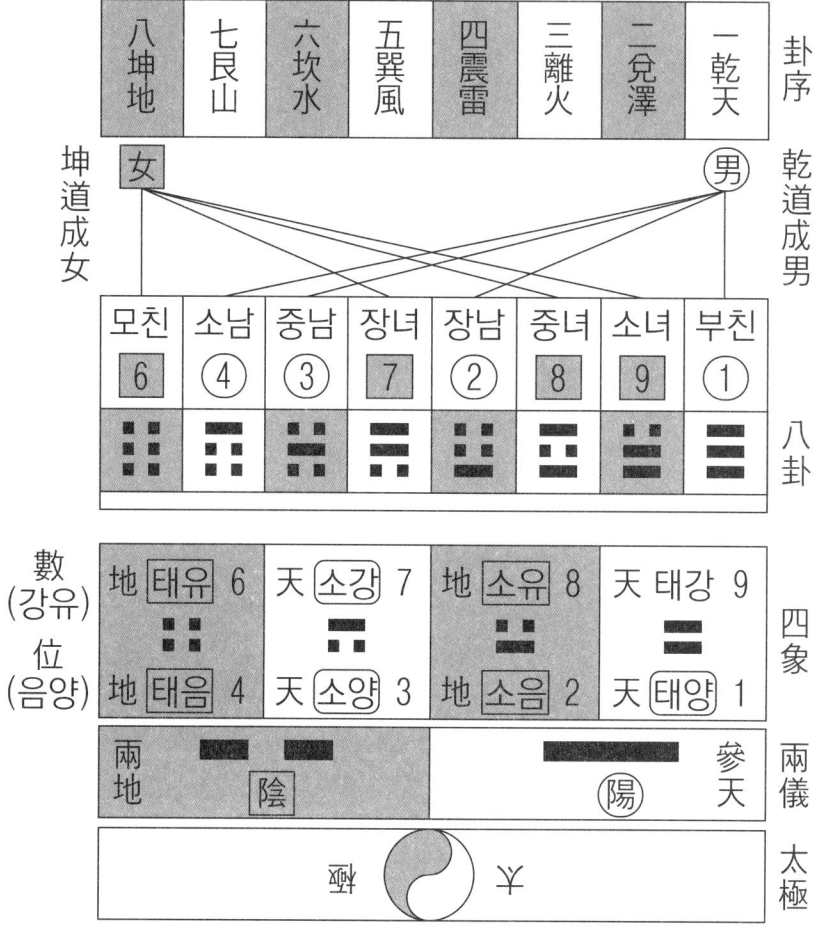

하도에서 살펴보았지만, 천극인 5와 지극인 10을 본체중심으로 하여, 천도의 생수에 속한 사상위 1 2 3 4와 지도의 성수에 속한 사상수 6 7 8 9가 각기 안팎에 처한다.

기질생성으로 대비하면, 사상위는 하늘이 베푸는 음양의 기(氣), 사상수는 땅이 펼치는 강유의 질(質)로 표명된다. 안의 1 2 3 4가 태양·소음·소양·태음, 밖의 6 7 8 9가 태유·소강·소유·태강이다. 내외본말과 선후남녀의 자연법도에 따라, 하도의 사상위 1 2 3 4는 남자, 사상수 6 7 8 9는 여자에 속한다. 즉 1 2 3 4는 부친 장남 중남 소남, 6 7 8 9는 모친 장녀 중녀 소녀이다.

복희씨가 천도와 인사의 자연스런 순서배합을 보이는 하도를 법하여 팔괘를 배정하였다고 생각된다. 이렇게 보아야 도서(圖書)와 팔괘(八卦) 등 모든 이치가 막힘없이 두루 풀린다. 사상에 대해서 선천팔괘의「차서도」와「방위도」에서 다시 살핀다.

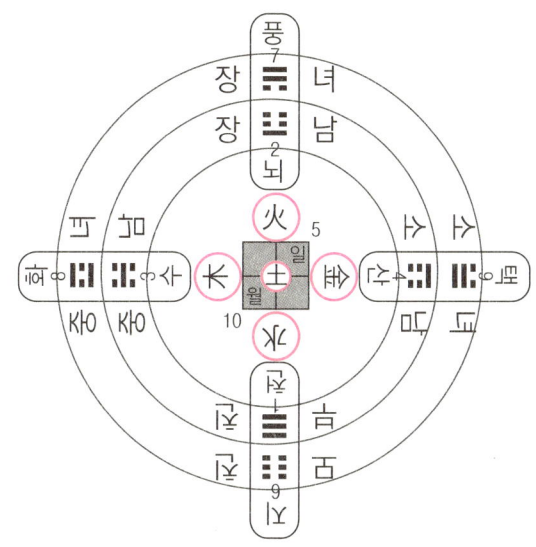

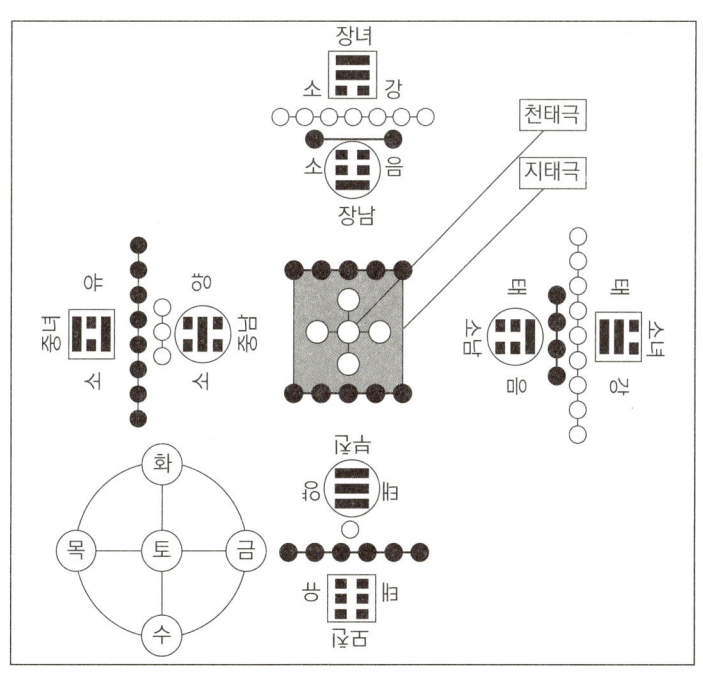

효(孝)와 교학(敎學)

상하에 가위모양의 '사귈 예(乂)'를 거듭한 글자가 효(爻)인데, 음양의 사귐인 교역을 나타낸다. 6효는 대성괘의 기본바탕이다. '그물 망(网)'도 효(爻)와 관계된 글자이다. 앞에서도 언급하였지만, 복희씨가 이괘(離卦 ☲)를 본떠서 천라지망(天羅之網)인 괘를 창시하고, 그물을 짜 수렵어로에 활용하였다.

천지음양은 만물과 사람을 낳는 큰 부모이다. 곤충미물도 그 부모를 본받기 마련이므로, 효(爻)는 '본받을 효(效)'와 통한다. 부모의 사귐인 효(爻)와 부모를 자식이 받들어 섬기는 효(效)에서 '효도 효(孝)'라는 글자도 나왔다. 역의 변동과 자연의 교역변화를 상징하는 효(爻)를 기본바탕으로 하여 백행(百行)의 근본인 효(孝)의 철학도 정립되었다. 효(孝)에서 파생된 글자가 '가르칠 교(敎), 배울 학(學)'이다. 대자연의 교역변화를 상징하는 역의 괘효(卦爻)가 인사의 모든 분야에서 교학(敎學)의 근원이 되었음을 알 수 있다.

| 부모(父母)의 자(子) | 교학(敎學)의 효(孝) | 선불(仙佛)의 유(儒) |

효(孝)는 백행지본(百行之本)이며 교학지본(敎學之本)이라 - 大孝(대학) 小孝(소학)

"배달 고유 현묘의 도, 풍류(風流)는 유불선 3교의 근원" -고운(孤雲)
   포함삼교(包含三敎) 접화군생(接化群生)
    - 3교를 포함하고 중생을 교접(감응) 교화한다
   정신(仙)+육신(佛)+범절(儒): 선불유(천지인)의 修(닦을 수)
   태극(太極)의 동방목도(東方木道): 천지인(삼재)의 泰(열릴 태)

"승천(昇天)의 신선, 부지(附地)의 부처, 선불(仙佛)의 선비" -야산(也山)
   효천법지(效天法地) 진덕수업(進德修業)
   -하늘을 본받고 땅을 법하여, 안으로 덕을 밝히고 밖으로 업을 닦는다

水天需

유학(儒學)은 선비의 학문으로, 사람[亻]에게 필수(必需)적인 도리를 닦는다는 뜻이다. '선비 유(儒)'자 안의 수(需)는 『역경(易經)』 64괘 가운데 하나로, 비구름(☵)이 하늘(☰)을 덮고 있으나, 아

직은 비를 내리지 못하는 형상으로 본다. 따라서 비 오길 구하고 기다린다는 데서 '구할 수, 기다릴 수', 생명수처럼 삶에는 반드시 요구되는 물품인 '음식 수'의 의미로 쓰인다. 사람이 살아가기 위해서는 음식이 꼭 필요하지만, 정신적인 양식(糧食)인 인륜도덕과 예의규범 또한 반드시 요구된다. 이를 익히고 닦는 것이 곧 '선비 유(儒)'의 참 의미이다. 1도(道)는 3교(敎)를 낳는다. 태극이 3태극으로 분화되듯이, 유불선이 3교합일을 이루어야 인격수양이 완성된다.

선천팔괘 차서도(次序圖)의 전개

태극의 삼변성도(三變成道)

복희씨가 창시한 팔괘는 작위·인위(作爲·人爲)가 조금도 없는 천지자연 그대로의 원리이므로, '선천팔괘'라고 부른다. 천·지·인 삼재(三才)의 기본 3획을 갖춘 '소성팔괘'가 전개되는 원리를 보여주는 「선천팔괘차서도(先天八卦次序圖)」에 대해서 공자는 "역은 태극을 보유한다. 이 태극이 양의를 낳고, 양의는 사상을 낳고, 사상은 팔괘를 낳는다. 팔괘는 길흉을 정하고, 길흉은 큰 사업을 낳는다."고 설명하였다.[1]

8	7	6	5	4	3	2	1	괘서
坤	艮	坎	巽	震	離	兌	乾	팔괘
太陰		小陽		小陰		太陽		사상
陰 儀				陽 儀				양의
太 極								

복희선천팔괘 차서도

① 태극(太極)이 양의(兩儀)를 낳다.

천지우주가 열리기 이전의 혼돈상태인 무극(无極) 한 점이 생겨나서, 무궁무한한 태극조화가 일어나 태초 맨 처음이 시작된다. 무(无)는 만유(萬有)를 담는 텅 빈 그릇으로 삼라만상이 열려오는 밑바탕이다. 시작과 끝을 알 수

---

1. 『주역(周易)』 계사상전(繫辭上傳) 11장: 易有太極 是生兩儀 兩儀 生四象 四象 生八卦 八卦 定吉凶 吉凶 生大業

없는 극진한 무(旡)에서 태극의 한 기운이 일어나, 태초(太初)로부터 궁극(窮極)에 이르는 생성변화가 펼쳐지므로 '무극이태극(旡極而太極)'이라고도 한다.

태극의 도는 일동일정(一動一靜)으로 끝없이 나아간다. 이를 공자는 "일음일양지위도(一陰一陽之謂道)"로 정의하였다. 태초에 태극이 한번은 일동(一動)하여 가볍고 맑은 양의 기운이 위로 올라가 하늘을 열고, 한번은 일정(一靜)하여 무겁고 탁한 음의 기운이 엉겨서 다음 땅을 여는 것이 '천지개벽(天地開闢)'이다.[2]

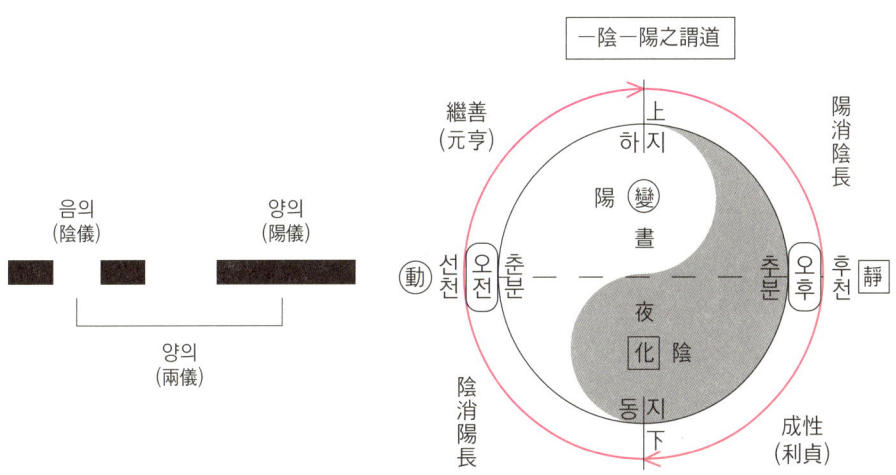

태극의 동적인 부분과 정적인 부분을 둘로 갈라 '양의(兩儀)'라 한다. 태극이 생하는 두 가지 '기동, 상태, 양태'가 양의인데, 동적인 거동인 '양의(陽儀)'와 음적인 거동인 '음의(陰儀)' 둘로 대별된다.

한 획의 원으로 표상된 태극은 양과 음의 두 밭으로 나뉜다. '둘 양(兩)'은

---

2. 「선천팔괘방위도」에도 순양인 乾(☰) 하늘은 가장 위에 있고, 순음인 坤(☷) 땅은 가장 아래에 있다.

'두를 잡(帀)' 안에다 좌우로 '들 입(入)'을 넣은 형태이다. 좌양우음(左陽右陰), 즉 한 획으로 빙 둘러싼 동심원 태극에서 양의는 왼쪽에 들어가고, 음의는 오른쪽에 들어감을 나타낸다.

'거동 의(儀)'는 마땅히 갖추어야 할 사람의 품위 있는 거동을 이른다. 하늘에는 양과 음이 있고 땅에는 강과 유가 있듯이, 사람에게는 인(仁)과 의(義)가 있다는 뜻으로도 풀이한다.

자연의 현상은 힘차게 움직이고 고요히 머무르는 두 가지 양상으로 나뉜다. 하나가 강건하면 하나는 유순하고, 하나가 밝으면 하나는 어둡고, 하나가 크면 하나는 작고, 하나가 앞서면 하나가 뒤따른다. 밝은 낮에는 활동하고 어두운 밤에는 휴식하며, 따스한 봄에는 밭을 갈아 씨를 뿌리고 서늘한 가을에는 결실을 거두는 이치와도 같다.

② 양의(兩儀)가 사상(四象)을 낳다

양의에서 사상(四象)이 나온다. 태극의 극(極)자에 '나무[木]가 재빨리 뻗어나간다[亟]'는 의미가 들어 있으므로, 태극을 근본으로 하여 나무가 계속 위로 뻗는 것이다. 양의가 동정(動靜)의 거동만 나타낸다면, 사상은 네 가지로 표상이 드러났음을 말한다. 모양이 바깥으로 보인다는 뜻이다. 하늘에서는 일월성신(日月星辰), 땅에서는 산천동식(山川動植), 방위로는 동서남북(東西南北), 계절로는 춘하추동(春夏秋冬) 등이 전부 사상법도에 의거하여 분류한 것이다.

양의(陽儀) 다음 음의(陰儀)가 뒤따르듯이, 사상의 경우도 항상 양이 앞서고 음이 뒤따르는 '양선음후(陽先陰後)' 순서로 나아간다.

「선천팔괘차서도」에서 양의(⎯) 위에 다시 양(⎯)과 음(--)을 올려놓은 것이 태양·소음(⚌ · ⚍), 음의(--) 위에 양(⎯)과 음(--)을 올려놓은 것이 소양·태음(⚎ · ⚏)이 된다.

태양(⚌)은 순양으로 매우 강건하고, 소음(⚍)은 외유내강(外柔內剛), 소양

(⚌)은 외강내유(外剛內柔), 태음(⚏)은 순음으로 매우 유순하다. 대소(大小)의 측면에선, 태양·소음·소양·태음(太陽·小陰·小陽·太陰), 노소(老少)의 측면에선 노양·소음·소양·노음(老陽·少陰·少陽·老陰)이다.

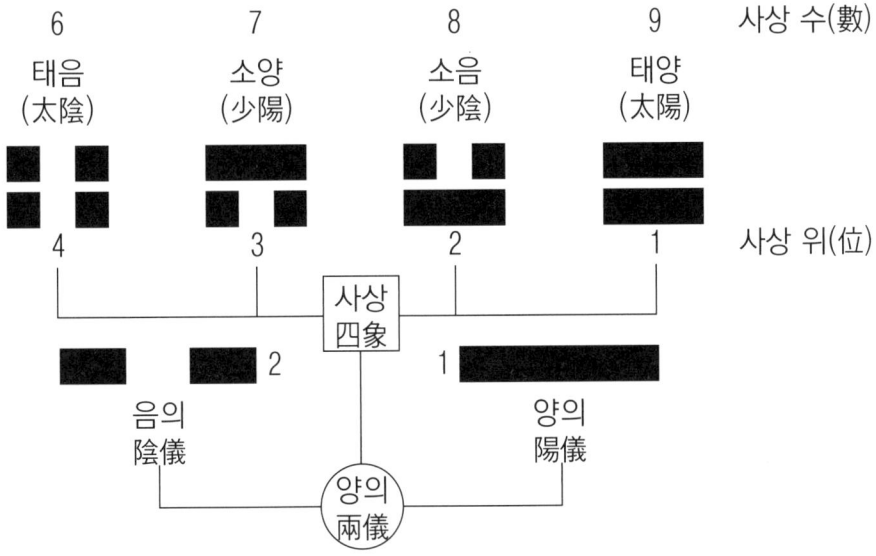

사상을 사상위(四象位) 1 2 3 4와 사상수(四象數) 6 7 8 9로 나누어, 내외체용을 구분하고 남녀팔괘를 배정한다.

안팎으로 양인 것이 태양(⚌), 안팎으로 음인 것이 태음(⚏)이다. 안은 양이고 바깥이 음인 것이 소음(⚎), 안은 음이고 바깥이 양인 것이 소양(⚍)이다. 형상의 상(象)은 바깥으로 나타나기에, 바깥의 음양 획으로 사상의 음양을 구분한다.

사상체질로 살펴보면, 태양인(⚌)은 강건하고 활달하여 앞장서는 반면, 태음인은 유순하고 신중하여 조용하다. 소음인(⚎)은 외유·내강하여 밖으로는 유순해보여도 속으로는 강건하다. 반면, 소양인(⚍)은 외강내유하여 밖으로는 강해보여도 속으로는 유순하다.

③ **사상(四象)이 팔괘(八卦)를 낳다**

태양·소음·소양·태음에서 양과 음으로 한 번 더 분화한 것이 '팔괘(八卦)'이다. 태극은 하나가 둘을 낳는 '일생이법(一生二法)'의 원리를 전개한다. 태극에서 양의, 양의에서 사상, 사상에서 다시 팔괘가 분화한다. 세 번의 변화 과정을 통해 도를 이루었다고 하여 '삼변성도(三變成道)'라 한다.[3]

괘(卦)는 '걸 괘(掛)'의 의미로 풀이한다. 그림을 걸어둔 것을 '괘도(掛圖)'라고 일컫듯이, 천지자연의 물상들을 괘로 걸어 놓았다는 뜻이다. 괘(卦)라는 글자는 봉건(封建)시대의 '봉할 봉(封)'과도 연관된다. 중심 태극에서 파생된 8괘는 천자가 봉하는 제후와도 같다. 천·지·뇌·풍·수·화·산·택을 표상하는 8괘가 각기 점유(占有)하는 고유영역이 있어서, 일정 봉토(封土)를 받은 제후와도 같다는 뜻이다.

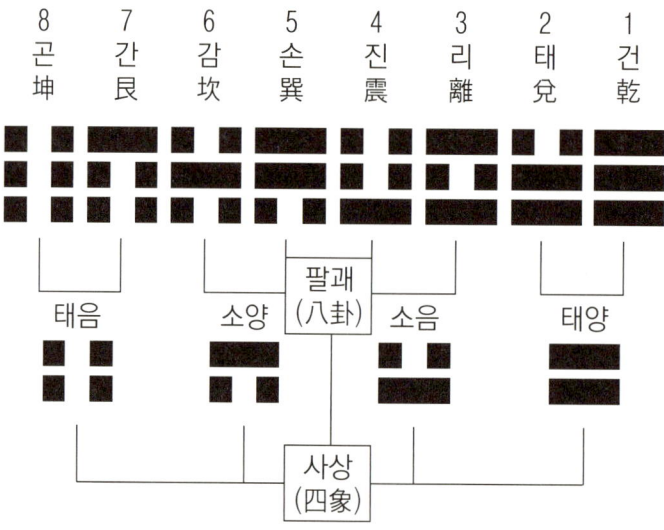

태극이 1변→2변→3변해서 음양→사상→팔괘가 펼쳐진다. 중요한 점은 괘가 이루어질 때, 반드시 아래에서 위로 올라간다는 사실이다. 팔괘는 부모와 삼남삼녀로 구성된다. 본말선후의 법도가 있어서 뿌리→줄기→가지 순으로,

---

3. 혁성(革成)을 상징하는 49번째 괘, 택화혁(澤火革)의 세 번째 효인 구삼(九三) 효사에는 고쳐 바꾼다는 말이 세 번 나아가는 '혁언삼취(革言三就)'를 말하였다.

장남장녀, 중남중녀, 소남소녀가 전개된다. 그러므로 괘를 그릴 때에 반드시 아래로부터 위로 그려 올라가야 한다.

주역산책

괘(卦)와 규(圭)

고대 봉건시대에 천자가 제후에게 일정한 땅을 봉지(封地)로 내려주어 백성을 다스리게 할 때, 믿음의 신표(信標)로 상서로운 옥으로 만든 규(圭)를 나누어주었다. '홀'이라고도 부르는 규(圭)는 위는 둥글면서 뾰족하고, 아래는 사각인 형태이다. 이는 양토(산)와 음토(땅)의 산하대지(천하)를 상징한다.

흙을 차지하여 다스리는 자는 천하의 주인인 천자이다. 중심태극인 천5와 지10이 각기 무토(戊土. 양토고산)와 기토(己土. 음토평지)를 생성한다.

선천팔괘의 차례 이름 물상(괘서 괘명 괘상)

일반적으로 괘의 순서인 '괘서(卦序)'에 괘의 이름인 '괘명(卦名)'을 붙이고, 그 괘를 대표하는 자연의 물상인 '괘상(卦象)'을 하나로 묶어서 선천팔괘를 일컫는다.

태양(⚌)에서 양과 음으로 나온 괘가 일건천이태택(一乾天二兌澤, ☰☱), 소음(⚍)에서 양과 음으로 나온 괘가 삼리화사진뢰(三離火四震雷, ☲☳), 소양(⚎)에서 양과 음으로 나온 괘가 오손풍육감수(五巽風六坎水, ☴☵), 태음(⚏)에서 양과 음으로 나온 괘가 칠간산팔곤지(七艮山八坤地, ☶☷)다.

8괘는 음양을 조합한 획상(畫象)으로 나타낸다. 먼저 순양의 괘로서 부친 건삼련(乾三連, ☰), 순음의 괘로서 모친 곤삼절(坤三絶, ☷)이 있다. 세 아들인 양괘(陽卦)는 장남 진하련(震下連, ☳), 중남 감중련(坎中連, ☵), 소남 간상련(艮上連, ☶)이다. 세 딸인 음괘(陰卦)는 장녀 손하절(巽下絶, ☴), 중녀 이허중(離虛中, ☲), 소녀 태상절(兌上絶, ☱)이다. '천지뇌풍수화산택'은 형이하적인 괘의 형상, '건곤진손감리간태'는 형이상학적인 괘의 명칭에 해당한다.

팔괘를 인사(人事)의 교역으로 살펴보면, 하늘(☰)과 땅(☷)이 부모로서 서로 사귀는 가운데 세 아들과 세 딸을 낳는다. 건괘(☰) 가장 아래의 양이 곤괘(☷) 아래로 찾아가 첫째 진하련 장남(☳), 이와 반대로 곤괘(☷) 가장 아래의 음이 건괘(☰) 아래로 찾아가 첫째 손하절 장녀(☴)가 된다.

그 다음, 건괘 중간의 양이 곤괘 중간으로 찾아가 둘째 감중련 중남(☵), 곤괘 중간의 음이 건괘 중간으로 찾아가 둘째 이허중 중녀(☲)가 된다. 마지막으로, 건괘 맨 위의 양이 곤괘 맨 위로 찾아가 셋째 간상련 소남(☶), 곤괘 맨 위의 음이 건괘 맨 위로 찾아가 셋째 태상절 소녀(☱)가 된다.[4]

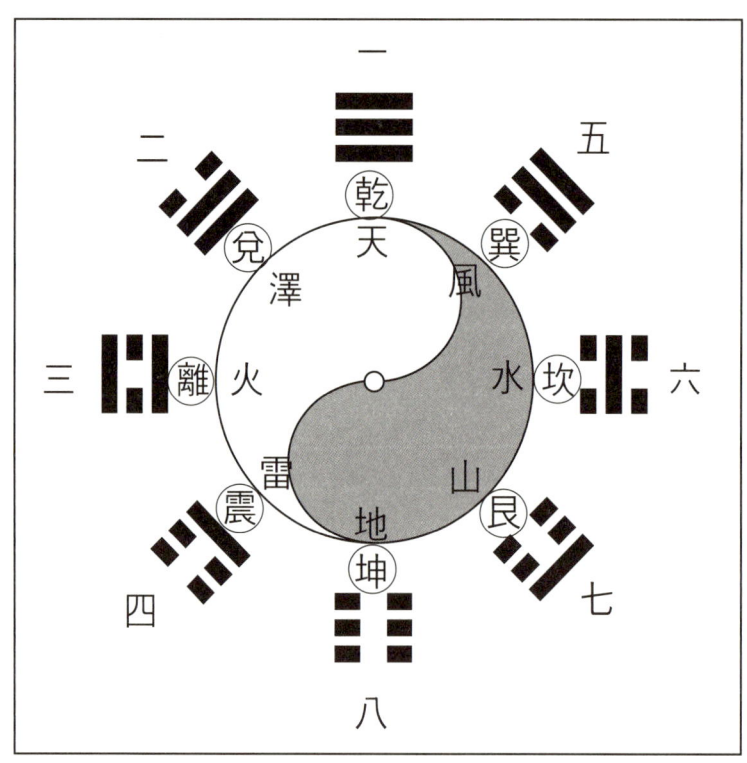

4. 『주역(周易)』 설괘전(說卦傳): 乾 天也 故 稱乎父 坤 地也 故 稱乎母 震 一索而得男 故 謂之長男 巽 一索而得女 故 謂之長女 坎 再索而得男 故 謂之中男 離 再索而得女 故 謂之中女 艮 三索而得男 故 謂之少男 兌 三索而得女 故 謂之少女

> ### 건곤교역(乾坤交易)과 3남3녀
>
> 3양 乾父(☰)와 3음 坤母(☷)가 교역(交易)하여
> 진감간(震坎艮) 세 아들과 손리태(巽離兌) 세 딸을
> 차례로 낳아 팔괘의 한 가족을 이룬다.
> 爻는 부모에 해당하는 九六이 대표한다.
> 부모의 교합으로 자녀인 七八이 나온다.
> 孝〈爻부모+子자녀〉
>
> 乾의 下 양이 坤의 下 음을 찾아가 장남 震(☳하련)
> 坤의 下 음이 乾의 下 양을 찾아가 장녀 巽(☴하절)
> 乾의 中 양이 坤의 中 음을 찾아가 중남 坎(☵중련)
> 坤의 中 음이 乾의 中 양을 찾아가 중녀 離(☲허중)
> 乾의 上 양이 坤의 上 음을 찾아가 소남 艮(☶상련)
> 坤의 上 음이 乾의 上 양을 찾아가 소녀 兌(☱상절)

팔괘는 각기 길흉이 정해져 있다. 그 이치를 괘의 덕으로써 살필 수 있는데, 건(☰)은 세 효 모두가 양이므로 매우 건장(健壯)하고, 곤(☷)은 세 효 모두가 음이므로 아주 유순(柔順)하다. 진(☳)은 유순한 두 음 밑의 양이 밖으로 힘차게 움직이고[動], 손(☴)은 강건한 두 양 밑의 음이 속으로 공손히 숨어든다[入]. 감(☵)은 어두운 두 음 사이에 양이 빠지고[陷], 리(☲)는 강건한 두 양 사이에 음이 걸린다[麗]. 간(☶)은 위의 양이 아래 두 음을 막아 그치고[止], 태(☱)는 위의 음이 아래 두 양을 기쁘게[說] 한다.[5]

괘명 파자해(破字解)

☰ 乾(하늘 건, 굳셀 건, 마를 간)

= 先甲十日 後甲十日 ⊕ 乞(줄 기/ 乙과 人) ☞ 幹(줄기 간)

하늘은 하도의 10수를 바탕으로 천간인 십간(十干)을 베푼다. 건(乾)은 밝은 햇빛이 비추는 '마를 간(倝)'과 생명이 움트는 '싹 을(乙)'을 더한 글자로, 생명

---

[5] 『주역(周易)』설괘전(說卦傳): 乾 健也 坤 順也 震 動也 巽 入也 坎 陷也 離 麗也 艮 止也 兌 說也

의 밝은 기운을 불어넣어주는 하늘을 나타낸다. 3양(☰)은 천·지·인 삼재를 상징한다. 하늘이 삼재를 통솔 주재하므로, 건(乾) 속에 천간의 甲(1) 乙(2) 丙(3)을 함축하고 있다.[6]

☱ 兌(기쁠 태, 서방 태)

= 八 ⊕ 兄(口와 儿) ☞ 說(말씀 설) 悅(기쁠 열) 脫(벗을 탈)

연못[口]의 수증기가 피어오르듯이, 사람[儿]의 입김[口]이 토해져 흩어지는 모습이다. 음기가 밖으로 발산됨을 상징하며, 음[八,--]이 큰 양들[=] 위에 처하여 맏이[兄] 노릇을 하므로, 기뻐하는 형상이다.

☲ 離(걸릴 리, 떠날 리, 붙을 리)

= 离(흩어질 리, 산신 리) ⊕ 隹(새 추) ☞ 麗(고울 려. 걸릴 리)

새[隹] 떼가 흩어지듯이[离], 불꽃이 타올라 흩어지는 모습이다. 또한 리(離)는 짐승의 머리[囟]와 발자국[内] 문양을 나타내기에, 들짐승[离]과 날짐승[隹]이 쳐놓은 그물에 걸림을 뜻하기도 한다. 작은 음[--] 하나가 두 양[=] 사이에 걸려 붙어있어, 불과 같이 환히 아름다운 문채를 드러내는 형상이다.

☳ 震(우레 진, 움직일 진)

= 雨(비 우) ⊕ 辰(별 진, 다섯째지지 진, 때 신) ☞ 振(떨칠 진)

음력 3월[辰]에 비[雨]가 와서 만물이 힘차게 활동함을 나타낸다. 유순한 음들[==] 아래에 처한 양[—]이 밖으로 힘차게 진출하는 형상이므로, 우레로 대표된다.

---

6. 순양괘인 건(☰)은 태양의 밝은 기운이 꽉 찬 형상이다. 건(乾)의 왼편(十日十)은 '선갑십일·후갑십일(先甲十日·後甲十日)'의 선후 21갑(21日)의 이치가 숨어있다. 열흘이 다하면 다시 열흘, 선천이 다하면 다시 후천을 베풀어, 끝없이 운행하는 하늘의 법칙을 나타냈다. 건(乾)의 오른편 '빌 걸(乞)'은 허기진 사람이 음식을 구하듯, 하늘의 밝은 덕이 나에게 임하기를 비는 모습이다. '빌 걸(乞)'을 베풀어주는 측면에서는 '줄 기'라고도 하는데, '기운 기(氣)'를 줄인 형태이다. 달력 이치로는, 하늘이 베푸는 21갑(甲)의 기영(氣盈)이 건(乾)이다. 『주역(周易)』 경문은 '건원형이정(乾元亨利貞)'에서 시작한다. 원형이정은 하늘이 펼치는 춘하추동 4계절의 덕을 말하지만, 4년 주기로 기영 21일을 펼치는 주천(周天)의 운행조화를 나타낸다.

☴ 巽(공손할 손)
= 己己(몸 기) ⊕ 共(같이 공) ☞ 選(뽑을 선) 撰(가릴 찬)

두 몸[己己]이 하나로 합하여 같이[共] 하는 공손함을 나타낸다. 한편, 두 무릎을 구부리고 두 손을 한데 모아 공손히 경배함을 뜻하기도 한다. 음[--]이 강한 양들[⚌] 아래에 처하여 공순히 따르는 형상이므로, 아래로 불며 안으로 파고드는 바람으로 대표된다.

☵ 坎(구덩이 감, 빠질 감)
= 土(흙 토) ⊕ 欠(하품 흠. 빠질 흠, 파일 흠, 부족할 흠)

흙[土]이 패인[欠] 구덩이를 나타낸다. 물이 흐르면 흙이 자연히 파여 구덩이를 이루므로, 흐르는 물로도 표상한다. 밝은 양[—]이 어두운 음들[==] 사이에 빠져 어려움을 겪는 형상이나, 중심의 양이 건실하여 물 흐르듯이 잘 이겨냄을 뜻하기도 한다.

☶ 艮(그칠 간, 동북 간)
= 日(날 일) ⊕ 氏(각시 씨, 뿌리의 모습) ☞ 根(뿌리 근) 限(나눌 한)

해[日]가 돋는 뿌리[氏], 날[日]의 씨[氏], 씨눈[氏目] 등으로 풀이한다.

선천팔괘로는, 일몰(日沒) 후의 서북방을 대표한다. '저물 혼(昏)'의 상하를 바꾼 글자이다. 후천팔괘로는, 새벽에 상응하는 동북방을 상징한다. 뿌리와 근본(根本)은 늘 제자리에 그쳐 산과 같이 옮길 수가 없다. 밝은 양[—]이 아래의 어린 음들[==]을 보호하고 지켜서, 그릇되지 않도록 굳건히 막는 형상이다.

☷ 坤(따 곤, 순할 곤)
= 土(흙 토) ⊕ 申(납 신, 아홉째지지 신) ☞ 伸(펼 신)

땅[土]이 초목의 줄기·가지를 튼튼히 길러냄을[申], 하늘의 밝은 기운이 땅[土]으로 내려와 펼쳐짐을[申] 뜻한다. 신(申)은 양의 종자인 하늘의 갑(甲)을 땅이 받아들여 길러냄을 나타내며, 초가을 음력 7월에 해당한다. 햇곡식을 절

구[臼]에 넣어 공이[丨]로 찧는 뜻도 된다.[7]

괘의 형상	차례 및 괘명과 괘상	괘의 덕성 [卦德]	자연/가족	동물/신체	오행/방위
건삼련 乾三連 ☰	일건천 一乾天	健[굳건함]	하늘/ 부친	말/ 머리	陽金(剛金) 서북
태상절 兌上絶 ☱	이태택 二兌澤	說[기뻐함]	연못/ 소녀	양/ 입	陰金(柔金) 정서
이허중 離虛中 ☲	삼리화 三離火	麗[걸림]	불/ 중녀	꿩/ 눈	陰火 정남
진하련 震下連 ☳	사진뢰 四震雷	動[움직임]	우레/ 장남	용/ 발	陽木(剛木) 정동
손하절 巽下絶 ☴	오손풍 五巽風	入[들어감]	바람/ 장녀	닭/ 넓적다리	陰木(柔木) 동남
감중련 坎中連 ☵	육감수 六坎水	陷[빠짐]	물/ 중남	돼지/ 귀	陽水 정북
간상련 艮上連 ☶	칠간산 七艮山	止[그침]	산/ 소남	개/ 손	陽土(언덕) 동북
곤삼절 坤三絶 ☷	팔곤지 八坤地	順[유순함]	땅/ 모친	소/ 배	陰土(평지) 서남

7. 선천팔괘로는, 위 하늘에 짝하는 아래의 땅이 곤(坤)이다. 달력으로는, 건(乾)이 베푸는 21일의 기영을 순히 받아들여 펼침을 의미한다. 후천팔괘로는, 여름의 화왕(火旺)에서 중앙의 토왕(土旺)을 거쳐 가을의 금왕(金旺)으로 넘어가는 서남방을 상징한다. 동북의 간(艮)과 서남의 곤(坤)에서 살필 수 있듯이, 후천팔괘의 오행이치로 만들어진 글자가 간·곤(艮·坤)이라고 생각된다. 문왕의 『주역』을 푸는 중요한 실마리이다.

「차서도」로 본 팔괘의 사상위수(四象位數)

공자는 『주역』에서 "천도를 세워 음양, 지도를 세워 강유, 인도를 세워 인의라고 한다. 삼재를 겸하여 둘씩 나눈 것이다."[8]라고 밝혔다. 이에 따라, 소자(邵子)는 사상의 위수(位數)를 음양·강유의 천도·지도로 대별하여, 태양(1) 소음(2) 소양(3) 대음(4)과 태강(9) 소유(8) 소강(7) 태유(6)로 나누었다.

그리고 양의(兩儀)를 기준으로 하여, 천도는 양의(⎯)에 속하고 지도는 음의(⎯⎯)에 속하므로, ☰(1태양) ☱(4태음) ☲(3소양) ☳(2소음)과 ☴(7소강) ☵(8소유) ☶(9태강) ☷(6태유)라 하였다.

이와 달리, 주자(朱子)는 사상(四象)을 기준으로 하여, 팔괘전체를 태양·소음·소양·태음으로 나누어 천도의 음양을 먼저 세워야 한다고 보았다. 그리고 반대편에서 보아도 괘가 변하지 않는 건·곤·감·리(☰·☷·☵·☲)는 성숙하므로 성수, 반대편에서 보아 괘가 뒤집어지는 진·손·간·태(☳·☴·☶·☱)는 미숙하므로 생수에 배정된다고 주장하였다. 네 정방에 속한 ☰(9태강) ☷(6태유) ☵(7소강) ☲(8소유)와 그 사이에 낀 ☳(2소음) ☴(3소양) ☶(4태음) ☱(1태양)로 나눈 것이다.

대표적인 두 학설이지만, 선후천팔괘의 자연한 흐름을 수리적으로 입증할 수 없고, 낙서의 중천교역을 밝히지 못하는 난제가 발생한다. 공자가 말씀한 "건도성남 곤도성녀(乾道成男 坤道成女)", 즉 남녀인사의 순차적인 법도로써 사상위수를 배정해야만, 이러한 문제들이 두루 해결된다. 소자·주자의 두 학설을 절충하고, 인사측면을 가미한 필자의 견해는 다음과 같다.

「선천팔괘차서도」에서 남자괘는 일건천(☰, 부친), 사진뢰(☳, 장남), 육감수(☵, 중남), 칠간산(☶, 소남)으로 순행(順行)하지만, 여자괘는 이와 반대로 이태택(☱, 소녀), 삼리화(☲, 중녀), 오손풍(☴, 장녀), 팔곤지(☷, 모친)로 역

---

8. 『주역』 설괘전(說卦傳): 昔者聖人之作易也 將以順性命之理 是以立天之道曰陰與陽 立地之道曰柔與剛 立人之道曰仁與義 兼三才而兩之

행(逆行)하는 흐름을 보인다. 남자는 1부친·2장남·3중남·4소남으로 순행, 여자는 9소녀·8중녀·7장녀·6모친으로 거슬리는 자연 법도를 '남순여역(男順女逆)'이라고 한다.

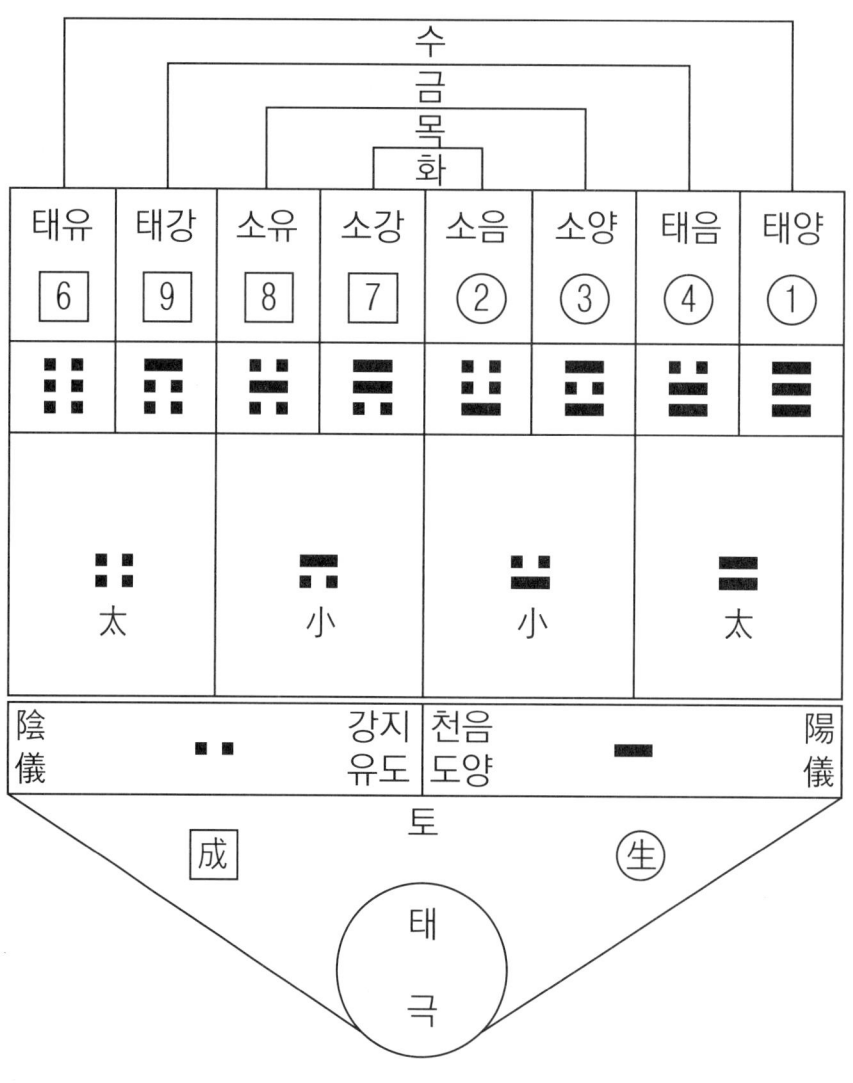

소자(邵子)의 학설

따라서 주자의 1체9용(태양) 2체8용(소음) 3체8용(소양) 4체9용(태음)을 그대로 수용하되, 인사의 남녀순서를 가미하여 천도·인사의 동시합일을 이루어야 도서팔괘에 대한 역의 이치가 자연히 막힘없이 통한다.『음부경(陰符經)』에서도 "천인합발 만변정기(天人合發 萬變定基)"를 말하였다.

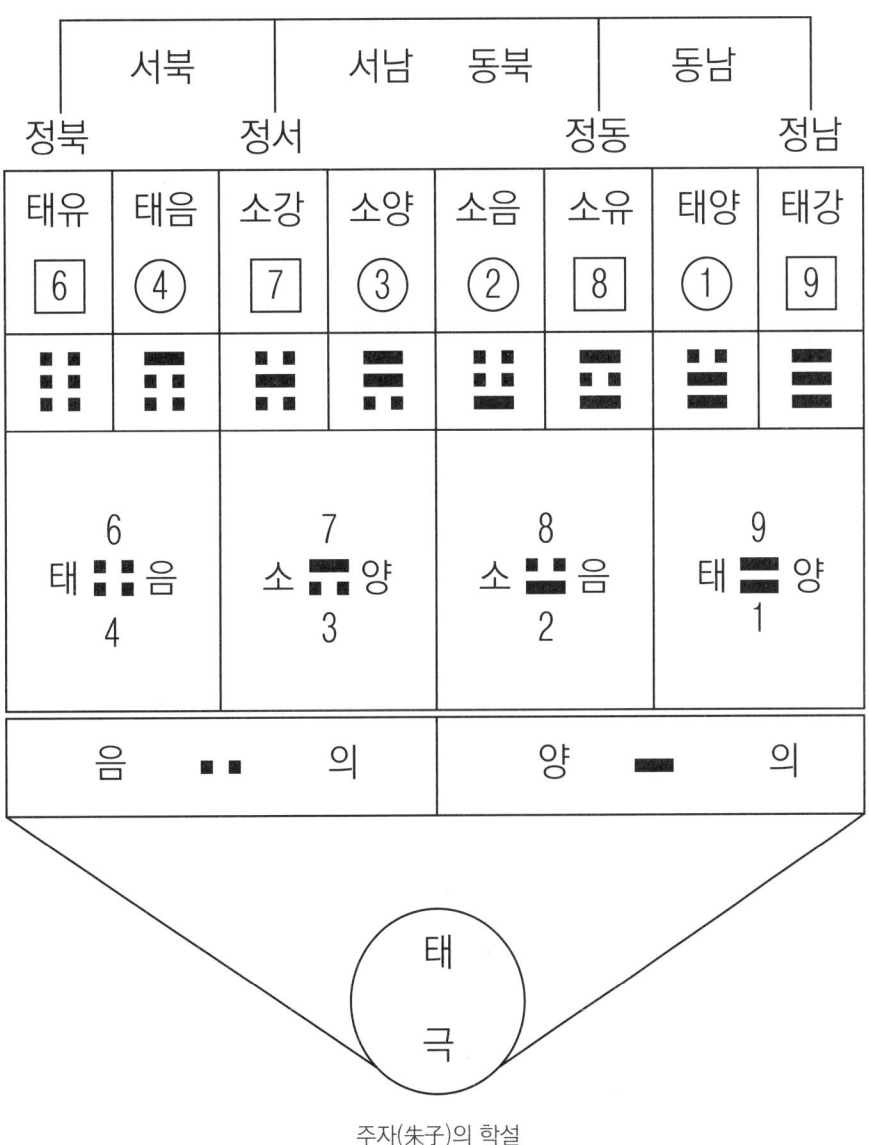

주자(朱子)의 학설

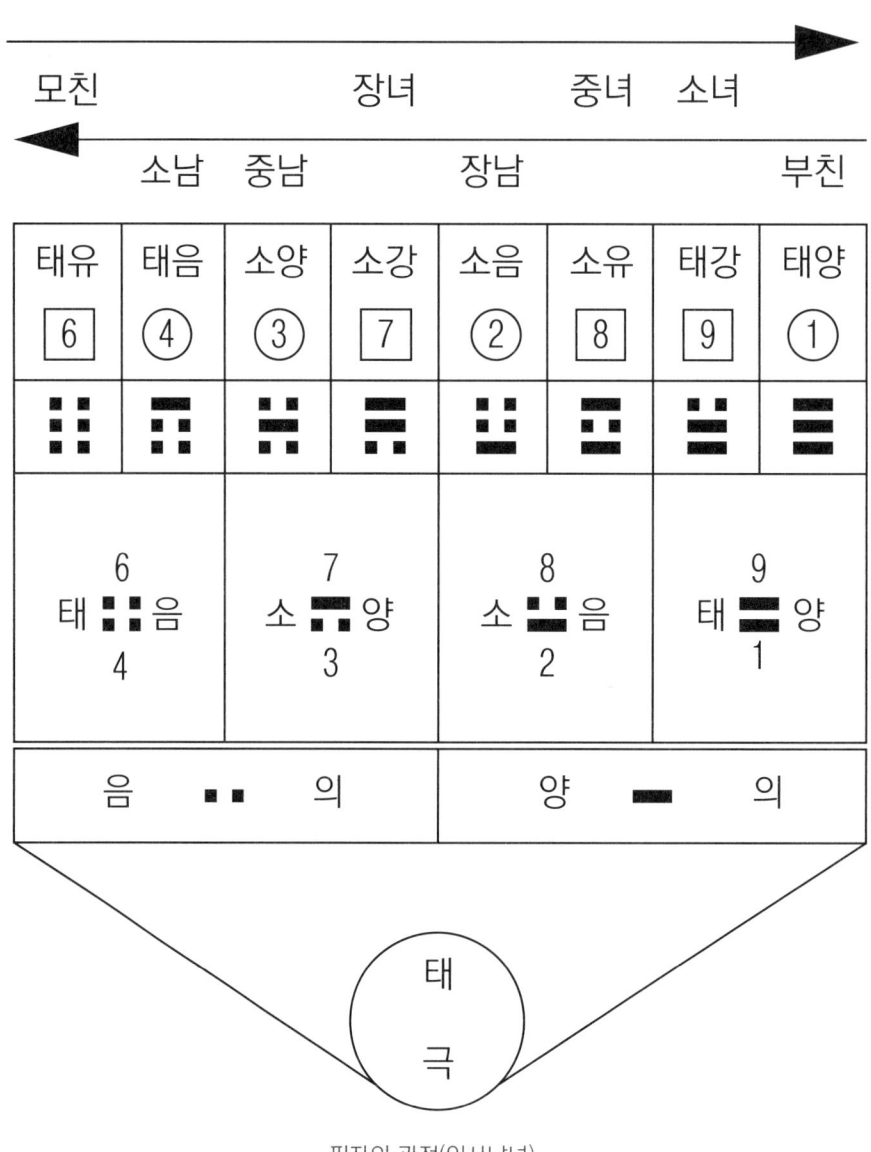

필자의 관점(인사남녀)

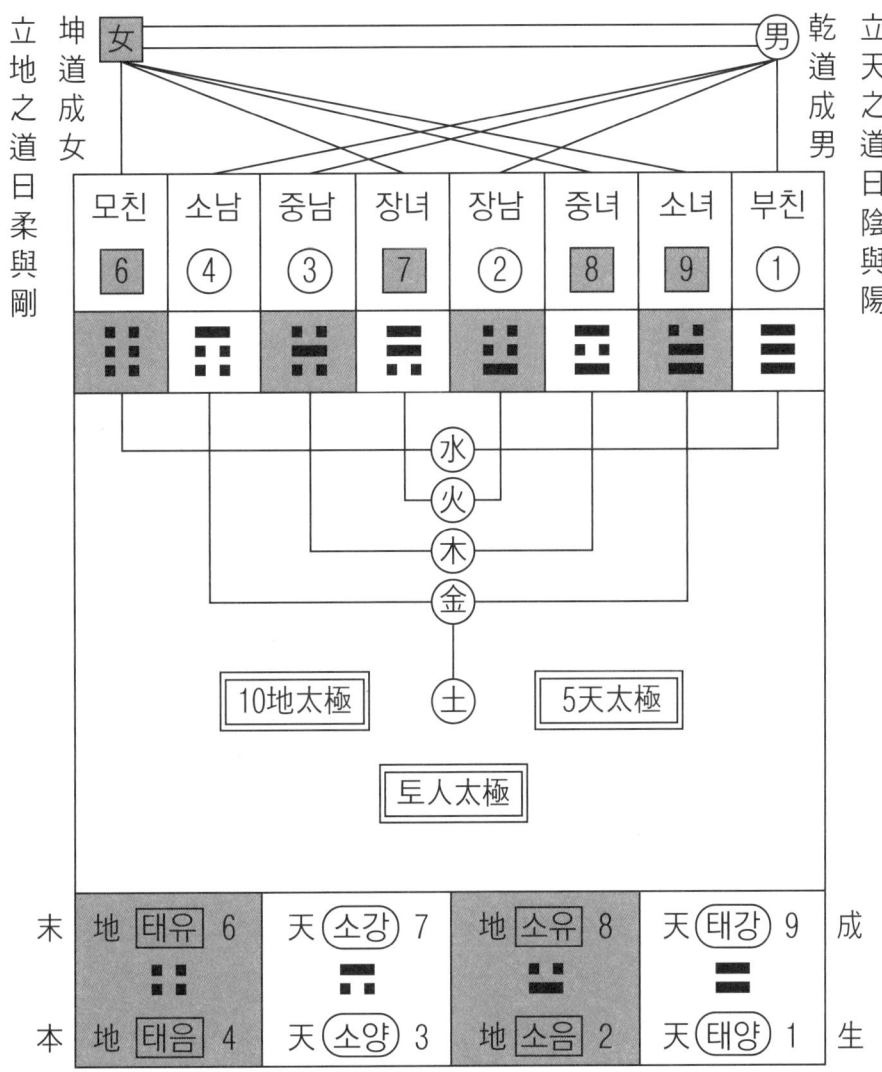

선천팔괘 방위도(方位圖)의 배치

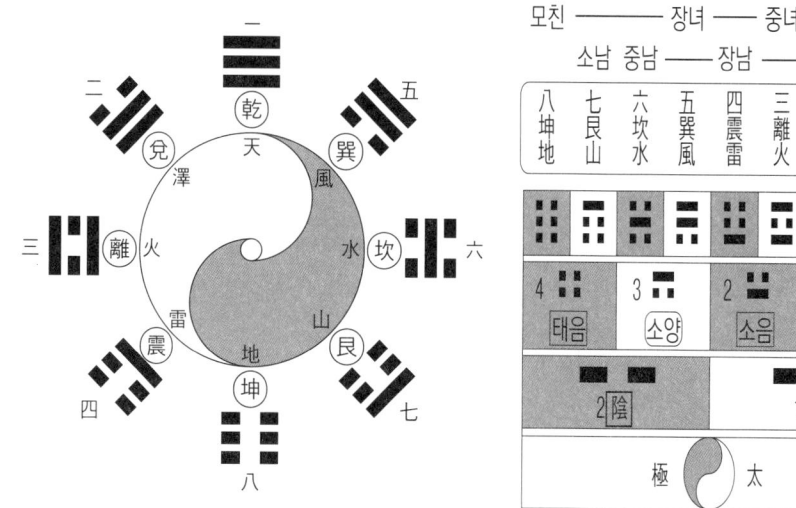

선천팔괘의 방위

역(易)의 중심은 사람이므로, 천지상하의 중(中)에 사람을 세우고 이에 따라 팔괘를 배정한다. '자리 위(位)'도 '사람(人)을 세우다(立)'는 뜻이다. 늘 언제나 사람의 머리위에는 하늘, 발아래에는 땅이 있다. 이는 만고불변의 이치이다. 선천팔괘는 결코 바뀌지 않는 불역(不易)의 본체가 된다.

「선천팔괘방위도」는 천지(天地)를 상하남북의 체로 세우고, 일월(日月)을 좌우동서의 용으로 삼아서, 경위(經緯)를 표상한다. 「방위도」에는 해가 시계방향으로 좌선(左旋)하는, 좌양우음(左陽右陰)의 음양변화가 자연히 나타난다.

태극의 음양지도는 먼저 밝고 맑은 양의 기운이 점차 커져 위로 올라간 다음, 어둡고 흐린 음의 기운이 점차 커져 아래로 내려온다. 즉, 왼편 양의(─)의 진·리·태·건(☳·☲·☱·☰)과 오른편 음의(--)의 손·감·간·곤(☴·☵·☶·☷)으로 운행변화를 한다. 전체적으로, 왼편은 중간 삼리화(☲)를 중심으로 1양(☳) 2양(☱) 3양(☰)의 흐름으로 올라가고, 오른편은 중간 육감수

(☷)를 중심으로 1음(☴) 2음(☵) 3음(☶)의 흐름으로 내려온다. 이러한 법도를 '양진음퇴 · 음변양화(陽進陰退 · 陰變陽化)'라고 한다.[1]

팔괘의 음양변화가 '하루의 오전오후, 한 달의 소식영허, 한해의 사시절기'와 선천 그대로 일치하므로, '복희팔괘'를 '선천팔괘'라고 정의한다. 대개 방위나 시간 등의 활용은 선천의 음양팔괘가 아닌 후천의 오행팔괘를 쓴다.

「방위도」의 기틀인 정(井)

「선천팔괘방위도」는 '우물 정(井)'이란 글자 하나로 압축 표상된다. 선천팔괘의 사상위수가 사방 40의 정(井)을 이루는 까닭이다. 태양의 위수인 건태(☰ ☱, 태양1 태강9)의 합이 십(十)이고, 소음의 위수인 리진(☲ ☳, 소유8 소음2)의 합이 십(十)이다. 또, 손감(☴ ☵, 소강7 소양3)의 합이 십(十)이고, 간곤(☶ ☷, 태음4 태유6)의 합이 십(十)이다. 십(十) 무극은 사상위수의 밑바탕이다.

태양(1체9용) · 소음(2체8용) · 소양(3체7용) · 태음(4체6용)의 체용합일을 이루는 선천팔괘로부터, 사상의 분열교합인 구궁낙서를 거치고, 이어 후천팔괘가 펼쳐진다.

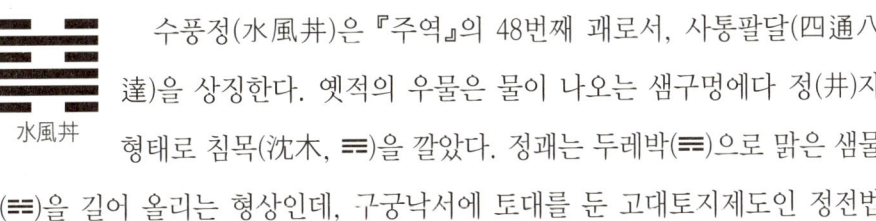

수풍정(水風井)은 『주역』의 48번째 괘로서, 사통팔달(四通八達)을 상징한다. 옛적의 우물은 물이 나오는 샘구멍에다 정(井)자 형태로 침목(沈木, ☴)을 깔았다. 정괘는 두레박(☴)으로 맑은 샘물(☵)을 길어 올리는 형상인데, 구궁낙서에 토대를 둔 고대토지제도인 정전법

---

1. 동적인 양은 변(變)하고, 정적인 음은 화(化)한다. 오전은 양으로 변하고, 오후는 음으로 화하는 이치를 '양변음화 · 양동음정'이라 한다. 궁하면 변하고, 변하면 화한다. 상대적으로, 음이 극성하면 양으로 변하고, 양이 극성하면 음으로 화하는 이치로는 '음변양화(陰變陽化)'라 한다. 효의 사상변화는 태음(6)이 발동하여 소양(7)으로 변하고, 태양(9)이 발동하여 소음(8)으로 화한다.

(井田法)과 직접적인 관련이 있다. 하우(夏禹)가 펼친 홍범(洪範)과도 뗄 수 없는 관계이다.

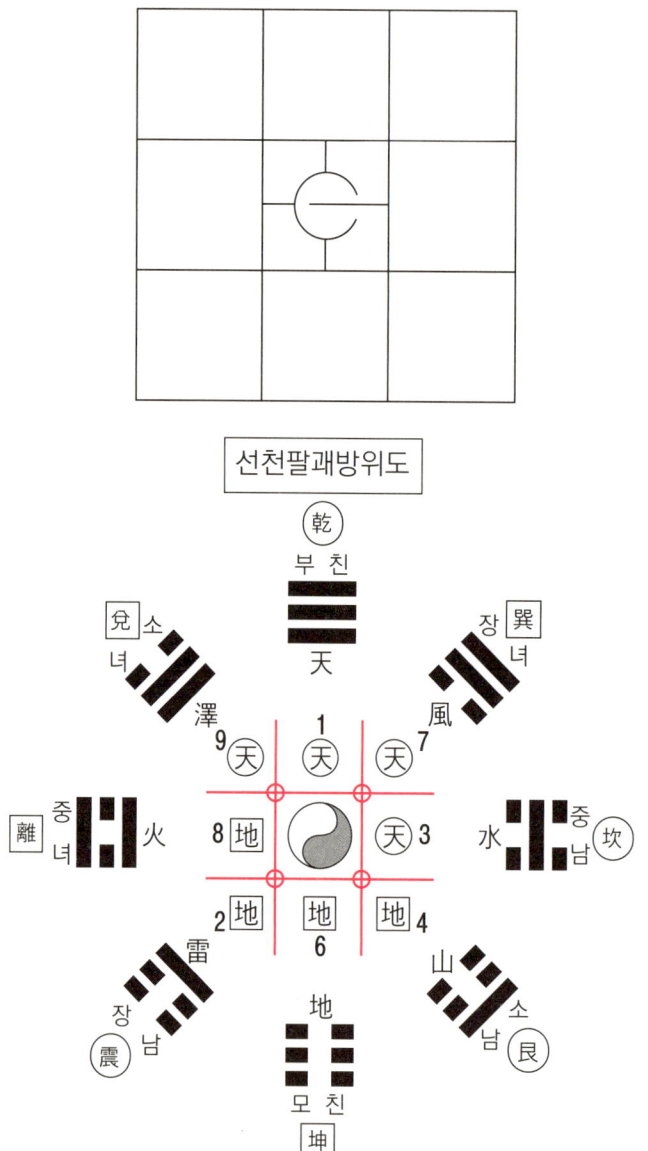

복희씨는 동이민족의 가장 오래된 풍(風)씨 성을 사용하였으며, 풍류의 도를 펼친 성인이다. 「선천팔괘방위도」가 수풍의 정(井)을 기본기틀로 삼고 있음도 결코 우연이 아니라고 여겨진다. 물과 바람은 사통팔달하는 덕이 있으므로, 풍류와 통한다.

㊋ 마을은 공동우물을 중심으로 사람들이 왕래 교역하는 생활의 중심지였다. 우물에서 긷는 샘물은 먹고 마시는데 가장 필요한 생명수다. 공자는 우물을 중심으로 불가불(不可不) 혁(革)이 일어나므로, 정(井)괘 다음 49번째에 택화혁(澤火革)이 온다고 밝혔다.[2] '칠칠맞다'라는 말처럼, 혁(革)은 '팔괘의 선후천 변화'를 상징하는 대표적인 괘이다. 활로 과녁[貫革]을 적중(的中)시키듯이, 때맞추어 선천의 묵은 병폐를 척결하고 후천의 새로움을 연다는 뜻이다. 혁(革)이란 글자 속에, 우물의 땅 샘터(韓)에서 풀무질하여, 선천 여름[☲]을 마치고 후천 가을[☱]을 여는 뜻이 담겨있다. 샘밭인 정전(井田)을 기틀로 하여, 피혁위(皮革韋)의 '두룸가죽 위(韋)'를 합친, '나라 한(韓)'이란 글자도 나왔다.

음양 대대(待對)와 정반합(正反合)

양의(兩儀)를 기준으로 선후의 동정변화를 살피면, 오전이 오후, 봄철에 뿌린 씨가 가을에 열매 맺듯이, 양의(─)는 음의(--)를 낳는 기본바탕이 된다. 시계도는 방향으로 진하련(震下連, ☳)이 발동하여 손하절(巽下絕, ☴), 이허중(離虛中, ☲)이 발동하여 감중련(坎中連, ☵), 태상절(兌上絕, ☱)이 발동하여 간상련(艮上連, ☶), 건삼련(乾三連, ☰)이 발동하여 곤삼절(坤三絕 ☷)을 낳는다.

「선천팔괘방위도」를 보면, 4정방(正方)에 처한 건곤감리(☰·☷·☵·☲)는 반대편에서 보아도 괘의 형태가 바뀌지 않는 부도전(不倒轉)의 괘이다.

네 모퉁이 4유방(維方)에 처한 진손간태(☳·☴·☶·☱)는 반대편에서 보면, 괘의 형태가 뒤바뀌는 반전(反轉)의 괘이다.

부도전괘인 건곤감리를 정괘(正卦), 도전괘인 진손간태를 반괘(反卦)로 부

---

[2] 『주역』 서괘전(序卦傳): 井道 不可不革 故 受之以革

르는 이유이다. 정괘·반괘는 부부로 배합하여 오행을 생성하는 정반합(正反合)의 이치를 펼친다.

사상위수로는, 정괘(正卦)인 건곤(☰☷)이 1·6, 감리(☵☲)가 3·8로서 후천오행의 수(水)와 목(木)을 생성하는 밑바탕이 된다. 또 반괘(反卦)인 진손(☳☴)은 2·7, 간태(☶☱)는 4·9로서 후천오행의 화(火)와 금(金)을 생성하는 밑바탕이 된다.

선후출입의 이치로 살피면, 정괘는 본래 모습 그대로이다. 하지만, 반괘는 뒤집어져 진손(☳☴, 2·7화)은 간태(☶☱, 4·9금), 간태는 진손으로 서로 바뀌어, 이른바 '금화교역(金火交易)'을 일으킨다. -후술

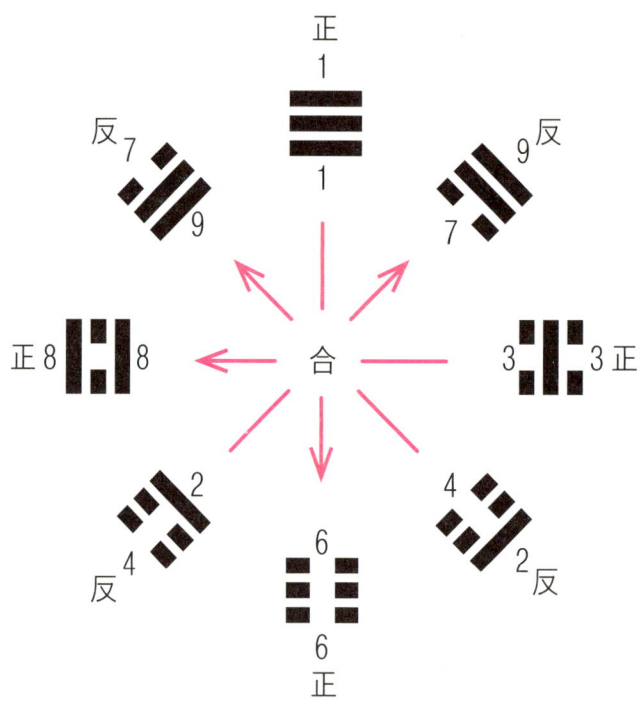

한편, 「방위도」의 텅 빈 중심에는 천극·지극으로 표상되는 '5(日)와 10(月)'이 내장되어 있어서, 후천오행의 토(土)를 생성하는 밑바탕이 된다.

부모가 자식을, 오전이 오후를 낳는 기본바탕이 되듯이, 선천음양의 동정변화를 나타내는 「선천팔괘방위도」로부터 후천오행의 생성조화도 자연히 말미

암아 펼쳐진다. 음양이 오행을 생성하는 기본토대가 「선천팔괘방위도」에 스스로 갖추어져 있음은 지극히 중요한 대목이다. 역의 근원을 밝히는 핵심열쇠가 되기 때문이다. 이 「선천팔괘방위도」에서 중천교역의 낙서수리가 말미암고, 나아가선 「후천팔괘방위도」가 배열된다. 관련내용에서 상세히 살핀다.

팔괘상착(八卦相錯)에 의한 오행생성

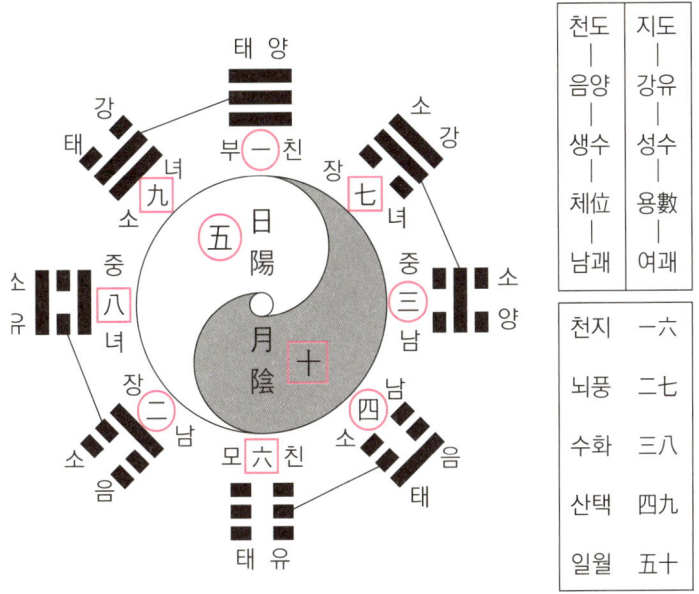

天地 定位에 山澤이 通氣하며
천지 정위   산택   통기

雷風이 相薄하며 水火 不相射하야
뇌풍   상박   수화 불상석

八卦 相錯하니
팔괘 상착

數往者는 順코 知來者는 逆하니
수왕자   순   지래자   역

是故로 易은 逆數也라.
시고   역   역수야

-설괘전 3장

공자는 "천지가 상하에 자리하여, 산택이 서로 기운을 통하고, 뇌풍이 서로 부딪히고, 수화가 서로 쏘지(죽이지) 않는 가운데, 팔괘가 서로 음양으로 배합하여 섞인다. 그러므로 가는 것을 셈함은 순하고 오는 것을 앎은 거슬리는 것이니, 이런 까닭에 역(易)은 역수(逆數)이다."고 하였다.

상착(相錯)은 팔괘끼리 서로 섞이는 것으로, 남녀가 부부로 짝하여 자녀를 생성하는 법도이다. '왕순래역(往順來逆)'은 남자가 짝인 여자를 찾아가고, 여자는 반대로 거슬려 와서 부부로 합하는 수리법도인데, 이로부터 낙서의 구궁배합이 펼쳐진다.

오행의 생성

남녀팔괘의 순차적인 부부배합을 살피면, 먼저 건삼련(☰, 1) 부친이 곤삼절(☷, 6) 모친을 낳은 다음, 1·6이 서로 배합하여 자식인 오행의 수(水)를 생성한다. 뒤이어 진하련(☳, 2) 장남이 손하절(☴, 7) 장녀를 낳은 다음, 2·7이 서로 배합하여 자식인 오행의 화(火), 감중련(☵, 3) 중남이 이허중(☲, 8) 중녀를 낳은 다음, 3·8이 서로 배합하여 자식인 오행의 목(木), 간상련(☶, 4) 소남이 태상절(☱, 9) 소녀를 낳은 다음, 4·9가 서로 배합하여 자식인 오행의 금(金)을 생성한다.

건곤(☰☷)은 1태양6태유, 진손(☳☴)은 2소음7소강, 감리(☵☲)는 3소양8소유, 간태(☶☱)는 4태음9태강의 배합으로, 각기 수화목금(水火木金)을 순차적으로 생성한다. 「선천팔괘방위도」의 중심에는 일월(日月)로 대표되는 역유태극(易有太極)이 감추어져 있어, 5·10(천극지극, 황극무극)이 상호 배합하여 토(土)를 생성한다.

실제적인 오행생성은 「후천팔괘방위도」에서 펼쳐지지만, 선천팔괘 속에 이미 음양오행의 기본바탕을 선천적으로 내장(內臟)하고 있다. 선조의 음덕이 없이 후손이 번성할 수 없듯이, 선천이 없는 후천은 없다.

五行	성질/작용	팔괘의 부부배합	천도와 지도의 오행(인도) 생성
水	潤下	乾一坤六 天地合水	☰ 天1(太陽부친) 生水 ☷ 地6(太柔모친) 成之
火	炎上	震二巽七 雷風合火	☳ 地2(小陰장남) 生火 ☴ 天7(小剛장녀) 成之
木	曲直	坎三離八 水火合木	☵ 天3(小陽중남) 生木 ☲ 地8(小柔중녀) 成之
金	從革	艮四兌九 山澤合金	☶ 地4(太陰소남) 生金 ☱ 天9(太剛소녀) 成之
土	稼穡	陽五陰十 日月合土	☰ 天5(日精조부) 生土 ☷ 地10(月華조모) 成之

 홀수인 천수 1 3 5 7 9는 그 기질이 양(陽)이거나 강(剛), 짝수인 지수 2 4 6 8 10은 그 기질이 음(陰)이거나 유(柔)에 속하는 부류이다. 특히, 5와 10은 천극·지극으로서 양강과 음유를 펼치는 중심이다. 천수에 속한 태양(☰1) 소양(☵3) 소강(☴7) 태강(☱9)은 괘들의 중심이 양획(⎯)으로 모두 실하다. 반면, 지수에 속한 소음(☳2) 태음(☶4) 태유(☷6) 소유(☲8)는 괘들의 중심이 음획(⎯⎯)으로 모두 허하다.

 「선천팔괘방위도」에서, 위에 자리한 1건천 2태택 5손풍 6감수는 1태양☰ 9태강☱ 7소강☴ 3소양☵으로서 밝은 낮, 아래에 자리한 3리화 4진뢰 7간산 8곤지는 8소유☲ 2소음☳ 4태음☶ 6태유☷으로서 어두운 밤에 각기 해당한다.

 한편, 중심이 양효(☰1·☵3·천극5·☴7·☱9)인 홀수의 괘는 변(變)하고, 중심이 음효(☳2·☶4·☷6·☲8·지극10)인 짝수의 괘는 화(化)한다. 그 변화를 본바탕으로 하여 후천 오행이 생성된다.

선천 남녀배합(사상)과 후천 자녀생성(오행)

① 수(水)의 생성(1건천 + 8곤지) → 북방수의 윤하(潤下)

천1(☰) 태양부친이 변하여 물을 낳고, 지6(☷) 태유모친이 화하여 물을 이룬다.

천1생수는 건(乾) 선천양금이 금생수를 해주어, 후천 수기(水氣)를 시생한다.

천1(☰)은 천지오행에 있어서 천금·양금·건금(天金·陽金·乾金)에 해당한다.

지6성수는 곤(坤) 선천음토가 토극수를 해주어, 후천 수질(水質)이 완성된다.

지6(☷)은 천지오행에 있어서 지토·음토·곤토(地土·陰土·坤土)에 해당한다.

地天泰

물의 기질은 맑고 동적인 하늘(☰, 태양1)을 본체로 하며, 습하고 정적인 땅(☷, 태유6)을 바탕으로 한다. 밖으로는 차갑지만 쉼 없이 흐르므로, 윤하(潤下)라 일컫는다.

내본 외말로 표상하면, 천지가 교통(交通)하는 '지천태(地天泰)'이다.

② 화(火)의 생성(4진뢰 + 5손풍) → 남방화의 염상(炎上)

지2(☳) 소음장남이 화하여 불을 낳고, 천7(☴) 소강장녀가 변하여 불을 이룬다.

지2생화는 진(震) 선천양목이 목생화를 해주어, 후천 화기(火氣)를 시생한다.

지2(☳)는 천지오행에 있어서 천목·양목·진목(天木·陽木·震木)에 해당한다.

천7성화는 손(巽) 선천음목이 목생화를 해주어, 후천 화질(火質)이 완성된다.

천7(☴)은 천지오행에 있어서 지목·음목·손목(地木·陰木·巽木)에 해당한다.

風雷益

불의 기질은 힘차게 나아가는 우레(☳, 소음2)를 본체로 하며, 부드럽게 파고드는 바람(☴, 소강7)을 바탕으로 한다. 밖으로는 뜨겁게 타오르지만 사방으로 흩어지므로, 염상(炎上)이라 일컫는다.

내본 외말로 표상하면, 우레와 바람이 상박(相薄: 서로 부딪침)하는 '풍뢰익

(風雷益)'이다.

③ 목(木)의 생성(6감수 + 3리화) → 동방목의 곡직(曲直)

천3(☵) 소양중남이 변하여 나무를 낳고, 지8(☲) 소유중녀가 화하여 나무를 이룬다.

천3생목은 감(坎) 선천양수가 수생목을 해주어 후천 목기(木氣)를 시생한다.

천3(☵)은 천지오행에 있어서 천수 · 양수 · 감수(天水 · 陽水 · 坎水)에 해당한다.

지8성목은 이(離) 선천음화에 의해 후천 목질(木質)이 완성된다. 나무가 줄기 · 가지를 뻗고 꽃을 피울 수 있도록, 목생화를 해주어 외부적으로 돕는다. 지8(☲)은 천지오행에 있어서 지화 · 음화 · 이화(地火 · 陰火 · 離火)에 해당한다.

火水未濟

목의 기질은 흐르는 물(☵, 소양3)을 본체로 하며, 타오르는 불(☲, 소유8)을 바탕으로 한다. 밖은 부드러워도 안으로 곧게 뻗는 성질이 있으므로, 곡직(曲直)이라 일컫는다.

나무는 속이 축축하고(☵) 겉이 말라있다(☲). 또 밑으로 뿌리를 내리고(☵), 위로 줄기가지를 뻗는다(☲).

내본외말로 표상하면, 물과 불이 불상석(不相射: 서로 쏘아서 멸하지 않음)하는 '화수미제(火水未濟)'이다.

④ 금(金)의 생성

지4(☶) 태음소남이 화하여 쇠를 낳고, 천9(☱) 태강소녀가 변하여 쇠를 이룬다.

지4생금은 간(艮) 선천양토가 토생금을 해주어 후천 금기(金氣)를 시생한다.

지4(☶)는 천지오행에 있어서 천토 · 양토 · 간토(天土 · 陽土 · 艮土)에 해당한다.

천9성금은 태(兌) 선천음금의 화합에 의하여 후천 금질(金質)이 완성된다.

천9(☱)는 천지오행에 있어서 지금·음금·태금(地金·陰金·兌金)에 해당한다.

澤山咸   금의 기질은 제자리에 후덕하게 그쳐있는 산(☶, 태음4)을 본체로 하며, 윤택한 연못(☱, 태강9)을 바탕으로 한다. 밖으로는 투명한 광채를 뿜고 단단한 듯해도, 안으로는 응집한 흙의 입자가 돌처럼 부스러지기 쉽다. 외부적인 압력이나 힘을 가하여 그 모습을 바꿀 수 있으므로, 종혁(從革)이라 일컫는다.

내본외말로 표상하면, 산과 못이 통기(通氣)하는 '택산함(澤山咸)'이다.

⑤ 토(土)의 생성

천5(━) 천극조부가 변하여 흙을 낳고, 지10(--) 지극조모가 화하여 흙을 이룬다.

천5생토는 일(日) 선천양화가 화생토를 해주어 후천 토기(土氣)를 시생한다.

토의 생함이 화에 근원하므로, 천5(━)는 천지오행에 있어서 천화·양화(天火·陽火)에 해당한다.

지10성토는 월(月) 선천음수에 의하여 후천 토질(土質)이 완성된다. 축축한 땅의 토대가 구축될 수 있도록, 토극수의 기반을 마련해준다. 지10(--)은 천지오행에 있어서 지수·음수(地水·陰水)에 해당한다.

천·지·뇌·풍·수·화·산·택의 8괘를 생성하는 대부모 건곤(乾坤) 태극에 해당하는 것이 천극(5)과 지극(10)이다. 오행의 최종 완성인 토(土)는 만물의 중심인 인극(人極)에 해당한다. 해와 달은 땅의 모든 생명체를 생성하는 부모역할을 한다. 지구 내부의 마그마(5양화)와 지구 외부의 바다(10음수), 영혼(5)과 육신(10)에도 비견된다.

오행의 중심에 속한 토는 특정한 기질이 없다. 심은 바대로 거두는 가색(稼穡)의 작용을 한다.

내본외말로 표상하면, 해와 달의 합토(合土)이다. 일월의 합명(合明)과 교역(交易)을 펼치는 중심을 '역유태극(易有太極)'이라 한다.

남자인 건·진·감·간(☰1·☳2·☵3·☶4)은 천도의 생수에 속하므로, 오행을 생(生)하는 남편 역할을 한다.

사상(동정변화)과 오행(기질생성)

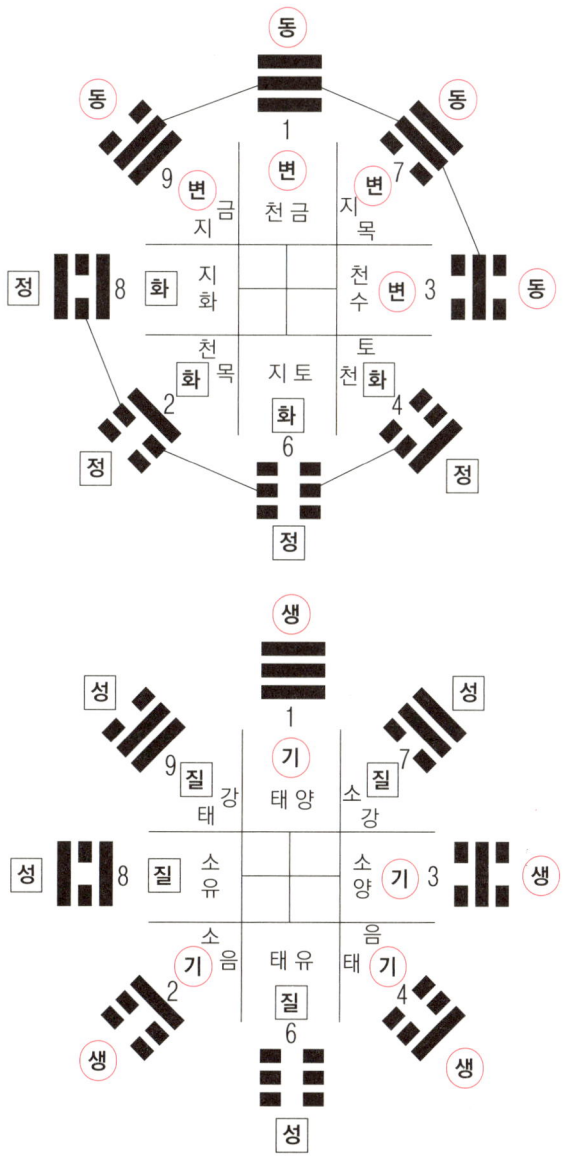

건곤 1·6합수 속에 부친(☰)이 천도의 양금(陽金)으로써 금생수(金生水)를 해준다. 진손 2·7합화 속에 장남(☳)이 천도의 양목(陽木)으로써 목생화(木生火)를 해주고, 감리 3·8합목 속에 중남(☵)이 천도의 양수(陽水)로써 수생목(水生木)을 해준다. 간태 4·9합금 속에 소남(☶)이 천도의 양토(陽土)로써 토생금(土生金)을 해주며, 일월태극의 5·10합토 속에 천도의 양화(陽火)로써 화생토(火生土)를 해주는 이치가 각기 들어있는 것이다.

여자인 곤·손·리·태(☷6·☴7·☲8·☱9)는 지도의 성수에 속하므로, 오행을 성(成)하는 아내 역할을 한다.

지도의 모친(☷) 음토(陰土)는 부친(☰)의 '건금생수(乾金生水)'에 의한 수(水)가 유실되지 않도록 유순히 저장·수용한다. 지도의 장녀(☴) 음목(陰木)은 장남(☳)의 '진목생화(震木生火)'에 의한 화(火)가 잘 성하도록 공손히 따라준다. 지도의 중녀(☲) 음화(陰火)는 '감수생목(坎水生木)'에 의한 목(木)이 줄기·가지를 잘 펼치도록 이끈다. 지도의 소녀(☱) 음금(陰金)은 '간토생금(艮土生金)'에 의한 금(金)이 더욱 응집하여 알차고 윤택하도록 도와준다.

「방위도」의 중심부에선, 역(易)의 조화인 무극이태극(无極而太極)이 극진하게 펼쳐진다. 지극 10월음(月陰)과 천극 5일양(日陽)은 '음수, 양화(陰水, 陽火)'로 서로 대극(對極) 관계이지만, 음양화합을 이룬다. 음수인 10은 양화인 5를 '수극화'로 부드럽게 자극(刺戟)하여, 5양화가 안으로 '화생토'하여 후천 양토를 시생하도록 돕는다. 또한 후천 음토를 불러들여, 10음수를 '토극수' 하게 함으로써 후천 음토가 완성되게 만든다.

이 이치를 일컬어,

"天一生水에 地六成之하고 地二生火에 天七成之하고
 천일생수   지육성지   지이생화   천칠성지

天三生木에 地八成之하고 地四生金에 天九成之하고
 천삼생목   지팔성지   지사생금   천구성지

天五生土에 地十成之니라."
 천오생토   지십성지

라고 한다.

천간지지의 생성법도 역시 이를 바탕토대로 삼는다.

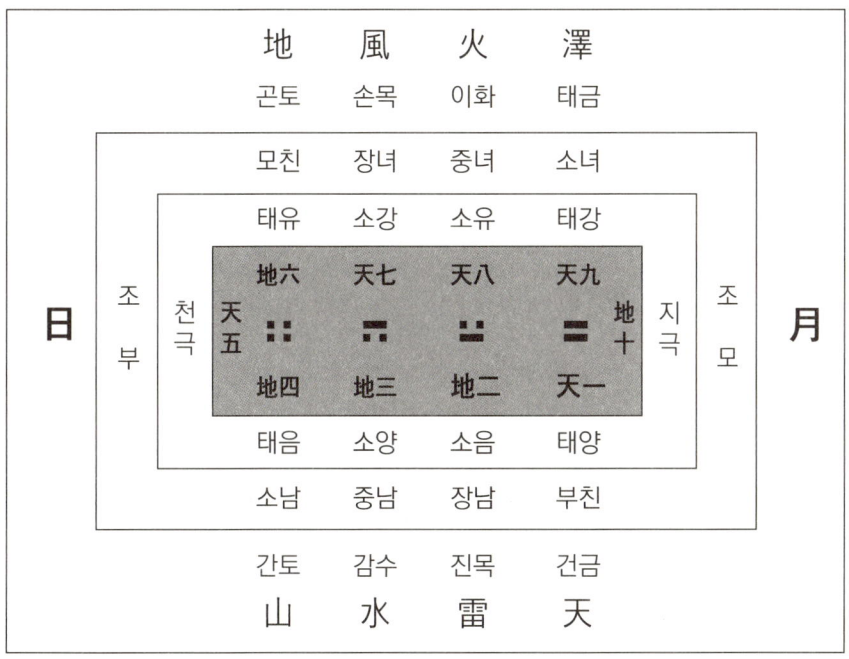

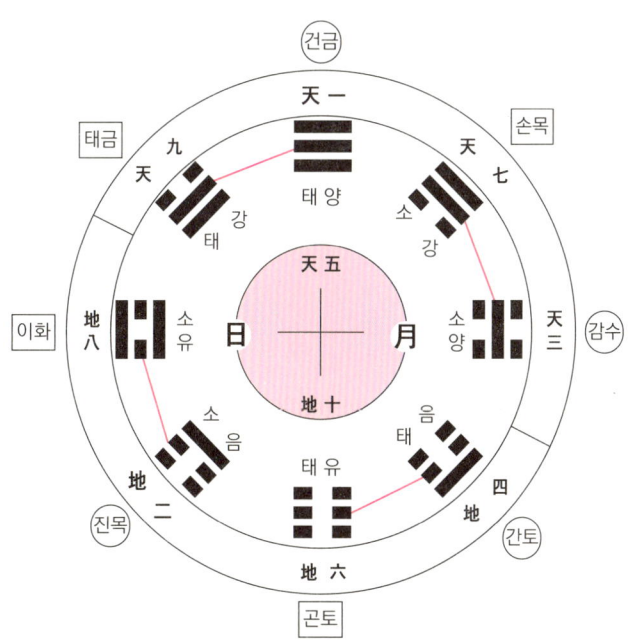

앞에서도 설명하였지만, 외적 측면은 사상수로 나타나므로 '삼천양지(參天兩地)'의 기본 수리를 따라 부모자녀를 9(태양수) 6(태음수) 7(소양수) 8(소음수) 네 가지로 나누어 쓴다. 효의 변동 즉 음이 극성하면 양, 양이 극성하면 음으로 화한다는 '음변양화'에 응용된다. 아래의 그림으로 설명을 대신한다.

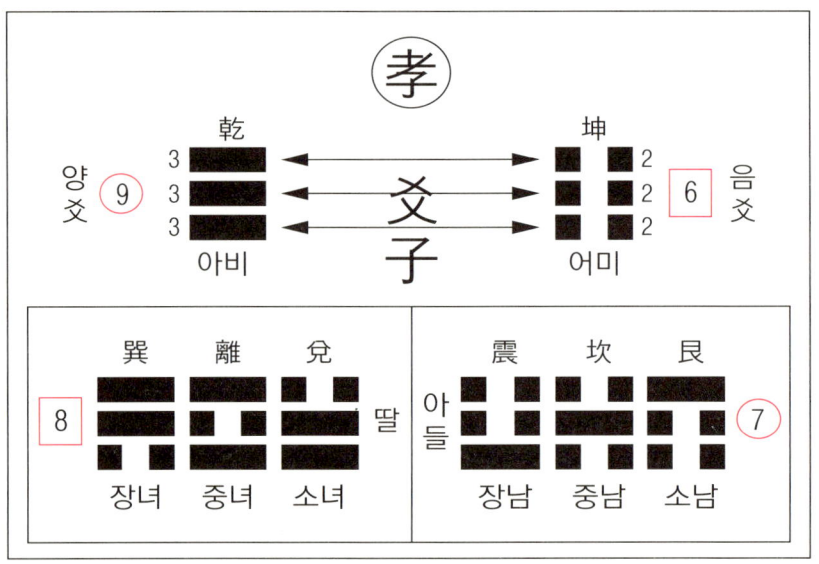

주역산책

달력과 천부경 → 태극의 3·8목도와 5·10대연

달력은 기본적으로 크고 작은 두 달이 59일[朋]로 짝하며 돌아간다. 삭망주기를 면밀히 살피면, 32개월 단위로 삭망윤일이 하루 늘어나 945일(=1×3×5×7×9)이 됨을 알 수 있다. 이를 기준으로 대략 29일(기영14일 + 삭허15일)이라는 기삭(氣朔)의 과불급이 발생하여 1개월의 윤달을 두어야 하는데, 64개월 주기로 2개월, 96개월 주기로 3개월의 윤달이 붙는다.

역수(易數)는 100에서 1을 제한 나머지 99로 용수를 삼는다. '하락총백(河洛總百)'의 묘용은 8괘 주기에 상응하는 8년 동안에 생성되는 99삭망월로 나타난다. 하도의 1~10에서 낙서의 9~1로 순환하는 가운데, 처음과 끝인 1은 수가 중복된다. 百이란 글자도 시종의 근원인 1(一)을 공백(白)으로 비워서, 체로 삼는다는 뜻이다.

→ 시종여일(始終如一)의 一

자강불식(自彊不息)의 彊(弓矢, 3矢8口. 8세3윤)

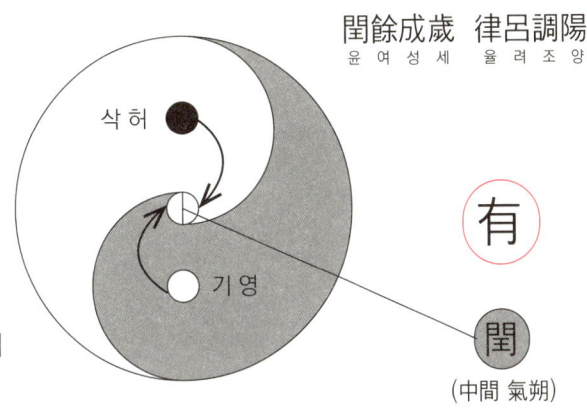

기영과 삭허는 음양의 씨눈격

艮(氏+目)은 태극의 씨눈으로 '날의 씨' 즉 기영과 삭허의 日氏를 상징

상하 中間의 관문[門]에 대한 뜻도 내포

〈야산선생의 태극도〉

요순(堯舜) 시대에 이미 고대동양에서는 순태음 8년(96개월) 주기로 3개월의 윤달을 가산하는 '8세3윤(八歲三閏)'의 이치를 알았다. 윤달을 포함, 99개월로 돌아가는 '8세3윤법'이 3변하여 8괘를 이루는 태극의 '3·8목도(木道)'와 통한다는 사실은 고대 역(易)의 신비를 푸는 핵심열쇠이다. 이는 『대학』의 3강령·8조목과도 연계된다. 야산선생의 「대학착간고정」에 근거하면 전문 64절목이 평달 64개월, 경문의 8조목 선후(先后) 2절목이 윤달 2개월, 3강령을 거느리는 경문 제1절목이 태극본체에 상응한다.

서죽(筮竹) 50개비를 사용하여 64괘를 전개하는 '오십대연(五十大衍)'의 주역이치도 '8세3윤법'을 근본토대로 한다.

국조 단군께서 전한 우리나라의 역이 『천부경(天符經)』이라는 글이다. 81자의 『천부경』에 도서(圖書)의 '하락총백'을 상징하는 99라는 수가 담겨있고, 3(三)이 8차례 나오며, 오십대연(五十大衍)이 문장 속에 한 글자씩 나타난다.

'50대연, 8세3윤, 99삭망월'에 대한 달력의 신비한 태극수리가 곧 천리(天理)를 담은 『천부경(天符經)』의 근본핵심이라고 필자는 여긴다.

『대학』은 『주역』의 관문이다. 아래 그림도표를 살피면 64자로써 하도의 10수를 풀이한 『주역』과 64자로써 팔조목 제1절을 풀이한 『대학』의 글이 문장의 격식(格式)을 동일하게 취하고 있음이 분명히 드러난다. 두 문장 모두 공자의 말씀이다.

고대의 역법은 5세 재윤법을 기초로 8세 3윤법과 19세7윤법(章法)으로 전개되는데, 그 가운데 50대연(大衍)의 태극수리가 깊이 내장되어 있다.

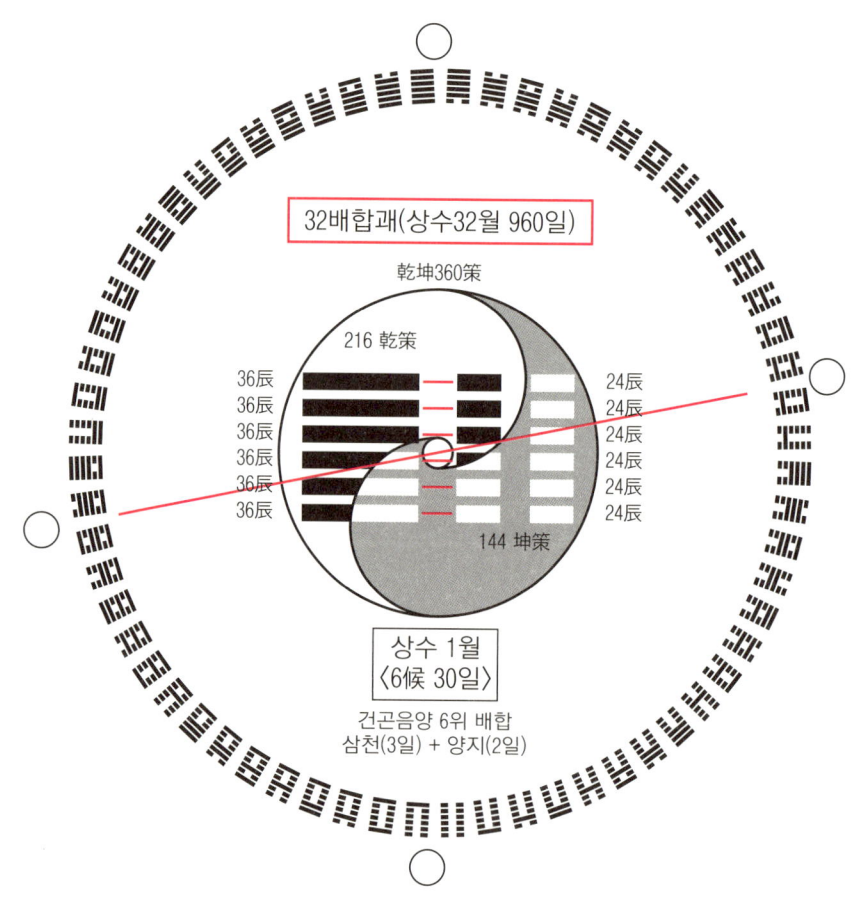

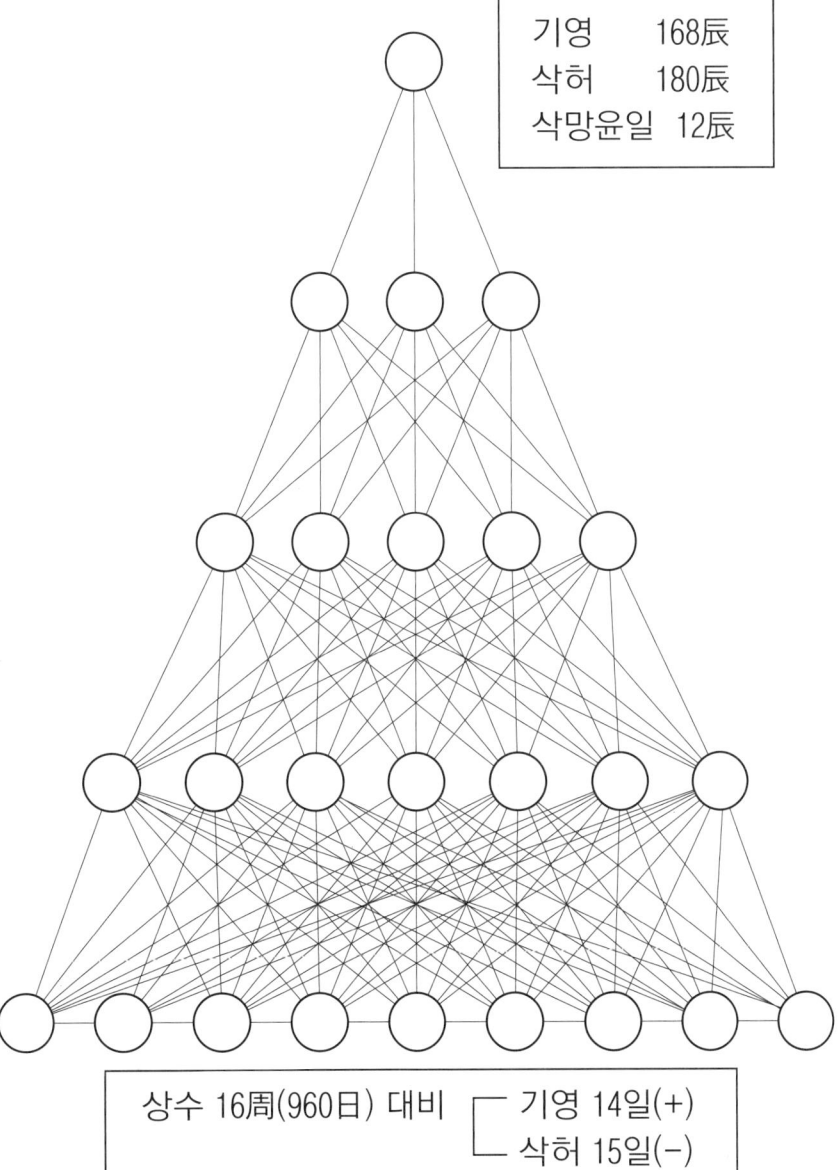

8歲 3閏 기삭도(氣朔圖)

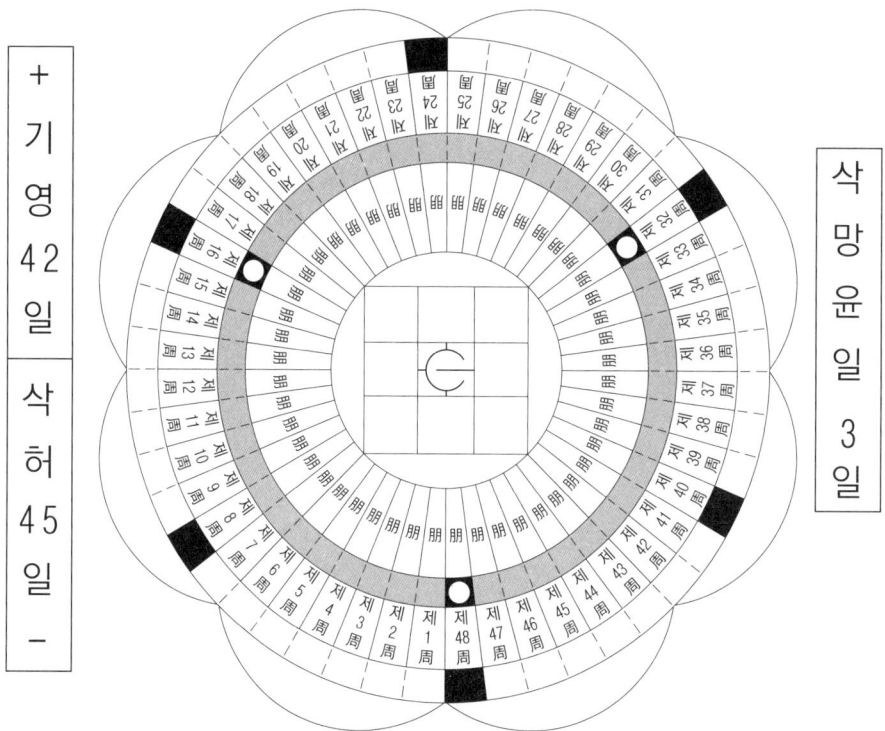

+기영 42일 삭허 45일 −

삭망윤일 3일

주천상수(48周 2880易)

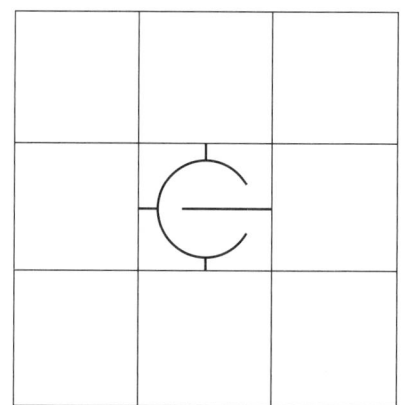

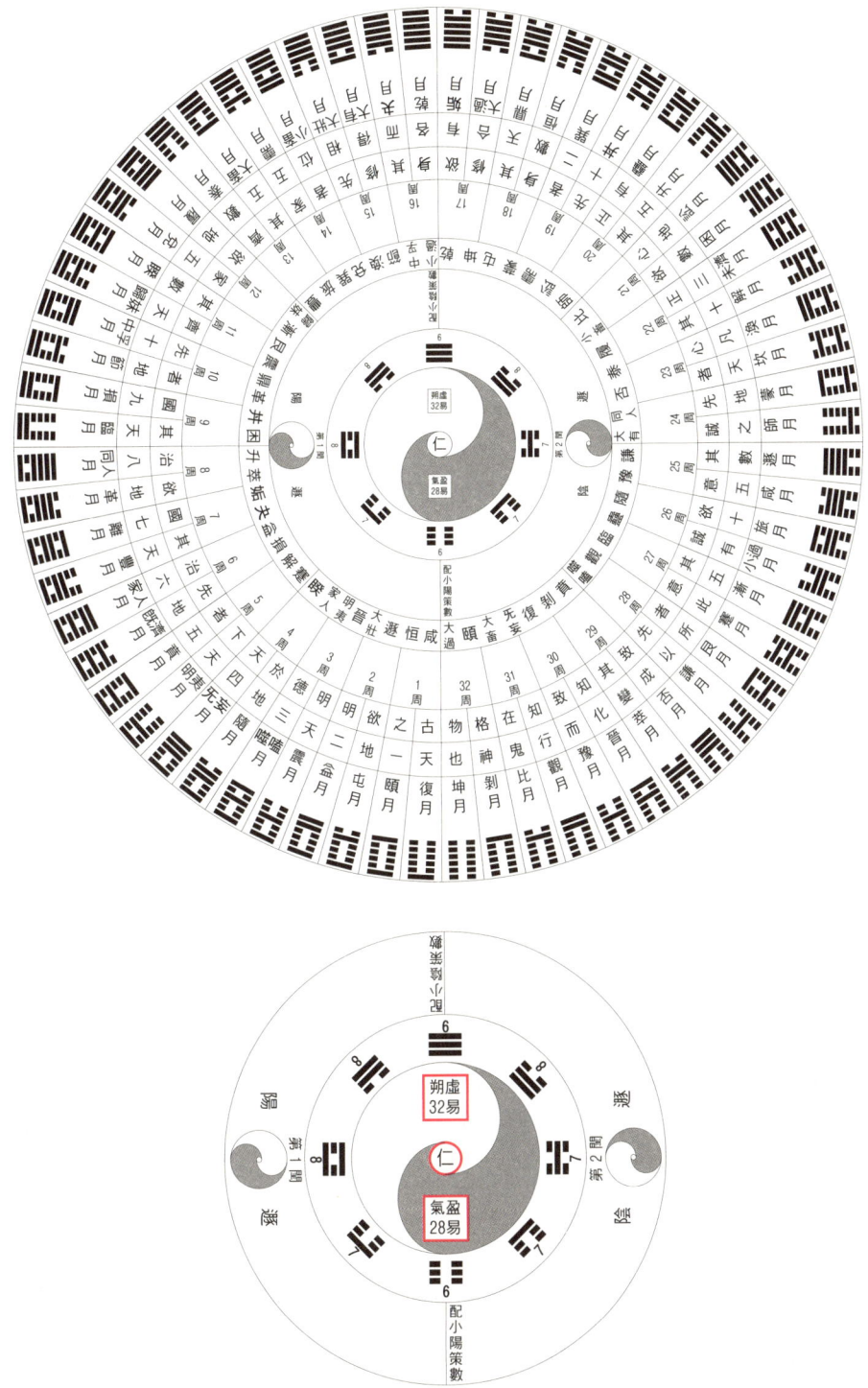

팔괘상착(八卦相錯)에 의한 오행생성

중천의 교역수리

구궁 낙서(洛書)

낙서(洛書)의 출현

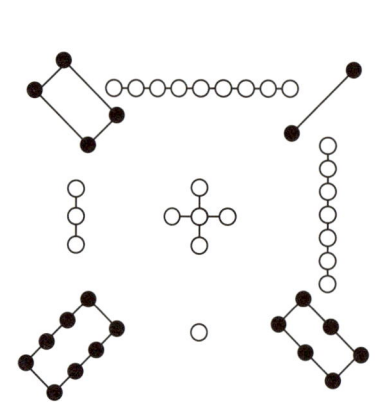
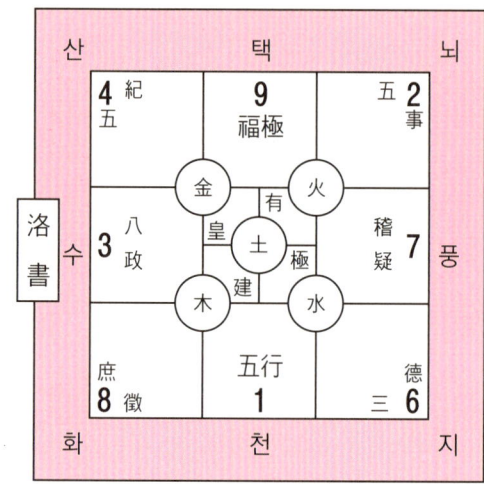

신구배문(神龜背文)

우(禹)가 순(舜) 임금의 명을 받아 9년 동안 치수할 당시에, 낙수(洛水)라는 강물에 신령한 거북이가 출현하였다. 낙서(洛書)는 그 등에 갈라진 1~9까지의 '수를 나타낸 무늬'를 말한다. 낙수는 황하의 지류(支流)이다. 용마(龍馬)가 나올 복희씨 당시는 문자가 없었던 선사 시대이기에 '그림 도(圖)', 신구(神龜)가 나올 요순 당시는 고대 문자인 서계(書契)가 이미 쓰이던 역사 시대이기에 '글 서(書)'라 하였다. 오늘날 도서관(圖書館)이란 명칭도 하도낙서의 도서(圖書)에서 따온 것이다.

하도는 본체에 해당하는 오행상생원리를 보여주는 반면, 낙서는 현상에 해당하는 오행상극원리를 보여준다. 오행은 상생과 상극의 작용을 하는 양면성이 있다. 음은 양, 양은 음을 낳듯이, 상생은 상극, 상극은 상생을 낳는다. 본체에서 현상이 나오지만, 현상은 다시 본체로 돌아가므로, 도서는 '10체9용'인 동시에 '9체10용'이다. 하도의 10수와 낙서의 9수가 내외표리(內外表裏)를 이루어, 선천하도는 후천낙서를 낳고, 후천낙서는 다시 선천하도로 복귀한다.

생(生)은 사(死)의 뿌리, 사는 생의 뿌리이다. 밝음은 어둠, 어둠은 다시 밝음을 낳는다. 생하는 가운데 극하고(生而克), 극하는 가운데 생하는(克而生) 오행의 신묘한 조화작용이 행해진다.

주역산책

신구(神龜)와 복서(卜筮)

눈에 보이지 않는 형이상적 존재인 용은 하늘의 현묘한 조화, 실지로 존재하는 형이하적인 거북이는 땅의 변함없는 정고한 덕을 상징한다. 거북이는 용마와 달리 만년 장수(長壽)를 하며 북방수를 대표하는 현무(玄武)로서, 지혜(智慧)와 정고(貞固)함을 갖춘 영물이다. '거북 구(龜)'는 '오랠 구(久), 아홉 구(九)'와 음의가 통한다.

거북이는 고대 은나라에서 미래의 길흉화복을 예측하는 점(占)의 도구로 많이 활용하였다. 점(占)은 '천지의 이치를 뚫어(丨) 사람이 나아갈 방향(丶)을 제시하여 말해준다(口)'는 뜻이다. 점치는 방법은 복서(卜筮) 둘로 크게 대별된다. 일반적으로 대나무의 일종인 50 댓개비의 시초(蓍草)로 점치는 것이 서(筮), 거북이 등껍질을 구워 균열(龜裂)된 조짐을 보아 점치는 것이 복(卜)이다.

천지태극을 상징하는 하도중앙의 5와 10이 서로 교역하여 펼치는 기본수리가 50대연(大衍)이다. 이를 바탕으로 한 것이 50 댓개비를 펼치는 서법인데, 신구(神龜) 등의 중앙에 처한 5황극(천극) 또한 10무극(지극)의 무궁한 조화를 일으키며, 복(卜)의 핵심인 토(인극)를 세운다. 이를 '5용10작'이라고 한다. 복(卜)과 서(筮)에 모두 대연 50의 수리가 들어있음을 주목하여야 한다.

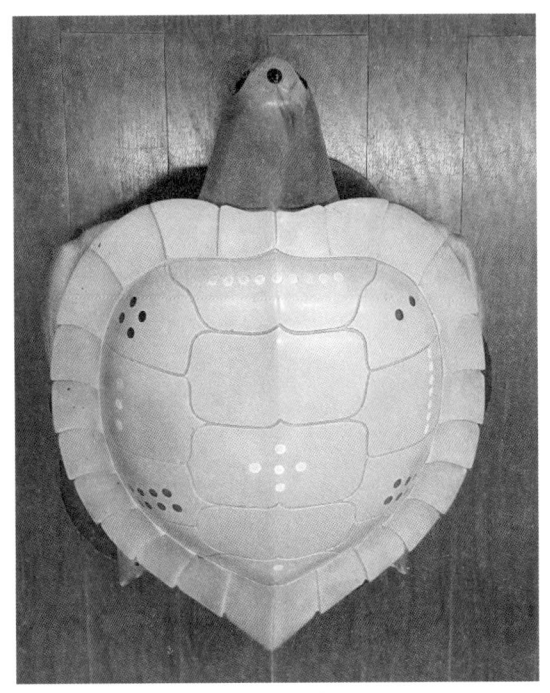

구궁수 45

하도의 1~10에 이르는 천지의 수 55는 '선천수', 1~9에 이르는 낙서의 45는 상대적으로 '후천수'이다. 낙서의 중앙과 팔방으로 배열된 1~9를 일명 '구궁수(九宮數)'라고 한다.

낙서를 짊어진 거북이 등을 살피면, 9는 위 머리(頭部), 1은 아래 꼬리(尾部), 4와 2는 위 두 어깨(肩部), 8과 2는 아래 두 다리(足部) 쪽에 해당한다.

중앙의 5를 중심으로 보면, 전후좌우 네 정방(正方)에 천수에 속하는 1·9·3·7, 네 유방(維方) 모퉁이에 지수에 속하는 2·4·6·8이 놓여있다.

구궁수인 1 2 3 4 5 6 7 8 9의 수를 하도로 놓고 보았을 때, 1 2 3 4는 내적인 생수, 6 7 8 9는 외적인 성수이다. 또 중앙에 5와 10이 함께 있는 하도에 반해, 낙서에는 10은 없고 5만 중앙에 자리한다.

전체적으로 5를 근본주체로 하여, 천수 1·3·7·9(태양·소양·소강·태강)가 네 정방, 2·4·6·8(소음·태음·태유·소유)이 네 모서리에 거처한다. 양강(陽剛)한 기질인 천수가 정대(正大)하게 주장하고, 음유(陰柔)한 기질인 지수가 유순(柔順)히 그 곁에서 보필하는 '양주음보(陽主陰輔)'의 상이다. 홀수·짝수가 전체적으로 '쌀 미(米)' 형태로 전개된다.

구궁수를 「선천팔괘방위도」에다 비교하면, 정괘(正卦)인 건곤감리 자리에 양강한 천수 9·1·7·3, 반괘(反卦)인 진손간태 자리에 음유한 지수 8·2·6·4가 온다. 구궁수가 「선천팔괘방위도」와 직결되어 있음을 보여주는 핵심단서이다.

상고시대 역사기록인 『서경』의 요전·순전(堯典·舜典) 등에는 구궁낙서에 기본바탕을 둔 고대정치의 심법과 덕목 등이 다수 실려 있다. 『주역』의 구덕괘(九德卦)와 『중용』의 구경(九經) 등도 구궁낙서의 수리에서 유래된 것이다.

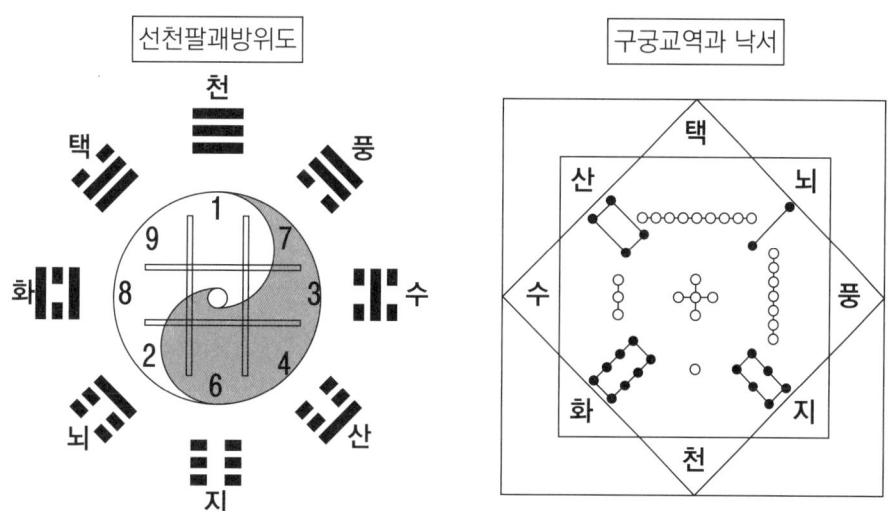

도서의 십체구용(十體九用)

대개 하도는 원융무애(圓融無礙)한 하늘의 형이상적인 도리, 낙서는 방정중직(方正中直)한 땅의 형이하적인 법도를 표상한다. 복희씨 당시에 출현한 하도가 낙서보다 먼저 나왔으므로, '선천하도, 후천낙서'로 일컫는다. 선천·후천은 선후의 인과(因果)관계로 체용합일을 이룬다. 이러한 구분방식은 음양의 동정변화를 설명한 복희씨의 '선천팔괘'와 오행의 유행작용을 설명한 문왕의 '후천팔괘', 천도를 중심으로 설명한 역의 '상경(上經)'과 인사를 중심으로 설명한 '하경(下經)'에서도 잘 나타난다.

하도의 10수는 선천수로서 본체의 근원, 낙서의 9수는 후천수로서 현상의 작용을 펼치므로 '10체9용'이라고 한다. 남자에 기준하면, 어머니 뱃속에서 자랄 때는 10구멍인 선천수, 세상에 나올 때는 배꼽이 하나 닫혀 9구멍인 구규(九竅)의 후천수를 쓴다.

하락 총백과 10체 9용

태아가 세상 밖으로 나오면 배꼽이 닫혀 9구멍으로 살아가듯이, 하도의 10(十)수는 선천적인 체(體), 낙서의 9(九)수는 후천적인 용(用)이 된다. 이를 '10체9용'이라고 부른다. 하도가 선천적인 본체원리라면, 낙서는 후천적인 변화작용이다.

손가락 10(十)에서 하나를 구부린(乙) 수가 9(九)이고, 9(九)에서 하나를 펼친 수가 10(十)이다. '하락총백'은 선천수 55와 후천수 45를 더한 100으로, 태극의 체용을 다 아우른 수이고, 1(一)은 태극본체를 대표하는 수이다. 구구단을 익히듯이, 체불용(體不用)의 법도에 따라 99를 쓴다. → 百(一白. 하나를 공백으로 비움)

어머니 뱃속의 태아가 몸을 잔뜩 구부린 모습인 '몸 기(己)'는 6번째 천간으로, 하도의 중앙 5와 10 가운데 10에 상응한다. 천도와 지도가 생성하는 인도인 오행에서, 천5와 지10은 중심본체인 토(土)를 배합 생성한다. 이 토(土)를 다시 음양으로 나누어 천5는 양토인 무(戊)토를 낳고, 지10은 음토인 기(己)토를 이룬다고 한다.

평평한 곤토(坤土 ☷)는 만물을 포태하고 화육하는 어머니이며, 천간의 기(己)로 대표된다. '몸 기(己)'로 일컫는 것은 오장육부를 담는 신체중심이 배이기 때문이다. '하락총백'으로써 태극본체를 갖추게 되므로, 모태의 탯줄을 끊고 나오는 생명을 '배꼽(백곱)을 뗀다'고 이른다.

십십지백 · 백백지만 · 만만지억으로, 무극의 열(十)에 열배를 곱하면 백

(百), 백에 백배를 곱하면 '백곱/배꼽'인 만(萬), 만에 만배를 곱하면 억(億)이다. 무궁무진으로 억조창생(億兆蒼生)이 열려 나오는 것이 10(열)에서 비롯된다.

하도의 10수(1~10)를 합친 55와 낙서의 9수(1~9)를 합친 45가 총 100이므로, '하락총백(河洛總百)'이라고 한다. 백분율(百分率)의 쓰임이 곧 '하락총백'에서 기인한다.

하도의 10수로써 선천의 본체원리가 세워지고, 낙서의 9수로써 후천의 변화작용이 일어난다. '열 십(十)'에서 손가락 하나를 구부리면 자연스레 '아홉 구(九)'가 되어 태양위수인 1체9용의 합일을 이루므로, 하늘을 9천으로도 표명한다.[1] 하도에서 낙서가 나오고, 낙서는 다시 하도로 되돌아간다. 선천이 후천을 낳고 후천은 다시 선천으로 복귀하므로, 서로 체용의 합일을 이룬다. 선천의 법도는 10체9용이지만, 후천의 법도는 9체10용이다.

하도의 하(河)는 황하 본류, 낙수의 낙(洛)은 지류이므로, 본말관계에 해당한다. 하도는 본(本), 낙서가 지(枝)이다, 수(水) 부수 대신 '나무 목(木)'을 붙이면 하(河)와 낙(洛)이 나무의 밑동인 '자루 가(柯)'와 나무 가지인 '가지 각(格)'으로 바뀐다. 본격(本格)이란 뜻도 하락(河洛)의 본말에 관계된다.

아래는 하도 낙서의 수리에 '『주역』의 관문'으로 일컫는 『대학』의 3강령 8조목을 함께 대비한 그림이다.

---

[1] 수를 헤아릴 적에, 손가락을 다 편 상태가 아무것도 없는 0(=10)을 나타내지만, 엄지손가락 하나를 구부리면 하나인 동시에 아홉이 되어 일체구용(一體九用)이다. 구구법(九九法)도 이 구궁수와 연관된다.

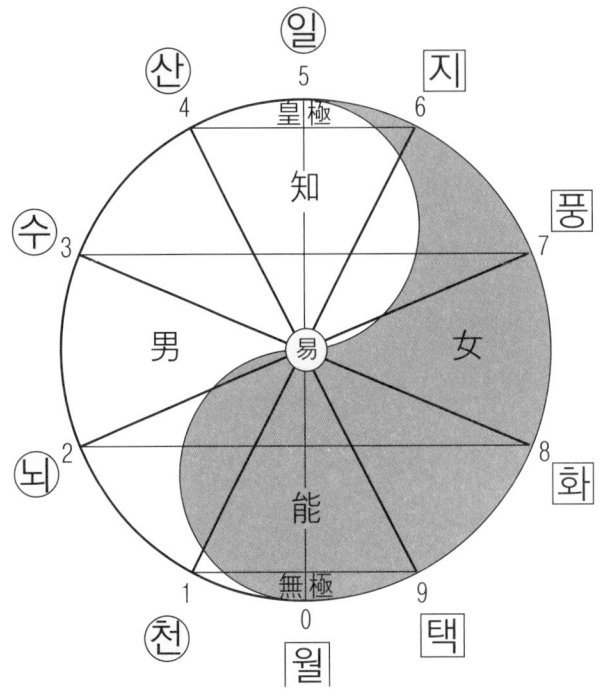

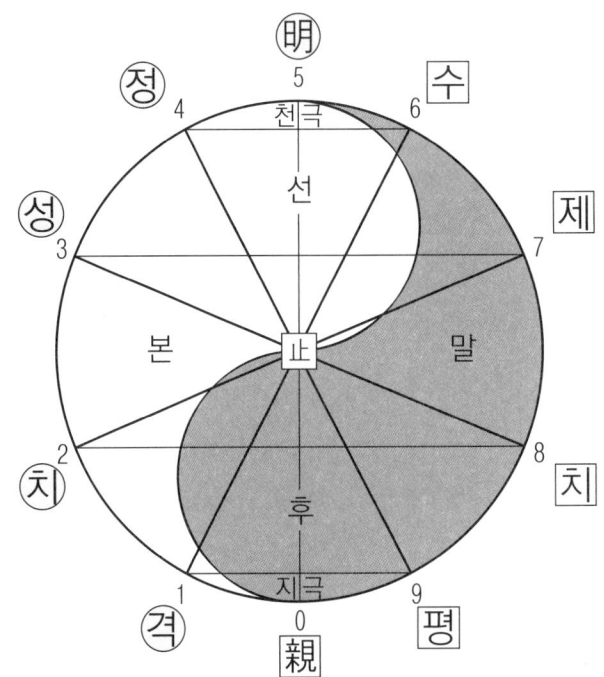

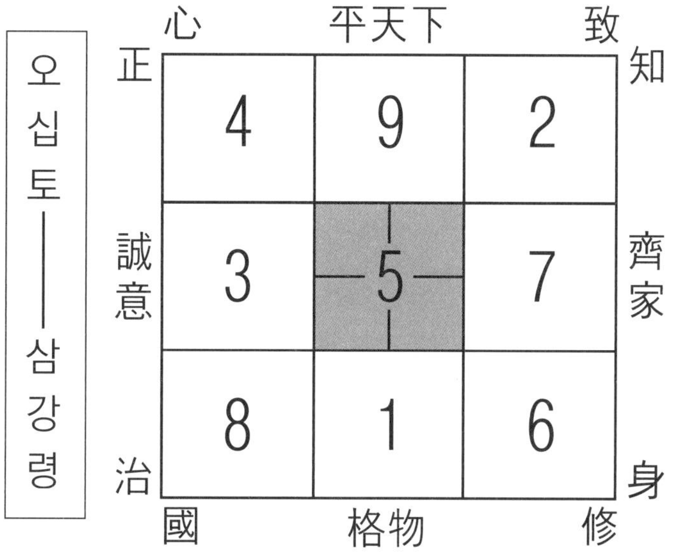

	心	平天下	致知
正	4	9	2
誠意	3	5	7	齊家
治國	8	1	6	身修
		格物	

오십토 —— 삼강령

도서의 십체구용(十體九用)

선천팔괘의 교역상착(交易相錯)

  낙서의 구궁수는 선천과 후천을 잇는 가교로서 '중천교역(中天交易)'의 법도를 표상한다.

  공자는 『주역』 설괘전(說卦傳)에서 「선천팔괘방위도」를 중심으로 남녀의 교역왕래에 의한 부부상착(夫婦相錯)이 이뤄짐을 다음과 같이 설명하였다.

> "天地定位에 山澤이 通氣하며 雷風이 相薄하며
> 천지정위   산택   통기   뇌풍   상박
> 水火 不相射하야 八卦相錯하니 數往者는 順코
> 수화 불상석   팔괘상착   수왕자   순
> 知來者는 逆하니 是故로 易은 逆數也라."
> 지래자   역   시고   역   역수야

  "하늘과 땅이 자리를 정함에, 산과 못이 기운을 통하며 우레와 바람이 서로 부딪치며 물과 불이 서로 해치지 아니해서 팔괘가 서로 섞인다. 그러므로 지나간 일을 셈하는 것은 순하고, 찾아올 일을 알아내는 것은 거스른다, 이러한 까닭에 역(易)은 수를 거슬리는 것이다."

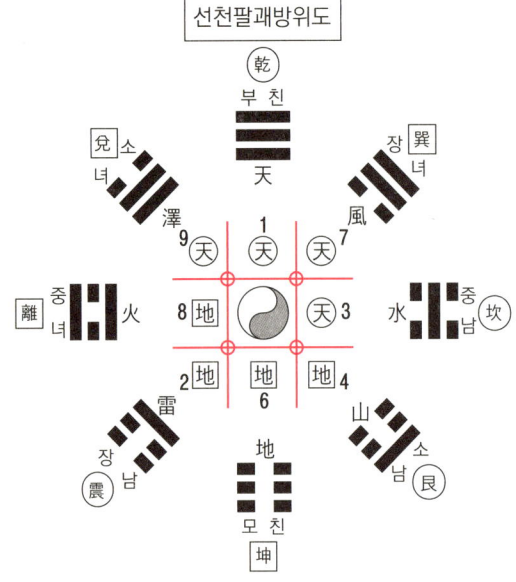

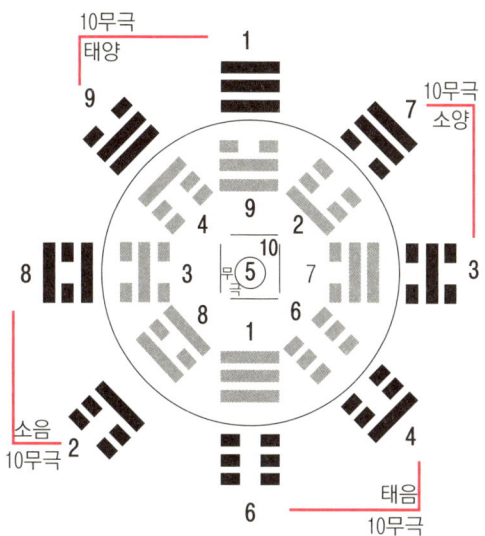

　1(一)과 2(二)가 만나서 3(三)이 되고, 하늘(天)과 땅(地)이 만나서 만물(人)이 나오며, 해(日)와 달(月)이 만나서 밝음(明)이 일어나듯이, 남녀가 서로 만나 부부관계를 맺어야 자녀를 낳는 것은 바뀔 수 없는 자연의 철칙이다.

　'가운데 중(中)'을 '맞출 중(中)'이라고도 한다. 서로 만나기 이전은 선천, 만난 이후로는 후천, 때맞추어 만남은 중천이 된다. 팔괘의 상착(相錯)이란 남녀의 괘들이 서로 한 몸을 이루는 것으로, 음양교역의 왕래(往來)를 통하여 부부로 짝하는 것을 가리킨다. 이는 선천 사상위수의 분리에 의한 결과이다. 팔괘상착에 의한 남녀의 직교(直交)와 부부의 병합(併合)이 곧 중천교역의 낙서 구궁수이다.

　천지정위(天地定位)와 산택통기(山澤通氣)는 서로 맞물려 진행된다. 1·6(☵)의 합수와 4·9(☲)의 합금으로 금수일가(金水一家)가 된다. 큰 음양에 해당하는 사상배합이므로, 먼저 설명한 것이다.

　뇌풍상박(雷風相薄)과 수화불상석(水火不相射)도 서로 맞물려 진행된다.

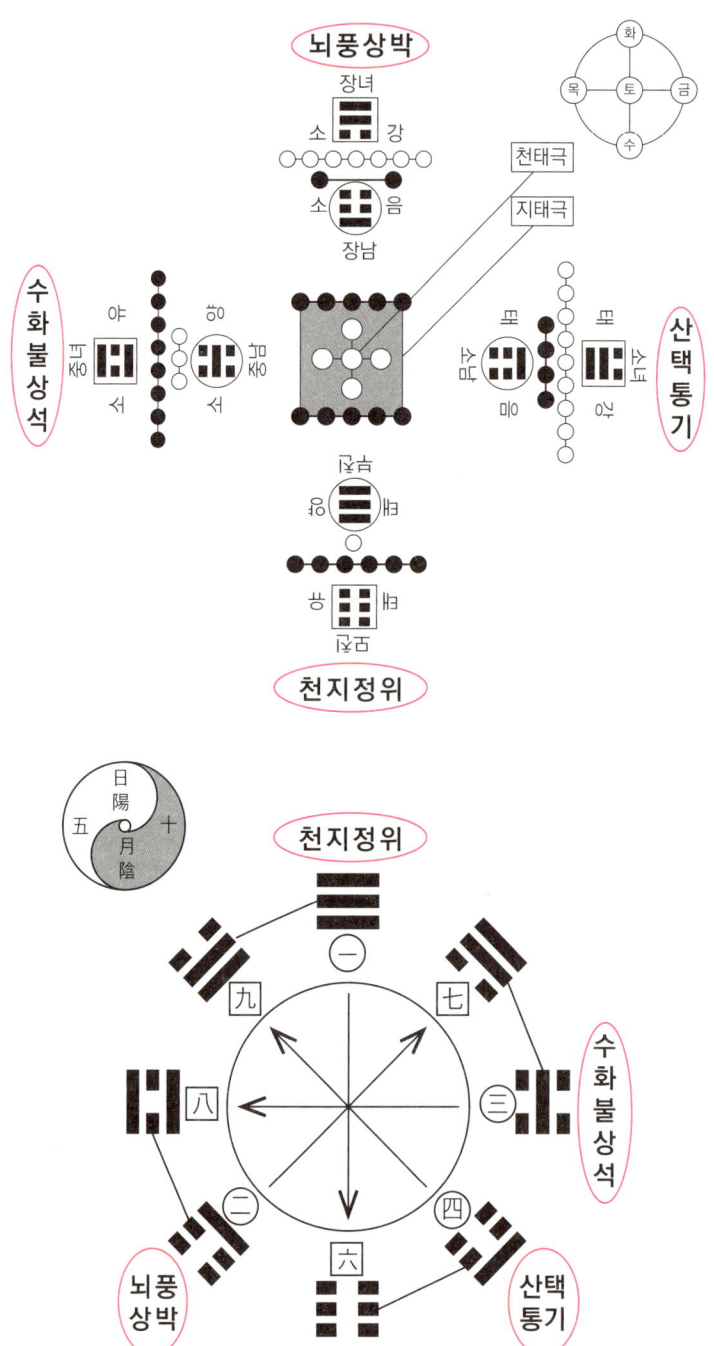

2·7(☲)의 합화와 3·8(☳)의 합목으로 목화일가(木火一家)가 된다. 작은 음양에 해당하는 사상배합이므로, 뒤에 설명하였다.

왕래순역(往來順逆)과 왕래굴신(往來屈伸)

본래「선천팔괘방위도」는 사상 위(位) 1 2 3 4에 해당하는 남괘(☰ ☱ ☲ ☳)와 사상 수(數) 6 7 8 9에 해당하는 여괘(☴ ☵ ☶ ☷)가 서로 사귀지 못하는 불역(不易)의 상태이다. 체(1~4)와 용(6~9)이 서로 분리되지 않은 미숙한 원시자연을 표상한다.

노자『청정경(淸靜經)』에 자연의 도에는 청탁동정이 있음을 지적하며,

"**天淸地濁**하며 **天動地靜**이요, **男淸女濁**하며
　천 청 지 탁　　　천 동 지 정　　　남 청 여 탁

男動女靜이니, **降本流末**하여 **而生萬物**이라."
　남 동 여 정　　　강 본 유 말　　　이 생 만 물

하였다.

천도에 해당하는 남자는 양물로서 본(本), 지도에 해당하는 여자는 음물로서 말(末)에 속한다. 뿌리에서 가지 끝으로 흐른다는 것은 양물이 음물에게로 나아가 교합함을 이른다. 만물을 낳는다는 것은 음양교합에 의한 오행생성을 말한다. 하늘이 땅에게 밝은 양기를 베풀어주고 남자가 여자에게 사랑의 씨앗을 뿌림에 따라, 땅이 만물을 낳고 여자가 아이를 낳는다.

천지남녀에는 본말선후가 있다. 먼저 능동적인 양물이 발동하여 음물에 나아가고, 수동적인 음물은 이를 고요히 맞이한다. 마치 벌과 나비가 꽃으로 날아가듯이, 남자가 제 짝을 찾아 앞장서 여자에게 움직여 나아가는 것이 자연의 순리이다.

선천팔괘의 왕래교합을 남자 위주로 살피면, 아비1(☰)이 어미6(☷)으로, 장남2(☱)가 장녀7(☴)로, 중남3(☲)이 중녀8(☵)로, 소남4(☳)가 소녀9(☶)로 물

흐르듯이(順) 자연히 나아간다. 남자 1 2 3 4가 여자 6 7 8 9로 나아감이 순리이므로, '수왕자순(數往者順)'이다.

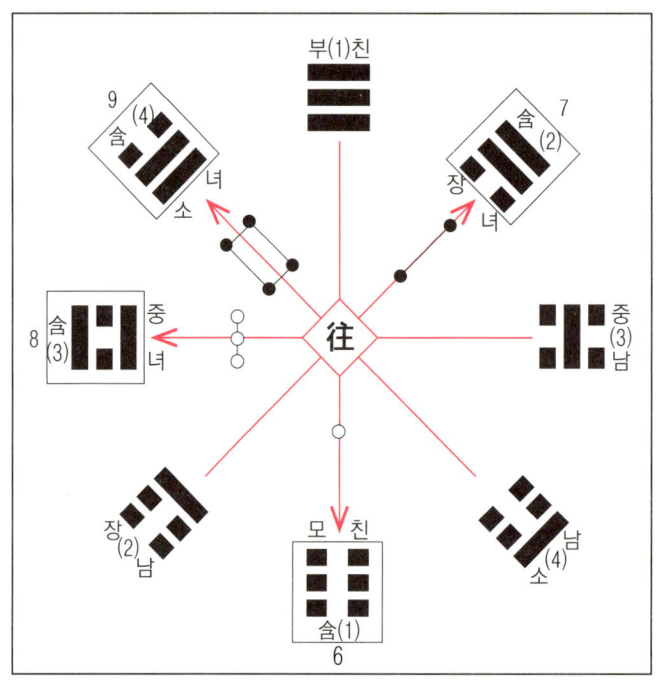

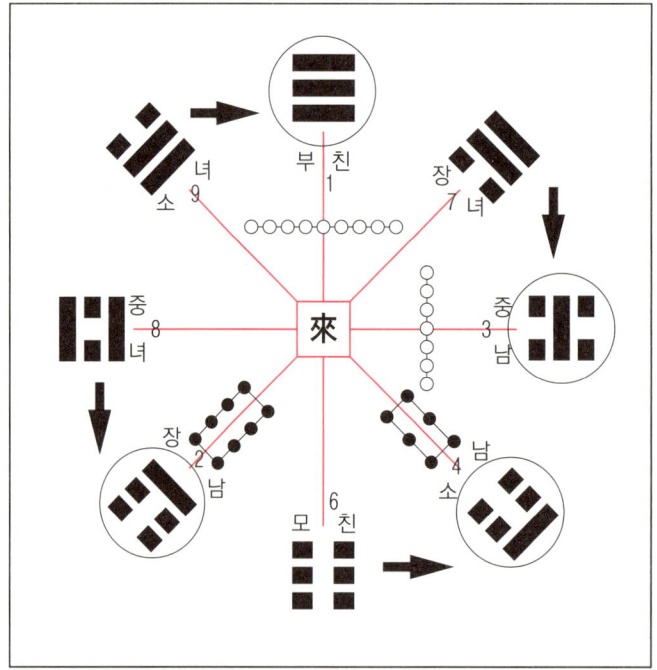

여자 위주로 살피면, 어미6은 아비1을, 장녀7은 장남2를, 중녀8은 중남3을, 소녀9는 소남4를 각기 맞이하여(逆) 받아들인다. 이는 남자 1 2 3 4의 빈자리에, 그 곁에 처한 여자 9 8 7 6이 거꾸로 밀려옴을 필연적으로 수반(隨伴)한다.

아비(☰, 1태양위)에 소녀(☱, 9태양수), 장남(☳, 2소음위)에 중녀(☵, 8소음수), 중남(☵, 3소양위)에 장녀(☴, 7소양수), 소남(☶, 4태음위)에 어미(☷, 6태음수)가 각기 따라오므로 '지래자역(知來者逆)'이다.

본체가 되는 사상의 위 1 2 3 4는 내본(內本), 작용이 되는 사상의 수 6 7 8 9는 외말(外末)에 속한다. 태양의 위수는 1체9용, 소음의 위수는 2체8용, 소양의 위수는 3체7용, 태음의 위수는 4체6용으로 일컫는다. 사상의 외적 쓰임은 태양9·소음8·소양7·태음6을 기본으로 삼는다. 수를 셈할 때, 엄지 1을 굽혀 9(1체9용), 엄지 검지 2를 굽혀 8(2체8용)을 쓰는 이치이다.

괘를 구성하는 효(爻)의 변동여부도 6·7·8·9(태음수·소양수·소음수·태양수)의 사상수에 의해 결정된다.

남자는 생수 1 2 3 4에 속하므로 순행하여 나아가고, 여자는 성수 6 7 8 9에 속하므로 역행하여 돌아온다. 이를 통하여, 1·6(부친모친), 2·7(장남장녀), 3·8(중남중녀), 4·9(소남소녀)가 만나게 되어 부부배합이 이루어진다. 남녀의 왕래순역(往來順逆)으로 인하여, 자식에 해당하는 수·화·목·금·토 오행이 차례로 생성된다.

남자 1 2 3 4 5가 자식을 발생(發生)하고, 여자 6 7 8 9 10이 자식을 합성(合成)하는 것이다. 왕(往)은 굴(屈), 래(來)는 신(伸=信)이다. 남녀의 왕래굴신을 통한 이(利)가 곧 오행이다.

선후주종(先後主從)과 격물치지(格物致知)
주괘(主卦)와 종괘(從卦)

짝하는 남녀끼리의 왕래순역(往來順逆)에 기인하여 건곤(乾坤)의 부부상합, 진손(震巽)의 부부상합, 감리(坎離)의 부부상합, 간태(艮兌)의 부부상합,

일월(日月)의 부부상합에서 자연히 선후주종관계가 나타난다. 남자는 앞서 주장하여 여자에게 나아가므로 주괘(主卦), 여자는 남자를 맞이하고자 그 곁을 뒤쫓으므로 종괘(從卦)라 할 수 있다. 왕래(往來)와 주종(主從)이란 글자단어에도 이러한 뜻이 담겨있다.

구궁교합은 생수 1 2 3 4 5가 성수 6 7 8 9 10으로 나아가서 수·화·목·금·토를 낳게 하는 것에서 시작된다. 아내격인 6 7 8 9 10은 역으로 4 3 2 1 5를 뒤쫓아 남편격인 1 2 3 4 5와 나란히 부부로서 병렬 배합하여 유종(有終)의 미를 거둔다.

『주역』곤괘(坤卦) 육삼(六三)효사에 "빛나는 덕을 머금어 정고하게 지키니, 혹 임금의 일을 쫓되, 자신의 공을 내세움이 없이 마침을 둔다[含章可貞 或從王事 无成有終]."고 한 바와 같다. 함장가정(含章可貞)은 여자가 남자를 받아들여 밝은 생명을 잉태함, 혹종왕사(或從王事)는 여자가 남자의 뒤를 따라 일을 마침을 말한다.

건괘(乾卦) 구삼(九三)에 대한 해설에도 "이를 데를 알아 이름이라. 기미를 가히 놓치지 않으며, 마칠 곳을 알아 마침이라. 의리를 가히 보존할 수 있다[知至至之 可與幾也 知終終之 可與存義也]."고 하였다.

격물치지(格物致知)

낙서(洛書)의 낙(洛)은 격물(格物)의 '이를 격, 감통할 격(格)'과 음의가 통한다. 격물치지(格物致知)는 사물과 지극히 감통하여 내재된 이치를 찾아내는 것이다. 사물을 격치(格致)하여 깨달음을 얻으려면, 나아갈 목적지와 돌아갈 귀향처를 알아야 한다.

천지남녀의 선후본말을 먼저 알아내는 것이 격물의 요체이다. 물의 흐름은 하락(河洛), 나무의 자람은 본격(本格)으로 선후관계가 표현된다. 뿌리에서 자라나온 가지가 '나뭇가지 각(格)'이다. 하도수리를 설명한 행신문(行神文)의 '이각유합(而各有合)'은 짝하는 남녀끼리 감통하여 격국(格局)의 배합을 이룬다는 의미다.

구궁낙서로는, 남자 1 2 3 4가 나아가 이를 곳은 여자 6 7 8 9, 1 2 3 4에는 반대로 9 8 7 6이 밀려온다. 그 순역왕래를 알아냄이 '격물치지'이다.

「선천팔괘방위도」는 사상위수가 미분(未分)되어, 남녀교합을 이루지 못한 미혼(未婚) 상태이므로, 오행이 생성되기 이전인 원시 선천을 나타낸다.

1체9용 · 2체8용 · 3체7용 · 4체6용의 분리가 되지 않았기 때문이다. 오행생성은 음양의 기(氣)와 강유의 질(質)이 뒤섞여야만 한다. 사상위수의 분리는 10무극의 분화작용과 5황극의 중정한 도에 의한다.

① 1건천과 2태택 → 태양위수(1체9용, 태양 · 태강, ☰ · ☱)
② 4진뢰와 3리화 → 소음위수(2체8용, 소음 · 소유, ☳ · ☲)
③ 6감수와 5손풍 → 소양위수(3체7용, 소양 · 소강, ☵ · ☴)
④ 7간산과 8곤지 → 태음위수(4체6용, 태음 · 태유, ☶ · ☷)

오행의 생성

사상위수와 오행생성

사상의 위수배합에 의한 오행생성을 살피면, 1태양위와 6태음수에 의해 수(水), 2소음위와 7소양수에 의해 화(火), 3소양위와 8소음수에 의해 목(木), 4태음위와 9태양수에 의해 금(金)이 생성된다.

천도와 지도의 기질배합으로는, 1태양과 6태유의 합수, 2소음과 7소강의 합화, 3소양과 8소유의 합목, 4태음과 9태강의 합금으로 설명된다. 천도와 지도의 본체가 되는 5와 10은 '극양극음, 천극지극, 황극무극'으로서, 배합하여 토를 생성한다.

태양(⚌, 1체9용) → 1건천(☰, 1태양위)과 2태택(☱, 9태양수)
소음(⚍, 2체8용) → 3리화(☲, 8소음수)와 4진뢰(☳, 2소음위)
소양(⚎, 3체7용) → 5손풍(☴, 7소양수)과 6감수(☵, 3소양위)
태음(⚏, 4체6용) → 7간산(☶, 4태음위)과 8곤지(☷, 6태음수)

부친 1건천(☰) 모친 8곤지(☷) → 1(⚌, 태양위) : 6(⚏, 태음수)
장남 4진뢰(☳) 장녀 5손풍(☴) → 2(⚍, 소음위) : 7(⚎, 소양수)
중남 6감수(☵) 중녀 3리화(☲) → 3(⚎, 소양위) : 8(⚍, 소음수)
소남 7간산(☶) 소녀 2태택(☱) → 4(⚏, 태음위) : 9(⚌, 태양수)

음양의 동정변화를 나타내는 선천팔괘이지만, 그 가운데 오행의 생성법도가 자연히 들어있다. 「선천팔괘방위도」에서 사상위수의 교역왕래가 구궁낙서의 수로 전개된다. 나아가 이를 바탕으로, 오행생성과 상극·상생의 이치가 「후천팔괘방위도」로 펼쳐지는 것이다. 선천에서 중천을 거쳐 후천으로 나아가는 것이 대자연의 순리이다.

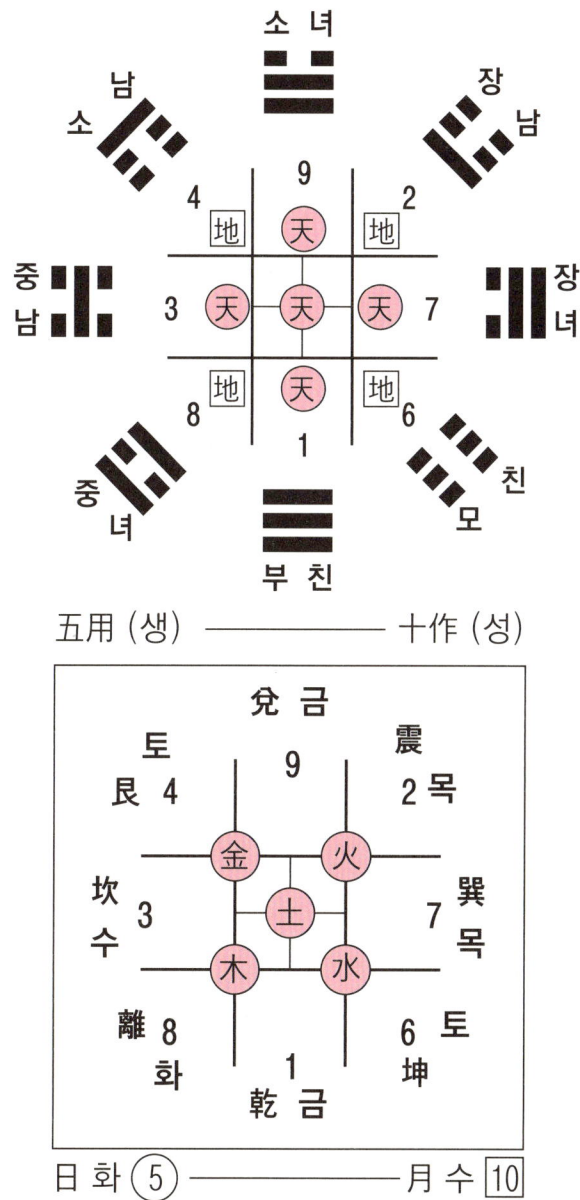

〈선천남녀의 교역왕래에 의한 구궁수와 오행생성〉

① 천지(부친+모친) = 1건천과 8곤지에 의한 1·6합수(合水)
　1(☰, 태양위) + 6(☷, 태음수) → 태양(1) + 태유(6)
② 뇌풍(장남+장녀) = 4진뢰와 5손풍에 의한 2·7합화(合火)
　2(☳, 소음위) + 7(☴, 소양수) → 소음(2) + 소강(7)
③ 수화(중남+중녀) = 6감수와 3리화에 의한 3·8합목(合木)
　3(☵, 소양위) + 8(☲, 소음수) → 소양(3) + 소유(8)
④ 산택(소남+소녀) = 7간산과 2태택에 의한 4·9합금(合金)
　4(☶, 태음위) + 9(☱, 태양수) → 태음(4) + 태강(9)
⑤ 일월(조부+조모) = 일월태극에 의한 5·10합토(合土)
　5(○, 천태극) + 10(●, 지태극) → 역유태극(易有太極)

낙서는 5황극(皇極)을 중심으로 마주보는 방위의 수합이 각기 10[1+9, 2+8, 3+7, 4+6]을 이루는, 즉 '오용십작(五用十作)'을 펼친다. 하도 중심부인 '5·10 토(土)'의 지극한 조화를 뜻하기도 한다.

전체적으로 살피면, 1·6, 2·7, 3·8, 4·9가 나란히 짝하여 수화목금(水火木金)을 차례로 생성하고, 중앙 '5용10작'의 극진한 조화가 펼쳐지면서 5와 10이 최종적으로 짝하여 토(土)를 생성한다.

음양오행에 배분하면, 5황극은 극양일화(양화·진화), 10무극은 극음월수(음수·진수)이다. 하도의 오행생성이 실제 낙서로 전개되므로, 하도·낙서는 내외표리·체용합일을 이룬다.

「선천팔괘방위도」의 중심은 텅 빈 상태[空]의 10무극(지극. 음극)이다. 무극이태극(无極而太極)이라는 지극한 조화에 의해 시공(時空)의 세계가 열리는 것이 「선천팔괘방위도」이다. 선가·도가에서는 선천을 '무극 이천(理天)'으로 표명한다.

천지의 선천오행

『시경(詩經)』에 "아버지 나를 낳으시고, 어머니 나를 기르셨네(父兮生我 母兮鞠我)."라는 말씀이 있다. 구궁의 부부배합에 의해 자식으로 생성되는 오행은 아비격인 천도(남괘)가 그 근원이라는 의미도 된다.

공자는 『주역』 계사상전에서 "건도성남 곤도성녀(乾道成男 坤道成女)"라고 하여, 하늘 건도가 남자(아비), 땅 곤도가 여자(어미)를 화성한다고 하였다. 천지건곤의 조화로 사람인 남녀가 나왔으므로, 천도와 인사가 한 이치임을 가르친 것이다. 뒤이어 "건지대시 곤작성물(乾知大始 坤作成物)"이라고 하여, 하늘이 주장하여 양기를 베풀고, 땅이 이를 받아들여 만물을 길러낸다고 하였다. 이를 하도 수리에 적용하면 다음과 같다.

북방 1·6수(水)의 근원은 생수 1태양(☰, 부친)이다. 수가 나올 수 있도록 '금생수(金生水)'를 해주기에, 1태양(☰)이 천금(양금·건금)으로 정의된다.

남방 2·7화(火)의 근원은 생수 2소음(☳, 장남)이다. 화가 나올 수 있도록 '목생화(木生火)'를 해주기에, 2소음(☳)이 천목(양목·진목)으로 정의된다.

동방 3·8목(木)의 근원은 생수 3소양(☵, 중남)이다. 목이 나올 수 있도록 '수생목(水生木)'을 해주기에, 3소양(☵)이 천수(양수·감수)로 정의된다.

서방 4·9금(金)의 근원은 생수 4태음(☶, 소남)이다. 금이 나올 수 있도록 '토생금(土生金)'을 해주기에, 4태음(☶)이 천토(양토·간토)로 정의된다.

중앙 5·10토(土)의 근원은 생수 5황극(○, 조부)이다. 토가 나올 수 있도록 '화생토(火生土)'를 해주기에, 5황극(○)이 천화(양화·日火)로 정의된다.

① 건금(1태양, ☰)과 곤토(6태유, ☷)의 건곤합수 → 건금 생수
② 진목(2소음, ☳)과 손목(7소강, ☴)의 진손합화 → 진목 생화
③ 감수(3소양, ☵)와 이화(8소유, ☲)의 감리합목 → 감수 생목
④ 간토(4태음, ☶)와 태금(9태강, ☱)의 간태합금 → 간토 생금
⑤ 일화(5천극, ○)와 월수(10지극, ●)의 일월합토 → 일화 생토

본체는 '체불용(體不用)'으로 쓰이지 않는다. 천도에 속하는 생수 1 2 3 4 5에 해당하는 남괘를 살피면, 1태양(☰부친, 선천양금), 2소음(☱장남, 선천양목), 3소양(☲중남, 선천양수), 4태음(☳소남, 선천양토)이다. 선천양화가 빠져있으므로, 남괘의 본체가 되는 5황극(천극조부)을 자연 선천양화로 간주하여, 일양(日陽, ○)으로 표상한다. 5황극의 '임금 황(皇)'에 밝은 햇살을 담아놓았다.

지도에 속하는 성수 6 7 8 9 10에 해당하는 여괘를 살피면, 6태유(☷모친, 선천음토), 7소강(☴장녀, 선천음목), 8소유(☵중녀, 선천음화), 9태강(☶소녀, 선천음금)이다. 선천음수가 빠져있으므로, 여괘의 본체인 10무극(지극조모)을 자연 선천음수로 간주하여, 월음(月陰, ●)으로 표상한다.

남자의 성정은 불(○양화), 여자의 성정은 물(●음수)로써 대표하는 연유를 여기에서 찾을 수 있다. 서로 대극(對極)관계인 5일양(日陽)과 10월음(月陰)은 오행의 중심태극에 해당하는 토를 생성한다.

천도의 생수와 지도의 성수는 후천적인 오행을 생성하는 부모역할을 한다. 이를 살피기 위하여, 천도에 속하는 선천양금(☰)을 천금, 선천양목(☱)을 천목, 선천양수(☲)를 천수, 선천양토(☳)를 천토, 선천양화(○)를 천화로 표명한다. 마찬가지로 지도에 속하는 선천음토(☷)를 지토, 선천음목(☴)을 지목, 선천음화(☵)를 지화, 선천음금(☶)을 지금, 선천음수(●)를 지수로 표명한다.[1]

- 필자 견해

감춰진 실체인 10은 암흑혼돈의 무극(●)으로 간주되며, 안으로 광명정대한 황극(○)을 품는다. 10무극은 진공(眞空), 5황극은 진실(眞實)을 표상한다. ○은 진실명백(眞實明白), ●은 진공암흑(眞空暗黑)을 표상한다.

태초의 우주빅뱅도 불현듯 음수(10)가 양화(5)를 '수극화'하여 일어난 것으로 보인다. 가위 · 바위 · 보로 빗대어 보면, 보(10)가 바위(5)를 '수극화'로 이

---

[1] 우리나라의 역학자 여헌(旅軒) 장현광(張顯光: 1554~1637)의 하도배괘(河圖配卦)도 이와 같다. 다만, 선천팔괘「차서도」와「방위도」의 사상위수에 대해선 주자의 설을 그대로 따른 점이 아쉽다.

기고, 5·10의 교합으로 태어난 가위(乂)가 보(10)를 '토극수'로 이긴다. 바위가 가위를 이기는 까닭은 양화(5)가 생해주지 않으면 토가 나올 수 없기 때문이다.

무극인 음수(10)에 의하여 태어난 황극인 양화(5)는 다시 음수(10)를 바탕으로 1 2 3 4를 낳고, 1 2 3 4가 6 7 8 9를 낳을 수 있도록 돕는다. 5가 10을 밀쳐 1 2 3 4를 낳으므로, 5를 연모(衍母), 10을 연자(衍子=1+2+3+4)라 이른다.

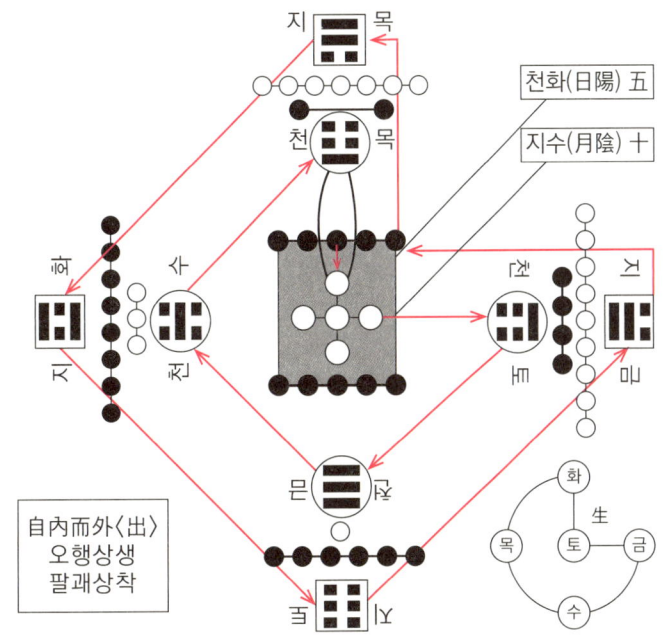

지구를 주체로 놓고 대상(對象)을 살피면, 천체를 대표하는 양물과 음물은 주야한서를 펼치는 해와 달이다. 오행의 중심은 토(土), 만물이 살아가는 토대(土臺)는 지구이다. 지구생태계에 가장 큰 영향을 미치는 천체가 해와 달이므로, 5와 10을 일월(日月)로 표상하여 '밝을 명(明), 바꿀 역(易)'이란 글자가 나왔다.

5와 10이 일월(日月)로 상징되므로, 『주역』에 "역유태극(易有太極), 음양의 뜻은 일월에 짝한다[陰陽之義 配日月]."고 한 것이라 생각된다.

팔괘와 하도를 묶어, 사상오행에 대해 전체적으로 재정리하면 아래와 같다.

① 천지건곤의 1·6 합수 → 윤하(潤下)의 기질

태양 1건(부친☰)이 태유 6곤(모친☷)과 부부로 짝하여 물을 생성한다.

천지오행으로는, 남편격인 건금=천금이 금생수(金生水)하여 물을 낳고, 아내격인 곤토=지토는 토극수(土克水)하여 물을 품어 담는다.

地天泰

대성괘에 견주면, 물의 내외기질은 태(泰)괘에 부합한다.

→ 금기토질

물은 밖으로 고요하고 음습하며 차갑지만, 안으로 생동하고 양명하며 맑다.

② 뇌풍진손의 2·7 합화 → 염상(炎上)의 기질

소음 2진(장남☳)이 소강 7손(장녀☴)과 부부로 짝하여 불을 생성한다.

천지오행으로는, 남편격인 진목=천목이 목생화(木生火)하여 불을 낳고, 아내격인 손목=지목도 목생화(木生火)하여 불이 성하도록 돕는다.

風雷益

대성괘에 견주면, 불의 내외 기질은 익(益)괘에 부합한다.

→ 목기목질

불은 밖으로 바람처럼 흩어지고 무덥지만, 안으로 우레처럼 움직이고 타올라 나아간다.

③ 수화감리의 3·8 합목 → 곡직(曲直)의 기질

소양 3감(중남☵)이 소유 8리(중녀☲)와 부부로 짝하여 목을 생성한다.

천지오행으로는, 남편격인 감수=천수가 수생목(水生木)하여 목을 낳고, 아내격인 리화=음화가 목생화(木生火)하여 나무가 자라도록 이끌어준다.

火水未濟

대성괘에 견주면, 나무의 내외기질은 미제(未濟)에 부합한다.

→ 수기화질

나무는 밖의 껍질이 말라있지만, 안의 목질은 촉촉하다. 또한 밖으로 줄기·가지가 밝은 빛(불)을 향해 위로 뻗지만, 안으로 뿌리가 땅 속의 수분을 취하고자 아래로 내리뻗는다. 불과 물이 나뉘는 미제(未濟)의 형상이다.

④ 산택간태의 4·9 합금 → 종혁(從革)의 기질

태음 4간(소남☶)이 태강 9태(소녀☱)와 부부로 짝하여 금을 생성한다.

천지오행으로는, 남편격인 간토=천토가 토생금(土生金)하여 금을 낳고, 아내격인 태금=지금이 금과 합하여 단단해지도록 돕는다.

대성괘에 견주면, 금의 내외기질은 함(咸)괘에 부합한다.

澤山咸 → 토기금질

금은 연못처럼 밖으로 냉명(冷明)하고 매끄럽지만, 안으로 돌처럼 뭉쳐져 있어 단단하다. 남녀가 함께 느끼는 함(咸) 또한 서로 한 몸으로 융합하는 형상이다.

⑤ 일월양극(日月兩極)의 5·10 합토 → 가색(稼穡)의 작용

천태극인 5일(조부)이 지태극인 10월(조모)과 부부로 짝하여 자식인 토를 생성한다.

천지오행으로는, 남편격인 일화(日火)=천화가 화생토하여 토를 낳고, 아내격인 월수(月水)=지수가 토를 윤습(潤濕)하게 도와준다. * 토극수

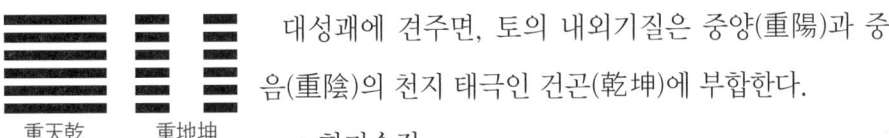

대성괘에 견주면, 토의 내외기질은 중양(重陽)과 중음(重陰)의 천지 태극인 건곤(乾坤)에 부합한다.

重天乾　重地坤　→ 화기수질

흙으로 이루어진 지구 땅은 일월이 늘 비춰준다. 또 지표의 대부분이 바닷물이 차지하고, 지각 속에 태양불의 마그마가 들어있다.

5용10작(五用十作)

1은 자연(自然) 2를 낳고, 그 2는 다시 1로 돌아가 합일(合一)한다. 천지음양의 합일된 결정체가 오행이다. 『역경』은 선천에서 중천, 이를 통하여 후천이

열리는 이치를 본바탕으로 하고 있다. 이는 음양의 교역상착을 통한 오행의 유행, 즉 선천팔괘-중천낙서-후천팔괘로 나타난다.

「선천팔괘방위도」는 남녀가 서로 대칭적으로 분리되어 서로 사귀지 못한 모습이다. 10무극에 의한 사상위수(☰1체9용, ☱ 2체8용, ☳3체7용, ☶4체6용)가 분리되지 못한 미숙의 상태이다.

때맞춘 중천교역, 즉 선천팔괘의 교역상착에 의해 한복판 중심에 5황극이 세워지게 되는데, 『서경』 홍범에서는 이를 '건용황극(建用皇極)'이라고 하였다. 5황극은 모든 사물의 표준 법도를 가리킨다. 중정무사(中正無邪)한 5황극의 도에 의해 10무극의 무위조화[中和]가 일어나며, 이러한 작용을 '5용10작'이라고 한다.

아래는 필자가 선천팔괘「차서도」와「방위도」, 하도의 생성수리를 종합한 도표이다.

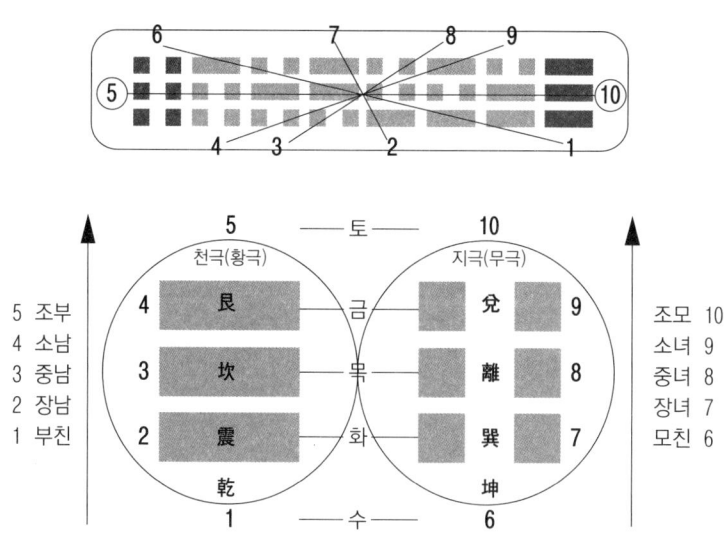

감춰진 10무극의 수는 남자 1 2 3 4가 5중(中)을 거쳐 여자 6 7 8 9로 나아가는 데에서 일어난다. 오행을 생성하기 위해 반드시 중앙 5를 거쳐야 하는 1 2 3 4의 수합이 10인 까닭이다. '男女'라는 글자에도 이러한 이치가 담겨있다.

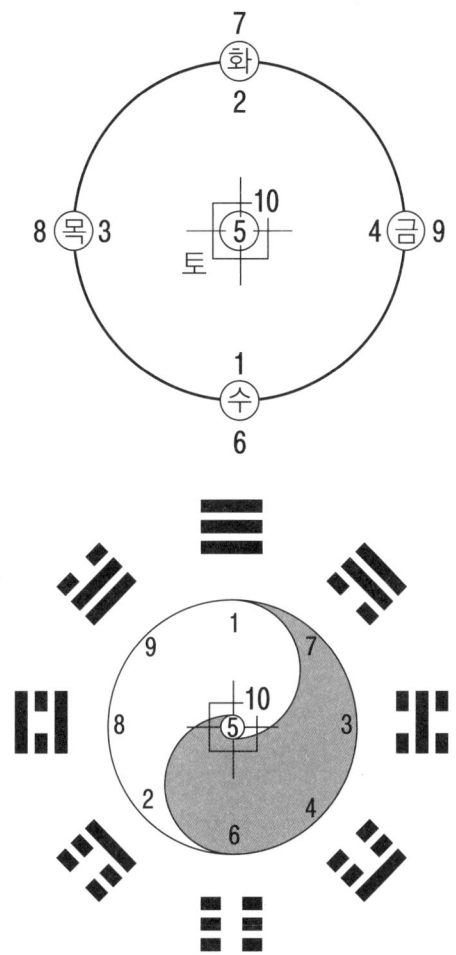

교역의 중심인 5는 이 10(= 1+2+3+4)의 도움으로 무극한 조화를 펼치면서, 동시에 10과 상합하여 최종적으로 오행의 토를 생성한다.

토는 오행의 중심으로서 가장 큰 역할을 한다. 인사적인 측면에서는, 토를 생성하는 5·10은 조부·조모로서 소성8괘를 낳는 6양6음의 대성 건곤(乾坤) 즉 태극이다. 또 천·지·뢰·풍·수·화·산·택의 중심으로서, 주야한서의 조화를 베푸는 일월(日月)의 역(易)이라 할 수 있다. 손가락의 굴신으로 보면, 5는 다섯 손가락을 다 굽힌 주먹(극양), 10은 다섯 손가락을 다 펼친 보(극음)에 해당한다.

음양오행을 생성 변화하는 구궁낙서가 구천(九天)으로 일컫는 기천(氣天)이며, 대지 위의 푸른 하늘이 현상의 후천세계인 상천(象天)이다. → 문왕의 후

천팔괘[象天]

주역산책

오(吾)와 이친구족(以親九族)

요임금이 "능히 큰 덕을 밝혀 9족을 친애하였다(克明峻德 以親九族)."는 기록이 『서경』 요전(堯典)편에 나온다. 상고시대부터 이미 구궁의 질서를 바탕으로 친족(親族)의 범주(範疇)를 구족(九族)으로 정하였음을 알 수 있는 대목이다. 『서경』「홍범구주(洪範九疇)」에서 9가지 범주(範疇)를 치세(治世)의 도리로 논하는 것과 비교된다.

구궁낙서의 중심은 황극으로 일컫는 '다섯 오(五)'이다. '나 오(吾)'는 '9궁의 한가운데 중심(口)인 5(五)'에서 비롯된 글자로 볼 수 있다. 만유의 중심이 내 자신이기 때문이다. 구족(九族)으로 분류되는 상하의 친족관계를 부계(父系) 위주로 살피자면, 5에 앞서는 4는 부친, 3은 조부, 2는 증조, 1은 고조에 해당한다. 반면, 5를 뒤따르는 6은 아들, 7은 손자, 8은 증손, 9는 현손에 해당한다. 사대봉사(四代奉祀)의 유풍도 이를 근거로 한듯하다.

이로부터 '내 마음(吾心)'을 뜻하는 '깨달을 오(悟)'도 나왔다. 구궁낙서의 이치를 깊이 성찰하면, 그 가운데 본래의 진심(도심)을 되찾고 인욕의 사사로운 마음(인심)을 물리칠 수 있는 참 지혜를 깨달을 수 있다. 『중용』에 나오는 천하의 대본달도(大本達道), 곧 중화(中和)를 이루는 지극한 가르침이 구궁낙서에 함축되어 있기 때문이다. 『중용』과 표리일체인 『대학』의 3강령 '명명덕 친민(신민) 지어지선'과 8조목 '격물 치지 성의 정심 수신 제가 치국 평천하' 또한 구궁낙서에서 그 핵심 실마리를 찾을 수 있다.

인연과보(因緣果報)

사상의 위가 사상의 수로 나아가. 배합함으로 인(因)해서 오행이 생성된다. 남녀가 부부의 연분을 맺음으로 인(因)해서 자녀가 태어남과 같다.

인(因)은 남녀가 부부로 사랑하여 씨앗(仁. 종자)을 품어 기르는 것, 과(果)는 그 결실로 태어난 새로운 생명(자식)을 이른다. 모든 생명은 부모의 사랑(仁)으로 인(因)한 열매(果)이다. 유물유칙(有物有則)이란 말처럼, 사물의 존재엔 반드시 근본법도가 있어서, 원인·결과(原因·結果)가 하나로 이어진다.

『주역』의 괘 흐름도 천지의 개폐(開閉)를 상징하는 태·비(泰·否) 다음에 동인·대유(同人·大有)의 인사적인 교역교합이 행해지고, 겸·예(謙·豫)의 임신출산이 이어짐을 설명하였다. 또 이를 연유·유래(緣由·由來)하여 제반 일체상황이 수반(隨伴)되므로, 따른다는 수(隨)를 그 뒤에 놓았다.

의상(義湘)조사가 지은 불가의 『법성게(法性偈)』에선 본성(本性)을 고수하는 것이 아니라, 인연을 따른다는 '불수자성수연성(不守自性隨緣性)'을 강조하였다.

易은 인과응보(因果應報)의 정대한 자연법칙을 가르친다. 1과 6, 2와 7, 3과 8, 4와 9, 5와 10이 부부의 연분(緣分)을 맺어 연줄이 하나로 이어지는 가운데, 체용합일의 관계인 9와 1, 8과 2, 7과 3, 6과 4, 10과 5가 각기 따라와 돕는다. 가선을 둘러 옷감이 풀리지 않도록 하듯이, 부부의 연줄이 끊어지지 않도록 외부에서 음(陰)으로 보조하는 역할을 간접적으로 하는 것이다.

부부의 결연(結緣)으로 인(因)한 과보(果報)가 바로 오행이란 자녀이다. '인할 인(因)'은 하늘 양의 씨앗종자를 땅(口)이 머금어 키움을(大), '열매 과(果)'는 초목(木)의 가지 끝에 매달린 열매(田)를 이른다.[2] '가선 연(緣)'은 의복을 만들 때, '올이 풀리지 않도록 바깥 가장자리(가선)에 헝겊을 두르다'는 뜻이다.

부부로 인연(因緣)을 맺은 과보(果報)가 자식이며, 선천음양과 후천오행의 흐름 속에 인과(因果)를 연결(連結)하는 중간교량의 연줄역할을 하는 것이 구궁낙서이다.

---

2. 왕(往)의 원래 글자 왕(徃)은 생수(生)가 밝게 움직여 앞서 나아감(彳: 왼걸음 척), 래(來)는 초목(木)에 매달린 열매(从:쫓을 종)를 본뜬 성과(成果)를 뜻한다. 래(來)를 '성수가 돌아오다'는 뜻으로도 볼 수 있다.

전체적으로 음양 선천팔괘는 인(因), 오행 후천팔괘는 과(果)이다. 선중후로 3분하면, 선천팔괘가 인(因), 중천교역이 연(緣), 후천팔괘가 과(果)이다. 불역선천·교역중천·변역후천(不易先天·交易中天·變易後天), 이천·기천·상천(理天·氣天·象天)이 대자연의 인연과(因緣果)에 의한다.

① 1·6(因) 합수(果) ---- 1태양 + 9태강

6(태유☷)으로 나아가는 1(태양☰)의 자리에 9(태강☰)가 따라와 수(水)의 생성을 돕는다.

8곤지(☷)로 나아가는 1건천(☰)의 빈자리에 2태택(☱)이 찾아온다. 2태택을 발판으로 하여, 1건천(☰) 부친이 8곤지(☷) 모친으로 나아간다.

② 2·7(因) 합화(果) --- 2소음 + 8소유

7(소강☰)로 나아가는 2(소음☷)의 자리로 8(소유☷)이 따라와 화(火)의 생성을 돕는다.

5손풍(☴)으로 나아가는 4진뢰(☳)의 빈자리에 3리화(☲)가 찾아온다.

3리화를 발판으로 하여, 4진뢰(☳) 장남이 5손풍(☴) 장녀로 나아간다.

③ 3·8(因) 합목(果) --- 3소양 + 7소강

8(소유☷)로 나아가는 3(소양☷)의 자리로 7(소강☰)이 따라와 목(木)의 생성을 돕는다.

3리화(☲)로 나아가는 6감수(☵)의 빈자리에 5손풍(☴)이 찾아온다.

5손풍을 발판으로 하여, 6감수(☵) 중남이 3리화(☲) 중녀로 나아간다.

④ 4·9(因) 합금(果) --- 4태음 + 6태유

9(태강☰)로 나아가는 4(태음☷)의 자리로 6(태유☷)이 따라와 금(金)의 생성을 돕는다.

2태택(☱)으로 나아가는 7간산(☶)의 빈자리에 8곤지(☷)가 찾아온다.

8곤지를 발판으로 하여, 7간산(☶) 소남이 2태택(☱) 소녀로 나아간다.

⑤ 5·10(因) 합토(果) --- 오용십작(五用十作)

5(천극)에는 10(지극)이 따라와 연줄을 잇는 보완작용을 한다.

10에서 독립된 연모(衍母) 5가 연자(衍子)인 1 2 3 4를 사방으로 펼친다.

1 2 3 4가 6 7 8 9로 나아가도록 중심에서 5가 도와주는 반면, 1 2 3 4에 힘입어 10의 조화를 일으킨다. 5는 다시 10과 서로 배합하여 최종적으로 토를 생성한다.

이를 통하여 1·6, 2·7, 3·8, 4·9, 5·10의 부부결합이 실질적으로 이루어진다.

나아감은 순행, 따라옴은 역행[往順來逆]

1 2 3 4가 각기 교역하여 6 7 8 9로 각기 나아가고[數往者順], 그 1 2 3 4에 각기 9 8 7 6이 거슬려 온다[知來者逆].

아비인 하늘의 강건한 양기가 어미인 땅으로 내려오고, 어미는 땅의 유순한 덕으로 이를 받아들인다. 이를 본받아 장녀인 바람은 장남인 우레의 기운, 중녀인 불은 중남인 물의 기운, 소녀인 못은 소남인 산의 기운을 받아들인다.

다음, 빈 1 2 3 4 자리에는 그 곁의 9 8 7 6이 뒤따라온다. 1위(☰)에 9(☴), 2위(☳)에 8(☲), 3위(☵)에 7(☶), 4위(☱)에 6(☷)이 각기 따라온다.

1은 태양의 씨앗(因), 9는 태양의 열매(果)이다. 태양의 씨앗(1)에는 태양의 열매(9), 소음의 씨앗(2)에는 소음의 열매(8), 소양의 씨앗(3)에는 소양의 열매(7), 태음의 씨앗(4)에는 태음의 열매(6)가 매달린다.

생성인과(生成因果)

인(因)은 하늘이 내린 씨앗을 땅(口)이 머금어 키우는(大) 뜻이다.

→ 6 7 8 9가 1 2 3 4를 품음.

과(果)는 초목(木)의 가지 끝에 매달린 열매(田)의 뜻이다.

→ 9 8 7 6이 1 2 3 4를 따라 이룸

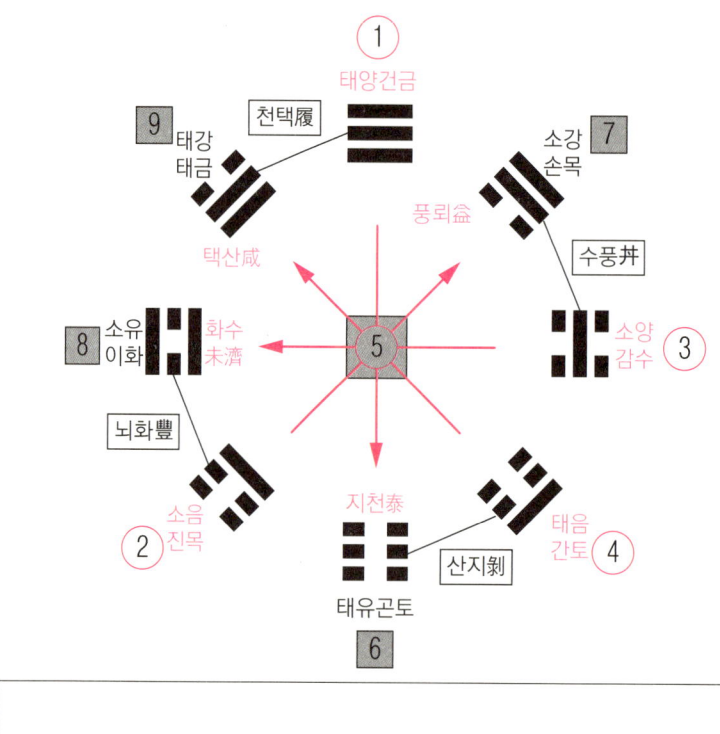

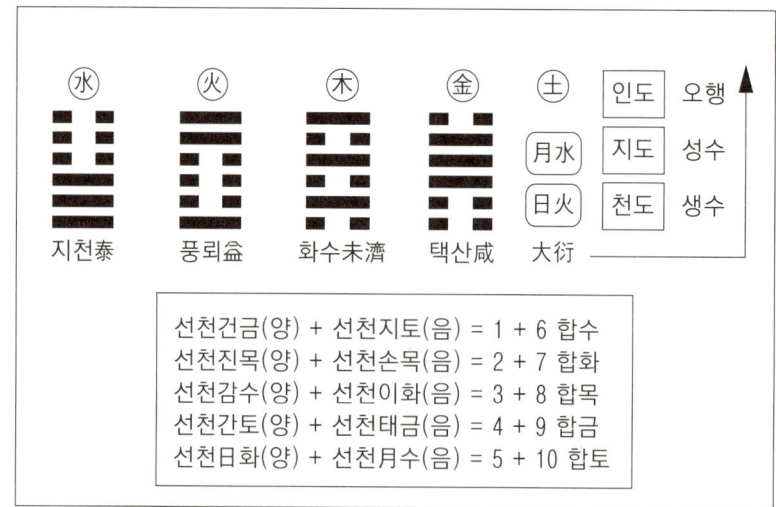

〈천지남녀의 교역왕래와 후천적 오행생성〉

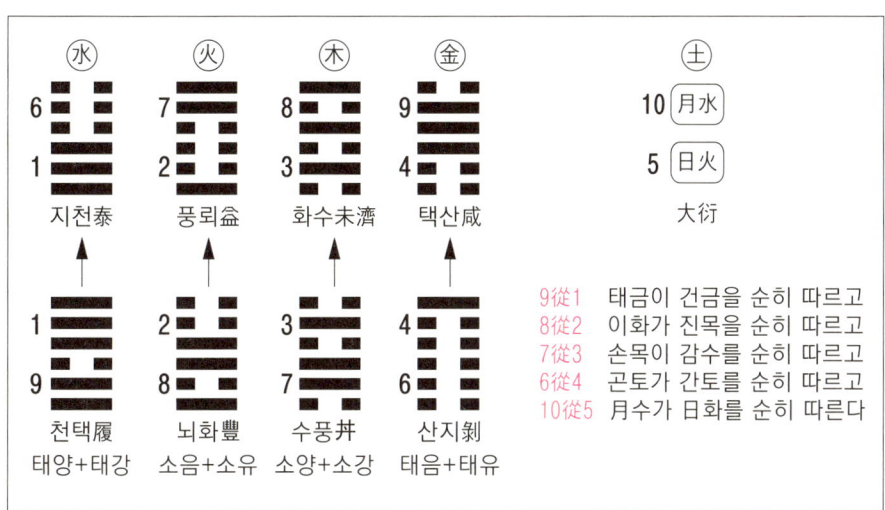

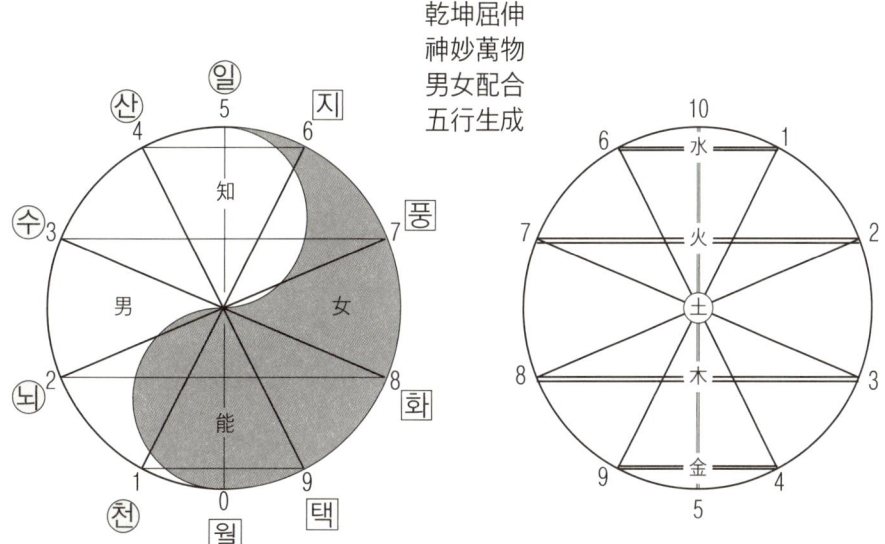

乾坤屈伸
神妙萬物
男女配合
五行生成

오행의 상극상생

오행의 상극운행(右回)

「교역팔괘」를 살피면, 오행이 토극수·수극화·화극금·금극목·목극토, 시계반대방향으로 역행(逆行)하며 상극(相克)한다.

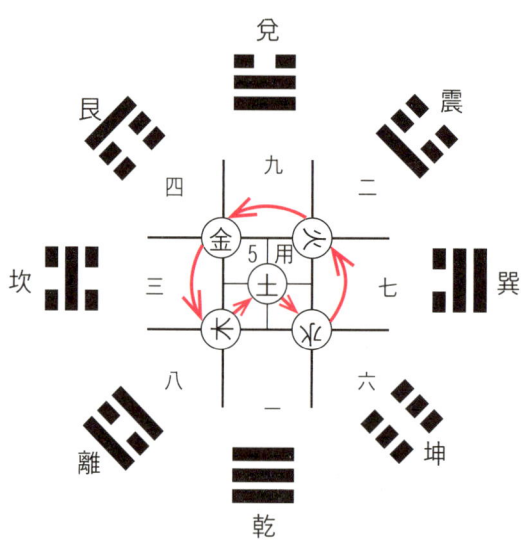

팔괘교역과 오행상극

선천의 양 기운은 만물을 생(生)하고, 후천의 음 기운은 만물을 극(克)한다. 하도는 좌선(左旋)하면서 오행상생하고, 낙서는 우회(右回)하면서 오행상극한다.

만물의 생명활동은 오행의 상생이치로 비롯되지만, 결실완성은 상극이치로 행해진다. 불은 물이 아니면 끌 수 없고[水克火], 금은 불이 아니면 녹일 수 없고[火克金], 나무는 쇠가 아니면 끊을 수 없고[金克木], 흙은 나무가 아니면 황폐해지고[木克土], 물은 흙이 아니면 가둘 수 없다[土克水]. 오행 상호간에 견제조절을 하여야 서로 결점을 보완하고 조화할 수 있는 것이다.

대자연의 기운은 끝없이 반복하며 순환한다. 오행 또한 생(生)하는 가운데

극(克), 극(克)하는 가운데 생(生)하면서, 체·용과 원리·현상이 맞물려 나아간다. 선천은 오행상생의 원리를 내적인 체(體)로 삼지만, 오행상극의 현상이 외적인 용(用)으로 나타나고[生而克], 후천은 오행상극의 원리를 내적인 체(體)로 삼지만, 오행상생의 현상이 외적인 용(用)으로 나타난다[克而生].

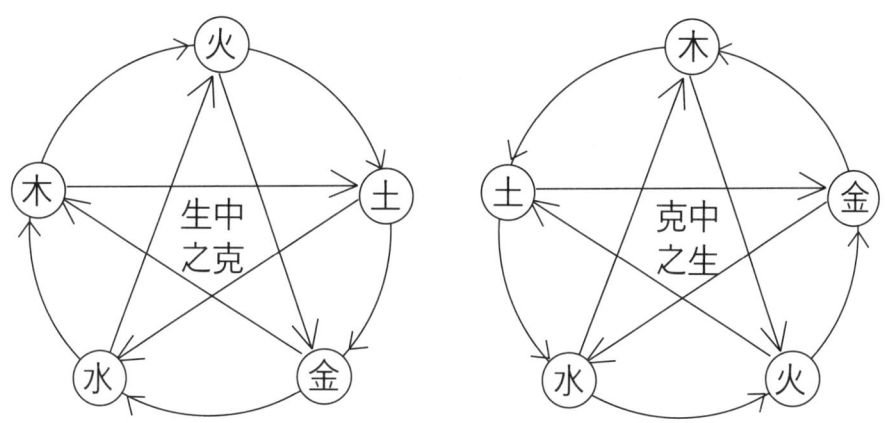

생하는 가운데 극하고 극하는 가운데 생한다

금화교역(金火交易)에 의한 오행의 상생운행(左旋)

「선천팔괘방위도」는 하도의 1 6(☵ ☵), 2 7(☲ ☲), 3 8(☳ ☴), 4 9(☰ ☱)가 서로 마주보며 만날 때를 기다리는 '대대(待對)의 모습'이다. 천지·남녀가 아직 사귀지 못한 상태이기에 선천에 해당한다.

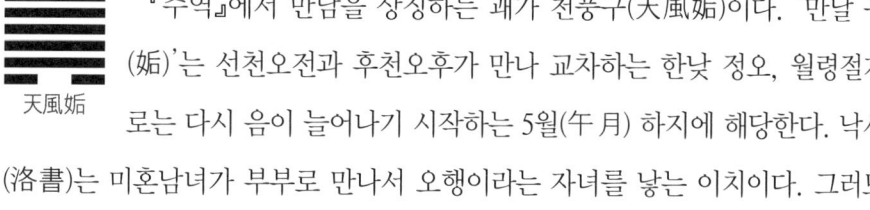

天風姤

『주역』에서 만남을 상징하는 괘가 천풍구(天風姤)이다. '만날 구(姤)'는 선천오전과 후천오후가 만나 교차하는 한낮 정오, 월령절기로는 다시 음이 늘어나기 시작하는 5월(午月) 하지에 해당한다. 낙서(洛書)는 미혼남녀가 부부로 만나서 오행이라는 자녀를 낳는 이치이다. 그러므로 낙서를 선후가 바뀌는 일오중천(日午中天)의 교역(交易)시기로 간주한다.

본래 「선천팔괘방위도」는 사람을 중심으로 상하에 천지가 정위(定位)하듯이, 절대로 바뀔 수 없는 본체원리를 표상한다. 언제나 하늘은 위에 있고, 땅은 아래에 있다. 선천은 만고불역의 기틀이며 부동의 불변진리이므로, '불역(不易)'이라고 한다. 부모를 바꿀 수 없고, 과거로 되돌아갈 수 없음과 같다.

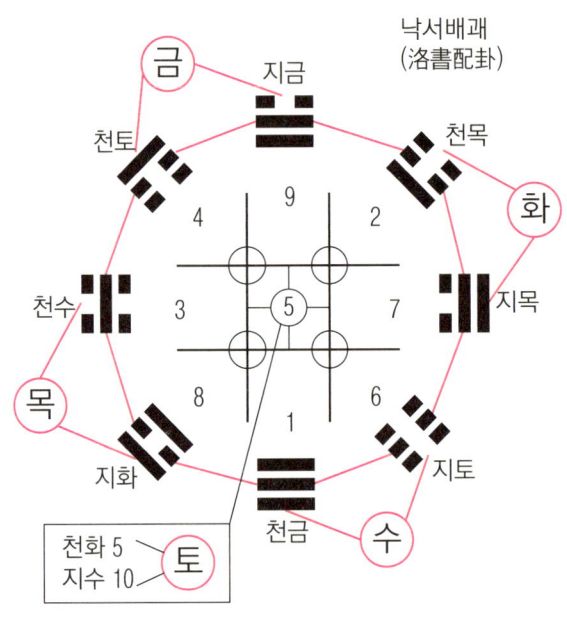

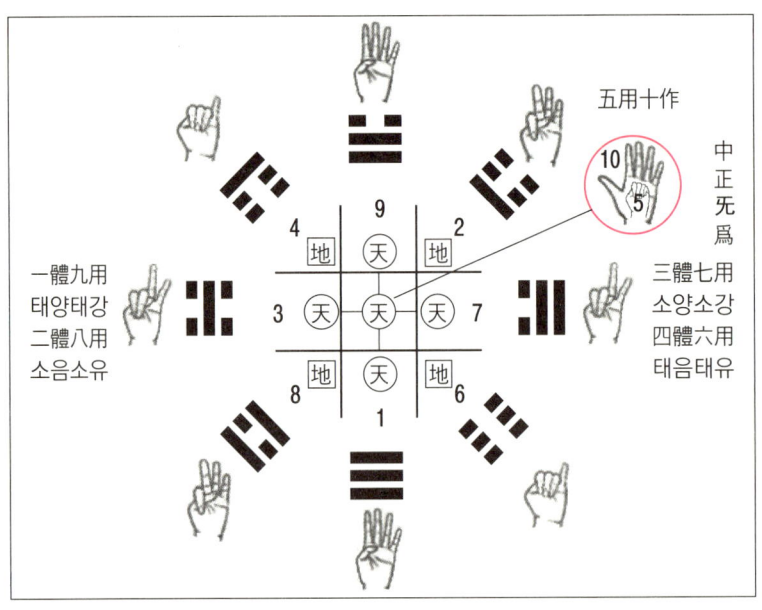

天地否　地天泰

'중천교역(中天交易)'은 선천팔괘 자체가 자리를 바꾸는 것이 아니라, 천지자연의 음양기운이 흘러 '왕래교통(往來交通)'함을 이른다. 『주역』은 교역왕래를 중시하므로, 상천과 하지의 기운이 꽉 막혀 폐색(閉塞)된 불역의 상태를 천지비(天地否), 잘 흘러 개통(開通)된 교역의 상태를 지천태(地天泰)로 표명한다.

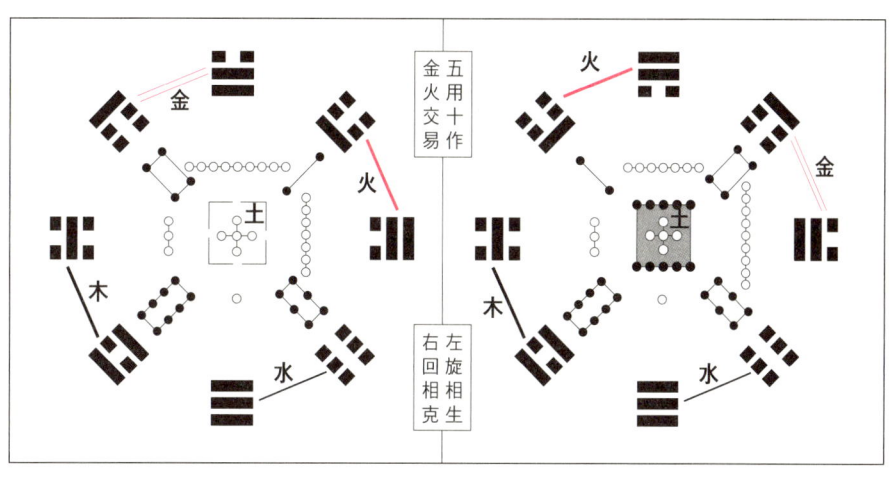

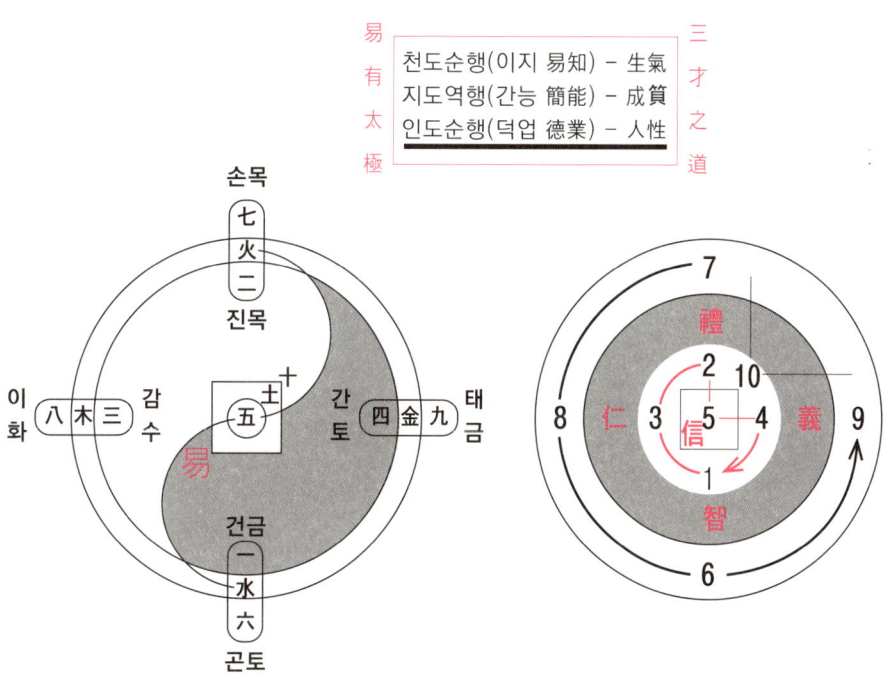

금화교역(金火交易)에 의한 오행의 상생운행(左旋)

이해를 돕기 위해 중천교역의 구궁낙서에 8괘를 배정하여「교역팔괘(交易八卦)」라 이름을 붙여보았다. 음양지도(陰陽之道)인 선천팔괘와 오행지리(五行之理)인 후천팔괘를 연결하는 중간다리 역할을 하는 셈이다.

「교역팔괘」를 바깥 반대편에서 살피면, 건곤(☰☷)과 감리(☵☲)는 괘의 형상이 변동이 없지만, 진손(☳☴)과 간태(☶☱)는 각기 괘의 형상이 뒤집어져 간태(☶☱)와 진손((☳☴)으로 바뀐다. 건곤감리는 부도전(不倒轉)으로 바뀌지 않는 정괘(正卦)이지만, 진손간태는 도전(倒轉)이 되어 뒤집어지는 반괘(反卦)이기 때문이다.

삼오(參伍)와 착종(錯綜)

『주역』 계사상전(繫辭上傳)에 이르길 "세 무리씩 대오(隊伍)를 지어 변하며, 그 수를 착종(錯綜)한다. 그 변함을 통하여 드디어 천하의 무늬를 이루며, 그 수를 다하여 드디어 천하의 형상을 정하니, 천하의 지극한 변함이 아니면 그 누가 능히 여기(易)에 참여하겠는가?"[1]라 하였다. 착종(錯綜)이란 하나로 섞어놓고 반대로 뒤집어 살피는 것이다.

'섞일 착(錯)'은 서로 사귀어 하나로 섞이는 교착(交錯), '모을 종(綜)'은 서로 대립되는 모순을 정립·반정립하여 통일시키는 종합(綜合 → 정반합)을 가리킨다. 팔괘에 있어서도, 부부로 짝하여 교착(交錯)하는 건곤(☰☷), 감리(☵☲), 진손(☳☴), 간태(☶☱)가 착괘(錯卦)로 합한다.

반면, 반대편 위에서(宗) 괘를 뒤집어 보아 모양이 바뀌게 되면, 이를 종괘(綜卦)라고 한다. 정괘(正卦)인 건·곤·감·리(☰·☷·☵·☲)는 뒤집어보더라도 괘의 모양이 그대로이지만, 반괘(反卦)인 진·간·손·태(☳·☶·☴·☱)는 뒤집어져 괘의 모양이 반대로 바뀐다. 진(☳)의 종괘는 간(☶), 간(☶)의 종괘

---

1. 『주역(周易)』계사상전(繫辭上傳): 三伍以變 錯綜其數 通其變 遂成天地之文 極其數 遂定天下之象 非天下之至變 其孰能與於此

는 진(☳), 손(☴)의 종괘는 태(☱), 태(☱)의 종괘는 손(☴)인 셈이다.

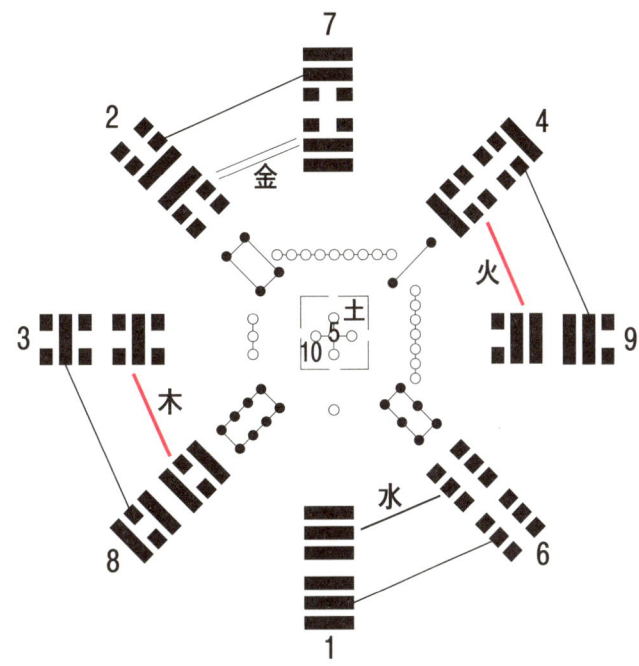

「교역팔괘」를 살피면, 동북방면의 정괘(正卦) 건곤감리는 뒤집어 보더라도 그대로이지만, 서남방면에 온 반괘(反卦) 진손간태는 반대편에서 볼 때 뒤집어진다. 아침때가 되면 집안에서 집밖으로 나갔다가, 저녁때가 되면 반드시 집밖에서 집안으로 돌아오기 마련이다.

이렇게 「교역팔괘」를 출입 착종(錯綜)하면, 간태(☶☱)와 진손(☳☴)이 도전(倒轉)되어 4·9합금(合金)이 2·7합화(合火)로 자리를 바꾼다. 이를 '금화교역(金火交易)'이라 한다. 「교역팔괘」는 내적으로 오행이 우회상극(右回相克)하지만, 외적으로는 좌선상생(左旋相生)하는 '음양상대성의 원리'를 자연히 보여준다. "고추 먹고 맴맴" 하듯이, 제자리를 맴돌면 물상은 정반대로 돌아가는 반전(反轉) 현상이 일어나는 것과 같다.

지구는 지축을 중심으로 시계반대방향으로 돌아가지만, 천체는 시계방향으로 돌아가는 천문현상과 동일한 이치이다. 낙서의 오행상극으로부터 하도의 오행상생의 조화가 발생하는 반전의 근본계기는 「후천팔괘방위도」에 의한다.

아래는 「교역팔괘」의 남녀가 상극으로 돌아가는 남역·여순(男逆·女順), 금화교역에 의해 도전되어 남녀가 상생으로 돌아가는 남순·여역(男順·女逆)의 흐름을 서로 대비한 그림이다.

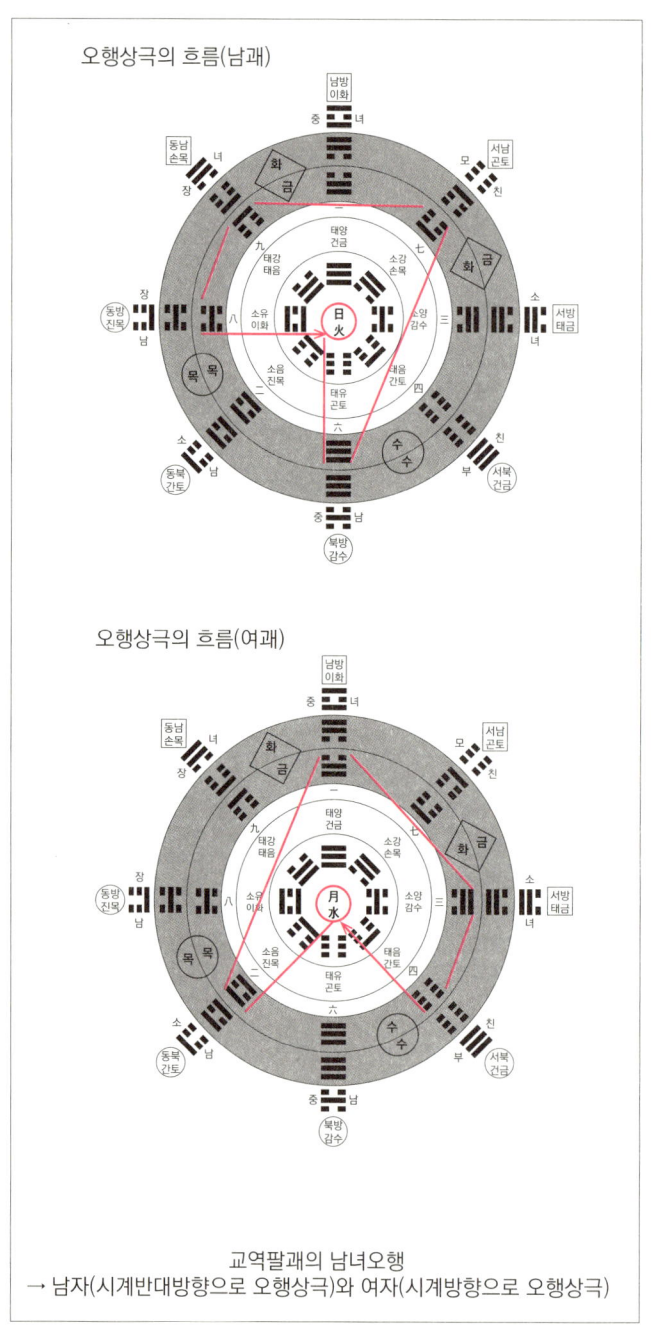

낙서의 구궁교역에서 '금화교역(金火交易)'이 일어나면, 방위적으로 하도의 오행상생이 구체적으로 실현된다. 무위자연의 선천하도가 후천세계에 실제적으로 펼쳐지는 것이다.

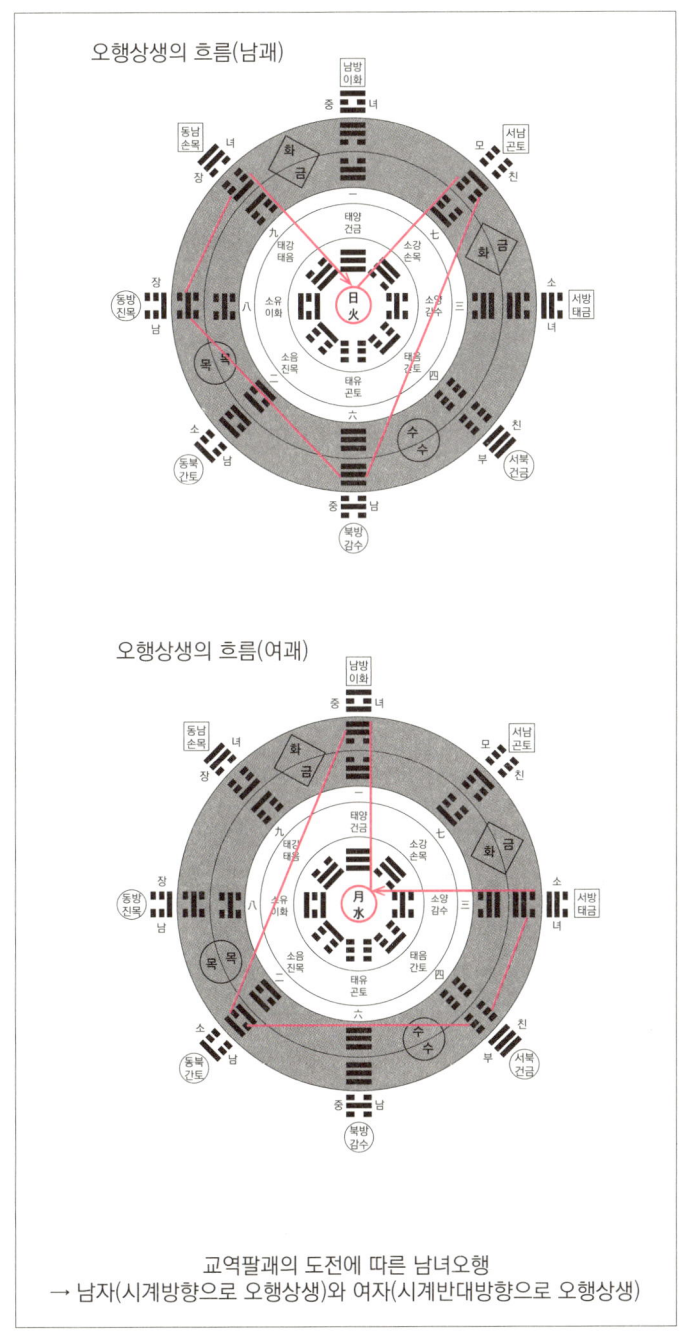

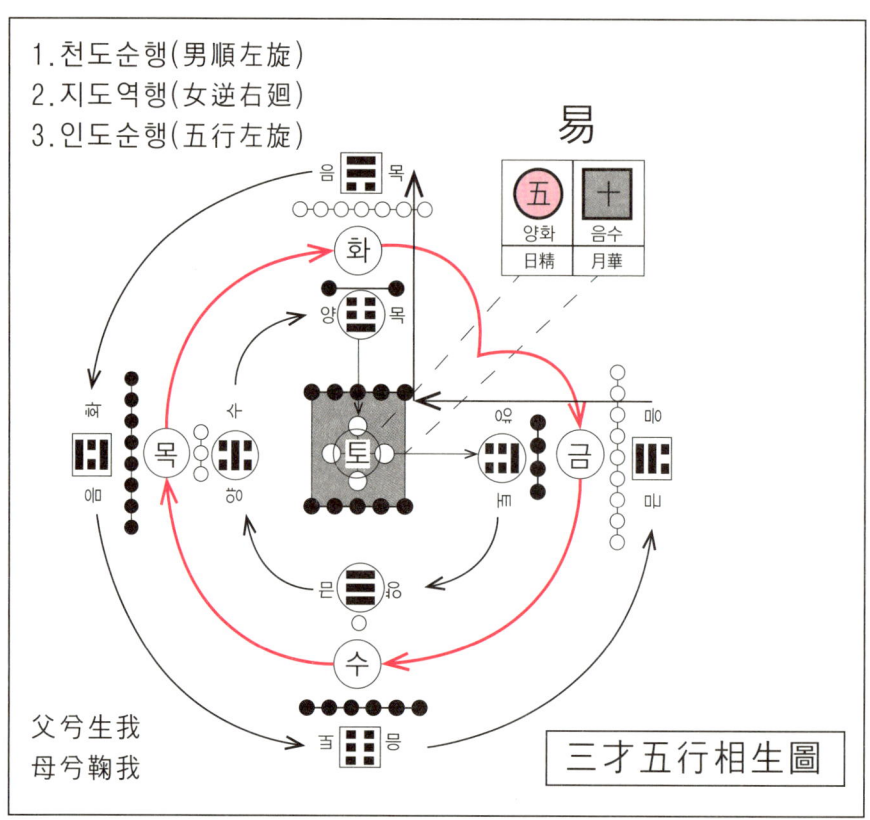

하도는 역의 출발이자, 마침이며 전체이다. 종합하여 설명하면 다음과 같다.

천도에 속한 남괘(☰·☳·☵·☶)는 시계방향으로 '좌선상생'하며 회전한다.

하도로 살피면, 내부에 처한 남괘는 5(천화◯) → 4(천토☶) → 1(천금☰) → 3(천수☵) → 2(천목☳) → 5(천화◯)로 돌며, 화생토·토생금·금생수·수생목·목생화를 펼친다.

반면, 음양 상대성의 원리에 따라, 순행에는 역행, 좌선에는 우회가 따르므로, 지도에 속한 여괘(☷·☴·☲·☱)는 시계 반대방향으로 '우회상생'하며 회전한다.

하도로 살피면, 외부에 처한 여괘는 10(지수●) → 7(지목☴) → 8(지화☲) → 6(음토☷) → 9(지금☱) → 10(지수●)로 돌며, 수생목·목생화·화생토·토생금·금생수를 펼친다.

이렇게 천도와 지도가 각기 상반된 방향으로 좌선우회(左旋右回)를 하는 가운데, 서로 어우러져 인도의 오행을 생성하는 부모역할을 한다. 인도의 오행은 천도에 의해 생해 나오므로, 자연 천도를 뒤따라 좌선을 하며, 목생화·화생토·토생금·금생수·수생목을 펼친다. 천도보다 늘 한걸음 늦게 인도의 오행상생이 진행된다. 하도의 '그림 도(圖)'라는 글자 속에 회전(回轉)하는 우주시공(宇宙時空)을 담아놓았다. '하도배괘(河圖配卦)'에서 팔괘의 오행배속을 살핀 다음에, 교역(交易)에 의한 '낙서배괘(洛書配卦)'를 비교해보면 전체 흐름이 쉽게 파악된다.

극기복례에 의한 천하귀인(天下歸仁)

'금화교역(金火交易)'으로 인해, 서방 금(金)과 남방 화(火)의 자리가 바르게 정립되어, 북방수·동방목·남방화·서방금·중앙토로 제자리를 찾는다. 이로써, 하도의 오행상생이 실제 방위적으로 온전히 펼쳐진다.

토의 작용은 심고 거두는 가색(稼穡)이다. 봄철에 씨를 심으면 땅 밖으로 줄기·가지를 뻗지만, 가을에 열매가 달리면 본래(本來)의 땅 속으로 되돌아가 숨는다. 남녀가 부부로 짝하여 자식을, 음양이 오행을 낳듯이, 선천적 씨를 심는 과정은 우회상극(右回相克), 후천적 열매를 거두는 과정은 좌선상생(左旋相生)의 운행으로 나타난다.

안에서 본「교역팔괘(交易八卦)」는 사상교역(四象交易)으로 인해 생성된 오행이 상극하지만, 밖에서 보면 금화(金火)가 교역(交易)되어 상생하는 모습이다. 하도의 오행상생이 실제로는「교역팔괘」의 도전반복(倒顚反覆)에 기인함을 주목하여야 한다.

오행생성과 더불어 상극상생의 신비조화를 구궁낙서는 두루 다 갖추고 있다. 구궁수리는 정치학설인『서경』「홍범구주(洪範九疇)」의 기본바탕이 된다.

「교역팔괘」에서 내적인 체는 오행상극, 외적인 용은 오히려 오행상생의 작용으로 돌아간다. 이를 '극이생(克而生)'으로 표현할 수 있다. 극즉반(極則反)의 조화작용이 일어나, 오행이 상극으로부터 상생으로 전환되는 것이다. 이 생극조화(生克調和)가 『논어』에 나오는 '극기복례 천하귀인(克己復禮 天下歸仁)'이다.

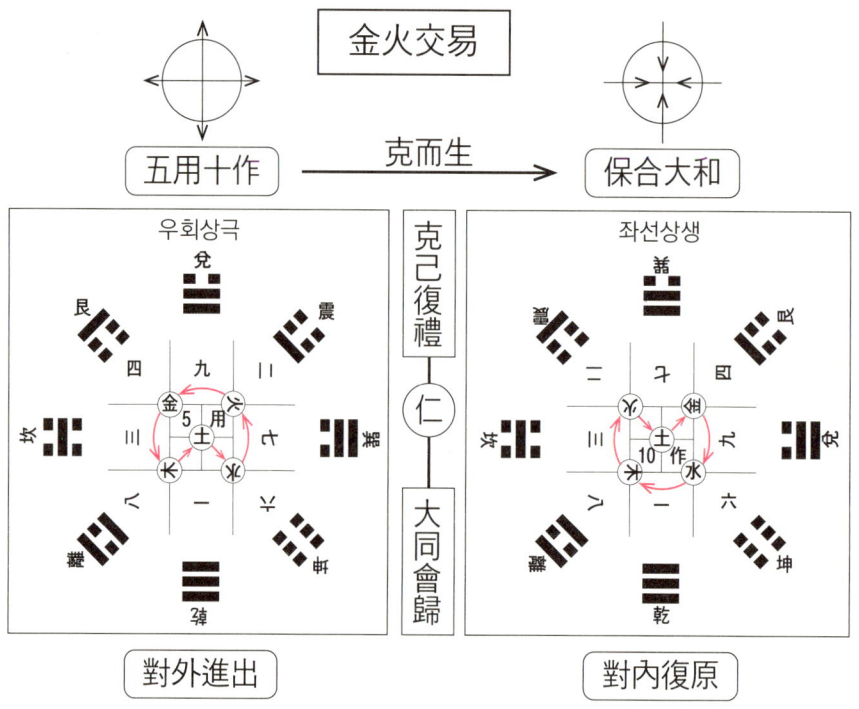

「교역팔괘」에서 3·8에 의해 생성된 목(木)은 최종적으로 5·10에 의해 생성된 중심의 토(土)를 극한다.

천수(3☰)지화(8☷)가 천화(5일양○)지수(10월음●)와 서로 상충하지만, 천지배합으로 한 몸을 이루는 특별한 관계이다. 천수지수(3·10)가 '천지합수', 천화지화(5·8)가 '천지합화'로 일체(一體)가 되기 때문이다.

제출호진(帝出乎震)과 성언호간(成言乎艮)

천수(3☰)가 지수(10)와 '천지합수'를 이루어야만 '5용10작'의 10이 제대로 일어나고, 이를 바탕으로 후천팔괘의 정동방 진목(震木, 3진☳)이 '제출호진(帝出乎震)'하게 된다.

지화(8☷)는 천화(5)와 '천지합화'를 이루어, 천화가 화생토(火生土)하여 양토(戊土)를 생할 수 있도록 함께 응원한다. 이를 계기로 교역팔괘의 동북방 지화 자리를 쫓아 구궁 중심부의 간토(艮土)가 후천적으로 동북방에 출(出)해 나온다. 이를 '성언호간(成言乎艮)'이라고 한다.

→ 후천팔괘에서 설명

팔괘방위도로는 5와 10이 나타나지 않으므로, 선천팔괘의 불괘(☲)를 일(日), 물괘(☵)를 월(月)로 간주한다. 「선천팔괘방위도」의 중심에 내장된 천화(5日陽)와 지수(10月陰)를 지화(8☲)와 천수(3☵)가 대행하는 것이다.

역(易)은 일월(日月)을 합성한 글자이며, 5·10의 배합으로 중앙의 토(土)가 생성된다. 사방의 '목화금수'를 이끄는 태극의 중심역할은 토(土)가 한다. 역유태극(易有太極)을 대표하는 것이 토(土)이지만, 사상·사시·사방의 측면에서는 동방 3·8목(木)을 우두머리로 삼아 태극의 원대(元大)함을 표상한다.

3변하여 8괘의 시공우주를 펼치는 태극이 3·8목도(木道)에 의하므로, 태극(太極)이란 용어에도 동방목도의 뜻이 담겨있다. "건 원형이정(乾 元亨利貞)"으로 시작하는 『역경』도 동방의 원덕(元德)을 앞세웠다.

「홍범구주(洪範九疇)」와 5황극(皇極)

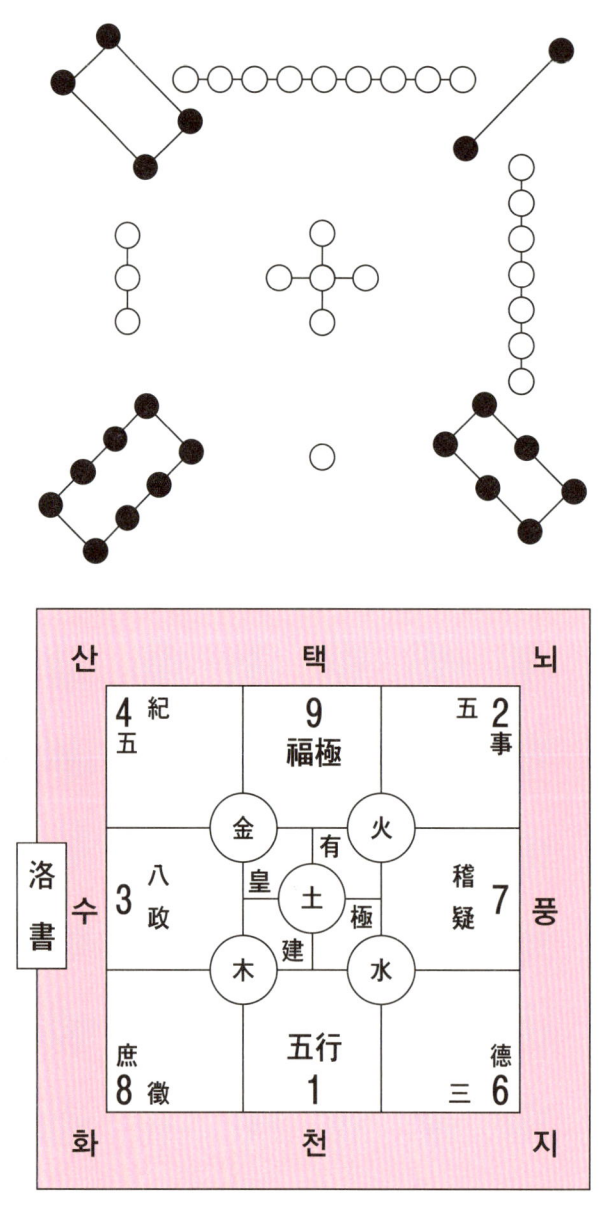

하우(夏禹)의 치수대법

『서경(書經)』의 「홍범구주」는 무왕(武王)이 주나라를 세운 뒤에, 은나라의 기자(箕子)를 찾아가 천하를 다스리는 도에 대해 문답한 내용이다. 천자가 천하 만민을 다스리는 정치법도에 대한 해설이다.

'큰물 홍(洪), 법 범(範)'은 치수에 쓰였던 대법(大法), '동무 주, 무리 주(疇)'는 같이하는 무리를 이른다. 「홍범구주」는 우(禹)가 치수할 당시, 낙수에 출현하였다는 낙서의 구궁수에 바탕을 둔다.

1오행 2오사 3팔정 4오기 5황극 6삼덕 7계의 8서징 9복극(1五行 2五事 3八政 4五紀 5皇極 6三德 7稽疑 8庶徵 9福極)으로 전개되는 구주(九疇)의 중심은 대중지정(大中至正)한 중앙의 5황극(皇極)이다.

오행은 자연에 의한 만물의 생명원소(水·火·木·金·土), 오사는 사람의 생명활동(貌·言·視·聽·思), 팔정은 백성을 다스림에 꼭 필요한 정책(食·貨·祀·司空·司徒·司寇·賓·師), 오기는 때와 달력에 관련된 근본벼리(歲·月·日·星辰·曆數), 황극은 지극히 큰 표준법도, 삼덕은 제왕이 나라백성을 다스리기 위한 기본 덕성(正直·剛克·柔克), 계의는 의심된 일을 두루 묻고 살펴 옳은 방향을 정함(雨·霽·蒙·驛·克·貞·悔의 卜筮), 서징은 자연에서 일어나는 가뭄·장마 등의 좋고 나쁜 조짐(雨·暘·燠·寒·風의 休咎), 복극은 '황극의 도가 실현되는가'의 여부에 따른 복덕징벌과 임금이 쓰는 권선징악의 방편(壽·富·康寧·攸好德·考終命의 福, 凶短折·疾·憂·貧·惡·弱의 極)이다. 그 내용을 간략히 보면,

처음 첫 번째는 5행이요(初一曰 五行),
다음 두 번째는 공경하여 쓰기를 5사로 함이요(次二曰 敬用五事),

다음 세 번째는 두터이 쓰기를 8정으로 함이요(次三曰 農用八政),

다음 네 번째는 화합하여 쓰기를 5기로 함이요(次四曰 協用五紀),

다음 다섯 번째는 세워 쓰기를 황극으로 함이요(次五曰 建用皇極),

다음 여섯 번째는 다스려 쓰기를 3덕으로 함이요(次六曰 乂用三德),

다음 일곱 번째는 밝혀 쓰기를 계의로 함이요(次七曰 明用稽疑),

다음 여덟 번째는 유념하여 쓰기를 여러 징험으로 함이요(次八曰 念用庶徵),

다음 아홉 번째는 누려 쓰기를 5복으로 함이요, 위엄 보이기를 6극으로 함이라(次九曰 嚮用五福 威用六極).

문장 가운데 오행은 본체(本體)가 되므로, '쓸 용(用)'을 말하지 아니하였고, 나머지 8가지 대목에 9차례 용(用)을 말하여, 1체9용의 수리법도를 취하였다. 『천부경』의 9×9=81자의 처음과 끝을 "일시무시일, 일종무종일(一始旡始一, 一終旡終一)"로 하여, 1(一)을 위주로 한 것도 1체9용을 의미한다.

엄지손가락 하나를 굽히면 하나이자 아홉이 되듯이, 1에는 자연 9가 따른다. 「홍범」의 오행(1)에는 복극(9)의 길흉화복이 따르기 마련이다.

구궁낙서는 생수·성수가 서로 배합하여 1·6수, 2·7화, 3·8목, 4·9금, 5·10토로 오행을 생성하는 이치이다. 생성된 수·화·목·금·토는 시계도는 반대방향으로 역행하며, 수극화·화극금·금극목·목극토·토극수로 상극(相克)한다.

구궁수는 모든 사물이 교통·교역(交通·交易)하는 원리이다. 물길을 열어 바다로 흘러가도록 교통(交通)하는 것이 치수(治水)의 기본이다. 임금이 세상을 다스리는 치세(治世)의 법도도 두루두루 회통(會通)이 되어서 막힘이 없도록 하여야 한다. 저울추가 어느 한쪽으로 쏠리거나 기댐이 없듯이, 편당(偏黨)이 없는 중정한 교통(交通)의 정치를 행하여 대동지선(大同至善)의 세상을

펼치는 것이다.[1]

1~4의 오행·오사·팔정·오기는 황극의 도를 일으키는 덕목으로서 내본·선천, 6~9의 삼덕·계의·서징·복극은 황극의 도를 펼치는 덕목으로서 외말·후천에 해당한다. 하도에서 사상위수가 내외기질로 나뉘듯이, 1~4와 6~9, 천도음양과 지도강유로써 대비하면,

 첫 번째 5행은 ☰(1 태양 선천건금, 부친 하늘) → 생수(生水) 법도
 두 번째 5사는 ☳(2 소음 선천진목, 장남 우레) → 생화(生火) 법도
 세 번째 8정은 ☵(3 소양 선천감수, 중남 물) → 생목(生木) 법도
 네 번째 5기는 ☶(4 태음 선천간토, 소남 산) → 생금(生金) 법도
 여섯 번째 3덕은 ☷(6 태유 선천곤토, 모친 땅) → 성수(成水) 법도
 일곱 번째 계의는 ☴(7 소강 선천손목, 장녀 바람) → 성화(成火) 법도
 여덟 번째 서징은 ☲(8 소유 선천이화, 중녀 불) → 성목(成木) 법도
 아홉 번째 복극은 ☱(9 태강 선천태금, 소녀 못) → 성금(成金) 법도에 각기 상응한다.

5번째 황극은 천극(선천양화, 조부 해님)에 상응하며, 오용십작(五用十作)[2]으로 지극(선천음수, 조모 달님)의 무궁무진한 조화를 일으키는 주재자이다. → 성토(成土) 법도

황극이 펼치는 무위이치(無爲而治)를 '5용10작'이라고 한다. 중심태극인 황극 무극(천극 지극)의 '5용10작'에 의해 중앙의 토가 생성됨으로써, 일월의 합명(合明)을 이루고 역유태극(易有太極)이 정립된다.

---

1. 『중용』에서 언급된 구경(九經)이라는 정치법도 역시 낙서구궁과 「홍범구주」가 그 연원이 된다.

2. 중앙의 5를 중심으로 마주보는 방위의 수합(數合)이 10이다. 5는 스스로 조화하여 10을 이루는데, 이로써 수화목금토가 생성된다. '오용십작(五用十作)'은 구궁수의 중심인 5가 황극(皇極)의 가르침을 베풀어 무극(無極)한 10의 조화작용을 행하는 것을 이른다.

하도 행신문(行神文)의 '오위상득(五位相得)'으로 보면, 1오행 2오사, 3팔정 4오기, 5황극 6삼덕, 7계의 8서징, 9복극 10무극이 이웃한다.

하도 행신문(行神文)의 '이각유합(而各有合)'으로 보면, 1오행과 6삼덕, 2오사와 7계의, 3팔정과 8서징, 4오기와 9복극이 부부 배합한다. 한편, 사상위수의 체용합일과 순역왕래(順逆往來)이치로 보면, 1오행에 9복극, 2오사에 8서징, 3팔정에 7계의, 4오기에 6삼덕, 5황극에 10무극이 따른다.

주역산책

天澤履 地天泰

『주역』의 10번째 괘는 하늘(☰1태양) 아래에 연못(☱9태강)이 자리한 천택리(天澤履)이다. 1체9용을 대표적으로 상징하는 괘이다. 리(履)는 상하를 잘 분별하여 예로써 잘 이행(履行)해 나아가는 괘이다.[3] 11번째 괘는 천지상하가 교통(交通)하여 만물이 열려나온다는 지천태(地天泰)이다.[4]

예(禮)는 만남을 위한 기본절차이며, 바깥세상으로 나아가는 통로이다. 예는 대자연의 기본질서에서 비롯되는 자연적인 흐름이다. '밟을 리(履)'는 기뻐하는 마음으로 천리(天理)를 실천 이행하는 '극기복례(克己復禮)'를 가리킨다. 인심(人心) 아닌 본연의 도심(道心)을 따라, 그릇된 물욕과 편벽된 기질습성을 이겨내고, 본래의 천진무구함을 회복하는 것이다. 공자는 행신문(行神文)에서 하도의 10수가 우주자연을 여는 하늘의 행보(天步)임을 밝혔다.

'열릴 태, 클 태(泰)'는 태(太)와 글자음의가 통한다. '무극지진(无極之眞)·이오지정(二五之精)의 태극(太極)이 삼재(三才)의 도를 연다'는 뜻이다. 아이

---

[3] 『주역(周易)』천택리(天澤履)괘: 象曰 上天下澤 履 君子 以 辯上下 定民志
[4] 『주역(周易)』지천태(地天泰)괘: 象曰 天地交 泰 后 以 財成天地之道 輔相天地之宜 以左右民
팔괘의 사상위수는 1체9용, 2체8용, 3체7용, 4체6용으로서 각기 합이 10무극이다. 「선천팔괘방위도」에서 팔괘의 사상위수는 미분된 10무극의 상태이다. 중천교역의 낙서를 통하여, 사상위수가 분리되고 남녀배합(사상교합)이 실제 이루어져 자녀인 오행이 생성된다.
(천지의 1·6합수, 뇌풍의 2·7합화, 수화의 3·8합목, 산택의 4·9합금, 일월의 5·10합토)

가 열 달의 수태과정을 밟아서 세상에 태어남은, 천지인 삼재가 두루 갖춰진 신천지(新天地)로 문을 열고 나온 것과 같다.

하도(河圖)의 10수에서 가장 먼저 생성되어 나온 것은 1과 6이 만난 수(水)이다. 만물을 비롯한 모든 사람은 물(水)에서 생명(生命)이 비롯된다. 한 방울의 부정모혈(父精母血)로 잉태된 태아는 양수가 터져야 세상 밖으로 나온다. 리(履) 다음, 11번째 괘인 태(泰)는 땅(☷6)과 하늘(☰1)이 서로 교통하여 '일육합수(一六合水)'로써 만물을 낳고, 기본을 정립(定立)하는 괘이다. 땅 위에 사람이 우뚝 서있는 '설 립(立)'자에 천지의 '一六 합수'가 들어있다.

연산(連山)과 홍범(洪範)
풍류도(風流道)

신라 말기 대유학자인 고운(孤雲) 최치원 선생이 "예로부터 우리나라에는 풍류(風流)로 일컫는 고유한 현묘한 도가 전해오는데, 선불유(仙佛儒) 삼교(三敎)의 근원이 된다."고 밝혔다.

옛 문헌인 포박자(抱朴子)에 "황제가 (단군조선 개국 이전의 옛 지명인) 동쪽의 청구 땅에 이르러 풍산을 지나던 중, 자부선생을 만나 뵙고 삼황내문을 받았다(黃帝東到靑丘過風山 見紫府先生 得受三皇內文)."는 기록이 있다. 현재는 전하지 않는 상고의 삼황문은 황제(皇帝)가 문자를 창제하고, 간지(干支)를 제정한 밑바탕이 되었다고 한다. 추측컨대, 동방의 태극목도와 관계된 하도·팔괘 등의 내용을 담은 듯하다. 간지가 나무의 줄기·가지에서 비롯되었기 때문이다.

복희씨를 시조로 하는 상고시대의 원시역은 동방목도의 태극사상을 밑바탕으로 한다. 이를 '환단·진단(桓檀·震檀)의 역(易)'이라 일컫는다.

전해오기로는, 제후들이 도산(塗山)이라는 곳에 모여 치수를 의논할 때, 단군이 태자인 부루(夫婁), 순임금이 우(禹)를 사자로 보냈는데, 당시 전해진 오

행치수(五行治水)의 법이 구궁수리라 한다.[5]

『서경(書經)』 익직(益稷)편에서는, 우(禹)가 장가들고 치수회의를 한 도산(塗山)에서 수년간[辛壬癸甲] 머무른 사실이 기록되어 있다. 우는 밖에서 지낸 8년 동안 3번이나 자기 집 앞을 지나쳤으나, 들리지 못할 정도로 치수사업에 전념하였다고 한다.[6]

하나라에서는, 간괘(艮卦)를 64괘의 머리로 세운 연산(連山)과 인월(寅月)을 세수(歲首)로 한 역법을 쓰고, 홍범(洪範)의 도를 펼친 것이 모두 동북간방의 역에 근원(根源)한다.

황하에 출현한 하도에서 복희씨의 옛 역이 비롯되었다. 대우(大禹)는 낙수에 출현한 구궁낙서를 법하여 치수에 성공한 다음, 하나라를 세우고 오행에 기초한 정치대법「홍범구주(洪範九疇)」를 펼쳤다.[7]

일출부상(日出扶桑)

해는 어두운 북쪽을 거쳐 밝은 동쪽으로 올라온다. 밝은 아침(朝)을 여는 신선(新鮮)한 새벽의 땅이, 후천 오행방위로 볼 때 동북의 간방(艮方)이다. 이곳 푸른 언덕 청구(靑丘) 땅에 국조 단군이 조선(朝鮮)을 세웠다. 간(艮)은 '뿌리 근(根)'과 통한다. 나무(木)가 고산양지인 간방(艮方)의 땅에 뿌리박아 나

---

[5] 「제왕세기(帝王世紀)」에는 "우(禹)임금이 9년 동안 홍수를 다스릴 때에, 창수(蒼水)사자를 만나 금간옥첩(金簡玉牒)을 얻은 것이 '황제중경(黃帝中經)'이다. 여기에서 통수(通水)하는 방법을 세우고 정전제(井田制)를 실시하게 되었으므로, 주신씨(周慎氏)의 은덕을 잊을 수가 없다."라고 기록하였다. 숙신(肅慎)이라고도 일컫는 주신(周慎)은 우리 동토에 살았던 별종(別種)이다.
 - 야산선생문집

[6] 『서경(書經)』의 고요모(皐陶謨) 대우모(大禹謨) 홍범(洪範) 편에 치세방편으로 제시한 고요(皐陶)의 구덕(九德), 우의 구공(九功)과 「홍범구주」가 낙서구궁의 이치와 깊은 연관이 있다고 추정된다.

[7] 『서경(書經)』 홍범(洪範): 惟十有三祀 王訪于箕子 王 乃言曰嗚乎 箕子 惟天 陰騭下民 相協厥居 我 不知其彛倫 攸叙 箕子乃言曰 我聞 在昔鯀 陻洪水 汨陳其五行 帝乃震怒 不畀洪範九疇 彛倫 攸斁 鯀則殛死 禹乃嗣興 天乃錫禹洪範九疇 彛倫 攸叙

옴이 '뿌리 근(根)'이란 글자이다.⁸ 예로부터 동북간방을 '동트기 시작하는 새벽방위'라는 뜻에서, 해가 뽕나무뿌리를 붙들고 솟아나온다는 '일출부상(日出扶桑)'으로 일컬었다. 뽕나무는 뿌리가 질기고 튼튼하며 또한 뿌리들끼리 연접하여 요지부동(搖之不動)의 공고(鞏固)함을 자랑한다. '뽕나무 상(桑)'에는 열매 오디를 상징하는 '또 우(又)' 셋이 있다. 삼목(三木)으로 일컫는 상고시대의 환인·환웅·단군(桓因·桓雄·檀君)의 세 왕조를 암시한 글자라고도 한다.

황극(皇極)과 유극(有極)

5황극은 태극의 큰 중심으로서 지공무사한 하늘의 도, 또는 상제의 위(位) 자체이다. 유극은 만유(萬有)의 표준으로서 인(仁)을 체득한 성인(聖人), 즉 천명을 받아 세상을 다스리는 큰 덕(德)과 존귀한 위(位)를 얻은 제왕에 해당한다. 홍범(洪範)의 핵심은 '황건유극'에 의한 '회귀유극'으로 집약된다.

① 황건유극(皇建有極) → 하늘이 세상의 사표(師表)가 되는 표준 법도를 펼치도록 천부지성을 다하는 성인을 세움.
② 회귀유극(會歸有極) → 지공무사(至公無私)한 하늘의 도에 따라, 탕평정직(蕩平正直)의 왕도(王道)를 세상에 베풀어 천하민심이 함께 회귀(會歸)함.

안자(顏子)가 인(仁)을 여쭙자, 공자께서 극기복례(克己復禮)로 답하며 "하루라도 자신의 사사로움을 이기고 예로 회복하면 온 천하가 인(仁)으로 돌아

---

8. 상고시대는 부족단위의 작은 사회로 많이 나뉘어 있었으므로, 중국(中國)이라든지 하는 전체적인 국가나 민족에 대한 개념이 별로 없었다. 중원지방을 다스린 민족을 구이족(九夷族)이라고 하는데, 그 가운데 동이(東夷)만이 현재 순수하게 혈통을 이어오고 있다. 주나라를 통치한 것도 한족(漢族)이 아닌 서이(西夷)였으며, 한족(漢族)의 등장은 중국 한나라가 통치하면서부터라고 한다.

온다."⁹는 천하귀인(天下歸仁)을 말씀한 바와도 같다. * 무위이치(無爲而治)

주역산책

정전법(井田法)과 정전도(井田圖)

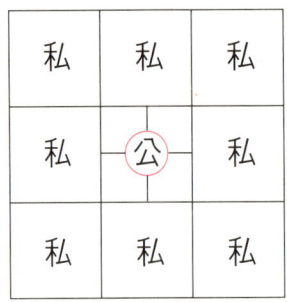

〈井田法〉 전답 900묘(畝)를 井으로 9등분하여 8農家에 각기 100畝씩 私田으로 배분하고 중앙의 100畝를 公田으로 정한 토지제도.
(公이란 八家가 共同경작하여 國稅로 내는 수확물을 이른다)

*同(한가지 동) / 異(다를 이)

'다스릴 극, 이길 극(克)'은 '다스릴 치(治)'와 통한다. 오행이 서로 극하는 가운데 상생의 조화가 펼쳐지듯이, 임금자신부터 다스려 지공무사한 중심법도를 세우고 대동의 상생조화를 펼치는 것이 고대정치대법의 요체이다.

「홍범구주(洪範九疇)」에서 연원한 주나라의 정전법(井田法)은 900묘(畝)의 땅을 아홉으로 정분(井分)한 뒤에, 외전(外田)은 여덟 농가에 사전(私田)으로 분배하고, 중앙의 내전(內田)은 공전(公田)으로 정하여 팔가(八家)에서 공동(共同)으로 경작하게 한 토지제도이다. 국유지인 공전의 수확물은 나라에 세금(稅金)으로 내고, 사유지인 사전의 수확물은 각 농가가 소유하게 하였다. 『주역』의 48번째 괘인 수풍정(水風井)은 이 정전법의 기본토대가 된다.

「선천팔괘방위도」에서 설명하였지만, '우물 정(井)'은 선천팔괘의 사상위수

---

9. 『논어(論語)』 안연(顔淵)편: 顔淵 問仁 子曰 克己復禮爲仁 一日克己復禮 天下歸仁焉 爲仁由己 而由人乎哉

배열에서 자연 도출된다. 이를 바탕으로 한 '중앙의 5용10작'을 나타낸 그림이 바로 야산선생이 그린 '정전도(井田圖)'이다. 낙서구궁을 정전도로 표상하는 것이 이러한 까닭이다. 선후천팔괘를 동시에 아우르는 기본표상 역시 정전도를 기본으로 한다.

고요(皐陶)의 구덕(九德)

관이율(寬而栗 ☰1) 유이립(柔而立 ☴2) 원이공(愿而恭 ☵3): 3덕(제가)
난이경(亂而敬 ☶4) 요이의(擾而毅 ⊙5) 직이온(直而溫 ☷6): 6덕(치국)
간이렴(簡而廉 ☴7) 강이색(剛而塞 ☲8) 강이의(彊而義 ☱9): 9덕(평천하)

『서경』 고요모(皐陶謨)에 요·순·우 삼대에 걸친 명신(名臣) 고요가 우임금에게 '지인안민(知人安民)'의 방편으로 제시한 9덕이 나온다. 지인안민(知人安民)이란 훌륭한 사람을 등용하여 백성을 편안케 한다는 의미다. 그 내용도 낙서의 구궁수리에 바탕을 둔 것이라 여겨진다.

관이율(寬而栗 ☰1) → 태양(寬) 건금(栗) 부친 : 관대하면서도 속이 알참
유이립(柔而立 ☴2) → 소음(柔) 진목(立) 장남 : 유연하면서도 곧게 세움
원이공(愿而恭 ☵3) → 소양(愿) 감수(恭) 중남 : 조심하면서도 같이 함께함

난이경(亂而敬 ☶4) → 태음(亂) 간토(敬) 소남 : 다스리면서도 높이 받들음
요이의(擾而毅 ⊙5) → 천극(擾) 양화(毅) 조부 : 교통하면서도 뜻이 굳셈
직이온(直而溫 ☷6) → 태유(直) 곤토(溫) 모친 : 올곧으면서도 따스함

간이렴(簡而廉 ☴7) → 소강(簡) 손목(廉) 장녀 : 간략하면서도 깨끗함
강이색(剛而塞 ☲8) → 소유(剛) 이화(塞) 중녀 : 단단히 하여 지켜냄
강이의(彊而義 ☱9) → 태강(彊) 태금(義) 소녀 : 굳건하면서도 의로움

주역산책

황극경세

　황극(皇極)은 큰 중심(皇은 大, 極은 中), 경세(經世)는 세상을 다스린다는 뜻이다. 황극이 세상을 경영하는 대중지정(大中至正)한 도(道)가 곧 황극경세(皇極經世)인데, 이를 지은 분은 송(宋)나라 때의 대학자인 소자(邵子)이다.

　소자의 황극경세는 오행학인 『서경』 홍범과 음양학인 『주역』에 그 연원을 둔다. 황극경세(皇極經世)의 명칭이 홍범과 『주역』에서 따온 것에서도 잘 입증된다. 천도운행의 주체인 황극이 세상을 경륜하는 것이 황극경세이다. 그러므로 황극의 도를 역의 괘효 체계에 기초한 달력의 역수로 면밀히 표현한 도본이 '황극경세도'이다.

　『주역』의 둔·대과(屯·大過)괘에 대한 공자의 말씀 "경륜(經綸), 돈세무민(遯世无悶)"이 나오는데, 여기에서 경세(經世)라는 명칭을 따왔다. 상경이 실제 시작되는 곳은 둔괘(3), 마치는 곳은 대과괘(28)이다. 이것은 황극경세가 선천시기를 경영하는 황극의 도라는 사실을 알려준다.

원회운세(元會運世)와 세월일신(歲月日辰)

　소자는 「선천팔괘차서도」의 '건태리진손감간곤(乾兌離震巽坎艮坤)'의 괘서에 따라, 황극이 경영하는 천시(天時)의 정연한 운행법도를 원회운세세월일신(元會運世歲月日辰)으로 세웠다. 선천64괘 차서도를 기본으로 하여 중괘(重卦)인 건곤감리는 윤괘(閏卦)로 빼고, 나머지 60괘는 용괘(用卦)로 삼았다.

　주역상경의 괘서는 乾(1)坤(2)으로 시작되어 坎(29)離(30)로 마치지만, 실제적으로는 屯(3)이 선천의 시(始), 大過(28)가 선천의 종(終)이 된다. 경세도에도 둔이 자회반(子會半), 오회반(午會半)인 정(鼎) 바로 앞에 대과가 배괘(配卦)되어, 선천의 시종(始終)을 이룬다.

　경세도의 1원(元)은 우리 은하가 자전(一周天)하는 천도의 대주기로서, 선천과 후천은 이를 구체적으로 양분한 것이다. 경세도의 요체는 1세 12월 360

일 4320신의 이치를 1원 12회 360운 4320세로 대연(大衍)한데 있다. 12신은 1일(日), 30일은 1월(月), 12월은 1세(歲), 30세는 1세(世), 12세는 1운(運), 30운은 1회(會), 12회는 1원(元) 129,600세(歲)가 되어 원통회·회통운·운통세·세통세·세통월·월통일·일통신(元統會·會統運·運統世·世統歲·歲統月·月統日·日統辰)한다.

경세도의 1원을 12회 360운에 배정하면, 1운(運)이 1효이고 6운(運)이 1괘이다. 1회(會)는 5괘 30효인 30운(運)을 거느리며, 복희 선천64괘에서 건곤감리를 뺀 復~夬(1~30)괘는 선천, 姤~剝(31~60)괘는 후천의 과정이다.

皇極經世 卦氣圖

한편 12회(會)에 속한 60괘의 360효가 각기 변한 '360지괘(之卦)'는 360세(歲)를 거느리는 '운괘(運卦)'이다. 각 운괘(運卦)의 6효가 변동한 지괘의 내괘·외괘는 360세(歲)의 1/6인 60세(1甲), 즉 2세(世)를 가리키는 '세괘(世卦)'이다. 세괘의 6효가 변동한 지괘의 경우는 '10세(歲)'에 해당한다.

예를 들면, 1원(元)의 시초인 제1운괘(運卦)는 복괘의 제1효가 변한 '복지곤(復之坤)'이다. 이 가운데 곤괘의 6효가 차례로 변한 지괘인 복·사·겸·예·비·박(復·師·謙·豫·比·剝)은 각기 60세(歲)를 이루는 세괘(世卦)이다.

세괘인 복(復)의 경우는 復之坤(1갑자-10계유), 復之臨(11갑술-20계미), 復之明夷(21갑신-30계사), 復之震(31갑오-40계묘), 復之屯(41갑진-50계축), 復之頤(51갑인-60계해)로써 각기 10세(歲)에 해당한다. 따라서 경세 129,600세에 있어서 자회(子會)의 시발인 제1~10세까지는 '復之坤運의 復之坤'이 된다.

체괘(4괘)와 용괘(60괘)

황극경세도는 천도운행의 대주기인 1원(元) 129,600세(世)를 설명한 그림으로서, 복희 선천64괘 원도(圓圖)에 바탕하고 있다. 그 가운데 건곤감리(乾坤坎離) 4괘 24효는 한해의 4시 24절기에 부합하는 체괘(體卦), 일명 윤괘(閏卦)로 삼는다. 그 나머지 60괘 360효를 한해의 주천상수 360일에 상응하는 용괘(用卦)로 놓았다.

체괘를 살피면, 리(離)는 정동에 속하므로 양(─)이 시생하여 점차 자라는 1양子월.2양丑월.3양寅월을 거느린다. 건(乾)은 정남에 속하므로, 양이 극성하여 다 차기까지 4양卯월.5양辰월.6양巳월을 거느린다. 감(坎)은 정서에 속하므로, 음(--)이 시생하여 점차 자라는 1음午월.2음未월.3음申월을 거느린다. 곤(坤)은 정북에 속하므로, 음이 극성하여 다 차기까지 4음酉월.5음戌월.6음亥월을 거느린다.

복희 선천64괘 원도에 나타나는 괘배열은 「선천팔괘방위도」에 기초한다. 대성괘의 경우, 하괘는 내적인 본체, 상괘는 외적인 현상을 가리키는데, 하나의 내괘에 각기 소성8괘가 와서 외괘를 이룬다. 즉 내괘가 일건천(☰)일 경우, 외괘로 일건천·이태택·삼리화·사진뢰·오손풍·육감수·칠간산·팔곤지(☰·☱·☲·☳·☴·☵·☶·☷)가 오게 된다. 이를 '일정팔회(一貞八悔)'라고 하는데, 각 내괘8괘마다 외괘8괘가 이르러 8×8=64괘를 자연적으로 형성한다. 12회(會)에 배속된 60용괘는 각 회 10,800세(歲)당 5괘씩 배분되며, 60용괘의 360효는 효당 각기 360세(歲)인 운(運)을 가리킨다.

황극경세도는 선천64괘 원도를 바탕으로 하되, 4괘를 체괘로 뺀 60괘만을 용괘로 삼아서 천도의 절용(節用)을 구체화한 것이 그 요체라 할 수 있다(1歲 12月 360日 4320辰을 1元 12會 360運 4320世로 대연).

	皇極經世圖(人事 8會)								
	10,800歲	10,800歲	10,800歲	10,800歲	10,800歲	10,800歲	10,800歲	10,800歲	
	皇極 216歲	皇極 216歲	皇極 216歲	皇極 216歲	皇極 216歲	皇極 216歲	皇極 216歲	皇極 216歲	
	유회	신회	미회	오회	사회	진회	묘회		
	86,400歲								
至戌會半	상구14,400歲	구오14,400歲	구사14,400歲	구삼14,400歲	구이14,400歲	초구14,400歲			自寅會半
	乾策 36歲	乾策 36歲	乾策 36歲	乾策 36歲	乾策 36歲	乾策 36歲			
閉物期	43,200歲 후천			43,200歲 선천			開物期		
	이정			원형					

乾

경세연표(經世年表) 기원전 2357년 ~ 기원후 959년 → 3316년간의 연표

공자께서 『서경』의 역사를 요전(堯典)으로부터 시작하였다. 소자의 경세년표 또한 요임금이 등극한 갑진년(서기전 2357년)에서 송나라가 건국하기 직전인 서기 959년까지로 되어 있다.

요의 등극년도는 선천을 마치는 사회말(巳會末)로서 '夬之乾運의 小畜之

大畜'인 때이다. 후천인 오회초(午會初)가 시발하는 때는 하우씨(夏后氏)를 시조로 하는 하나라가 들어선 직후이다. 하루의 정오가 오중(午中)이듯이, 경세도의 오회중반(午會中半)까지는 선천, 그 이후는 후천이 된다.

계사하전에 공자께서 "한 낮(日中)인 때 저자(시장)를 만들어 천하의 백성을 이르게 하고, 천하의 재화(財貨)를 모아 교역(交易)하고 돌아가게 해서 제각기 필요한 바를 얻게 하니, 대개 서합괘에서 취상한 것이다."고 말씀하였다. 여기서 천하란 곧 선천과 후천의 역수를 아울러 말함이요, 일중교역(日中交易)은 중천인 때에 일월역수의 선후천 교역이 있음을 가리키는 비사체(秘辭體)이다.

堯帝 등극(갑진)	서기전 2357년	巳會 夬之乾運(30) 小畜之大畜41
檀帝 등극(무진)	서기전 2333년	巳會 夬之乾運(30) 大有之鼎5
夏禹氏 등극(정사)	서기전 2224년	巳會 夬之乾運(30) 夬之乾54
午會后天紀元(갑자): 中天 夏代왕조 啓 등극(갑신)	서기전 2217년 서기전 2197년	午會 姤之乾運(1) 姤之乾1 午會 姤之乾運(1) 姤之乾21
商湯 등극(을미)	서기전 1768년	午會 姤之遯運(2) 姤之巽32
文王 受命(계해): 西伯 封	서기전 1138년	午會 姤之訟運(3) 困之訟60
武王 등극(기묘)	서기전 1122년	午會 姤之巽運(4) 小畜之家人16

참고자료

○ 至大之謂皇 至中之謂極 至正之謂經 至變之謂世

大中至正應變無方之謂道 物者 道之形體 生於道 道之所成也

[道變爲物 物化爲道: 道亦物 物亦道] * 道生天地而太極者 道之全體也

○ 太極生兩儀(兩儀 形之判也) 兩儀生四象---天地之道 備焉

陰陽 變於上 日月星辰 生焉 --- 日月星辰 成象於天/ 象 動於上 萬時生焉

剛柔 化於下 水火土石 成焉 --- 水火土石 成體於地/ 體 交於下 萬物成焉

○ 時有消息盈虛[時之變] 物有動植飛走[物之類]

　時以變起 物以類應 時之與物 有數存焉

　數者 道之運也 理之會也 陰陽之度也 萬物之紀也

　(定於幽而驗於明 藏於微而顯於著 所以成變化而行鬼神者也)

○ 道生一 一爲太極 一生二 二爲兩儀

　二生四 四爲四象 四生八 八爲八卦

　八生六十四 六十四卦 具然後 天地萬物之道 備矣

○ 天地萬物 以一爲本 原於一而衍之爲萬

　窮天下之數 復歸于一[天地之心 造化之源]

○ 日爲元 氣之始也 수1 月爲會 數之交也 수12

　星爲運 時之行也 수360 辰爲世 變之終也 수4320

　1元 統 12會.360運.4320世(=129,600歲)

○ 性之者 聖人/ 誠之者 君子/ 違之者 小人/ 亡之者 禽獸

　天之四府 춘하추동[음양 昇降] 聖人之四府 역서시춘추[예악 汚隆]

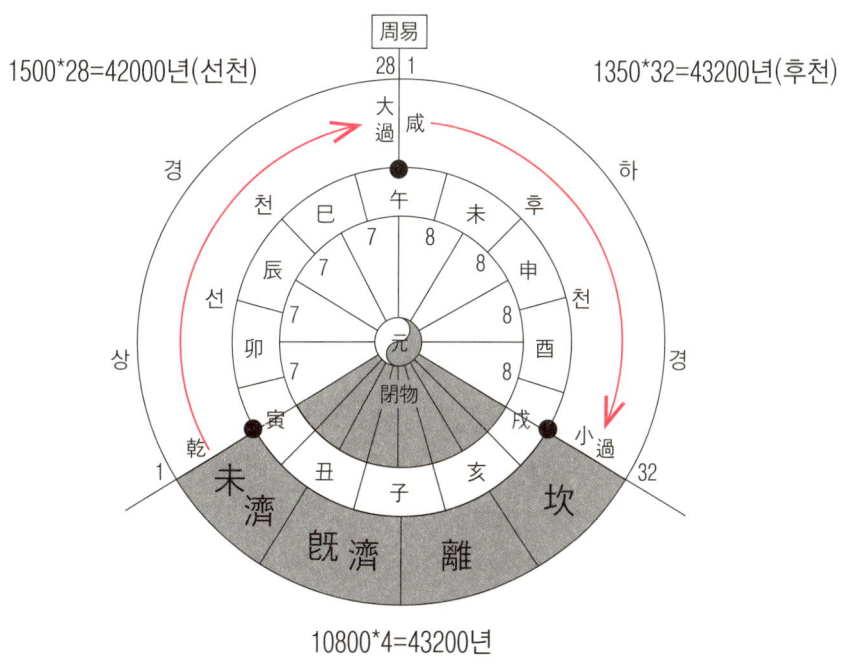

也山선생의 先後天分解圖

문왕(文王) 후천팔괘의 원리

낙서를 법한 성인 문왕(伏羲)의 후천팔괘

　주나라의 역인 『주역』은 은나라 말기, 주나라 초기[殷末周初]에 쓰인 글이다. 당시 문왕은 서쪽 기산(岐山) 일대를 다스린 큰 제후였기에, 서백(西伯) 또는 기백(岐伯)으로 불리었다. 노인을 공경하고 어진 덕을 백성에게 베풀어 천하의 민심이 문왕에게 쏠리자, 은나라의 천자였던 폭군 주(紂)가 이를 시기하여 유리옥(羑里獄)이란 곳에 7년간 유폐시켰다.

　문왕은 이곳에서 당시의 어려운 시대상황을 배경으로 64괘사(卦辭)를 지어, 도탄에 빠진 천하인민이 '피흉취길(避凶趣吉)'할 수 있는 도리와 방편을 세상에 전하였다. 또한 인류가 대동 화합하는 후천시대의 도래를 예견하고, 그 때에 크게 쓰이도록 은밀한 뜻을 『역경』 속에 담았다고 한다.

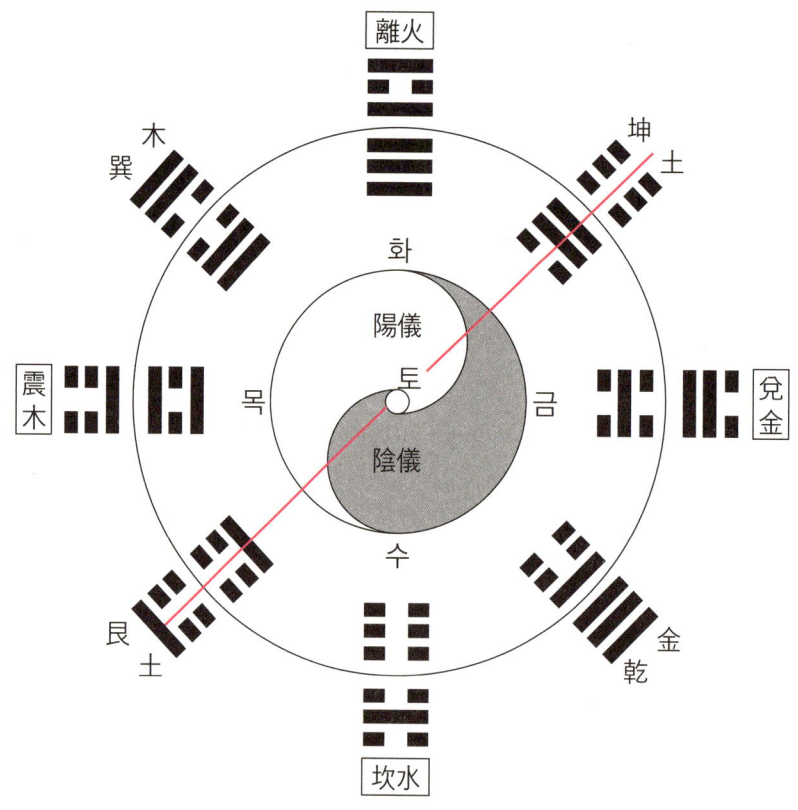

선천팔괘(음양지도)와 후천팔괘(오행지리)

　선천과 후천은 내외본말의 인과관계로 이어진다. 어제가 지나가고 내일이 밀려오는 한복판에는 늘 오늘이 자리한다. 선천이 지나가고 후천이 밀려오는 한복판에 늘 중천이 자리한다. 중(中)은 천하의 대본(大本), 화(和)는 천하의 달도(達道)이다. 선천적인 자질과 후천적인 노력이 함께 내외합일을 이루어야 하듯이, 올바른 중심을 세워야 지극한 무위조화가 펼쳐진다.

　사성일심(四聖一心)으로 일관 전승된 『주역』은 선후의 중심을 잡아 그 종시(終始)를 바로 하는 '중천교역관(中天交易觀)'을 밑바탕으로 한다. 『서경』 홍범(洪範)과 『주역』을 유학의 핵심근간으로 삼아, 「홍역학(洪易學)」을 제창한 야산선생의 「부문(敷文)」에서는 이를 "중어선후 정기종시(中於先后 正其終始)"로 표현하였다.

중천교역(사상배합)과 교역팔괘(오행생성)

　선천에서 후천을 넘어가는 중간 관문이 구궁낙서의 중천교역이다. 인사적인 면으로는, 선천은 부모가 양육하고, 중천은 부부가 화합하며, 후천은 자녀가 주도한다.

　음양의 동정변화를 나타낸 '선천팔괘'는 남녀의 교역왕래가 이루어져 사상 위수가 기질배합을 하여 오행을 생성하는 이치를 원천적으로 갖추고 있다.

　이를 표상한 구궁낙서는 생성된 오행이 시계반대방향으로 우회하며 '상극'하는 흐름을 보인다. 「교역팔괘」를 반대편에서 보면, 금화교역(金火交易)이 자연히 일어나 시계방향으로 좌선하며 '오행상생'하는 신묘한 조화가 행하여진다.

　이 오행의 극생반전(克生反轉)은 오행상극의 중천낙서에서 오행상생의 선천하도로 회귀(回歸)함을 의미하는데, 그 반전의 계기를 '후천팔괘'가 만든다.

이천·기천·상천(理天·氣天·象天)

선천팔괘는 태극이 3변하여 8괘를 펼치는 음양의 동정변화를 나타내므로, 꾸밈없는 무극한 자연을 그대로 담은 이천(理天)에 상응한다.

교역팔괘는 사상남녀의 왕래교합으로 생성된 오행의 상극상생을 나타내므로, 천지만물에 두루 흐르는 기천(氣天)에 상응한다.

후천팔괘는 중천교역(구궁낙서)으로 완성된 음양오행의 신비조화를 드러내므로, 눈앞에 실제 펼쳐지는 현상인 상천(象天)에 상응한다.

대자연은 원리·작용·현상이 하나가 되어 완벽한 조화를 이룬다. 현상으로 실존(實存)하는 후천세계가 이미 스스로 모든 것을 갖추고 있다. '때문'이라는 말처럼, 가장 중요한 것은 때이다. 초목이 뿌리로 돌아가 귀근(歸根)하듯이, 오후가 오전, 후천이 선천으로 되돌아가 다시 새로운 하루가 열린다. 천도의 흐름은 선천에서 후천으로 나아가고, 다시 후천에서 선천으로 복귀함을 거듭한다.

그러므로 위로부터 아래로 내리는 하늘의 도를 '천간 간(干)', 아래로부터 위로 나아가는 사람의 도를 '선비 사(士)'라 이른다. 대자연의 기본 흐름을 효법(效法)하여 본래의 고향인 무극선천, 즉 이천(理天)으로 되돌아가야 한다. 순역(順逆)의 자연이치를 깨달아, 반정존본(反正存本)하라는 것이다.

송(宋)나라 때의 소자(邵子: 1011~1077)는 복희의 음양팔괘를 선천팔괘, 문왕의 오행팔괘를 후천팔괘로 각기 정의하였다. 또한 공자의 가르침에 따라 하도내외에 자리한 생수·성수를 천도의 음양과 지도의 강유 둘로 배정하여, 역의 상수(象數)를 밝히는데 큰 기여를 하였다. 또 『홍범』과 『주역』에 근원을 둔 '황극경세(皇極經世)'를 짓고, 복희 선천괘도를 위주로 한 '원회운세일월성신(元會運世日月星辰)'의 운행주기로써 천도운행의 기본바탕을 정립하였다.

중어선후(中於先后) 정기종시(正其終始)

중(中)은 천하의 대본(大本), 화(和)는 천하에 통용되는 달도(達道)이다. 때는 되돌아갈 수도, 앞당길 수도 없다. 늘 오늘이 있듯이, 때를 주재(主宰)하는 근본중심은 현재(現在)이다.

요·순·우(堯·舜·禹)의 근본 심법(心法)은 요임금이 순임금에게 "미덥게 그 중을 잡으라(允執厥中)." 하고, 순임금이 우임금에게 "사람의 마음은 오직 위태하고 도의 마음은 오직 미미하니, 오직 깨끗하고 한결같아야 미덥게 그 중을 잡을 수 있다(精一執中)."고 전한 가르침으로 간결하게 귀결된다.[1] 야산선생도 "선과 후에 때맞추어 그 종과 시를 바로 한다((中於先后 正其終始)."고 하였다.

천도변화를 가르치는 역에서도, 선후천팔괘의 가교역할을 하는 '중천교역(中天交易)'을 지극히 중요시한다. 선후는 내외본말의 관계이므로, 안으로는 선천팔괘의 순리를 따르고 밖으로는 후천팔괘의 흐름을 쫓아, 중정(中正)을 취하여야 한다. 중천교역에서 금화교역을 일으켜 반정존본(反正存本)함이 '극기복례 천하귀인(克己復禮 天下歸仁)'을 이루는 길이다.

선천적인 자질도 중요하지만, 후천적인 노력이 반드시 함께 합하여만 중화(中和)의 대공을 성취한다.

역의 관문으로 일컫는 『대학』의 격물장(格物章)에서도 "사물에 본말종시가 있으니, 선후를 알면 도에 가까워진다."[2]고 하였다. 선후의 도란 인과율(因果律)이며, 이는 역 전체를 포괄하는 선후천팔괘의 원리작용에서 나타난다. 『대학』의 격물치지(格物致知)를 역에서는 괘효사(卦爻辭)로 판단한 '점(占)'으로 표명한다.

---

1. 『중용(中庸)』 장구서(章句序): 其見於經則允執厥中者 堯之所以授舜也 人心 惟危 道心 惟微 惟精惟一 允執厥中者 舜之所以授禹也
2. 『대학(大學)』: 物有本末 事有終始 知所先後 則近道矣

후천팔괘의 차서도(次序圖)

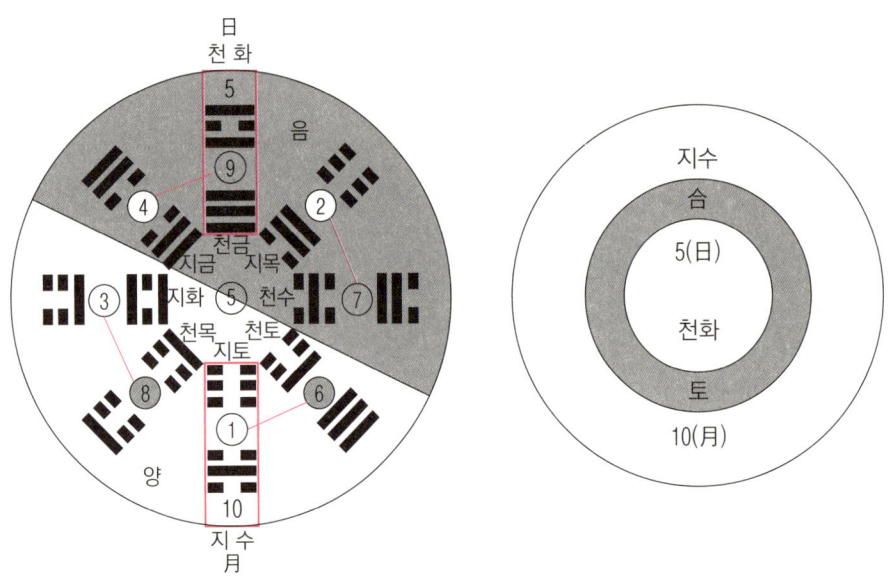

**일감(一坎) 중남, 이곤(二坤) 모친, 삼진(三震) 장남
사손(四巽) 장녀, 오중(五中) 황극, 육건(六乾) 부친
칠태(七兌) 소녀, 팔간(八艮) 소남, 구리(九離) 중녀**

    자녀에 해당하는 후천팔괘 1감·2곤·3진·4손·5중(中)·6건·7태·8간·9리는 중천교역의 구궁낙서(1~9)를 징검돌로 하여 전개된다. 하도의 오행 생성과 선천팔괘의 남녀상착(男女相錯)을 밑바탕으로 하여 자녀가 나오기 때문이다.

    이는 선천남녀인 1부친·2장남·3중남·4소남·6모친·7장녀·8중녀·9소녀로부터 후천팔괘의 1감·2곤·3진·4손·6건·7태·8간·9리가 출현함을 말한다. 정리하면 다음과 같다.

    1태양부친(1건천)이 6태유모친(8곤지)에 찾아가,

정북에 후천1坎(☵)을 낳는다.

2소음장남(4진뢰)가 7소강장녀(5손풍)에 찾아가,

서남에 후천2坤(☷)을 낳는다.

3소양중남(6감수)가 8소유중녀(3리화)에 찾아가,

정동에 후천3震(☳)을 낳는다.

4태음소남(7간산)이 9태강소녀(2태택)에 찾아가,

동남에 후천4巽(☴)을 낳는다.

5극양조부(황극)가 10극음조모(무극)로부터 벗어나, 정중앙에 후천 5중(中, ○)으로 우뚝 선다. 남괘 1 2 3 4가 '건용황극(建用皇極)'의 5중을 통과하는 과정에서 10무극의 조화가 일어난다. → 오용십작(五用十作)

6태유모친(8곤지)이 4태음소남(7간산)에 따라와,

서북에 후천6乾(☰)을 낳는다.

7소강장녀(5손풍)이 3소양중남(6감수)에 따라와,

정서에 후천7兌(☱)를 낳는다.

8소유중녀(3리화)가 2소음장남(4진뢰)에 따라와,

동북에 후천8艮(☶)을 낳는다.

9태강소녀(2태택)가 1태양부친(1건천)에 따라와,

정남에 후천9離(☲)를 낳는다.

선후의 흐름을 살피면, 먼저 남괘는 짝하는 여괘를 찾아가 생명의 씨를 잉태하도록 생해준 다음, 자신을 생해주는 교역팔괘의 자리에 후천적으로 임한다.

선천에 선한 호생지덕(好生之德)을 베풀면, 후천에 응보(應報)가 생으로 자연 돌아옴을 의미한다. → 적선지가 필유여경(積善之家 必有餘慶), 사필귀정(事必歸正)

강건한 남괘(☰·☳·☵·☶)는 주장하는 주괘(主卦), 유순한 여괘(☷·☴·☲·☱)는 쫓고 따르는 종괘(從卦)에 해당한다. 남괘가 짝하는 여괘로 주장하여 나아가면, 그 자리는 자연 비어진다. 여괘는 자신과 사상적으로 위수(位數)가 상합하는 빈 남괘 자리를 쫓는다. 이는 남괘 1 2 3 4가 여괘 6 7 8 9로 나아가고, 여괘 6 7 8 9가 남괘 4 3 2 1을 쫓음으로써, '1·6, 2·7, 3·8, 4·9'로 부부 배합함을 뜻한다.

오행적으로, 남편은 아내를 사랑하여 자식을 생하게 한다. 부부배합을 통하여 생기를 베푼 다음, 남괘는 후천적으로 자신을 생해주는 '교역팔괘'의 동과 북으로 자연 임한다. 반면, 여괘는 후천적으로 자신이 뿌리내릴 곳인 '교역팔괘'의 서와 남으로 향한다. 여괘는 이겨낼(克) 수 있는 토대가 서와 남에서 성립되기 때문이다. 『주역』 곤괘(坤卦) 괘사에서는 이를 "서남득붕 동북상붕(西南得朋 東北喪朋)"이라고 하였다.

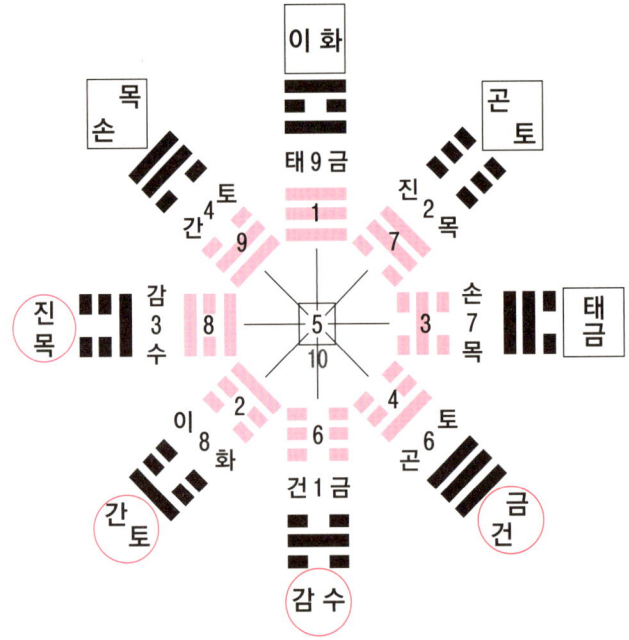

후천 남괘 배위(配位)

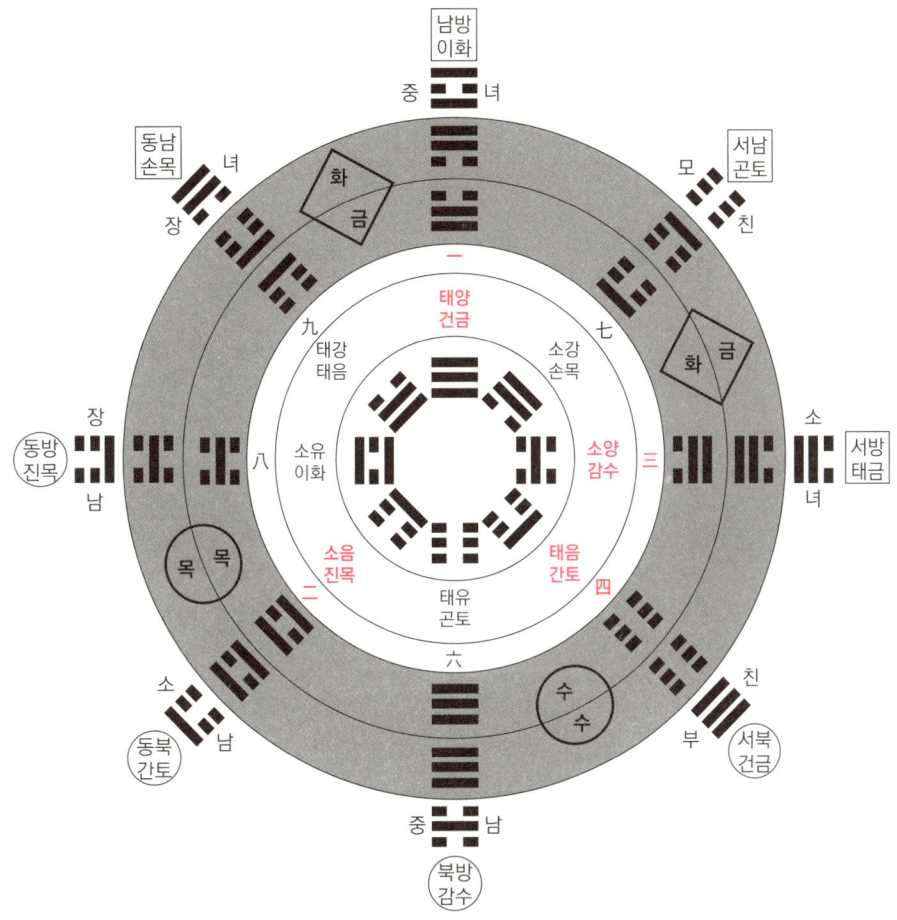

6건(乾, ☰) 부친 → 서북 건금

선천의 일건천(1태양☰) 선천양금이 팔곤지(6태유☷) 선천음토에 나아가 '금생수(金生水)'를 해준 다음, 교역팔괘의 서북곤토(6)에 후천적으로 임한다. 중천곤토가 후천건금을 '토생금(土生金)' 해주기 때문이다.

3진(震, ☳) 장남 → 동방 진목

선천의 사진뢰(2소음☳) 선천양목이 오손풍(7소강☴) 선천음목에 나아가 '목생화(木生火)'를 베푼 다음, 교역팔괘의 정동감수(3)에 후천적으로 임한다.

중천감수가 후천진목을 '수생목(水生木)' 해주기 때문이다.

1감(坎, ☵) 중남 → 북방 감수

　선천의 육감수(3소양☲) 선천양수가 삼리화(8소유☱) 선천음화에 나아가 '수생목(水生木)'을 베푼 다음, 교역팔괘의 정북건금(1)에 후천적으로 임한다. 중천건금이 후천감수를 '금생수(金生水)' 해주기 때문이다.

8간(艮, ☶) 소남 → 동북 간토

　선천의 칠간산(4태음☷) 선천양토가 이태택(9태강☰) 선천음금에 나아가 '토생금(土生金)'을 베푼 다음, 교역팔괘의 동북이화(8)에 후천적으로 임한다. 중천이화가 후천간토를 '화생토(火生土)' 해주기 때문이다.

후천 여괘 배위(配位)
2곤(坤, ☷) 모친 → 서남 곤토

　선천의 팔곤지(6태유☷) 선천음토가 칠간산(4태음☷) 선천양토를 쫓아, 태음태유의 기질로 상합한다. 음토가 양토, 평지가 고산을 아래에서 받들어줌과 같다.

　곤토를 간토에게 공급함으로써, 칠간산(4☷)이 이태택(9☰)을 '토생금(土生金)'하여 후천 4·9 합금(合金)이 이루어지도록 밑받침한다. 이후, 교역팔괘의 서남진목(2)이 '목극토(木克土)'하여 자랄 수 있도록, 곤토가 후천적으로 임한다.

　진괘(☳)는 반괘(反卦)이다. 도전되어 마침내 간괘(☶)로 변한다. 중천간토에 서남의 곤토가 와서, 토(土)의 음양배합을 이루며 안으로 품어주는 모습이다.

4손(巽, ☴) 장녀 → 동남 손목

　선천의 오손풍(7소강☴) 선천음목은 육감수(3소양☲) 선천양수를 쫓아, 소양

소강의 기질로 상합한다. 손목을 감수가 '수생목(水生木)'을 해주기 때문이다.

손목을 육감수에게 공급함으로써, 육감수(3☵)가 삼리화(8☲)를 '수생목(水生木)'하여 후천 3·8 합목(合木)이 이루어지도록 밑받침한다. 이후, 목극토하는 토대인 교역팔괘의 동남간토(4)로 손목이 후천적으로 임한다.

간괘(☶)는 반괘(反卦)이다. 도전되어 마침내 진괘(☳)로 변한다. 이는 후천손목이 중천간토를 '목극토(木克土)'함에서 비롯된다. 중천진목에 동남의 손목이 와서 목(木)의 음양배합을 이룬다.

9리(離, ☲) 중녀 → 남방 이화

선천의 삼리화(8소유☲) 선천음화는 사진뢰(2소음☳) 선천양목을 쫓아, 소음소유의 기질로 상합한다. 이화를 진목이 '목생화(木生火)'를 해주기 때문이다.

이화를 사진뢰에게 공급함으로써, 사진뢰(2☳)가 오손풍(7☴)을 '목생화(木生火)'하여 후천 2·7 합화(合火)가 이루어지도록 밑받침한다. 이후, '화극금(火克金)'하는 토대인 교역팔괘의 정남태금(9)에 이화가 후천적으로 임한다.

태괘(☱)는 반괘(反卦)이다. 도전되어 마침내 손괘(☴)로 변한다. 이는 후천이화가 중천태금을 '화극금(火克金)'함에서 비롯된다. 중천손목에 남방의 이화가 와서 '목생화(木生火)'의 조화를 취한다. 솥 그릇을 얻음과 같다.

7태(兌, ☱) 소녀 → 서방 태금

선천의 이태택(9태강☱) 선천음금은 일건천(1태양☰) 선천양금을 쫓아, 태양태강의 기질로 상합한다. 연못의 수증기가 하늘로 향함과 같다.

태금을 일건천에게 공급함으로써, 일건천(1☰)이 팔곤지(6☷)를 '금생수(金生水)'하여 후천 1·6 합수(合水)가 이루어지도록 밑받침한다. 이후 '금극목(金克木)'하는 토대인 교역팔괘의 정서손목(7)에 태금이 후천적으로 임한다.

손괘(☴)는 반괘(反卦)이다. 도전되어 마침내 태괘(☱)로 변한다. 중천손목이 자연히 중천태금으로 바뀌는 가운데, 서방으로 오는 태금도 동일한 음금이 되므로, 완전무결한 금(金)을 얻는다. 선가에서의 금단(金丹)의 완성이라 할 수 있으며, 불가에서 일컫는 서방정토(西方淨土)에 귀일함이다.[1]

교역팔괘를 살피면, 동북방은 정괘(正卦)인 건곤감리가 자리하고, 서남방은 반괘(反卦)인 진손간태가 자리한다. 정괘는 도전이 되지 않지만, 반괘는 도전이 된다.

반정존본(反正存本)을 하기 위해서, 여괘는 교역팔괘의 반괘가 자리한 서남방으로 나아가는 것이다.

5중 황극(○)

후천팔괘의 서남에 곤괘(☷)가 자리하는 것은, 구궁낙서 중심부에서의 '오용십작'으로 5·10토(土)가 생성되는 것과 직접적으로 연관된다. 5는 선천양화로써 토를 낳고 10은 선천음수로써 토를 이루어, 양토(戊土→간토)와 음토(己土→곤토)를 후천적으로 생성한다.

토의 생성은 대극(對極) 관계인 선천음수(10)가 선천양화(5)를 먼저 '수극화(水克火)'하고, 이에 자극을 받은 선천양화가 '화생토(火生土)'함으로써 시작된다. 그 '수극화'의 외부적인 계기를 만드는 것이 곤토(☷)이다.

선천양화(5)는 '화생토'하여 안으로 양토(☶)를 일으키고, 선천음수(10)는 자신을 '토극수(土克水)'하는 음토(☷)를 외부에서 불러들여, 토를 생성하는 것이다. 무극한 선천음수(10)를 담는 후천적인 그릇이 음토(☷)이다. → 天五生戊土 地十成己土

중심부의 '5용10작'에 의에 생성되는 토를 살피면, 양토(☶)가 음토(☷) 속에 들어있는 형상이다. 교역팔괘의 진목(☳)이 도전된 서남간토(☶)를 후천팔괘의 서남곤토(☷)가 안으로 품음과 같다.

---

1. "지사생신금(地四生辛金)에 천구경성지(天九庚成之)라". 소남·소녀의 산택통기(山澤通氣)에 의해, 선천간토(☶, 4태음)가 신금(辛金)을 낳고, 선천태금(☱, 9태강)이 경금(庚金)을 이룬다.

중천이화(☲)가 '화생토'를 해주어, 「후천팔괘방위도」의 동북에 후천간토(☶)가 임하지만, 근원적으로는 일양(日陽)인 천화(5)의 '화생토'에 기인한 것이 간(艮)이다. '날(日)의 씨(氏)'를 조합한 간(艮)에 이러한 의미가 담겨있다.

地山謙 5·10에 의해 생성되는 무토와 기토는 15번째 겸(謙)괘에 상응한다. 자궁 속에 들어찬 만삭(滿朔)의 태아가 세상 밖으로 나오기 직전이므로, 높은 산(☶ 戊土)이 낮은 땅(☷ 己土) 아래로 내려와 겸손한 형상이다. 후천을 열기위한 선천의 유종(有終)이므로, 겸괘 괘사에도 '군자유종(君子有終)'을 강조하였다.[2]

천지태극의 조화에 의한 영육(靈肉)의 생성이 일양·월음의 '오십토'에 말미암는다.

---

2. 『주역(周易)』 겸괘(謙卦): 謙 亨 君子有終

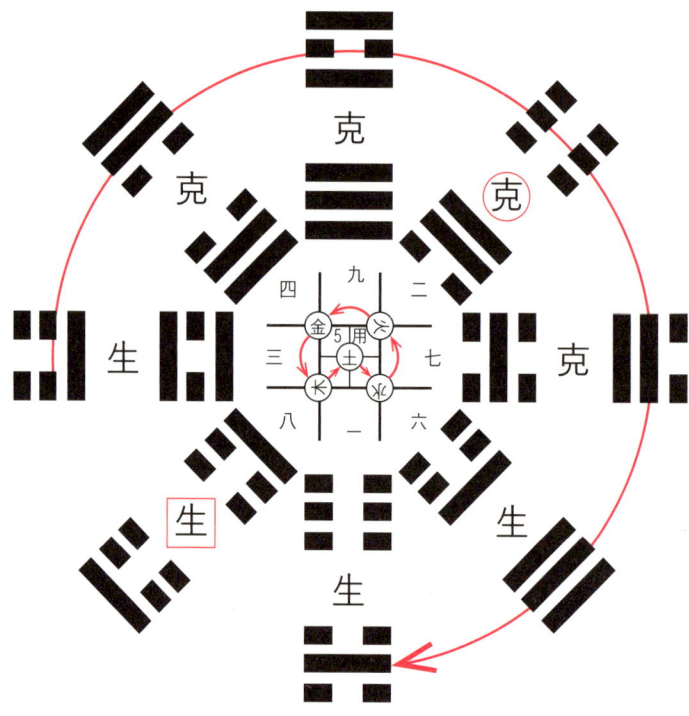

북방坎수가 선천乾금의 生함을 따르고
서북乾금이 선천坤토의 生함을 따르고

동박震목이 선천坎수의 生함을 따르고
동북艮토가 선천離화의 生함을 따른다

동남巽목이 선천艮토를 克하여 이르고
남방離화가 선천兌금을 克하여 이르고

서방兌금이 선천巽목을 克하여 이르고
서남坤토는 선천震목이 着根하게 한다

중앙양토는 선천日화의 生함을 따르고
중앙음토가 선천月수를 克하여 이른다
五用十作

〈교역팔괘와 후천팔괘〉

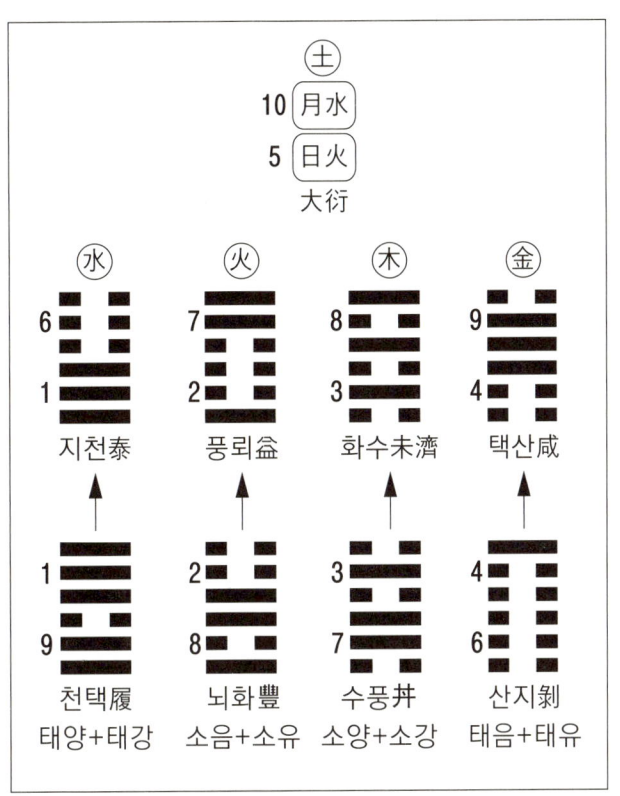

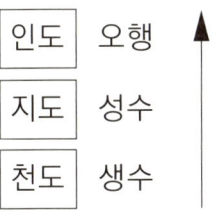

선천건금(양) + 선천지토(음) = 1 + 6 합수
선천진목(양) + 선천손목(음) = 2 + 7 합화
선천감수(양) + 선천이화(음) = 3 + 8 합목
선천간토(양) + 선천태금(음) = 4 + 9 합금
선천일화(양) + 선천월수(음) = 5 + 10 합토

9從1 태금이 건금을 순히 따르고
8從2 이화가 진목을 순히 따르고
7從3 손목이 감수를 순히 따르고
6從4 곤토가 간토를 순히 따르고
10從5 월수가 일화를 순히 따른다

후천팔괘 방위도(方位圖)

帝出乎震하야 齊乎巽하고 相見乎離하고 致役乎坤하고
제출호진   제호손   상견호리   치역호곤

說言乎兌하고 戰乎乾하고 勞乎坎하고 成言乎艮하니라.
열언호태   전호건   노호감   성언호간

-설괘전 5장

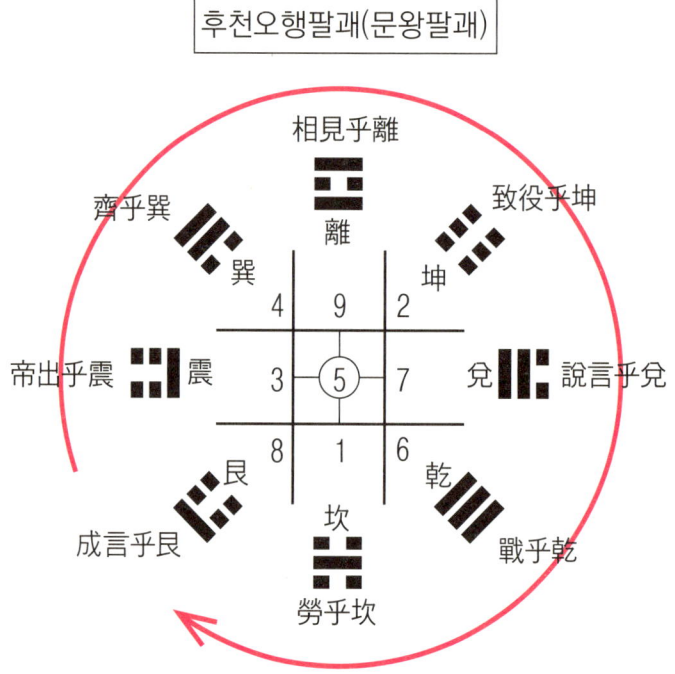

「후천팔괘방위도」의 오행상생

「후천팔괘방위도」는 해가 도는 방향(順行)으로 오행상생의 조화를 이룬다. 문왕은 건괘(乾卦) 괘사에서, 하늘의 도를 춘하추동 4계절의 덕인 '건원형이정(乾元亨利貞)'으로 정의하였다. 이에, 공자는 봄철을 대표하는 정동방의 진괘(☳)로부터 겨울철을 대표하는 정북방의 감괘(☵)를 거쳐, 동북의 간괘(☶)에 이르는 과정으로「후천팔괘방위도」를 설명하였다.

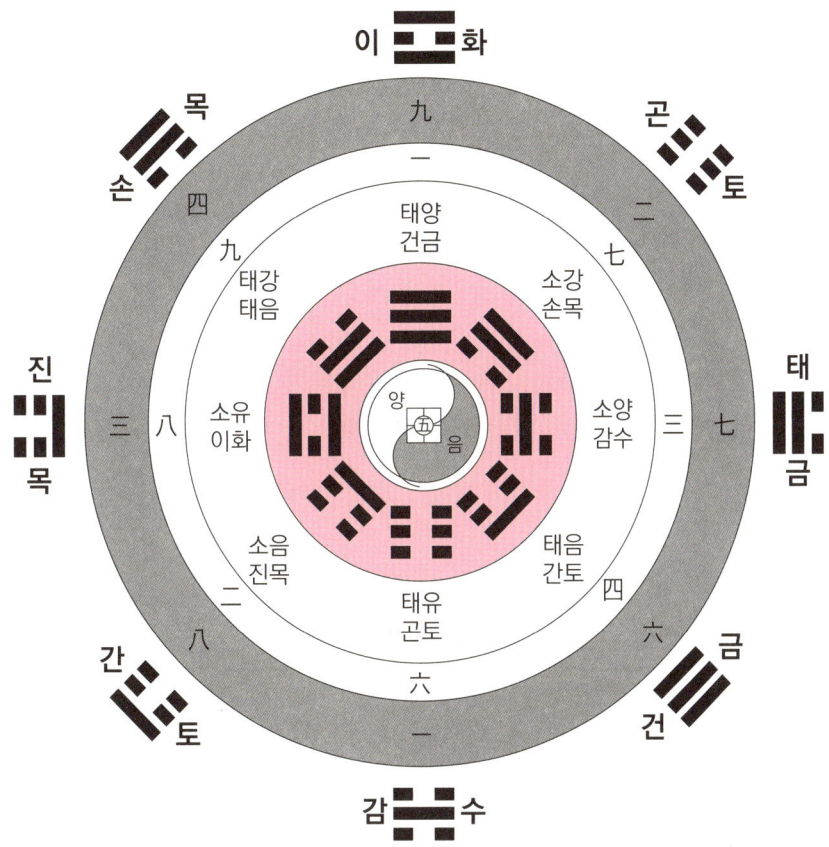

　후천팔괘의 흐름을 살피면, '목·화·토·금·수'의 상생하는 순서에 따라서, 양목인 동방진목(☳)이 음목인 동남손목(☴)으로 나아가, 함께 음화인 남방리화(☲)를 '목생화'한다. 남방리화는 음토인 서남곤토(☷)를 '화생토'하고, 서남곤토는 음금인 서방태금(☱)을 '토생금'한다. 서방태금은 양금인 서북건금(☰)으로 나아가, 함께 북방감수(☵)를 '금생수'한다. 북방감수의 경우는 양토인 동북간토(☶)의 '토극수'를 받는 가운데 정동진목을 '수생목'한다.

　북방감수를 '토극수'하는 동북간토는 정동진목으로부터 '목극토'를 받는다.

북방감수의 물이 과도하게 정동진목에게 공급되지 않도록, 수위(水位)를 조절·제어하는 수문역할을 함과 동시에, 정동진목이 뿌리내리도록 튼튼한 토대를 제공하는 것이 동북간토이다. 물(☵)은 산세를 따르고, 산에는 나무(☶)가 자란다.

오행상생의 흐름이 순리적으로 배열되는 후천팔괘는 교역팔괘의 착종(錯綜)에 의해 하도의 무위상생(無爲相生)이 실현됨을 뜻한다. 생생(生生)하는 역(易)의 원리대로, 서로 돕고 위하는 만민함열·만국함녕(萬民咸悅·萬國咸寧)의 세상이 후천팔괘로 전개되는 것이다.

帝出乎震 동방진목 양목	齊乎巽 동남손목 음목	相見乎離 남방리화 음화	致役乎坤 서남곤토 음토	說言乎兌 서방태금 음금	戰乎乾 서북건금 양금	勞乎坎 북방감수 양수	成言乎艮 동북간토 양토

① 제출호진(帝出乎震) → 3진의 동방진목(☳)

진방(震方. 卯방위)에서 세상을 다스리는 임금이 출현한다.[1] 집안의 장남이 대통(大統)을 이음과 같다. 찬란한 아침햇살이 온 세상을 비추고, 만물이 힘차게 나와 약동하는 춘분시기이다.

제출호진(帝出乎震)의 출(出)은 푸른 새싹이 나옴을 이른다. 한 알의 밀알에서 수많은 밀알이 나오듯이, 생명을 발동시키는 주인공이 제(帝)이다. 복희씨와 우임금 같은 성인이 출세(出世)할 때, 용마와 신구가 출현(出現)하였다. → 하출도·낙출서(河出圖·洛出書)

제(帝)는 세상을 광명으로 이끄는 성인·대인이고, 진(震)은 모든 사물의 표준이 되는 푯대이다. 일출(日出)하는 동방진목(3震)에서 비롯된 용어가 태극(太極)과 부상(扶桑)이다. 상고동방의 환인·환웅·단군(桓因·桓雄·檀君)

---

1. 『주역(周易)』설괘전(說卦傳): 萬物 出乎震 震 東方也

도 동방진목의 제출호진(帝出乎震)을 상징한다.

동방목덕의 진(震)을 신룡·청룡(神龍·靑龍)이라 일컫고, 신비한 하늘의 운행조화를 '용비어천(龍飛御天), 시승육룡(時乘六龍)'으로 비유한다. 공자는 성인이 나오심에 세상이 다 평안해질 수 있음을 '수출서물(首出庶物), 만국함녕(萬國咸寧)'으로 표현하였다. 동방진목의 원대(元大)한 덕을 펼친 성인 복희씨가 용마를 얻어 팔괘를 창시함으로써 인류문명도 시작되었다.

② 제호손(齊乎巽) → 4손의 동남손목(☴)

손방(巽方. 辰巳방위)에서 말끔히 가다듬어 정제(整齊)한다.[2] 손(巽)은 청명한 바람을 상징한다. 아침에서 점심으로 나아가는 때이다. 해가 떠올라 세상이 환하게 밝아지고, 초목이 생장하는 청명·곡우(淸明·穀雨)의 입하시기이다. 음목인 손(巽)은 먼지를 쓸어내는 비와 같다. 구석구석 파고들어 깨끗이 소제(掃除)하는 것이 바람이다.

내면의 정신세계로 깊이 들어가 심신을 재계·수양(齋戒·修養)함을 가리키는 '정의입신(精義入神)'과도 관계된다. 제가(齊家)를 상징하는 괘도 바람이 들어있는 37번째 풍화가인(風火家人)이다.

③ 상견호리(相見乎離) → 9리의 남방이화(☲)

이방(離方. 午방위)에서 서로 만난다. 대낮과 같이 밝은 때이므로, 서로 만나서 교역교통(交易交通)을 한다. 낮이 가장 긴 한여름의 하지시기이고, 선후천이 만나는 중천의 때이다.

구중궁궐에 있는 인군은 어둡다. 천하를 밝게 다스려야 하므로, 옛적의 성군(聖君)은 향명이치(嚮明而治)하였다. 어두운 북쪽에 앉아서 밝은 남쪽을 바

---

[2] 『주역(周易)』 설괘전(說卦傳): 齊乎巽 巽 東南也 齊也者 言萬物之潔齊也

라보고 세상의 소리를 듣고 밝게 다스린다.³

　주역경전에서는 선후천이 교역하는 중천의 대과(大過) 시기를 생사의 큰 바다를 건너는 험난한 시기로 보아, '이섭대천(利涉大川)'을 강조한다. 그러려면 대인을 만나야 하므로, 이를 '이견대인(利見大人)'이라 하였다. 남방중천의 이괘(☲)는 속이 비어있으며 불을 상징하므로, 밝은 대인의 덕을 표상한다. 불가의 '나무불(南無佛)'이 대인에 상응한다.

④ 치역호곤(致役乎坤) → 2곤의 서남곤토(☷)

　곤방(坤方. 未申방위)에서 해야 할 일을 다 한다. 어머니는 집안의 일을 두루 돌보며 온갖 희생을 치르는 이다. 낮에서 저녁으로 넘어가는 중간과정이 바쁜 일과업무를 수행하는 때이다.⁴ 계절로는, 여름에서 가을로 바뀌는 입추 전후가 수확준비로 가장 분주하다.

　곤은 음토로서, 하도중앙의 10(十)에 의한 기토(己土)를 일컫는다. 주역경전에서는 황상·황우·황시·황금(黃裳·黃牛·黃矢·黃金) 등으로 표현한다.

⑤ 열언호태(說言乎兌) → 7태의 서방태금(☱)

　태방(兌方. 酉방위)은 일과(日課)를 마치는 일몰(日沒), 가을에 결실수확을 이루어 모두 기뻐하는 시기이다. 태(☱)는 입을 벌리고 즐거워하며 웃는 형상으로 화합(和合)을 상징한다.⁵

　종교에서의 설교·설법(說教·說法)은 모두 정의로운 심판이 행해지는 추상·추수(秋霜·秋收)의 시기를 말씀한 것이다. 태(兌)에 대한 말씀(言)이 '말씀 설(說)'이다. 물이 모이는 연못, 온갖 부정한 오물을 다 받아들여 정화하

---

3. 『주역(周易)』 설괘전(說卦傳): 離也者 明也 萬物 皆相見 南方之卦也 聖人 南面而聽天下 嚮明而治 蓋取諸離
4. 『주역(周易)』 설괘전(說卦傳): 坤也者 地也 萬物 皆致養焉 故 曰致役乎坤
5. 『주역(周易)』 설괘전(說卦傳): 兌 正秋也 萬物之所說也 故 曰說言乎兌

는 바다의 형상으로, 불가에선 서방정토(西方淨土)라 일컫는다.

⑥ 전호건(戰乎乾) → 6건의 서북건금(☰)

건방(乾方. 戌亥방위)은 해가 져 어두워지는 늦저녁 때이며, 음냉(陰冷)한 입동전후의 추워지는 시기이다.

건금(乾金)은 껍질이 매우 단단하며 차가운 기질로 꽉 차 있어 호전적(好戰的)이다. 음이 박락(剝落)되었던 양의 씨앗을 받아들이려 남녀가 부부로 교전·교합하는 형상이다. 소인의 기세가 극성하여 군자에게 박해(剝害)를 가하지만, 군자가 이에 맞서 씩씩하게 싸우고 부딪히는 '음양상박(陰陽相薄)'하는 과정이다.[6]

⑦ 노호감(勞乎坎) → 1감의 북방감수(☵)

감방(坎方. 子방위)은 죄수가 감방에 갇힌 듯 캄캄한 어둠에 감싸인 한밤중, 농한기인 한겨울로 만물이나 사람이 본래의 처소로 돌아가 잠들고 휴식을 취하는 시기이다.[7] 감괘로 상징되는 물은 생명의 원천을 제공해주므로, '위로(慰勞)하다'는 뜻으로도 풀이한다.

눈을 뜨면 남방이화로 마음이 분주해지고, 감으면 북방감수로 차분해진다. '눈을 뜨다, 수를 뜨다'가 리(離), '눈을 감다, 멱을 감다'가 감(坎)이다. 본래 물은 쉼 없이 흐르므로, 일반적으로 노(勞)를 노력·노고(勞力·勞苦) 등 '수고롭다'고 풀이한다.

⑧ 성언호간(成言乎艮) → 8간의 동북간토(☶)

간방(艮方. 丑寅방위)은 하루를 마치고 새로운 아침을 여는 새벽, 한 해를

---

6. 『주역(周易)』설괘전(說卦傳): 戰乎乾 乾 西北之卦也 言陰陽相薄也
7. 『주역(周易)』설괘전(說卦傳): 坎者 水也 正北方之卦也 勞卦也 萬物之所歸也 故 曰勞乎坎

준비하는 입춘절기로서 종시(終始)의 마디를 이루는 관문이다. 성언(成言)은 '지성여신(至誠如神)', 즉 "지극한 정성은 신과 같다."는 하늘의 '정성 성(誠)'을 뜻한다.[8] 정성은 사물의 종시마디가 되므로, '불성무물(不誠無物)', 즉 "정성함이 없으면 물건자체가 무의미하다."는 귀중한 씨앗과도 같다.[9]

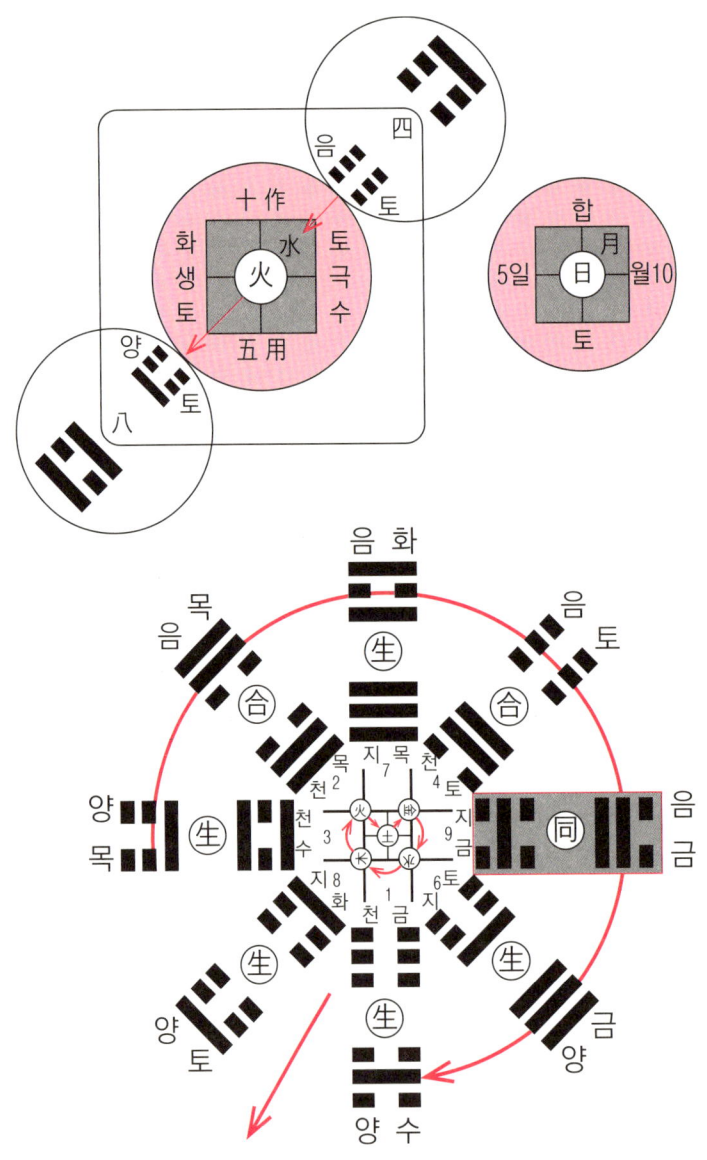

8. 『주역(周易)』설괘전(說卦傳): 艮 東北之卦也 萬物之所成終而所成始也 故 曰成言乎艮
9. 『중용(中庸)』: 誠者 物之終始 不誠 無物 是故 君子 誠之爲貴

艮은 '생명의 씨눈(目氏)'이자 '날의 씨(日氏)'이다. 엄동설한의 혹독한 시련을 이겨내고 정고(貞固)한 덕으로 굳세게 버틴 결과, 마침내 씨눈을 완성한다. 후천 동북간토는 양토로서, 본래 5황극(日陽) 선천양화의 화생토(火生土)를 받아 생한다. 교역팔괘의 동북방에 위치한 음화(☲) 역시 선천음화로서 화생토를 해주므로, 자신을 생해주는 동북방으로 간토가 출(出)해 나오는 것이다. 안으로 중앙 양화(5)의 화생토, 밖으로 음화(8)의 화생토를 받아 완성·정립되는 것이 곧 후천팔괘의 동북 8간(艮)이다.

공자는 "만물의 종시가 이루어지는 곳이 간방보다 성한 곳이 없다(莫盛乎艮)."고 하였다. 이를 선후천의 종시가 이루어지는 곳으로도 본다. 따라서 성언호간(成言乎艮)을 '하늘의 말씀이 동북 간방에서 이루어진다.'고 풀이한다.

후천팔괘의 특징

후천팔괘의 가장 큰 특징은 괘위(卦位)가 낙서 구궁수에 의해 배열되고, 팔괘가 하도의 오행상생에 따라 운행된다는 점이다. 구체적으로 살피면,

① 하도원리대로, 북방감수 동방진목 남방이화 서방태금(☵ ☳ ☲ ☱)이 사방 정위(正位)에 자리하며, 오행상생의 흐름을 가진다.

② 동방과 북방에는 남괘(陽), 서방과 남방에는 여괘(陰)가 자리한다. 위인 서방·남방은 음의 방위로서 여괘, 아래인 동방·북방은 양의 방위로서 남괘가 자리하여 동류끼리 무리를 짓는 모습이다. 남괘는 양강(陽剛), 여괘는 음유(陰柔)한 오행에 속한다.

③ 여괘인 손·리·곤·태(☴·☲·☷·☱)는 선천팔괘의 태양·소양에, 남괘인 건·감·간·진(☰·☵·☶·☳)은 선천팔괘의 태음·소음에 자리한다. → 천도가 인사, 음양이 오행으로 바뀐 상태.

④ 북방감수가 동방진목을 수생목(水生木)하여 돕지만, 물이 너무 많으면 나무가 썩는다. 흙이 없으면 나무가 뿌리를 박지 못하므로, 동북간토가 북방감수를 토극수(土克水)로 막고, 동방진목이 뿌리내리도록 목극토(木克土)로

조절한다.

⑤ 남방이화가 서방태금을 화극금(火克金)하면, 삼복더위에 모든 곡식이 타버려 열매를 맺지 못한다. 그러므로 흙이 없으면 토생금(土生金)이 되지 않아 단단하게 결실을 거둘 수 없다. 서남의 곤토가 남방의 불기운을 덜어내는 '화생토(火生土)'를 하는 반면, 서방의 금기운을 토생금(土生金)하는 중간 조절작용을 한다. 하도 중앙의 5·10토(土)와 마찬가지로, '동북간토, 서남곤토'가 오행을 조절하며 생극(生克)의 묘용을 다한다.

건구오도설(乾九五圖說)

重天乾

『주역』64괘의 머리는 건괘(乾卦)이다. 건괘6효 가운데 홀로 중정(中正)을 얻은 구오(九五)는 전체 64괘·384효를 다스리고 이끄는 머리에 해당한다. 그 효사에 "나는 용이 하늘에 있으니, 대인을 만남이 이롭다(飛龍在天 利見大人)."고 하였다.

천도운행변화를 주재하는 신물(神物)이 구오비룡이라면, '용비어천(龍飛御天)'의 신비조화를 주도하는 성인(聖人)이 대인(大人)이다. 구오비룡에 상응하는 덕·위(德·位)를 얻은 대인은 선후천이 바뀌는 중천시기에, 선천의 일을 마무리 짓고 후천의 도를 새로이 일으킨다.

선천후천, 음양오행이 두루 하나로 조화된 대동지선(大同至善)의 세상을 열어 인류미래를 밝히는 것이다.

火天大有

건구오(乾九五)가 변한 화천대유(火天大有)는 이를 잘 표상한다. 『서경』「홍범구주(洪範九疇)」에, 기자(箕子)가 오황극(五皇極)을 해설한 문장이 나오는데, 여기에 나오는 '황건유극(皇建有極)'은 천하귀인(天下歸仁)의 인(仁)을 체득한 구오대인(九五大人)이다.

하늘의 중정을 얻은 구오(九五)는 중천교역의 중심인 구궁낙서의 오중(五中), 「홍범구주」의 오황극(五皇極)이며, 대인은 만유(萬有)의 표준 법도를 세우는 유극(有極)의 인(仁)에 해당한다. "대인을 만나야 이롭다."는 '이견대인

(利見大人)'은 천명(天命)을 받아 하늘의 일을 대행하는 이를 만나야 이롭다는 뜻이다.

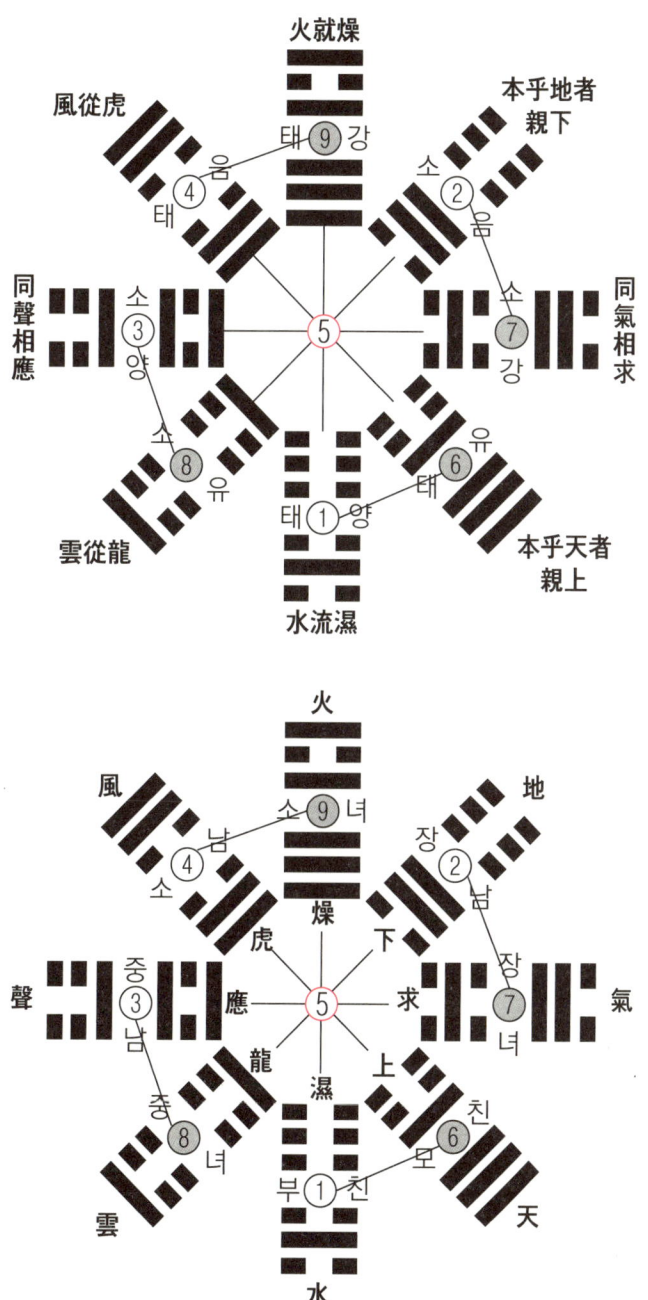

한낮 정오 또는 중천에 떠오른 해를 상징하는 일오중천(日午中天)은 천시(天時)와 인사(人事)가 합발(合發)하여, 모든 변화의 기틀이 정립되는 시기이다. 공자는 「건문언전(乾文言傳)」에서, 구오효사에 대한 해설을 선천에서 후천으로 변화하는 팔괘이치로써 풀이하였다.

공자 이후, 신비운무(神秘雲霧)에 감싸여 비전(祕傳)되어 왔는데, 이 문장을 야산(也山)선생이 독창적으로 「건구오도설(乾九五圖說)」로 환히 밝혀놓았다.

(九五曰 飛龍在天 利見大人은 何謂也오 子曰)
구 오 왈   비 룡 재 천 이 견 대 인   하 위 야   자 왈

同聲相應하며 同氣相求하야 水流濕하며 火就燥하며
동 성 상 응   동 기 상 구   수 류 습   화 취 조

雲從龍하며 風從虎라 聖人이 作而萬物이 覩하나니
운 종 룡   풍 종 호   성 인   작 이 만 물   도

本乎天者는 親上하고 本乎地者는 親下하나니
본 호 천 자   친 상   본 호 지 자   친 하

則各從其類也니라.
즉 각 종 기 류 야

- 본문 45자(9×5)

① 동성상응(同聲相應)

雷火豐

소리를 같이하여 서로 응함. 번개 친 후 우레가 울림.
'소리 성(聲)'은 후천 3진(☳), '응할 응(應)'은 선천 3리화(☲).
정동방에 후천장남(☳)이 선천중녀(☲) 자리로 와 합한다.

② 동기상구(同氣相求)

澤水困

기운을 같이하여 서로 구함. 물이 흘러 연못에 고임. 물구멍을 팜.
'기운 기(氣)'는 후천 7태(☱), '구할 구(求)'는 선천 6감수(☵).
정서방에 후천소녀(☱)가 선천중남(☵) 자리로 와 합한다.

③ 수류습(水流濕)

水地比

물이 음습한 땅으로 흐름.

'물 수(水)'는 후천 1감(☵), '습할 습(濕)'은 선천 8곤지(☷).

정북방에 후천중남(☵)이 선천모친(☷) 자리로 와 합한다.

④ 화취조(火就燥)

火天大有

불이 건조(乾燥)한 하늘로 타올라 나아감.

'불 화(火)'는 후천 9리(☲), '마를 조(燥)'는 선천 1건천(☰).

정남방에 후천중녀(☲)가 선천부친(☰) 자리로 와 합한다.

⑤ 운종룡(雲從龍)

山雷頤

구름이 용을 좇음. 용이 날아오름에 구름이 일어남.

'구름 운(雲)'은 후천 8간(☶), '용 룡(龍)'은 선천 4진뢰(☳).

동북방에 후천소남(☶)이 선천장남(☳) 자리로 와 합한다.

⑥ 풍종호(風從虎)

風澤中孚

바람이 범을 좇음. 범이 뜀에 바람이 일어남.

'바람 풍(風)'은 후천 4손(☴), '범 호(虎)'는 선천 2태택(☱).

동남방에 후천장녀(☴)가 선천소녀(☱) 자리로 와 합한다.

성인작(聖人作) 만물도(萬物覩) → 이견대인(利見大人)

성인이 일으킴에 만물이 우러러봄. 성인이 조화권능을 행함에 일체만유가 따름.

중심부에서 성인(有極. 仁)이 출현하여 '오용십작(五用十作)'을 일으킴.

5황극의 도를 중심에 세워 10무극의 무위조화를 세상에 펼침.

⑦ 본호천자친상(本乎天者親上)

天山遯

하늘에 근본을 둔 것은 위를 친함.

'하늘 천(天)'은 후천 6건(☰), '위 상(上)'은 선천 7간산(☶, 艮上連).

서북방에 후천부친(父親, ☰)이 선천소남(☶) 자리로 와 합한다.

⑧ 본호지자친하(本乎地者親下)

地風升

땅에 근본을 둔 것은 아래를 친함.

'따 지(地)'는 후천 2곤(☷), '아래 하(下)'는 선천 5손풍(☴, 巽下絶).

서남방에 후천모친(母親, ☷)이 선천장녀(☴) 자리로 와 합한다.

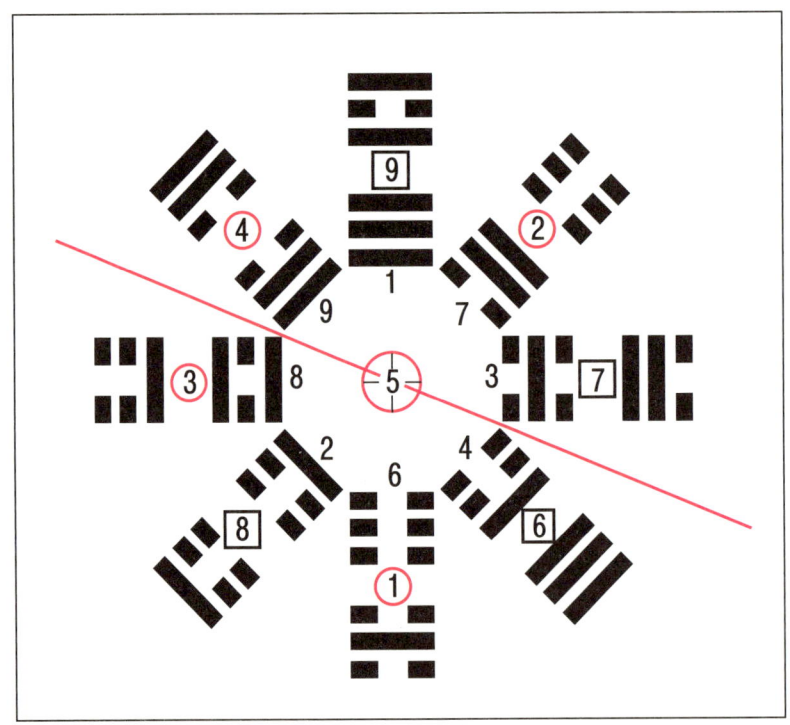

〈낙서구궁과 팔괘의 선후대비〉

각종기류(各從其類)

동방·북방에 남괘, 서방·남방에 여괘가 옴.

문장의 흐름이 양동음정·남선여후이다.

곤괘(坤卦) 괘사에는 '서남득붕·득붕상붕(西南得朋·東北喪朋)'으로 설명하였다.

정동(☳장남) 정서(☱소녀) 정북(☵중남) 정남(☲중녀)

동북(☶소남) 동남(☴장녀) 서북(☰부친) 서남(☷모친)

일명 '동성문(同聲文)'이라 불리는 "동성상응~각종기류야(同聲相應~各從其類也)"의 글이 건구오(乾九五)에 상응하는 9×5=45자이다. 공자가 낙서구궁의 총합 45수에 문장격식을 맞추었다. 중천교역을 통하여, 팔괘의 선후변화가 펼쳐지기 때문이다.

뒤이은 일명 '합덕문(合德文)'이라 불리는 "부대인자(夫大人者)~"의 글은 대인이 '천지일월사시귀신'과 더불어 '열 십(十)'으로 합하는 대동합일을 일컫는다. 하도의 천지지수(天地之數) 55자로 문장의 격식을 맞추었다. 신구(神龜)의 구궁낙서 중심에서 일어나는 5용10작의 결과로, 하도의 천지지수 55가 갖추어지고, 대동지선의 무위조화가 펼쳐지는 것을 담아놓았다.

후천팔괘의 운행법도가 낙서의 오행상극과 하도의 오행상생의 이치로 펼쳐지는 것을 '동성문, 합덕문'의 두 문장에 담아, 그 뜻을 은밀히 후세에 전했다.

공자는 선천수 55와 후천수 45를 합친 하락총백(河洛總百)을 평분한 50을 '대연수(大衍數)'라고 정의하였다. 대연 50에 의하여 괘효의 점(占), 곧 서법(筮法)이 펼쳐진다. 점(占)은 선후인과(先後因果)에 대한 문답(問答)이다.

야산선생은 『주역』의 핵심 요점(要點)이 구오(九五)이며, 그 극치가 점(占)이라 하였다. 섬(占)에서 점(點)이 찍힌다. 모든 사물에 내재된 진리를 이해하는 초점·관점·시점(焦點·觀點·視點)이 비로소 가능해지는 것이다.

夫大人者는
부 대 인 자

與天地合其德하며 與日月合其明하며
여천지합기덕　　　여일월합기명
與四時合其序하며 與鬼神合其吉凶하야
여사시합기서　　　여귀신합기길흉
先天而天弗違하며 後天而奉天時하나니
선천이천불위　　　후천이봉천시
天且弗違온 而況於人乎며 況於鬼神乎여.
천차불위　　이황어인호　　황어귀신호

- 본문 55자(하도의 천지지수 55, 낙서의 5용10작)

동성합덕문(同聲合德文) - 하락총백(河洛總百)

또한, 의미 있는 사실은 『서경』「홍범구주」의 5황극(皇極) 해설문에 나오는 「탕평장(蕩平章)」이 하락총백(河洛總百)에 부합한 100자로 구성되고, 그 속에 10무극을 상징하는 무(無)라는 글자가 10번 나온다는 사실이다. 합덕문(合德文)에 대인과 함께 대동하는 존재인 십붕(十朋), 즉 천지2+일월2+사시4+귀신2 또한 10무극의 조화를 뜻한다.

홍범황극을 해설한 기자(箕子)나 구오대인을 해설한 공자말씀이 일심동체로 합하는 대목이다.

無偏無陂하야 遵王之義하며 無有作好하야 遵王之道하며
무편무피   준왕지의   무유작호   준왕지도

無有作惡하야 遵王之路하라.
무유작오   준왕지로

無偏無黨하면 王道蕩蕩하며 無黨無偏하면 王道平平하며
무편무당   왕도탕탕   무당무편   왕도편편

無反無側하면 王道正直하리니
무반무측   왕도정직

會其有極하야 歸其有極하리라.
회기유극   귀기유극

曰皇極之敷言이 是彛是訓이니 于帝其訓이시니라.
왈황극지부언   시이시훈   우제기훈

凡厥庶民이 極之敷言을 是訓是行하면
범궐서민   극지부언   시훈시행

以近天子之光하야
이근천자지광

曰天子ㅣ作民父母하샤 以爲天下王이라 하리라.
왈천자 작민부모   이위천하왕

- 총 100字

득상붕도설(得喪朋圖說)

坤은 元코 亨코 利코 牝馬之貞이니
곤   원   형   이   빈마지정

君子의 有攸往이니라.
군자   유유왕

先하면 迷하고 後하면 得하리니 主利하니라.
선   미   후   득   주리

西南은 得朋이오 東北은 喪朋이니 安貞하야 吉하니라.
서남   득붕   동북   상붕   안정   길

彖曰 ~先하면 迷하야 失道하고 後하면 順하야 得常하리니
단왈   선   미   실도   후   순   득상

西南得朋은 乃與類行이오 東北喪朋은 乃終有慶하리니
서남득붕   내여류행   동북상붕   내종유경

安貞之吉이 應地无疆이니라.
안정지길   응지무강

「후천팔괘방위도」는 동과 북에 남괘, 서과 남에 여괘가 자리한다. 천지 · 남녀가 교태(交泰)하여, 여괘가 위, 남괘가 아래에 있는 지천태(地天泰)의 형국이다. 그러므로 후천을 '여성상위(女性上位)' 시대라고 일컫는다.

곤괘(坤卦) 본체는 선천음수인 월(月) 10무극에 상응한다. 문왕은 『주역』 상경을 30괘로 하여 천도를 설명하는 한편, 한 달의 상수인 30자로 곤괘 괘사를 지었다. 그 가운데 '서남득붕 · 동북상붕(西南得朋 · 東北喪朋)'은 여괘를 중심으로 팔괘가 선후 변화하는 이치를 설명한 내용이다. 시집가기 전에는 여자들끼리 친정에 벗하고 있으므로 득붕(得朋), 시집간 후에는 친정을 떠나므로 상붕(喪朋)이다.

서남방은 지리적으로 평야가 많아 기질이 유순한 반면, 동북방은 험준한 고산이 많아 강건하다. 따라서 여자입장에서는, 친정은 순하여 길한 반면, 상대적으로 시집은 험하다. 하지만 시집가서 아기를 낳고 가정살림을 주관하는 것이 자연의 순리이며, 여자의 떳떳한 일생이다.

동북상붕 · 서남득붕(東北喪朋 · 西南得朋)

사상이치로써 선후팔괘를 살피면, 선천자연과 후천인사, 음양동정과 오행유행이라는 내외체용관계가 대비된다. 선천 동북은 중간이 모두 음(☷ · ☶ · ☵ · ☳)인 소음태음(⚏)의 괘로 기질이 음유하다. 이로부터 양적인 오행에 해당하는 남괘(☷ · ☶ · ☵ · ☳)가 후천적으로 출생(出生)한다.

반면, 선천 서남은 중간이 모두 양(☰ · ☱ · ☲ · ☴)인 태양소양(⚎)의 괘로 기질이 양강하다. 이로부터 음적인 오행에 해당하는 여괘(☰ · ☱ · ☲ · ☴)가 후천적으로 화성(化成)된다.

전체적으로 살피면, 동북의 교역팔괘는 후천의 남괘를 낳아주는(生) 원천을, 서남의 교역팔괘는 후천의 여괘가 뿌리내릴(克) 토대를 제공한다.

동북의 경우, 선천팔괘 3리화 · 4진뢰 · 8곤지 · 7간산(☲ · ☳ · ☷ · ☶)이 교역팔괘 정괘(正卦)인 감 · 리 · 건 · 곤(☵ · ☲ · ☰ · ☷)의 중개를 거쳐, 후

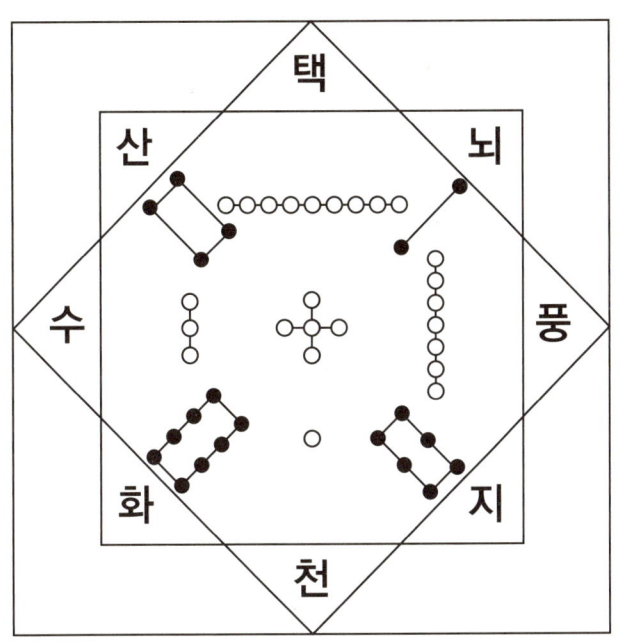

西南得朋(克)

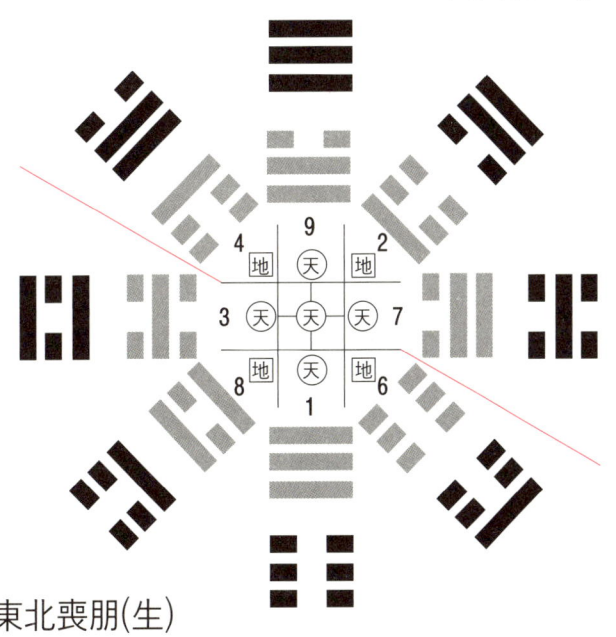

東北喪朋(生)

구궁교역(사상배합)과 후천팔괘(오행생성)

득상붕도설(得喪朋圖說) 245

천 아들괘(子卦)인 3진·8간·1감·6건(☳·☶·☵·☰)을 생성한다. 후천팔괘 남괘(☳·☶·☵·☰)가 자신을 생해주는 교역팔괘를 찾아온다. 생명의 탄생은 경사로운 일이지만, 해산(解産)에 따른 손(損)이 선행되므로 상붕(喪朋)이다.

서남의 경우, 선천팔괘 5손풍·6감수·2태택·1건천(☴·☵·☱·☰)이 교역팔괘 반괘(反卦)인 진·손·간·태(☳·☴·☶·☱)의 중개를 거쳐, 후천 딸괘(女卦)인 2곤·7태·4손·9리(☷·☱·☴·☲)를 생성한다. 후천팔괘 여괘(☷·☱·☴·☲)가 자신이 극할 수 있는 교역팔괘를 찾아온다. 풍성한 결실은 반드시 신고(辛苦)를 겪는다. 혁신(革新)에 따른 익(益)이 뒤따르므로 득붕(得朋)이다.

후천남괘(子)

후천동방 3진[장남]

3리화(☲)가 6감수(☵)를 만나 후천 3진(☳)의 양목을 생성한다. 수☵생☳목
선천 지화(☷ 8소유) → 천수(☰ 3소양)의 중천교역 → 후천양목(☳) 3진

후천동북 8간[소남]

4진뢰(☳)가 3리화(☲)를 만나 후천 8간(☶)의 양토를 생성한다. 화☲생☶토
선천 천목(☰ 2소음) → 지화(☷ 8소유)의 중천교역 → 후천양토(☶) 8간

후천북방 1감[중남]

8곤지(☷)가 1건천(☰)을 만나 후천 1감(☵)의 양수를 생성한다. 금☰생☵수
선천 지토(☷ 6태유) → 천금(☰ 1태양)의 중천교역 → 후천양수(☵) 1감

후천서북 6건[부친]

7간산(☶)이 8곤지(☷)를 만나 후천 6건(☰)의 양금을 생성한다. 토☷생☰금

선천 간토(☶ 4태음) → 지토(☷ 6태유)의 중천교역 → 후천양금(☰) 6건

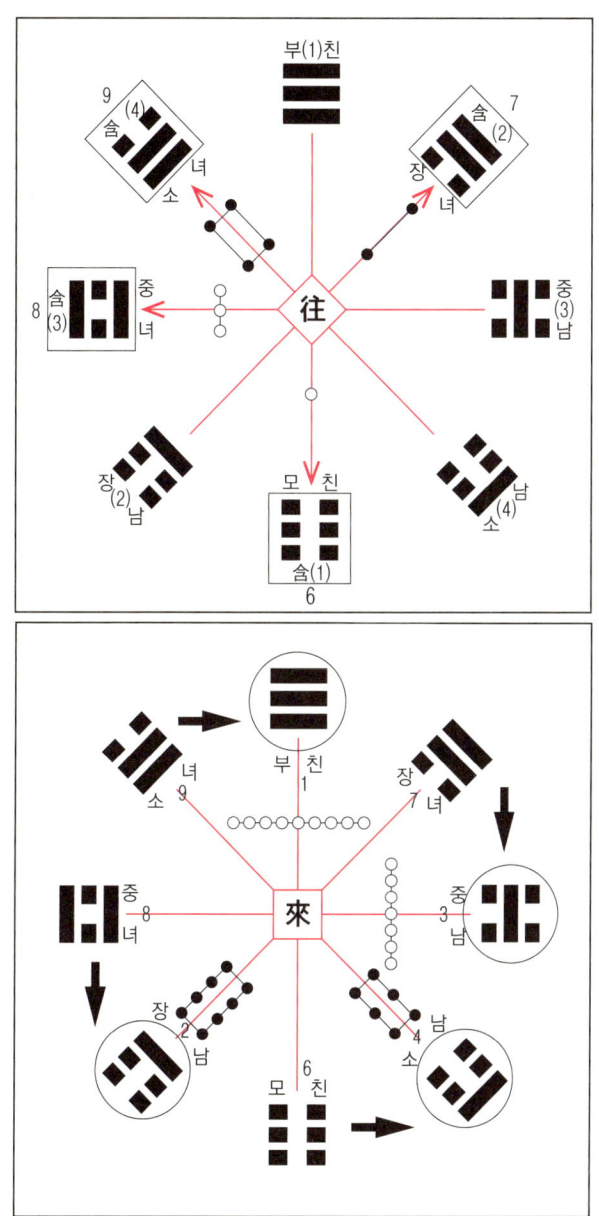

후천여괘(女)

후천서남 2곤[모친]

5손풍(☴)이 4진뢰(☳)를 만나 후천 2곤(☷)의 음토를 생성한다. 목☴극☷토

득상붕도설(得喪朋圖說) 247

역으로 교역팔괘의 진목(☳)이 밖으로 후천 곤토를 극한다. 뒤에 가서는 후천 곤토가 중심부의 5용10작과 진간(☳☶) 상착(相錯)에 의한 간토와 합한다.

선천 손목(☴ 7소강) → 진목☳ 2소음)의 중천교역 → 후천음토(☷) 2곤

후천서방 7태[소녀]

6감수(☵)가 5손풍(☴)을 만나 후천 7태(☱)의 음금을 생성한다. 금☱극☴목

선천 감수(☵ 3소양) → 손목(☴ 7소강)의 중천교역 → 후천음금(☱) 7태

후천동남 4손[장녀]

2태택(☱)이 7간산(☶)을 만나 후천 4손(☴)의 음목을 생성한다. 목☴극☷토

선천 태금(☱ 9태강) → 간토(☶ 4태음)의 중천교역 → 후천음목(☴) 4손

후천남방 9리[중녀]

1건천(☰)이 2태택(☱)을 만나 후천 9리(☲)의 음화를 생성한다. 화☲극☱금

선천 건금(☰ 1태양) → 태금(☱ 9태강)의 중천교역 → 후천음화(☲) 9리

『주역』 곤괘(坤卦)의 괘사에 대해 공자는 "(여자의 도리는) 앞장서면 아득하여 길을 잃고, 뒤따르면 순히 통하여 떳떳함을 얻는다. 서남에서 벗을 얻음은 이에 같은 부류끼리 행함이요, 동북에서 벗을 잃음은 이에 마침내 기쁨이 있음이라(先迷失道 後順得常 西南得朋 乃與類行 東北喪朋 乃終有慶)."고 풀이하였다.

득붕은 이득(利得)의 이익(利益), 상붕(喪朋)은 상실(喪失)의 손실(損失)을 가리킨다. 모든 일에는 상대적인 선후주종(先後主從)이 있다. 손익이해의 결과를 알아 여자(6 7 8 9)는 앞장서지 말고, 유순한 덕으로 남자(1 2 3 4)를 뒤따르면 마침내 부부화합을 이루고 자식을 낳아, 무위상생(無爲相生)의 후천조화가 전개됨을 가리킨다. '얻을 득(得)'은 '이길 극(克)'과 그 음과 의미가 서로

통한다.

서남에 후천 곤토가 자리를 정하는 까닭은, 중심인 5(日. 천화)와 10(月. 지수)에 의한 '5용10작'과 '5·10합토(合土)'에서 그 실마리를 찾을 수 있다.

여괘가 후천적으로 자신이 극(克)하는 토대를 찾아서 서남에 자리함은 곤괘(坤卦)에 이른 '서남득붕 내여류행(西南得朋 乃與類行)'의 이치이다.

구궁 중앙에는 천화(天火)에 해당하는 5(日)가 '화생토'를 하여 후천 양토가 나오고(生), 지수(地水)에 해당하는 10(月)을 '토극수'하며 후천 음토를 이룬다(成). 음양합토(合土)의 조화가 펼쳐지는데, 방위적으로는 음토인 곤토(坤土)를 서남에 배정하는 것이다.

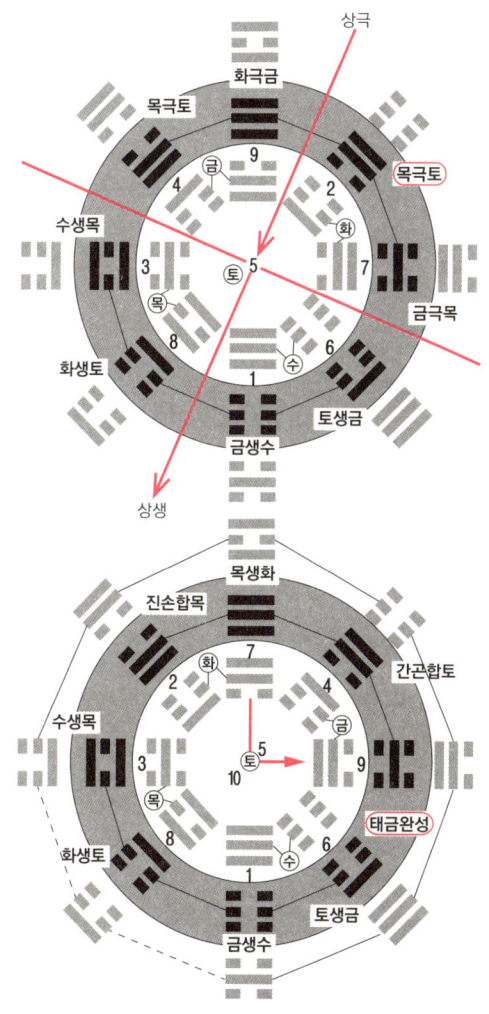

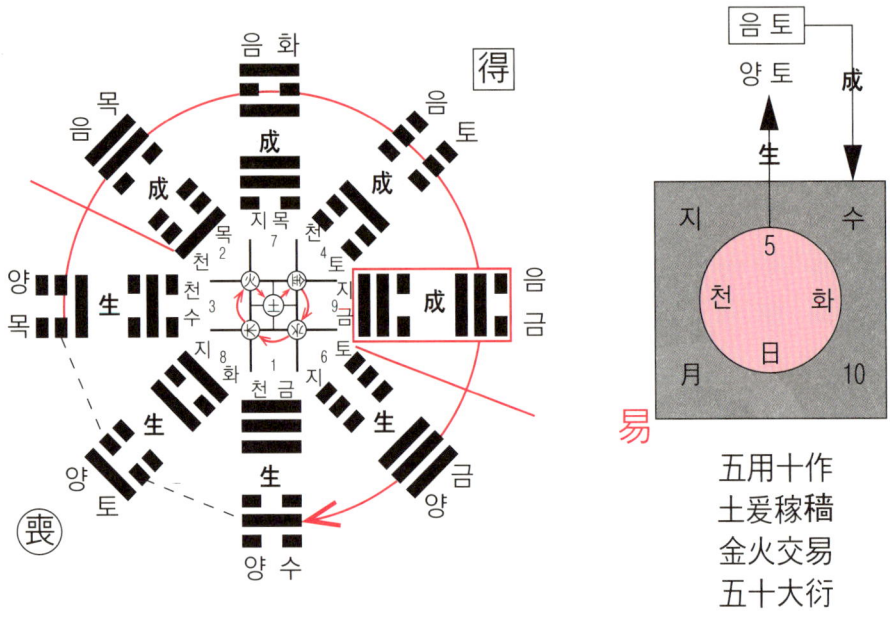

「후천팔괘방위도」에 남방 리화(離火)와 서방 태금(兌金)이 '화생토, 토생금'하려면 서남 곤토(坤土)의 중재조화가 있어야만 한다. 「교역팔괘」의 서와 남에서 금화교역이 이루어지려면, 후천 여괘의 극(克)함이 꼭 필요하다. 외부의 극함을 통해서 도전반복이 이루어져야 금과 화가 제 중심을 찾고, 이로 인해 하도의 오행상생이 후천적으로 펼쳐진다.

중천교역 및 금화교역이 이루어진 뒤에는, 후천적으로 남괘는 교역팔괘의 정괘(正卦)인 건곤감리(☰·☷·☵·☲)의 도움을 받아 자리를 정한다. 여괘는 반괘(反卦)인 진손간태(☳·☴·☶·☱)와 상합하여 안정적으로 제자리를 얻는다. 안으로 천지오행도 좌선상생을 하고 밖으로 후천팔괘도 좌선상생을 하는, 태극의 무위조화(無爲造化)를 펼치는 것이다.

이로써 구궁낙서의 수리를 취하여, 후천팔괘 1감·2곤·3진·4손·5중·6건·7태·8간·9리를 이끌어낸 문왕의 뜻이 명료하게 밝혀진다. 도학의 연원(淵源)을 재조명하고, 사문(斯文)의 도를 이 시대에 펼치는 데에 많은 도움이 되리라 생각한다.

후천팔괘도 좌선상생을 하는, 태극의 무위조화(無爲造化)를 펼치는 것이다.

공자는 易 전체에 걸친 선후변화를 '삼오착종, 통변극수(參伍錯綜, 通變極數)'에 의한 '성문정상(成文定象)'으로 압축 정리하였다.

參伍以變하며 **錯綜其數**하야
　삼오이변　　　착종기수

通其變하야 **遂成天地之文**하며
　통기변　　　수성천지지문

極其數하야 **遂定天下之象**하니
　극기수　　　수정천하지상

非天下之至變이면 **其孰能與於此**리오.
　비천하지지변　　　기숙능여어차

- 계사상전 10장

'삼오이변'이란 천지인 삼재지도(三才之道)가 각기 다섯 씩 '생수 1 2 3 4 5, 성수 6 7 8 9 10, 오행 수화목금토'로 대오(隊伍)를 갖추어 전개 변화함을 이른다.

'착종기수'란 팔괘의 상착·상종(相錯·相從)에 의한 구궁의 금화교역을 말한다. 용마부도·신구배문(龍馬負圖·神龜背文)에 의해, 선후천팔괘의 형상과 자리가 각기 완성 정립됨을 밝힌 말씀이다.

신묘문(神妙文)

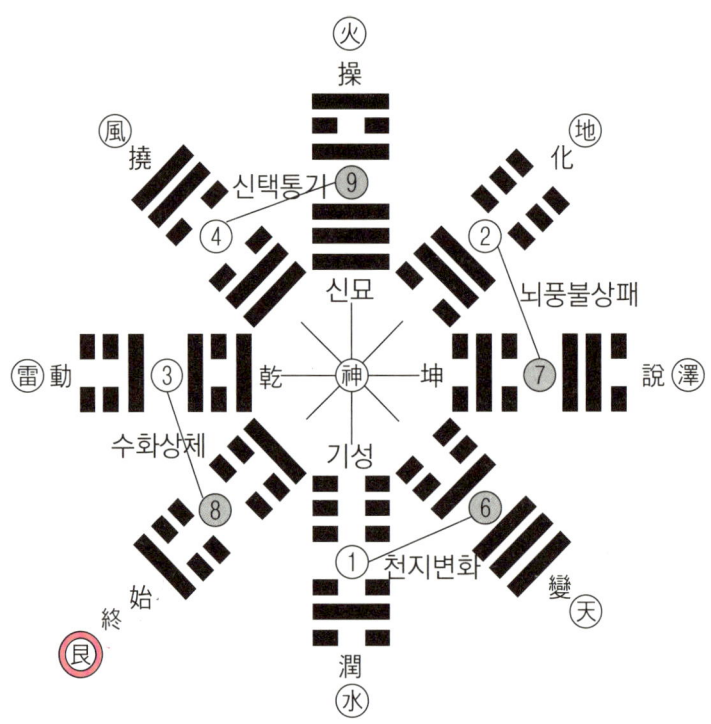

神也者는 妙萬物而爲言者也니 動萬物者 莫疾乎雷하고
신야자 묘만물이위언자야   동만물자 막질호뢰

撓萬物者 莫疾乎風하고 燥萬物者 莫熯乎火하고
요만물자 막질호풍   조만물자 막한호화

說萬物者 莫說乎澤하고 潤萬物者 莫潤乎水하고
열만물자 막열호택   윤만물자 막윤호수

終萬物始萬物者 莫盛乎艮하니
종만물시만물자 막성호간

故로 水火 相逮하며 雷風이 不相悖하며
고   화수 상체   뇌풍 불상패

山澤이 通氣然後에야 能變化하야 旣成萬物也하니라.
산택 통기연후   능변화   기성만물야

-설괘전 6장

공자는 『주역』 설괘전(說卦傳)에서 선후천팔괘의 선후변화작용을 하나로 묶어, 천지건곤의 신묘조화로 만물이 생성 변화함을 설명하였다. 앞 문장은 후천팔괘의 춘하추동과 동남서북의 '목화금수', 뒤 문장은 선천팔괘가 교역하여 '목화금수'를 순차적으로 생성하는 자연한 흐름을 밝혀놓았다.

神也者는 妙萬物而爲言者也니
　　신야자　　묘만물이위언자야
신이라는 것은 만물을 묘하게 함을 말하니

動萬物者 莫疾乎雷하고
　동만물자 막질호뢰
만물을 움직이는 것이 우레보다 빠름이 없고 → 동방진목

撓萬物者 莫疾乎風하고
　요만물자 막질호풍
만물을 흔드는 것이 바람보다 빠름이 없고 → 동남손목

燥萬物者 莫熯乎火하고
　조만물자 막한호화
만물을 말리는 것이 불만한 것이 없고 → 남방이화

說萬物者 莫說乎澤하고
　열만물자 막열호택
만물을 기쁘게 하는 것이 연못만한 것이 없고 → 서방태금

潤萬物者 莫潤乎水하고
　윤만물자 막윤호수

만물을 적셔줌이 물만한 것이 없고 → 북방감수

終萬物始萬物者 莫盛乎艮하니
종 만 물 시 만 물 자 막 성 호 간
만물을 마치고 비롯함이 간방보다 성한 것이 없다 → 동북간토

故로
고
그러므로

水火 相逮하며
수 화 상 체
물과 불이 서로 미치며 → ☲(3) ☵(8)의 합목

雷風이 **不相悖**하며
뇌 풍   불 상 패
우레와 바람이 서로 어그러뜨리지 않으며 → ☳(2) ☴(7)의 합화

山澤이 **通氣然後**에야
산 택   통 기 연 후
산과 못이 기운을 통한 뒤에야 → ☶(4) ☱(9)의 합금

能變化하야
능 변 화
능히 변하고 화해서 → ☰(1) ☷(6)의 합수

기 성 만 물 야
旣成萬物也하니라.

만물을 다 이룬다. → 대성 건(5)곤(10)의 합토(成言乎艮으로 완성)

하늘의 밝은 기운은 땅에 이르러 지극히 펼쳐진다. 이로부터 만물의 신묘(神

妙)한 생성변화가 일어난다. 선천은 부모, 후천은 자녀가 각기 주장한다.「선천팔괘방위도」의 상하(上下) 중심축에는 천지만물을 주재하고 운전하는 건곤(乾坤) 부모가 정위(定位)한다. 음양불측(陰陽不測)한 신(神)은 건곤의 '굴신왕래, 교역변화'를 가리킨다.

후천시대에는 건곤부모의 분신인 '3남 진감간(☳☵☶), 3녀 손리태(☴☲☱)'의 자녀들이 부모의 일을 대행하며, 신묘(神妙)한 세계를 주도해 나아간다.

중천교역을 상징하는 구궁낙서는 '굽을 굴(屈), 펼 신(伸)', 즉 천도 생수 1 2 3 4 5가 지도 성수 6 7 8 9 10으로 나아가 굴(屈)하는 반면, 지도 성수 6 7 8 9 10은 천도 생수 4 3 2 1 5로 찾아와 신(伸)한다. 태극의 현묘한 조화작용은 선천의 음양교합을 가교로 하여 후천의 오행결실을 거두는, 오곡이 무르익는 초가을(申月)에 펼쳐진다.

미래후천을 펼치는 서남 입추방위의 '미곤신(未坤申)'에 '모친 곤(坤)괘', 만물이 탈각혁신(脫殼革新)하여 옷을 벗는 서방 정추방위에 '소녀 태(兌)괘'가 있다. 서방정토란 '신비묘연(神秘妙衍)의 후천세계'를 이른다.

후천가을의 신묘조화로써 오행에 의한 만물이 완성되므로, '신묘문'은 후천팔괘부터 먼저 설명한 다음에, 후천팔괘가 선천팔괘의 교역왕래인 구궁낙서에 의함을 밝혔다. 문장 또한 '사시유행, 오행상생'의 흐름인 건곤의 원형이정(元亨利貞) 4덕의 전개순서를 따랐다.

도서팔괘의 전체 흐름

선천음양팔괘(복희팔괘)

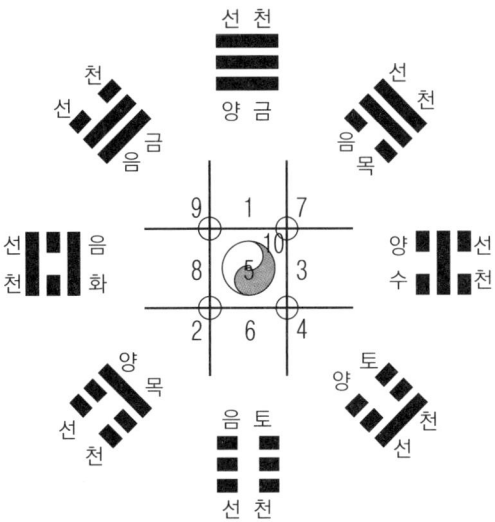

후천오행팔괘(문왕팔괘)

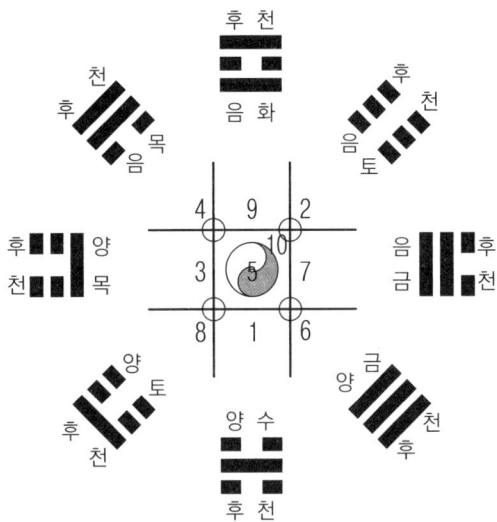

① 선천팔괘는 하도에서 비롯된다. 「선천팔괘방위도」의 중심은 10지극 10무극이 5천극 5황극을 품은 상태이기에, 상(象)과 수(數)가 밖으로 드러나지 않는다. 체불용(體不用)으로 감춰진 중앙의 5·10은 소성팔괘를 낳는 대성건곤, 부모자녀를 낳는 조부조모에 해당한다. '우주재호수(宇宙在乎手)'라 하였듯이, 손등(10)이 손바닥(5)을 품고, 손바닥이 손등을 짊어짐과 같다.

하도는 양이 음을 짊어지고 음이 양을 품는, 천도가 지도를 짊어지고 성수가 생수를 품는 '부음포양(負陰包陽)'을 나타낸다. 즉 안의 생수 1 2 3 4 5가 밖의 성수 6 7 8 9 10을 짊어지는 반면, 밖의 성수 6 7 8 9 10은 안의 생수 1 2 3 4 5를 품는 내외본말·선후생성을 표상한다. 수를 셀 적에도, 1 2 3 4 5는 다섯 손가락을 안으로 굽혀나가지만, 6 7 8 9 10은 밖으로 펴나간다.

② 6양과 6음의 대성건곤은 선천팔괘를 펼치는 본체로서, 역유태극(易有太極)에 상응한다. 『주역』이 대성건곤으로부터 시작하는 근본연유라 생각된다. 소성건곤은 오행의 시작인 1·6합수를 생성하는 작은 부모지만, 대성건곤은 오행의 완성인 5·10합토를 생성하는 큰 부모이다. 5와 10을 조부와 조모로 간주함도 그러한 까닭이다.

역유태극(易有太極)에서 6양6음의 남괘[☰ · ☱ · ☲ · ☳]와 6음6양의 여괘[☷ · ☶ · ☵ · ☴]가 펼쳐진다. 6양(5황극)이 6음(10무극)을 얻음으로 인해 남괘, 6음(10무극)이 6양(5황극)을 얻음으로 인해 여괘가 나온다.

5황극을 연모(衍母), 10무극을 연자(衍子)라고도 한다. 5가 10을 밀침으로 인해서 1 2 3 4가 사방으로 나오기 때문이다. 5와 10을 합친 15는 소연수(小衍數), 5와 10이 교합하여 펼치는 50은 대연수(大衍數)이다. 소연수 15에서 사상의 수인 9·6(태양·태음), 7·8(소양·소음)이 각기 펼쳐지고, 대연수 50을 기본으로 하여 64괘 384효를 이끌어낸다.

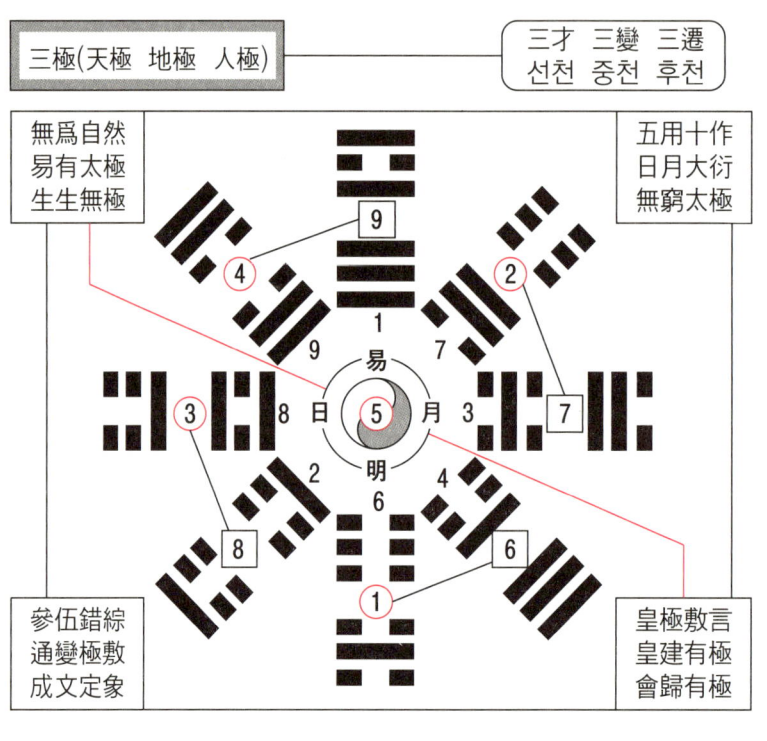

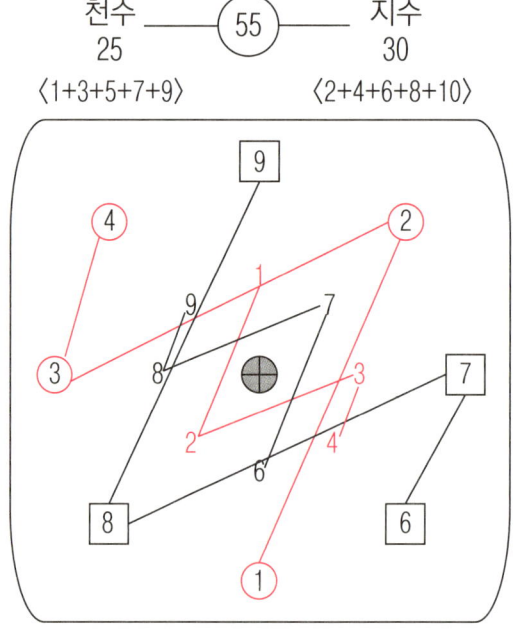

數往者順 知來者逆

③ 공자는 『주역』 계사상전에서 '건도성남, 곤도성녀(乾道成男, 坤道成女)'를 말씀하였다. 천지태극에 상응하는 대성건곤은 3변하여 남녀 8괘를 화성하며, 64대성괘의 부모가 된다.

「선천팔괘방위도」는 하도 사방의 생수 1 2 3 4와 성수 6 7 8 9가 서로 마주 바라보는 남녀대대(男女待對)의 형상이다. 이로부터 천지(1·6), 뇌풍(2·7), 수화(3·8), 산택(4·9)의 부부배합인 팔괘가 상착(相錯)하게 된다.

④ 본서에서는 5황극을 중심으로 한 선천팔괘의 상착(相錯)을 구궁낙서로 간주한다. 상착으로 인해 생성된 후천 오행은 상극운행을 하며 시계반대 방향으로 돌아간다.

이러한 낙서의 오행상극을 반전(反轉)시키는 것이 '금화교역'이다. 금화의 교역이란 반괘(反卦)인 진손·간태가 각기 간태·진손으로 뒤집혀 도전(倒轉)됨을 뜻한다. 이 금화교역을 통하여, 오행이 상생운행을 하며 시계방향으로 돌아가는 하도의 오행상생이 전개된다. 그 중심작용이 5황극10무극의 '5용10작'이며, 이를 후천의 무위조화라 일컫는다.

⑤ 오행상극을 바탕으로 오행이 상생하는 세계가 완성된 의미의 후천이다. 우리가 존재하는 현실세계가 이루어야 할 목표이다. 선천은 상생을 본체로 하는 가운데 상극, 후천은 상극을 본체로 하는 가운데 상생으로 작용한다.

대자연은 이미 원리와 현상이 선후체용합일을 이루어 돌아가지만, 실제 선천시대의 현상작용은 약육강식의 상극투쟁이 판을 친다. 반면, 후천시대는 조화합일의 상생평화가 주도한다. 이러한 이상적인 후천세계를 맞이하려면, '5용10작', 곧 대동중정의 본체인 황극의 도를 세워 무극한 무위조화가 발현되어야만 한다. 극기복례(克己復禮)와도 같다. 후천팔괘의 조력에 의하여 안으로 중천의 교역팔괘가 도전하여 금화가 교역되고, 천지자연의 무위상생이 극진히 펼쳐진다.

⑥ 『주역』에서는 때를 중시한다. 선천시대의 문명은 화택규(火澤睽. 38)로 때가 어긋나 분규와 전쟁이 끊임없지만, 후천시대는 택화혁(澤火革. 49)으로 때맞추어 혁신과 화합을 펼친다.

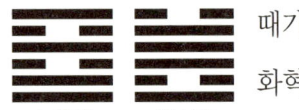
火澤睽　澤火革

역 전체를 주도하는 이 흐름을 '천도변화(天道變化)'라고 한다. 문왕의 괘사와 주공의 효사로 완성된 『역경』은 달력의 신비한 원리를 바탕으로 미래의 길흉화복을 예측하는 점서(占書)이긴 하지만, 이상적인 후천시대가 도래함을 전하고 있다. 주역경전을 십익(十翼)으로 풀이한 공자도 64괘 중 12곳에 후천을 여는 때의 시기·쓰임·의미를 특별히 강조하였다.

공자는 「후천팔괘방위도」에 대해 "제(帝)가 정동 진방(震方)에서 나온다. … 만물을 마치고 새로이 시작함이 동북 간방(艮方) 보다 성대한 곳이 없으며, 이곳에서 하늘의 말씀을 이룬다."[1]고 하였다.

인류 대변혁의 시대를 넘어가는 중천의 고갯마루가 아리고 쓰라린 '아리랑 쓰리랑' 고개이다. 중천마루를 넘으려면, 맵고 쓴 '간난신고(艱難辛苦)'를 겪기 마련이다. 신고(辛苦)는 서방과 남방, 가을과 여름, 금과 화에 속한다.

여름에서 가을로 바뀌듯이, 천도변혁을 상징하는 대표적인 괘가 택화혁(澤火革)이다. 무궁태극의 천문을 여는 대혁(大革)의 땅에서 큰 간난신고(艱難辛苦)를 겪지만, 시련을 잘 극복하면 인류사회의 평화와 공영을 선도해 나아간다는 뜻이다.

---

1. 『주역(周易)』설괘전(說卦傳): 萬物 出乎震 震 東方也 … 艮 東北之卦也 萬物之所成終而所成始也 故 曰成言乎艮

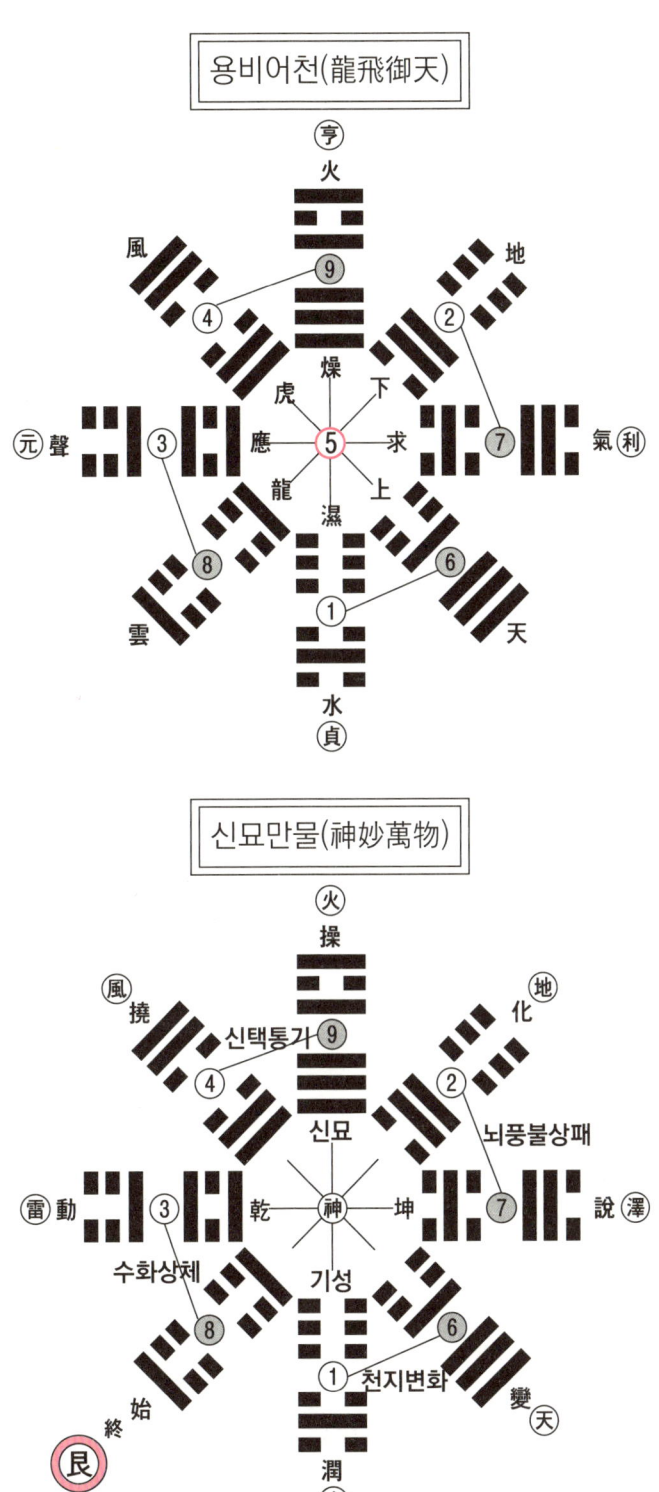

도서팔괘의 전체 흐름 261

참고 역도해(易圖解) 필자 견해를 담은 천간지지와 도서팔괘

① 금화교역(팔괘착종)에 의한 천간의 오행상생, 그리고 오행이 상생하여 순행하는 후천팔괘를 서로 비교한 그림

정방위에 양에 속한 오행(甲丙戊庚壬), 그 사이에 음에 속한 오행(乙丁己辛癸)이 있다. 양간(陽干)이 음간(陰干)을 이끄는 가운데 오행이 상생하고, 마주 보는 방위의 천간끼리 상충(相冲)하여 대립한다.

정동 3진(☳) 안의 갑(甲) 양목과 정서 7태(☱) 안의 경(庚) 양금이 상충하고, 정남 9리(☲) 안의 병(丙) 양화와 정북 1감(☵) 안의 임(壬) 양수가 상충하고, 동북 8간(☶) 안의 을(乙) 음목과 서남 2곤(☷) 안의 신(辛) 음금이 상충하고, 동남 4손(☴) 안의 정(丁) 음화와 서북 6건(☰) 안의 계(癸) 음수가 상충한다. 중궁의 무(戊)와 기(己)는 이와 달리 함께 자리하여 상합한다.

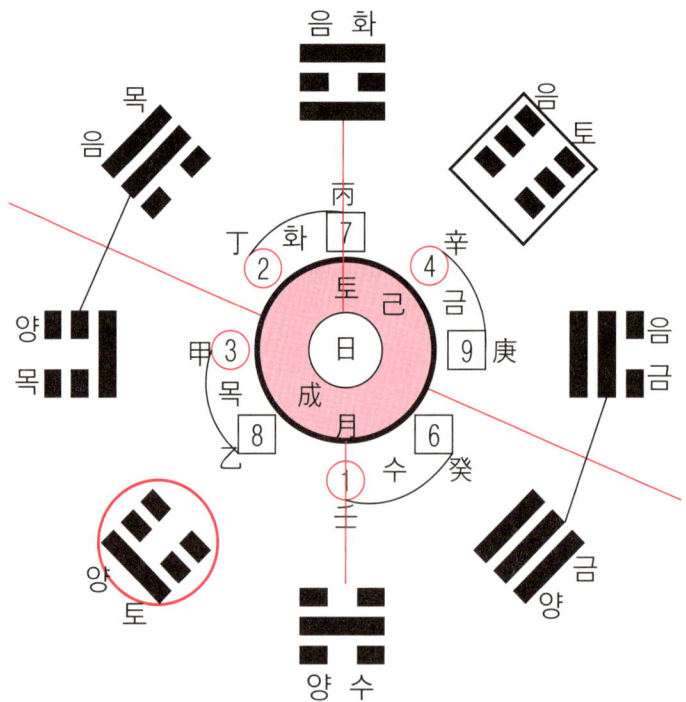

선천은 갑(甲), 후천은 경(庚)을 주장한다. 『주역』의 지뢰복(地雷復) 괘사에 '칠일래복(七日來復)'이라고 하였다. 선천의 갑(甲)을 후천에 경(庚)으로 고쳐 바꾸는 '경갑변도(庚甲變度)'를 강조한 내용이다.

18번째 괘인 산풍고(山風蠱) 괘사에 "선갑삼일 후갑삼일(先甲三日 後甲三日)", 57번째 괘인 중풍손(重風巽) 구오(九五) 효사에 "선경삼일 후경삼일(先庚三日 後庚三日)"을 말하였다. 즉 갑(甲)에 앞선 사흘인 신(辛)이 갑(甲)에 뒤로 사흘인 정(丁), 경(庚)에 앞선 사흘인 정(丁)이 경(庚)에 뒤로 사흘인 계(癸)로 바뀐다는 뜻이다.

② 하도의 천간생성과 금화교역(팔괘착종) 및 팔괘의 선후대비도

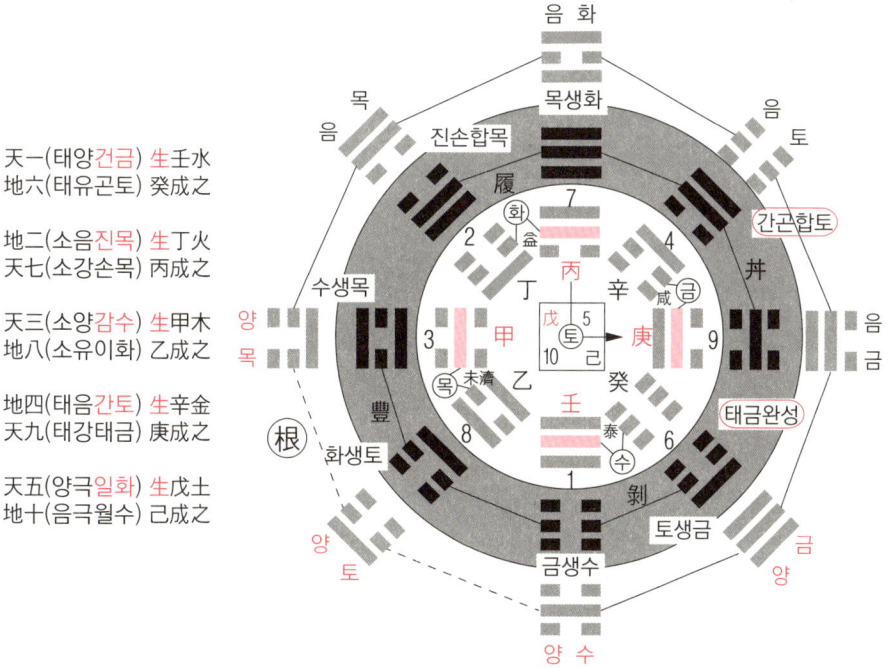

선천팔괘를 중심에 두고, 금화교역과 후천팔괘를 대비한 그림이다.

금화교역의 결과 최종적으로 서방 태(兌, ☱)에 이르러, 산택통기(山澤通氣)에 의한 경금(庚金)이 완성되고 후천이 열린다.

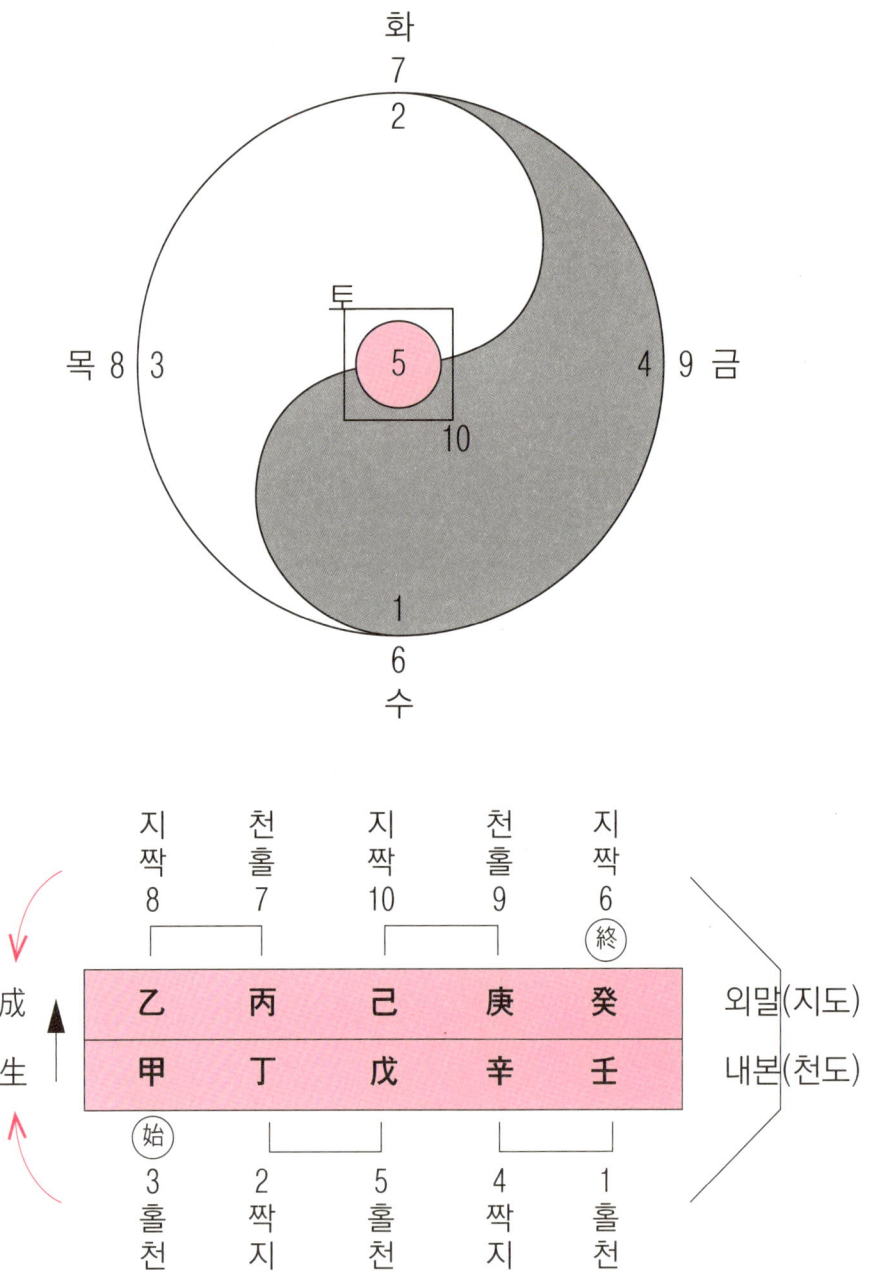

금화교역(克生반전)

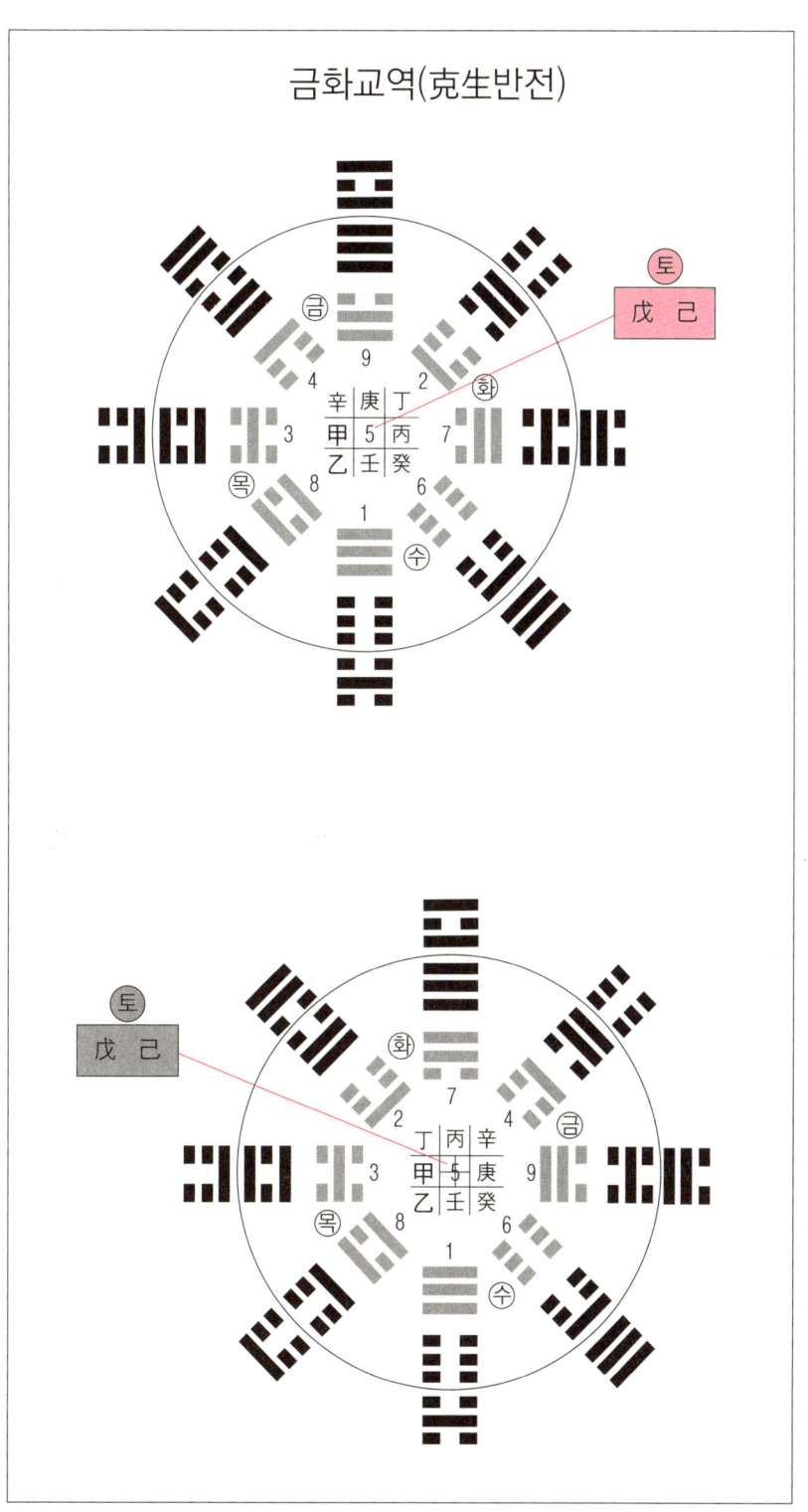

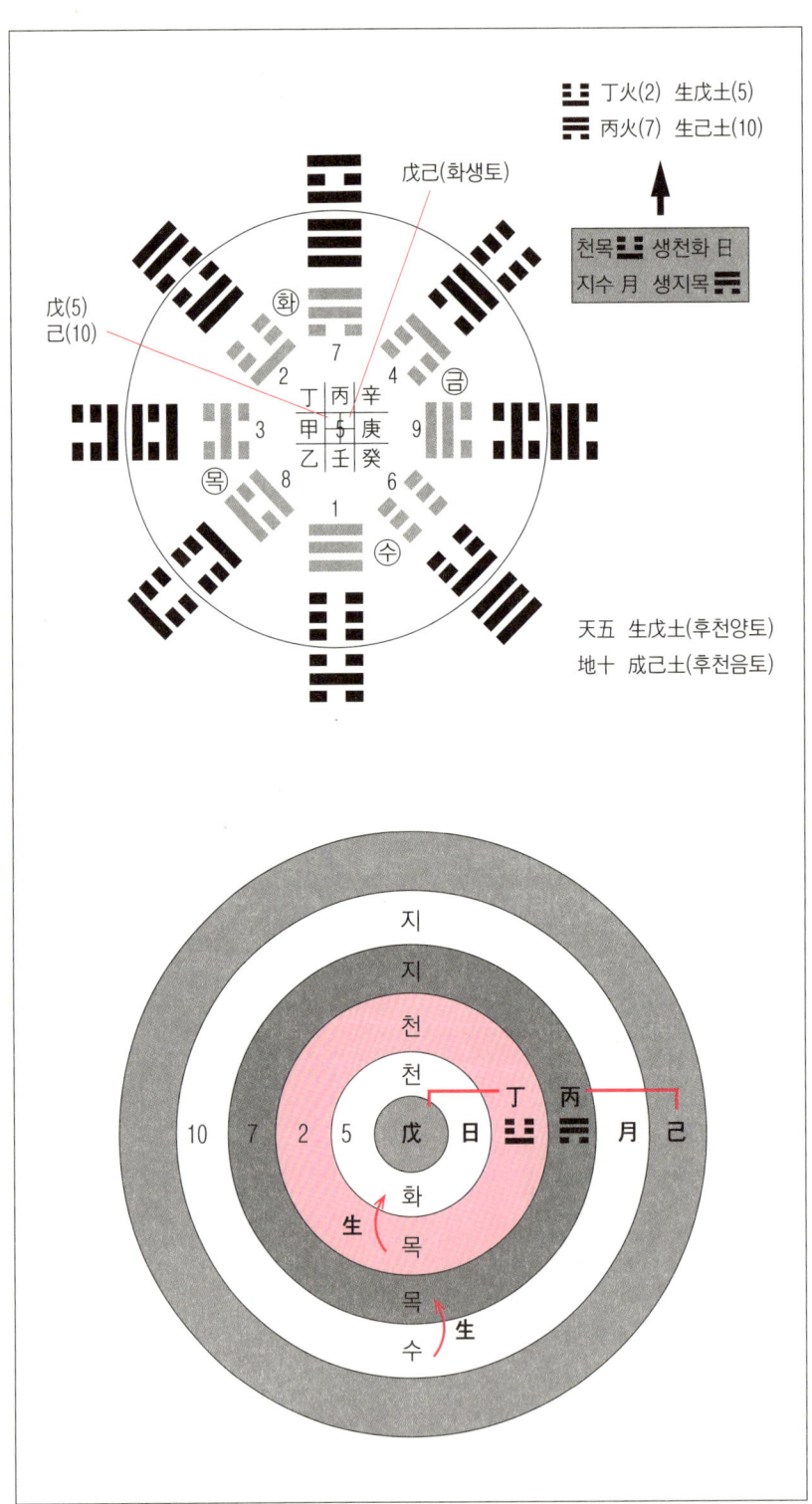

③ 선천팔괘(외부) - 교역팔괘(중간) - 후천팔괘(내부)

선천팔괘의 남녀배합에 따른 교역팔괘에 다시금 후천팔괘가 밀려옴을 대성괘로 살핀 그림이다. 외괘는 밖으로 나아가고, 내괘는 안으로 밀려옴을 기본으로 하였다.

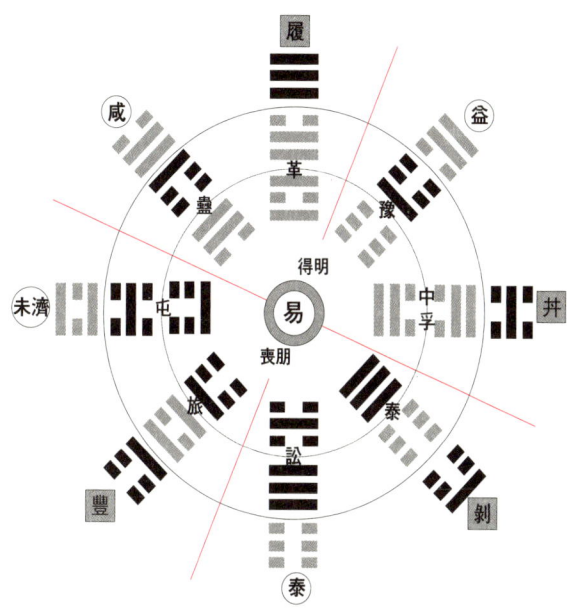

선중후(외내중)로 본 팔괘변화 → 서남득붕 동북상붕

지천태(地天泰) 천지교통 → 1·6 합수 → 천수송(天水訟) 도래
풍뢰익(風雷益) 뇌풍상박 → 2·7 합화 → 뇌지예(雷地豫) 도래
화수미제(火水未濟) 수화상체 → 3·8 합목 → 수뢰둔(水雷屯)이 뒤따름
택산함(澤山咸) 산택통기 → 4·9 합금 → 산풍고(山風蠱)가 뒤따름

천택리(天澤履) 합금 → 태(泰)의 합수지원 → 택화혁(澤火革) 도래
뇌화풍(雷火豐) 음화(☳) → 익(益)의 합화지원 → 화산려(火山旅) 도래
수풍정(水風井) 음목(☴) → 미제(未濟)의 합목지원 → 풍택중부(風澤中孚) 도래
산지박(山地剝) 합토 → 함(咸)의 합금지원 → 지천태(地天泰) 도래

동북상붕(東北喪朋)은 후천 남괘가 교역팔괘의 생(生)을 받아 나오고, 서남득붕(西南得朋)은 후천 여괘가 교역팔괘를 극(克)할 곳을 얻는다.

서남 곤토는 '목극토'의 토대를 제공하여 진목(2)·손목(7)의 합화를 도우고, 금화교역에 따라 진(☳)이 간(☶)으로 바뀌어, 간·곤(☶·☷)이 합토를 이룬다.

④ 후천팔괘(외부), 선천팔괘(중간), 교역팔괘(내부)

왼편은 교역팔괘, 오른편은 금화교역에 의해 교역팔괘가 뒤집어져 도전(倒顚), 착종(錯綜)된 상태다. 우회상극과 좌선상생하는 오행의 흐름을 상대적으로 보여준다.

극기복례(克己復禮)에 의한 천하귀인(天下歸仁)을 안자(顔子)에게 가르친 공자(孔子)의 깊은 뜻을 알 수 있다.

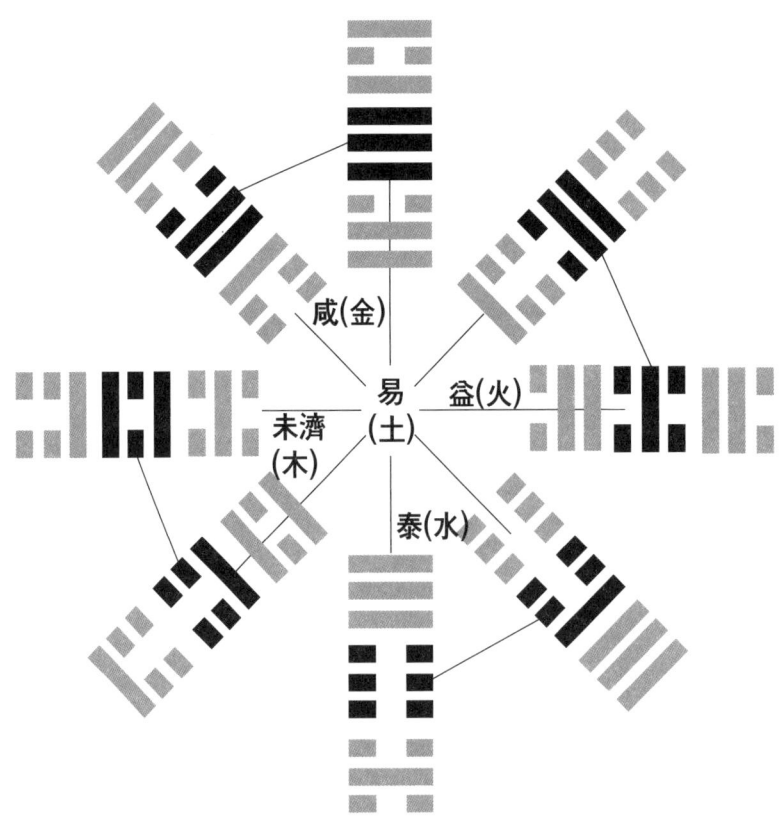

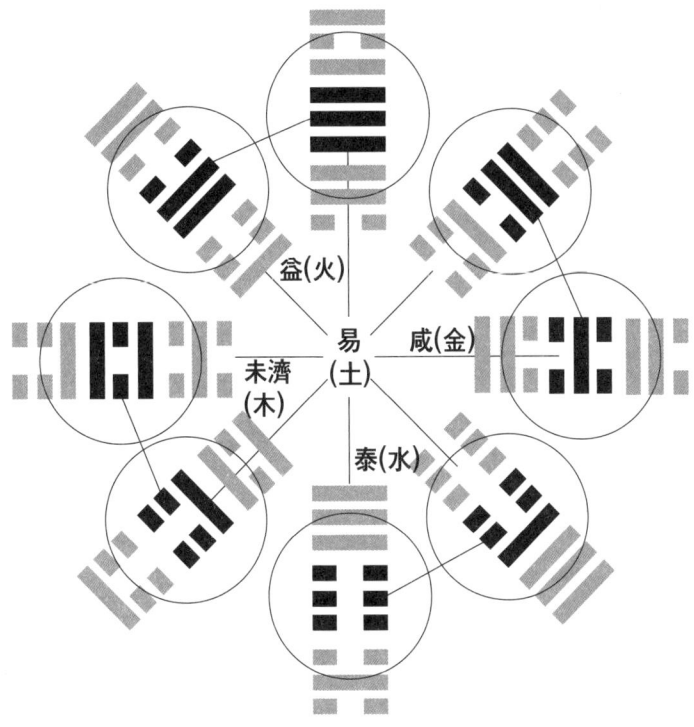

⑤ 밖으로부터 안으로(후천팔괘, 선천팔괘, 교역팔괘, 중심부는 금화교역에 의해 도전된 팔괘)

외부에 써놓은 것은 후천팔괘와 선천팔괘를 상괘·하괘로 놓은 괘들의 명칭으로, 팔괘 방위를 대표하는 대성괘(大成卦)이다.

정동의 동성상응(同聲相應)을 정립한 뇌화풍(雷火豐) → 동(東)의 제자(制字)
정서의 동기상구(同氣相求)을 정립한 택수곤(澤水困) → 서(西)의 제자(制字)
정남의 화취조(火就燥)를 정립한 화천대유(火天大有) → 남(南)의 제자(制字)
정북의 수류습(水流濕)을 정립한 수지비(水地比) → 북(北)의 제자(制字)
동북의 운종룡(雲從龍)을 정립한 산뢰이(山雷頤) → 동북
동남의 풍종호(風從虎)를 정립한 풍택중부(風澤中孚) → 동남
서남의 본호지자친하(本乎地者親下)를 정립한 지풍승(地風升) → 서남
서북의 본호천자친상(本乎天者親上)을 정립한 천산돈(天山遯) → 서북

「선천팔괘방위도」 안에 써놓은 것은 선천팔괘와 교역팔괘를 상하로 놓은 괘들을 다시 뒤집어 도전한 괘들의 명칭이다.

정북 → 태(泰)는 비(否)로, 서남 → 익(益)은 손(損)으로,
정동 → 미제(未濟)는 기제(旣濟)로, 동남 → 함(咸)은 항(恒)으로,
정남 → 리(履)는 소축(小畜)으로, 동북 → 풍(豊)은 려(旅)로,
서북 → 박(剝)은 복(復)으로, 정서 → 정(井)은 곤(困)으로 도전된다.

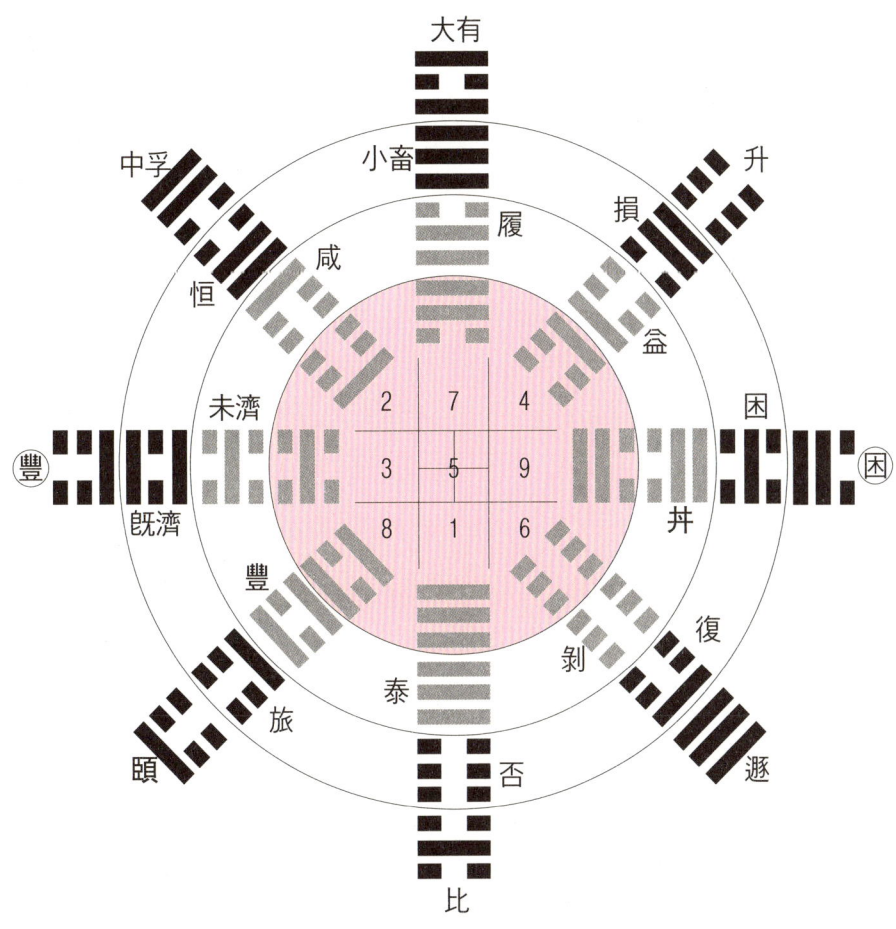

부록

천도변화와 후천시대

이섭대천(利涉大川)과 바둑윷판

윷과 바둑은 천도운행을 바탕으로 한 놀이이다. 도·개·걸·윷·모로 말이 뛰는 윷판은 달력의 오행이치와 50대연의 고대역법, 흑백의 돌을 번갈아 두는 바둑판은 일월의 음양이치와 한해의 주천상수 360일 및 '원회운세세월일신(元會運世歲月日辰)'을 담고 있다. 야산선생의 가르침에 의하면, 선후천을 넘는 이섭대천(利涉大川)에 대한 비결을 단군과 요임금이 윷과 바둑을 통하여 전하였다고 한다.

바둑

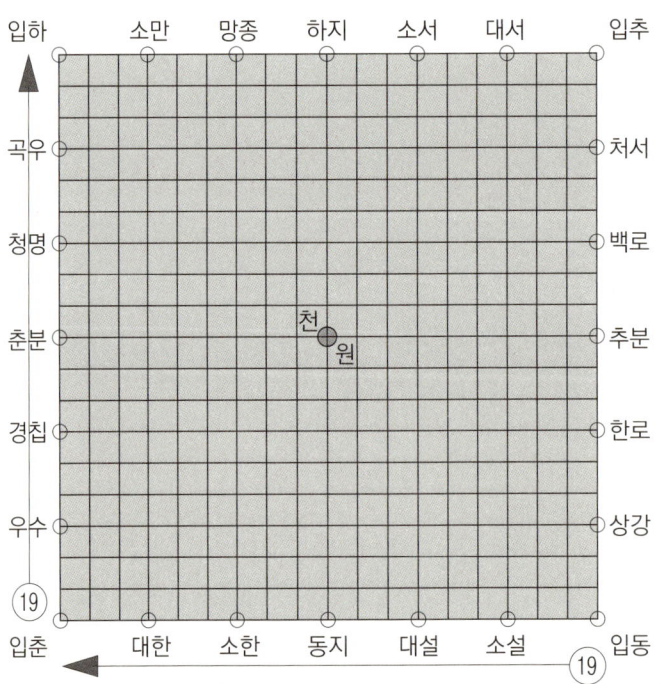

천도운행의 기틀은 요임금이 만들어 전했다는 바둑판으로 상징된다. 가로와 세로 19줄씩으로 총 361점이 펼쳐지는 가운데, 중앙 한복판의 1점 천원(天元)

을 뺀 나머지 360점은 1년의 '주천상수(周天常數)'이다. 벼릿줄에 해당하는 사방 테두리선의 72점은 1년의 72후를 상징하며, 춘하추동 4계절의 목왕·화왕·금왕·수왕을 조절하고 중개하는 '토왕(土旺) 72일'에 해당하는 역수이다.

매년 1점씩 나아가 토왕 72점을 다 돌면 황도(黃道)가 1도씩 이동하는 72년의 주기가 되고, 이 주기를 바둑판 전체의 360점과 같이 360회를 거듭하면 천체 세차운동의 기본주기인 25,920년을 이룬다. 이를 5회 거듭한 역수가 1원(元) 129,600년이다.

호흡맥박과 자강불식(自彊不息)

하늘을 상징하는 건[☰]에 대해 공자는 하늘의 강건한 운행을 본받아 군자는 "스스로 굳세게 쉼 없이 노력한다."는 '자강불식(自彊不息)'을 강조하였다. 사람의 기본적인 생명활동은 코의 호흡과 심장의 맥박으로 유지된다. 평균 1분마다 18회의 호흡을 하고 72회의 맥박이 뛰므로, 1분 동안 호흡과 맥박은 90회의 생명활동을 한다. 따라서 하루의 24시간을 주기로 총 129,600회의 호흡 맥박이 진행된다. 〈24×60=1,440분 / 1,440×90=129,600회〉

천지만물의 영장인 사람을 '소천지, 소우주'로 일컫는 것도 하루 동안 천도 운행의 1원(元) 129,600년에 해당하는 129,600회의 생명활동을 쉼 없이 노력하는데서 그 실마리를 찾을 수 있다. 몸의 균형조화가 신체관절에 의하듯 절도 있는 행동에 의해 떳떳한 예의법도가 세워지므로, 보통 예와 절을 묶어 예절(禮節)이라고 한다. 계절변화도 신체골절, 예의범절과도 같다. 신체상으로 팔다리 사지는 춘하추동의 사계절, 신체를 지탱하는 척추의 24절은 24기(氣), 중간 72골절은 72후(候), 세부골절인 360마디는 360일에 합한다.

『황제음부경(黃帝陰符經)』에 "우주가 손안에 있고 일만 가지 조화가 몸에서 나온다(宇宙 在乎手 萬化 生乎身)."고 하였다. 가운데 손가락은 낮이 가장 긴 여름, 새끼손가락은 낮이 가장 짧은 겨울, 둘째넷째 손가락은 낮밤의 길이가 같은 봄가을, 엄지손가락은 사계절을 매개하는 토왕의 계절에 해당한다.

2마디로 된 엄지손가락은 음양태극과 오행의 중심인 토를 상징한다. 주야교대와 사시운행을 이루는 일월 본체가 되고, 특정한 성질이 없이 매개하고 중재 조절하는 역할을 한다. 어느 손가락이라도 다 집을 수 있는 엄지와 달리, 둘째·셋째·넷째·다섯째(검지·중지·약지·소지) 손가락은 각기 3마디로 되어 있다. 봄 3달, 여름 3달, 가을 3달, 겨울 3달과 서로 통하고, 특정 성질이 분명한 목화금수와 같은 역할을 한다.

음양이 사귀면 오행은 생성되기 마련이다. 호흡은 태극에서 한번은 나아가고 한번은 물러나는 음양의 출입(出入)원리이다. 오행을 대표하는 중앙의 토로서 춘하추동 4계절을 거느리는 중심태극과 같다. 중앙의 토가 수화목금을 중재 조절하는 이치에 따라 18회 호흡을 바탕으로 72회 맥박이 뛴다고 하겠다.

"하늘의 운행이 강건하여 한 치의 어긋남이 없이 순환 반복하니 군자가 이를 본받아 스스로 굳세게 해서 쉬지 않는다."[1]는 공자 말씀이 마음속에 와 닿는다.

필자의「태극사상과 한국문화」발췌

윷

흑백의 돌을 번갈아 두는 바둑이 선천적인 음양원리라면, '도·개·걸·윷·모'로 말이 뛰노는 윷놀이는 후천적인 오행이치에 기본을 둔다.

일월(日月)과 오성(五星)으로 대비되는 바둑과 윷은 '음양의 원리'인 선천팔괘와 '오행의 이치'인 후천팔괘와 같이 본말체용으로 상대되는 놀이이다.

윷가락은 전통적으로 박달나무로 만든다. 단군(檀君)의 단(檀)이 '박달나무'임을 상기해보면, 국조께서 윷놀이를 만들어 전해주었다는 이야기에 힘이 실

---

1. 『주역』건(乾)괘 상전: 象曰 天行이 健하니 君子 以하야 自彊不息하나니라.

린다. 3변하여 8괘를 펼치는 태극을 '3·8목도'로 표상하듯이, 박달나무 자체는 태극, 이를 갈라 등(음)과 배(양)로 나누는 것은 음양인 양의, 네 가락으로 나누는 것은 사상, 네 가락을 각기 엎치고 잦힌 8가지 경우는 8괘에 각기 상응한다.

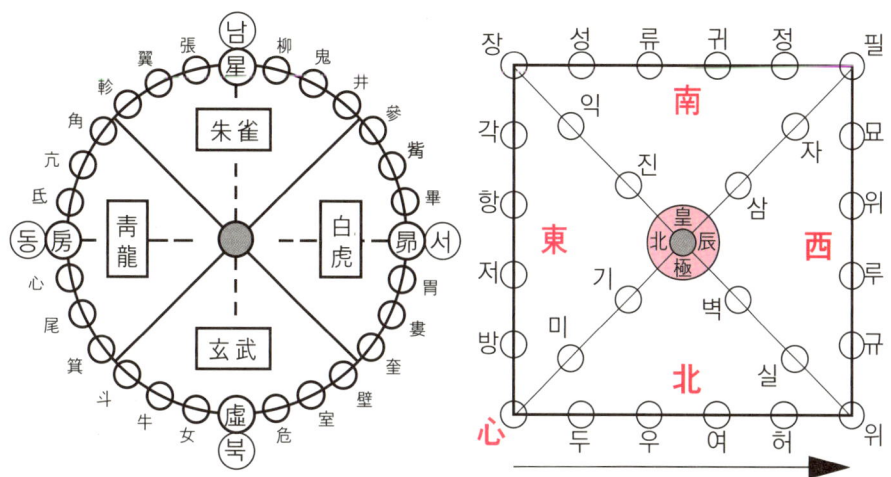

윷놀이는 네 가락의 윷을 투척(投擲)하여 놀기 때문에 '던질 척(擲), 윷가락 사(柶)'하여 '척사(擲柶)'라고 한다. 아래 땅에서 하늘 위로 높이 던져 올려 떨어지는 윷가락의 등과 배의 모습에서 '도·개·걸·윷·모'가 판정되고, 이에 따라 네 마리 말이 움직여 '건곤일척(乾坤一擲)'의 승부를 내는 것이다.

하늘의 28수를 표상한 윷판의 형상은 바둑판과 같이 천문의 역수를 나타낸다. 원래 네 말이 달리는 윷판은 작게는 달력의 '4장(章) 28윤(閏)'을 나타내지만, 크게는 황극경세도의 선천기간인 '4회(會) 28절(節)'[2]을 상징한다.

태양력(양력)에서 평년은 양력 2월에 28일이 오지만, 윤년에는 하루의 윤일을 더 두어 2월이 29일이 된다. 평년에는 한 해가 365일이지만 4년을 주기로 하루의 윤일을 두어 366일이 되는 양력과 달리, 달력(음력)에서는 19년을 주기로 7번의 윤달을 넣는 것이 기본이다. 따라서 4와 19의 최소공배수에 해당하

---

2. 인회반(寅會半) ~ 오회반(午會半)/ 1절=81장(章)=1,539년, 28절=2,268장(章)=43,092년

는 76년마다 해와 달의 두 역수가 서로 합치한다.

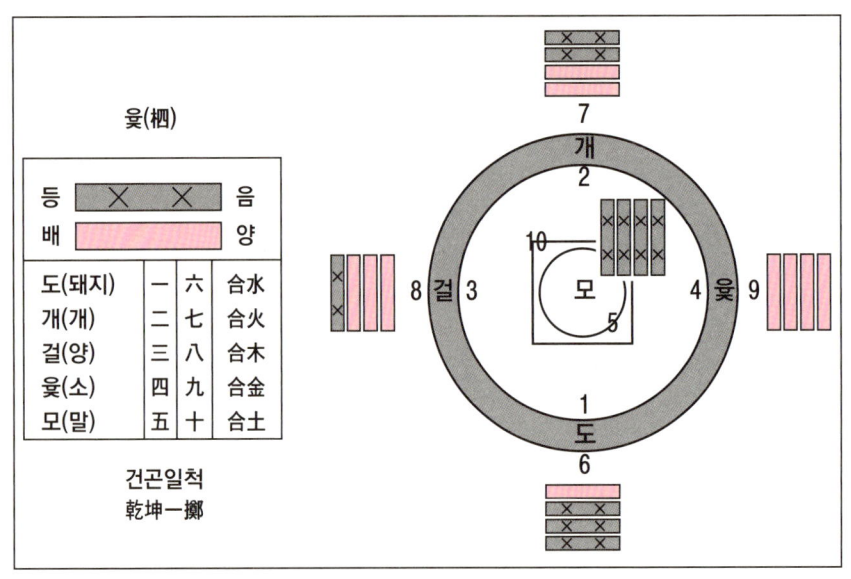

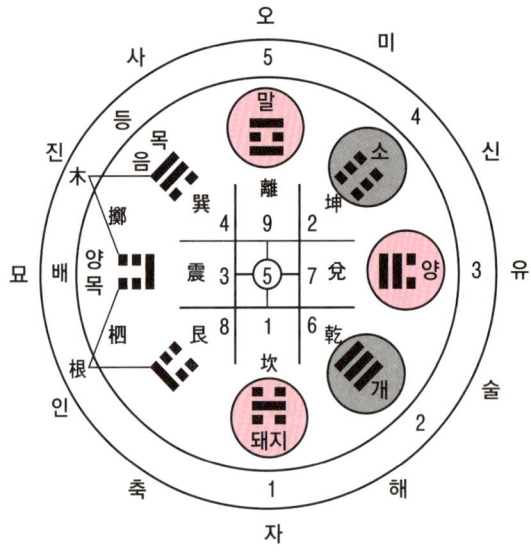

하늘의 별자리를 28수로 정한 까닭도 76년, 즉 평월 912개월과 윤달 28개월을 합친 총 940개월을 이루는 '4장 28윤'의 달력원리에 기초한 것으로 보아야 마땅하다. 19년 주기를 '장(章)'으로 표명하므로, 4장인 76년에 윤달을 28개월 넣는 것이다. 윤(閏)은 역수의 벌어진 틈새를 보간(補間)하는 방편이다. 물을 건너는데 꼭 필요한 징검돌 역할을 한다. 하늘을 수놓는 28수도 천하(天河=銀

河)의 징검돌이다.

윷판과 달력

윷가락 넷을 던져 노는 윷판은 일명 '사평(柶枰)'이라고 부른다. 그 모양새가 북극성을 중심으로 각기 사방으로 일곱 별자리가 자리한, 즉 총 28수(宿)가 펼쳐진 하늘의 형상이다. 이를 북두칠성이 동서남북 사방에 포진한 것으로도 본다. 하늘의 28수는 남북의 경성(經星), 태양의 위성인 수·화·목·금·토 오성은 동서의 위성(緯星)에 해당하므로, 하늘의 경위(經緯)를 짜놓아 윷판 속에 담아놓은 것이다.

『논어』 위정편에 공자가 "정사를 덕으로 다스리는 것이 비유하자면, 북극성이 제자리에 있지만 뭇 별들이 북극성을 따라 도는 이치와도 같다."[3]고 말씀하였다.

남녀노소 할 것 없이 모두가 함께 어울려 '을시구 절시구' 신명나게 노는 윷놀이도, 북극성 하나를 중심으로 천체의 28수가 공동일체(共同一體)를 이루고 임금과 신하가 군신일체(君臣一體)를 이루듯이, 하늘의 덕치(德治)와 대동(大同)을 본받아 펼치는 공동체 놀이이다.

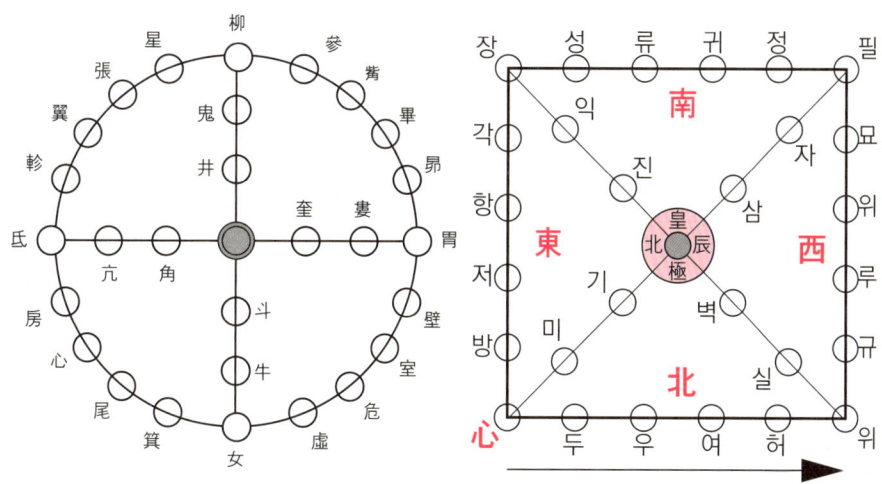

3. 『논어(論語)』 위정(爲政)편: 爲政以德이 譬如北辰이 居其所어든 而衆星이 共之니라.

윷판과 연계하여 꼭 알아야할 글자가 '같이 공(共)'이다. '두 손 맞잡을 공'이라고도 하는데, 하늘의 28수가 북극성을 중심으로 돌듯이, 사람의 두 손에는 모두 28마디가 있다. 두 손을 모아 맞잡으면 28마디가 하나로 합치하듯이, 다 같이 공동일체를 이루는 것을 말한다. 공(共)이란 글자가 중간 一을 중심으로 상하에 卄과 八로 구성된다.

윷판을 살피면, 중앙에 북극성(一)이 홀로 처하는 가운데 십자형 내부에 여덟 별자리(八)가 있고, 밖의 둥근 테두리에 스무 별자리(卄)가 에워싼 형태이다. 공(共)이란 글자가 천체윷판에서 비롯되었음을 엿볼 수 있다.

공(共)에 심(心)을 받치면 '공손할 공(恭)'이다. 두 손을 모아 합장배례와 공수(拱手)를 하고, 기도하며 악수하는 것은 모두 공손(恭遜)한 예를 표현한 것이다. 예의 근원이 공동체로 돌아가는 하늘에서 비롯되었고, 동방예의지국인 우리나라 윷판에서 보여주고 있음이 의미심장하다.

이섭대천(利涉大川)에 얽힌 이야기

토왕 72甲과 황우지혁(黃牛之革)

소자(邵子)의 황극경세연표에 의하면, 요임금은 황우에 해당하는 기축년(己丑, 서기전 2372년)에 탄생하였다. 요임금 탄생으로부터 1948년 무자년 다음의 1949년 기축년이 만 72갑이 되는 해이다. 기축황우의 해에 중국에서는 수천 년 동안 지속되어온 수직적인 봉건체제가 무너지고, 마침내 수평적인 후천 평등의 이념을 내건 공산혁명이 일어났다.[4]

『역경』 원전에 '황우지혁(黃牛之革)'이라는 구절이 두 군데 나오는데, 쇠심줄과 같은 부드러우면서도 끈질긴 개혁·혁신(改革·革新)의 마음을 추구하라는 뜻으로 풀이한다. 선천에서 후천으로 바뀌는 혁(革)의 과정에서 황토(黃

---

4. 요임금이 탄생한 해로부터 4,320년째인 서기 1948년은 경원력상 경원5기(紀) 갑자정력(甲子貞曆)이다. 첫 갑자년이므로 후천원년이다. 요임금이 등극한 해로부터 경원력을 창제하기까지는 정확히 4,300년(서기전 2357년~서기 1944년)으로 북극의 세차주기인 25,800년의 1/6에 해당한다.

土)가 매개역할을 함으로써 '금화교역(金火交易)'을 이룬다는 것이다.

『논어』 선진편을 보면 공자가 제자들에게 제각기 포부를 묻자, 마지막으로 증점(曾點)이 타던 거문고를 내려놓으며 "늦봄에 봄옷이 다 만들어지면 관자(冠者) 오륙인(五六人)과 동자(童子) 육칠인(六七人)으로 기수(沂水)가에서 목욕하고 무우산(舞雩山)에서 바람을 쐬며, 시를 읊으면서 돌아오겠다."고 대답하자, 이에 공자가 깊이 찬탄하며 "내 너와 함께 하련다."고 화답한 글이 전한다.[5]

모춘(暮春)과 춘복기성(春服旣成)은 선천의 도수가 다하고 후천이 이른다는 뜻이다. 성인의례를 치른 관자(冠者)는 지나간 과거, 미성년자인 동자(童子)는 다가올 미래이다. 요임금의 탄생으로부터 공자의 출생까지 대략 30갑(甲)인 1,800년이고, 그 이후 후천이 도래하기까지는 대략 42갑(甲) 2,520년이다. 그러므로 관자 오륙은 지나간 과거 30갑(5×6)이고, 동자 육칠은 다가올 미래 42갑(6×7)이다.

B.C 2372(요 탄생) - B.C 551(공자 탄생) = 1821
B.C 551(공자 탄생) + A.D 1948(후천 원년)
= 2499 ⇨ 1821 + 2499 = 4320(72甲)

『역경』의 59번째 괘, 환(渙)은 소요산책(逍遙散策)하면서 풍수자연과 노닐고 노래를 부르는 풍류(風流)의 도와 관계된다. 바람(☴)이 불면 수면(☵)위에 파문이 일듯이, 환(渙)은 흩어지고 떠난다는 의미이다. 안으로는 기수물가에서 목욕하는, 밖으로는 무우산에서 바람을 쐬는 형상이다. 비색(否塞)한 마음을 물과 바람에 흩어버리고 떠나보낸다는 뜻이기도 하지만, 흐트러진 정신을

---

[5] 『논어(論語)』 선진편(先進篇): 暮春者에 春服이 旣成이어든 冠者 五六人과 童子 六七人으로 浴乎沂하야 風乎舞雩하야 詠而歸하리이다. 夫子 喟然曰歎 吾與點也하리라.

風水渙　水澤節

가다듬고 취합한다는 의미도 담겨있다. 환(渙) 다음이 연못에 물이 들어찬 절(節)괘이다.

부절(符節)을 합하듯이, 증점이 후천시기가 오는 절후를 알아맞힌 것이다. 공자께서 증점의 마음과 같이 하겠다고 하였는데, 한낮 중천에 해당하는 때가 마음을 점검한다는 '점심(點心)'이다.

윷의 넉동빼기

윷놀이는 단군에 의해 민간에 전승되었다. 다른 민속놀이와는 달리 한 해를 마치고 새해로 넘어가는 연말정초에만 논다. 이는 선천을 마치고 후천으로 넘어가는 비결을 담아놓은 것이다. 말밭의 한가운데 1점을 뺀 나머지 28점으로 된 '윷판'과 네 마리 말을 먼저 빼는 '넉동빼기'에 선천을 마치는 '단기 4,280년'에 대한 비결이 담겨있다고 야산선생은 말씀하였다.

야산은 광복이 된 해에 대둔산 석천암에서 108제자를 양성하였다. 선천의 마지막 해인 1947년(정해년) 섣달 보름날 석천암을 폐문하고, 계룡산 국사봉의 암자에서 섣달그믐날 밤 「선천제석(先天除夕)」이란 시 한수를 썼다.

先天除夕韻
선 천 제 석 운

四千二百八旬筵　사천이백팔십년 된 자리에
사 천 이 백 팔 순 연

檀柶田田氣數連　단황 때의 윷밭, 기수가 이어졌네.
단 사 전 전 기 수 연

殷夏禮因周損益　하나라, 은나라의 예를 주나라가 덜고 더하니
은 하 례 인 주 손 익

中天戊甲紀元年　중천 무자가 갑자로 되니 후천 기원이로다.
중 천 무 갑 기 원 년

참고

윷놀이는 넉동을 먼저 빼는 것으로 승부를 가린다. 신묘[6]하게도 윷놀이에 담겨있는 이치가 『역경』의 대과(大過)괘에 그대로 연계된다. 대과를 두고 문왕은 "기둥(棟)이 흔들리니 나아가는 바를 둠이 형통하다."[7]고 하였다. 넉동빼기의 '동(棟)'은 千(1,000)이란 수의 묶음단위로도 쓰인다. 천(千)은 천(天)과 뜻과 음이 통하는데, 대과의 호(互)괘[8]도 하늘인 건[☰]이다.

澤風大過

'용마루 동, 기둥 동(棟)'이라는 글자가 대과괘의 괘사·효사에 나오고 중간 네 양효(—)가 함께 묶여있으므로, 넉동의 뜻이 나온다. 넉동빼기는 네 양효(—)를 빼어낸다는 뜻이다. 대과로부터 평등하고 평화로운 후천을 상징하는 곤[☷]으로 변함을 말한다. 양이 과도한 선천대과를 건너, 음이 그 결실을 거두는 후천곤도의 시대가 열리는 것이다.

한편, 28수에 상응하는 28번째에 대과가 자리하고 호(互)괘가 十으로 상징되는 건(乾)이므로, 28에 10을 곱하면 280의 수가 나온다. 넉동빼기의 4,000에다 이 280을 더한 4,280의 수가 '단기 4280년'으로, 이때가 실제로 선천을 완전히 마치는 해라고 야산선생은 말씀하였다.

윷판은 중앙에 처한 5황극이 10무극(十)의 조화를 펼치는 50대연의 상이기도 하다. 가운데에 열 십(十)을 그어놓고 그리는데, 말이 지나가는 자리는 총 29점이다. 중앙 1점은 '황극불어수(皇極不語數)'라 하여 수로 세지 않으므로, 실제 쓰는 것은 28점이다. 말밭[午田]은 '오회중천(午會中天)'을 상징한다. 윷가락 네 개를 던져서 말밭에서 네 마리 말을 먼저 빼는 '넉동빼기'로 승부를

---

[6]. 신묘(神妙)하게도 대과의 괘 순서인 28은 28번째 간지로 볼 때 신묘(辛卯)이고, 윷놀이를 전한 단군이 탄생하신 해가 신묘년(辛卯, 서기전 2370년)이다. 대과의 선천관문을 통해서 후천의 문이 새롭게 열리는 신묘한 조화가 '辛(新)과 卯(門의 열림)'에 담겨있음을 생각하면 더욱 의미심장하다.
[7]. 『주역(周易)』대과(大過)괘: 大過 棟 橈 利有攸往 亨.
[8]. 초효와 상효를 뺀 나머지 2 3 4 5 효로 만든 괘. 3 4 5효로 상괘를 삼고 2 3 4효로 하괘를 삼아 만든 괘. 호괘(互卦)는 처음과 끝을 제외한 중간 흐름과 내용을 파악하는데 주로 쓰인다.

가리는데, 먼저 빼는 이가 '오회 말판'에 선천의 '대과'를 잘 건너가 이기는 것이다.

단기 4280년은 서기 1947년으로 정해(丁亥)년이다. 역경의 '고(蠱), 손(巽)'괘에서 '선천 갑(甲)'이 '후천 경(庚)'으로 바뀌는 '경갑 36변도'[9] 이치를 설명하였는데, 이를 살펴보면 선천丁亥(24)는 후천癸亥(60)로 바뀌어 60간지운행이 마치게 된다. 윷의 넉동빼기로 선천 대과를 완전하게 빠져나가는 1947년 정해년이 선천의 마지막 해라는 것이다.

따라서 1948년 선천의 무자(戊子)년은 후천의 갑자(甲子)년으로 바뀐다. 안으로는 단군조선 이래 최초의 민주공화정이 시작되어 대한민국 정부가 수립되는 원년(元年)이요, 밖으로는 세상 모두가 평등한 후천 원년(元年)이다. '갑자기(甲子起)'라는 말처럼 후천이 갑자기 시작되는 것이다.

이 해는 우리나라뿐만 아니라 식민치하에서 신음하던 제3세계 국가들이 일제히 압제에서 벗어나 새로이 독립된 나라를 세운 세계사적인 의미가 있다. 전 세계의 공통관심사와 인류사회의 난제를 함께 논의하는 기구로 국제연합인 유엔을 결성하기도 한 해이다. – 필자의 「태극사상과 한국문화」 발췌

치역명시(治歷明時)와 사작경신(四作庚申)
革卦(49)의 치역명시(治歷明時)

『주역』 괘효사 가운데 占이 유일하게 언급된 곳은 혁괘구오(革卦九五)이다. 점치는 뜻이 단순한 개인의 길흉화복을 알고자 함이 아니라, 수기치인(修己治人)하여 자신과 세상을 혁신함에 두어야 한다는 의미이다.

---

9. 천간이 바뀌고 지지는 불변이다. 갑자(1)가 경자(37)로 바뀌는 가운데 자연 36의 '허도수'가 발생한다.

혁괘는 여름(☲)에서 가을(☱)로 계절이 완전히 바뀌는 때이다. 이러한 때를 맞이하여, 범이 털갈이하듯 구태의연한 면모를 일신하여 세상을 변혁하는 주인공으로 등장하는 것이 구오이다. 그 효사에 "대인호변 미점유부(大人虎變 未占有孚)"를 말씀하였다.

대인의 호변(虎變)은 대인으로서의 위엄을 크게 떨친다는 뜻이다. 점치지 아니해도 미덥다는 것은 구오가 중정(中正)한 덕이 있어 잘못된 일을 고치는데 굳이 점을 칠 필요가 없다는 의미다. 혁신하는 때에 구오 대인이 인군으로서 중정(中正)하므로, 조금도 의심할 바 없어 미점유부(未占有孚)인 것이다.

미점(未占)은 '미래 후천시점'에 대한 뜻으로도 풀이된다. 점의 본래 목적은 단순히 미래의 길흉화복을 알고자 함이 아니다. 거고취신(去古取新), 즉 과거의 잘못된 관행이나 고착된 허물을 새롭게 고쳐 미래로 나아가야 한다. '중어 선후 정기종시(中於先後 正其終始)',[10] 즉 과거와 미래의 중간인 현재에 때맞추어 그 마침과 시작을 바로 하여야 한다.

역점(易占)의 정신은 중정(中正)의 도를 추구하는 것이므로, 역법의 개력(改曆)에 있어서도 중정(中正)을 떠날 수 없다.

앞서 언급한 혁괘 구오(九五)가 변하면 풍괘(豐卦)가 된다.[11] 그 괘사에 의일중(宜日中), 즉 해가 중천에 떠오른 한 낮 정오인 '일오중천(日午中天)'의 때를 밝히고, 그 육오(六五) 효사에 "밝은 것이 오게 하면 경사와 명예로움이 있게 되어 길하다(來章 有慶譽 吉)."고 말씀하였다.

---

10. 『주역(周易)』 혁괘(革卦)에서 이른 치력명시(治歷明時)의 정신에 따라 야산(也山)선생(1889~1958)은 『주역(周易)』의 체계에 바탕한 새로운 책력인 「경원력(庚元曆)」을 창제 반포하였다. 선생께서 지으신 「부문(敷文)」 머릿글에 "本乎天地者는 親上親下하고 濟乎水火者는 就燥就濕이라 中於先後하야 正其終始하니 時之用時之義維時爲大라."고 말씀하였다. 선후천팔괘 변화가 있듯이, 선천에서 후천으로 바뀌는 중천시기에 종즉유시(終則有始), 즉 선천을 잘 마무리하여 후천을 새롭게 맞이하라는 내용이다.
11. 때로써 두 괘효를 비교하면 풍괘는 한 낮, 혁괘는 낮을 지나 저녁이 오는 때에 해당한다. 본래는 풍괘로부터 혁괘로 변해가는 것이 자연하다.

두 괘효를 하나로 묶어보면, 혁괘 구오에 이른 미점(未占)의 미(未)와 풍괘 육오에 이른 래장(來章)의 래(來)에서 '미래(未來)의 점(占)'에 대한 언급이 있다. 혁괘에 '치역명시(治歷明時)', 즉 "책력(歷→曆)을 다스려 바뀌는 때를 밝히라."고 한 내용을 함께 상기해보자. 선천에서 후천으로 바뀌는 천도의 대변혁기, 즉 일오중천·오회중천(日午中天·午會中天)의 시기가 도래할 적에 어긋난 일월역수를 때맞추어 다스리고 개력을 단행하라는 미래지점(未來之占)이 아닐 수 없다. 『주역』 경문 속에 성인이 미래에 대한 역점(易占)과 개력(改曆)을 예단(豫斷)하고 있는 것이다.[12]

고대동양에서는 역의 기틀이 되는 천·지·인 삼재의 원리를 매우 중시하였다. 그 대표적인 역사적 사례가 하은주(夏殷周) 삼대왕조가 교체될 때마다 단행되었던 개력(改曆)이다. 책력은 '천명을 받았는가?'에 의한 혁명(革命)의 정당성을 확보하는 가장 중요한 명분이므로, 교체할 때마다 역법 또한 바뀌어왔다.

하늘은 자시(子時), 땅은 축시(丑時)에 문을 열며 만물은 인시(寅時)에 생동한다. 이는 역법 원리[天開於子 地闢於丑 人生於寅]에 따라, 하나라는 인월을 정월(正月)로 세운 인정세수(人正歲首), 은나라는 축월인 지정세수(地正歲首), 주나라는 자월인 천정세수(天正歲首)를 썼다. 생성순서로 볼 때는 천도로부터 지도를 거쳐 인도로 계승되지만, 개력의 흐름은 인도로부터 지도를 거쳐 천도로 소급(遡及)되는 정반대 과정이다.

대개 인도·지도·천도를 바로 세우는 측면에서는 인정·지정·천정의 '삼정(三正)역법', 인도·지도·천도가 통솔하는 입장에서는 인통·지통·천통의 '삼통(三統)역법'이라 한다.

고대동양의 삼역(三易)은 하나라의 연산(連山), 은나라의 귀장(歸藏), 주나라의 주역(周易)이다. 하나라가 인도를 중시한 인정(人正), 은나라가 지도를

---

[12] 풍괘 효사에도 '일중견두, 풍기부, 래장(日中見斗, 豐其蔀, 來章)' 등 천문·역수와 밀접하게 관련된 내용이 매우 많다. 후한서(後漢書)의 율력지(律曆志)에 소개된 사분역법(四分曆法)에는 76세(歲)에 해당하는 4장(章)을 1부(蔀)라고 하였다.

중시한 지정(地正), 주나라가 천도를 중시한 천정(天正)의 역법을 썼던 것이 입증된다.

삼단계로 개력을 단행하면서 왕조가 교체되었던 고대 하은주의 역사는 혁괘 구삼(九三) 효사에 나타난다. 거기에서 언급된 "고친다는 말이 세 번 나아간다."는 '혁언삼취(革言三就)'는, 천명의 변화흐름에 인도를 바로잡은 하나라로부터 지도를 바로잡은 은나라, 마지막에 천도를 바로잡은 주나라가 들어서게 되었음을 말씀한 것이다.

서합(噬嗑)의 일중교역(日中交易)

공자는 서합괘를 두고 "일중위시 교역이퇴(日中爲市 交易而退)"라고 하였다.[13] 일중교역(日中交易), 즉 선후천의 중천교역을 암시한 것이다. 실제 설시(揲蓍)에 언급된 '오세재윤의 기본원리'와 50대연수리에 기초한 '고대역법의 치윤(置閏)', 역수의 '일중교역(日中交易)'에 대한 내용을 서합괘 괘사·효사에 두루 설명하고 있다.

火雷噬嗑

'씹을 서(噬), 입 다물 합·합할 합(嗑)'은 본래 '음식물을 잘 씹고 소화하여 몸에 합치시키다'는 뜻이다. 하지만 '일월(口口)의 운행을 설시(筮)하여 역산(曆算)함으로써, 절도 있게 합치시키다(盍)'는 의미도 된다. 작게는 치윤(置閏), 즉 역수를 잘 계산(計算)하여 계절·달력이 합치하도록 한다는 내용이지만, 크게는 천체운행의 상도(常道)인 주천상수에 합치하도록 잘 산정(算定)하여 일중(日中)에 교역(交易)하라는 뜻이기도 하다.

괘 또한 뇌전(雷電), 즉 번개(☰) 친 뒤에 우레(☷)소리가 울린다는 형상이다. 이는 일월역수의 선후진퇴, 즉 기영·삭허의 과불급에 상응한다. '이중유물(頤中有物)', 즉 음식물을 씹는 턱의 상으로 설명하면, 위턱은 가만히 그쳐

---

13. 『주역(周易)』계사하전: 日中爲市 致天下之民 聚天下之貨 交易而退 各得其所 蓋取諸噬嗑

있고 아래턱이 움직인다. 이는 태양역수에 태음역수를 합치하기 위하여 넘치는 기영과 부족한 삭허를 합쳐 윤(閏)을 두는 역법원리와 같다.[14]

오세재윤법의 기삭원리로 육효 전체를 살피면, 음식물에 해당하는 4효 양(━)은 역수의 척도인 60일의 상수, 아래턱에 해당하는 초효 양(━)은 59일의 월행(月行) 도수, 상효 양(━)은 61일의 일행(日行) 도수에 상응한다. 건괘(乾卦) 초효로부터 양효를 헤아리면, 서합괘의 초효가 제 59번째, 4효가 제 60번째, 상효가 제 61번째에 해당한다. 서합괘의 경우, 특히 재윤법의 기삭역수에 대해 설명하고 있는데, 역수의 주기율을 내포하고 있는 『주역(周易)』이 잘 드러난다.

그 중간 효사에 언급된 2효의 서부(噬膚), 3효의 서석육(噬腊肉), 4효의 서간치·득금시(噬乾胏·得金矢), 5효의 서간육(噬乾肉) 등에서도 고대역법의 실체와 선후천교역을 밝히는 중요한 단서를 찾을 수 있다.[15]

사작경신(四作庚申)

경원력 창제에 있어서의 출발점은 경갑변도(庚甲變度)와 신명행사(申命行事)에 의한 경신년 경신월 경신일 경신시, '사작경신(四作庚申)'이 이루어지는 때이다. 손(巽)과 고(蠱)의 '손지고(巽之蠱)'에 그 구체적인 설명이 나타난다.

개물기 전체 기영도수를 계산한 결과, 순태음 역수 1,278년이 태양역수 1,242년보다 정확히 36년이 더 지나치므로, '경갑변도'를 통하여 역수를 도정

---

14. 『주역(周易)』 서합(噬嗑)괘: 噬嗑 亨 利用獄 象曰 頤中有物 曰噬嗑 噬嗑 而亨 剛柔 分 動而明 雷電 合而章 柔得中而上行 雖不當位 利用獄也 象曰 雷電 噬嗑 先王 以 明罰勅法. 호괘(互卦)인 수산건(水山蹇)은 산과 물이 가로놓여 앞길이 막힌 어려운 상태이다. 순조로운 평월의 진행과 달리 중간에 윤달을 징검다리로 놓아 밟고 가는 것과 같다. 건(蹇)괘는 3·5효가 양효인데, 3년과 5년에 2달의 윤을 넣는 재윤법과 통한다.
15. 『주역(周易)』 서합(噬嗑)괘: 初九 履校 滅趾 无咎 六二 噬膚 滅鼻 无咎 六三 噬腊肉 遇毒 小吝 无咎 九四 噬乾胏 得金矢 利艱貞 吉 六五 噬乾肉 得黃金 貞厲 无咎 上九 何校 滅耳 凶

(搗精)하여야만 한다.

중부(中孚) 다음인 소과(小過) 괘사에 이른 "나는 새가 소리를 남김에 올라가는 것은 마땅하지 않고 마땅히 내려오면, 크게 길하리라(飛鳥遺之音 不宜上 宜下 大吉)." 그리고 계사하전에 이른 "나무를 끊어 절굿공이를 만들고 땅을 파서 절구를 만들어서, 절구와 절굿공이의 이로움으로써 만백성이 건너가니 대개 저 소과괘에서 취했다(斷木爲杵 掘地爲臼 臼杵之利 萬民 以濟 蓋取諸小過)." 라는 내용도 이를 두고 한 말씀이라 생각된다.

야산선생께서도 「견입용유감(見立春有感)」이란 시를 지어서 이를 지적하였다.

蠱之巽

重風巽   山風蠱

四作庚申見立春   년월일시 경신을 세워진 절구에서 보니
사 작 경 신 견 입 용

太公當日依形容   강태공이 당일에 의지하는 형용이로다.
태 공 당 일 의 형 용

遺音飛鳥觀過處   여운을 남기고 새 지저귀며 날아가는데,
유 음 비 조 관 과 처

誰識乾坤造化功   천지건곤의 조화공덕 그 누가 알려나?
수 식 건 곤 조 화 공

참조

천간의 금화교역(金火交易)

경원력은 기존달력과 달리 36년 경갑변도와 신명행사에 의해 년의 간지(干支)를 바꾼다. 즉 선천 갑을(甲乙) 목(木)은 후천 경신(庚辛) 금(金), 선천 병정(丙丁) 화(火)는 후천 임계(壬癸) 수(水), 선천 무기(戊己) 토(土)는 후천 갑을(甲乙) 목(木), 선천 경신(庚辛) 금(金)은 후천 병정(丙丁) 화(火), 선천 임계(壬癸) 수(水)는 후천 무기(戊己) 토(土)로 도수가 변한다. 각기 금극목·수극화·목극토·화극금·토극수를 이루니, 이는 바로 낙서의 상극이치이다.

경원력(庚元歷)
경원력의 역법체계

四閏卦二十四節候																							
既濟 (봄)					離 (여름)						未濟 (가을)						坎 (겨울)						
蹇	井	坎	困	未濟	解	旅	鼎	未濟	蒙	渙	坎	睽	噬嗑	離	賁	家人	既濟	節	屯	既濟	革	豊	離
立春	雨水	驚蟄	春分	清明	穀雨	立夏	小滿	芒種	夏至	小暑	大暑	立秋	處暑	白露	秋分	寒露	霜降	立冬	小雪	大雪	冬至	小寒	大寒

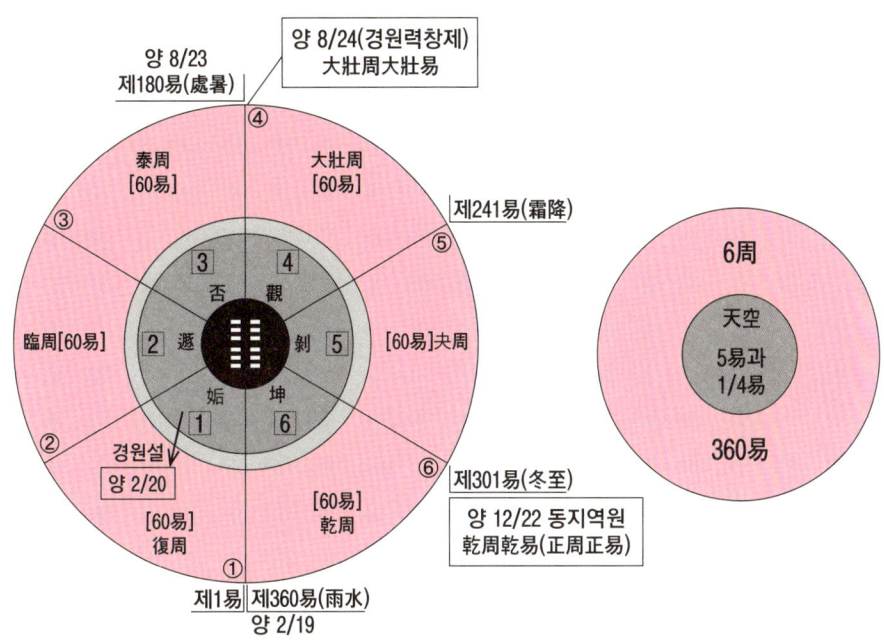

기주역시(紀周易時)

경원(庚元)이란 '천도(元)가 바뀜에 따라 책력의 어긋난 도수를 고친다(庚)'는 뜻이다. 이에 따라 일월역수에 기초한 현행책력의 체계를 천지역수로 바로 세우고 있다. 경원력에서는, 현행 달력과 양력에서 사용하는 연월일시와 12월의 역법체계를 '기주역시', 천도가 주관하는 '6주 360역', 지도가 관장하는 '천공 5와 1/4역'으로 바꾸어 쓴다.

기력(紀曆)에 표현된 원형이정

경원력에서는 매년을 기(紀)라 하고 년력(年曆)을 기력(紀曆)으로 대용한다. 1기의 역수는 현행 태양역수와 같이 365와 1/4일이므로, 평년의 경우는 365일이고 4년마다 돌아오는 윤년의 경우는 366일이 된다. 역수가 1/4일씩 쌓여 4년마다 양력상의 윤일이 생성되는 까닭에, 기력을 건(乾)의 원형이정(元亨利貞)에 의거하여 '원력 형력 이력 정력(元曆·亨曆·利曆·貞曆)'으로써 구분한다.

즉 신자진(申子辰)인 해는 윤일 하루가 생성되므로 366일의 정력이 되고, 사유축(巳酉丑)인 해는 원력(1/4), 인오술(寅午戌)인 해는 형력(2/4), 해묘미(亥卯未)인 해는 이력(3/4)으로서 365일만 둔다. 기력(紀曆)의 원형이정을 12획인 곤괘(☷☷)에 기초하여 매년 삼 획씩 가산하여 표시한다. 개력한 1944년 갑신년이 경원1기로서 경신정력(庚申貞曆)이 된다.

6주 360역과 천공역

기존의 연월일시(年月日時) 대신 경원력에서는 기주역시(紀周易時)를 사용한다. 1기(紀)는 천도가 주관하는 '6주(周)와 360역(易)'과 지도가 관장하는 천공역인 '5와 1/4역'으로 운행된다.

천도는 중정한 상도(常道)이므로, 주천상수인 6주 360역에 해당한다. 주(周)는 60간지로 운행하는 두 달, 역(易)은 일월이 교대하는 하루를 뜻한다. 천도를 지난 5와 1/4역은 만물을 화육(氣盈)하는 지도에 상응한다. 천도운행의 과도한 태양역수를 공제하였다하여 '천공역(天空易)'이라 부른다.

① 紀(벼리 기) : 전체(己:몸 기)를 거느리는 역수의 실마리(絲)로서, '한 해'를 뜻한다. "己 홀로 백의 수를 마친다(己獨百之數之終)."는 말과 같이, 오행상 10토(土)인 천간 己에 '十十之百(10×10=100/ 河洛總百)'에 대한 뜻이 담겨있다.

② 周(두루 주/ 朋+口) : 두 달의 상수인 '60일의 운행주기'를 가리킨다. 用을 분리하면 두 달과 상통하는 朋이 되고, 口는 둥글게 돌아가는 천체의 운행(○)을 상징하기도 한다.

따라서 천도가 주관하는 1년의 주천상수(周天常數) 360일은 양(—)이 점차 늘어나는 괘상인 6주(周)로 구성된다. 제1주는 복주(復周), 제2주는 림주(臨周), 제3주는 태주(泰周), 제4주는 대장주(大壯周), 제5주는 쾌주(夬周), 제6

주는 건주(乾周)로써 표명한다.

③ 易(바꿀 역/ 日+月) : 일월의 교대왕래에 의한 주야교역의 이치가 있으므로, '하루'를 나타낸다. 각 주(周)에 속하는 60역(易)은 주역의 64괘 순서에 따라 차례로 역명(易名)을 삼는다. 다만 상하경의 끝인 감·리·기제·미제(坎·離·旣濟·未濟)는 체괘, 일명 윤괘(閏卦)로 보아 제외한다.

예를 들어 제1주인 복주(復周)는 복역(復易), 제2주인 임주(臨周)는 임역(臨易)으로부터 진행된다. 한편 6주에 속하지 않는 5와 1/4역은 천도운행에서 공제되었다는 의미에서 '천공역(天空易)'이라고 부른다.

④ 時(때 시/ 日+土+寸) : 태양운행에 기준하여 '하루의 시각'이 정해지므로, 현행 그대로 사용한다. 고대에는 땅에 규표(圭表)를 세워 시각을 측정하였다. 태양이 비침으로 인해 생기는 그림자의 방향과 길이로써 시간의 척도를 삼았다.

천공중부(天空中孚)

경원력의 역수는 한 해 '6주 360역'이며, 천공도수 '5와 1/4역'은 책력과 계절을 합치시키기 위한 방편이다. 『주역』의 핵심사상인 중천교역을 통하여, 만물의 생성활동기간인 개물기(開物期), 86,400세(歲)에 발생하는 역수의 과차(過差)를 중천도수로 삼아 비운 것이 곧 '천공도수'이다. 기영도수를 주천도수에서 분리하여 별도로 삼은 것은 천도의 중정(中正)을 회복하고자 함이다.

역상·역수(曆象·曆數)에 있어 중부(中孚)인 경원력이 창제됨으로써, 천도의 중정(中正)한 법도가 비로소 이루어진 것이다.

여기서 주천상수는 천지배합을 의미하고, 천공도수는 만물·인도에 해당한다. 주천상수가 과불급이 없는 역수의 중절(中節)에 해당한다면, 과도한 기영도수를 비워내는 천공도수는 역수의 중화(中和)에 상응한다.

역학적으로 선천의 시기는 모든 것이 미해결된 미제(未濟)의 때이나, 미래에 이를 해결한다는 기제(旣濟)의 뜻을 내포하고 있다. 미제의 배합·도전·

착종·호괘가 모두 기제가 되는 데에서도 미제가 기제로 바뀜을 볼 수 있다. 중천시기가 도래함에 선후의 중(中)을 잡고 그 종시를 바로(正)하여, 기제의 도를 행한 책력이 바로 경원력이다.

중부섭천(中孚涉川)

소주역(小周易)으로 일컬어지는 『중용(中庸)』의 머릿장에 "희노애락이 아직 발하지 아니한 때를 중(中)이라 이르고, 발하여 절도에 맞음을 화(和)라고 이른다. 그러므로 중(中)은 천하의 큰 근본이고, 화(和)는 천하에 통용되는 도이다."라 하고, 뒤이어 "중화를 이루면 천지가 제자리를 찾으며, 만물이 길러진다."고 하였다.[16]

역수측면에서 살피면, 천하의 대본인 중(中)은 천도의 주천상수, 천하의 달도인 화(和)는 주천상수에 과도한 기영도수를 빼내는 천공도수(天空度數)이다. 기력(紀曆)으로는 주천상수인 6주 360역이 과불급이 없는 중(中), 천공도수인 5와 1/4역이 화(和)에 각기 상응한다고 하겠다. 『중용』의 핵심사상인 중화(中和)는 『주역』의 61번째 괘인 중부(中孚)와 서로 통한다. 경원력의 역상(曆象) 또한 6주 360역 안에 천공(天空) 5와 1/4역이 처하여 중부(中孚)의 상과 합치한다.

구체적으로 설명하면, 밖을 에워싼 6주 360역은 건책(乾策) 216과 곤책(坤策) 144을 합친 당기지일(當朞之日)로서 천도가 통제(統御)한다. 안의 천공 5와 1/4역은 자식이 출산되어 어미 품에 안겨있는 상태로서 땅이 두터운 덕으로 실어주는 만물에 해당한다. 따라서 지도가 관장하는 역수이다. 역수·역상에 있어 중화(中和)를 모두 이룬 것에서 '천지위언 만물육언(天地位焉 萬物育焉)'을 구현하고자 하는 경원력의 이상이 잘 드러난다고 하겠다.

---

16. 『중용(中庸)』 제1장: 喜怒哀樂之未發 謂之中 發而皆中節 謂之和 中也者 天下之大本也 和也者 天下之達道也. --- 致中和 天地 位焉 萬物 育焉

『주역』의 괘서와 효서에 관련하여 보면, 절(60)괘는 경원력의 본체인 6주 360역, 절괘 다음에 오는 중부(61)괘는 중천도수(戊己數=中天土用)인 천공역에 상응한다. 이를 절괘의 '절이제도(節以制度)'와 중부괘의 '승목주허(乘木舟虛)'에 연관지어 보아도 좋을 것이다.

천공역에 대하여 부연하면, 중부괘(61) 제361~366효, 괘사에 이른 "음물인 돼지와 물고기에까지 믿음이 미치다."는 '신급돈어(信及豚魚)'에 해당한다.[17] 효서의 차례가 6주 360역으로써 천도의 1기(節)를 마친 후에 새해를 여는 천공 5와 1/4역이 오는 것과 같다. 돈어(豚魚)는 음(--)이 점차 길어지는 '구돈비관박곤(姤遯否觀剝坤)'으로 표상되는 천공역과 통한다고 하겠다. 중부괘의 작은 음 제3·4효는 자녀인 천공역, 큰 양효는 부모인 6주 360역에 견줄 수 있다.

한편 중부의 도에 의해 대과도수를 해결함은 대과의 착종(錯綜)괘가 중부이고, 그 괘상이 일행(日行)을 표상하는 대리(大離, ☲)인데서 그 단서를 찾을 수 있다. 본래 중부는 건괘(乾卦)의 중간 제3·4효가 변한 지괘(之卦)로서 중간인 인위(人位)에 자리한 제3효는 선종(先終), 제4효는 후시(後始)에 해당한다.

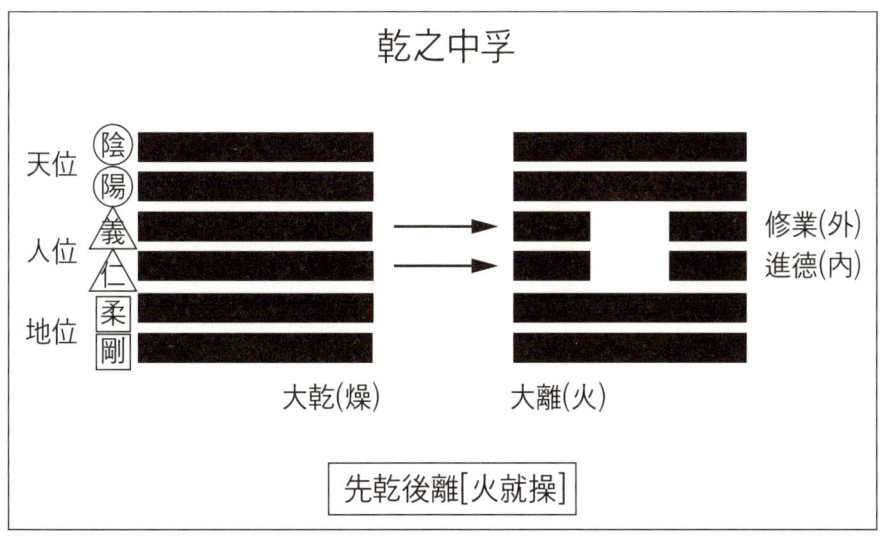

17. 『주역(周易)』 중부(中孚)괘: 中孚 豚魚 吉 利涉大川 利貞. 象曰 中孚 柔在內而剛得中 說而巽 孚乃化邦也. 豚魚吉 信及豚魚也 利涉大川 乘木 中虛也 中孚 以利貞 乃應乎天也.

건괘「문언전」에서 공자는 제3·4효에 대해 "여시해행 건도내혁(與時偕行 乾道乃革)"을 말씀하였다. 선후천의 교역이 중부의 도로써 행하여짐을 지적한 내용이다. 중부 괘사의 '이섭대천(利涉大川)', 단전의 '승목주허(乘木舟虛)'에서도 이러한 내용을 엿볼 수 있다. 인위(人位)에 속한 건괘(乾卦)의 제3·4효가 변하여 중부가 되므로, 천지음양교합생성에 의한 만물의 역수를 '중천교역(中)에 의한 천공역(孚)'으로 간주할 수 있다.

1紀 6周		360易(순차)	易 名	天空易	
제1주 (復周)	䷗	제1역 ~ 60역	復(1)-剝(60)	제1역(姤易)	䷫
제2주 (臨周)	䷒	61역 ~ 120역	臨(1)-蠱(60)	제2역(遯易)	䷠
제3주 (泰周)	䷊	121역 ~ 180역	泰(1)-履(60)	제3역(否易)	䷋
제4주 (大壯周)	䷡	181역 ~ 240역	大壯(1)-遯(60)	제4역(觀易)	䷓
제5주 (夬周)	䷪	241역 ~ 300역	夬(1)-益(60)	제5역(剝易)	䷖
제6주 (乾周)	䷀	301역 ~ 360역	乾(1)-小過(60)	제6역(坤易)	䷁

동지역원과 경원설날

　다른 책력에서는 대개 동지·춘분으로써 한해의 역수를 계산하는 기준인 '역원(曆元)'을 삼지만, 실제 책력과 별다른 관련성이 없으며, 정초 또한 역수상으로 아무런 의미가 없다.

　이와 달리, 경원력은 동지(冬至)를 역원으로 삼는 지극히 과학적인 책력이다. 즉 1기(紀)의 역산(曆算)기준은 동지(冬至)에 해당하는 양력 12월 22일으

로 마지막 제6주의 첫날인 제1역인 건주건역(乾周乾易)이다.[18]

䷗ 동지는 음력 11월 중기(中氣: 子月半)로서 하늘의 문이 열리고 1
地雷復 양(一)이 회복하여 시생하는 복월(復月)에 해당한다.[19] 그 때가 경
원력의 주역(周易)으로 살펴볼 때에, 천도의 문이 열려 만물을 자
시(資始)하는 건주·건역(乾周·乾易)이다.

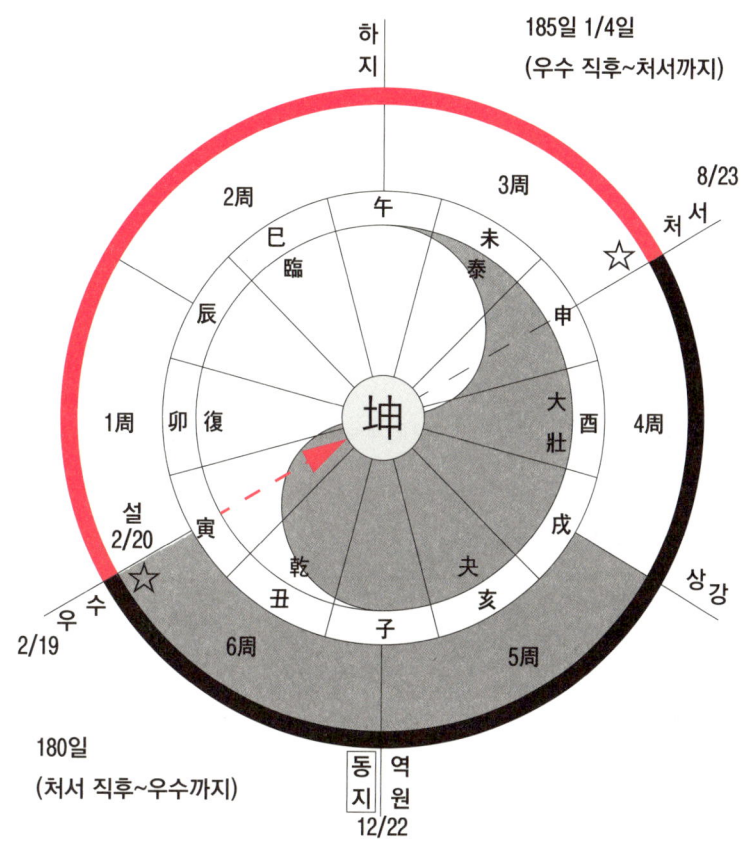

1기(紀)를 완전히 마치는 것은 주천상수 6주 360역이 끝나는 건주·소과역

---

[18]. 실제 책력은 양력 12월 22일이 아닌 21일, 또는 23일에 동지가 드는 경우가 있으나, 기본적으로는 12월 22일이 동지에 해당한다.

[19]. 주나라는 천개어자(天開於子)의 법도에 따라 자월(子月)을 한해의 머릿달인 세수로 삼았다. 동지를 중시한 점은 같지만, 경원력의 경우는 이를 역산(曆算)의 출발점인 역원(曆元)으로 세웠을 뿐, 실제 한해를 마치는 때를 정월중기에 해당하는 우수(雨水) 양력 2월 19일경으로 보고, 그 다음날을 정초(正初)로 하였다.

(乾周·小過易)으로 우수에 해당하는 양력 2월 19일경이다. 그러므로 경원력의 설날은 봄이 들어선다는 입춘 다음절기인 우수 다음날 양력 2월 20일이다. 이때가 천공(天空) 제1역인 구역(姤易)이다. 주천상수 360일에 속하는 6주 360역의 출발은 제1주제1역인 복주복역(復周復易)임을 유의할 필요가 있다.

한해의 선천과 후천

1년을 4분한 절기상의 사철은 입춘으로부터 입하직전까지가 봄, 입하로부터 입추직전까지가 여름, 입추로부터 입동직전까지가 가을, 입동으로부터 다시 입춘직전까지가 겨울이다.

그러나 하지를 기준으로 24기(氣)를 3분하면, 우수(寅半: 정월 중기)로부터 하지직전, 하지(午半: 5월 중기)로부터 상강직전, 상강(戌半: 9월 중기)으로부터 우수까지로 나눈다.

인사적으로는, 선천인 인반~오반(寅半~午半)직전과 후천인 오반~술반(午半~戌半)직전까지를 합한 기간은 만물이 생성·소멸하는 개물기(開物期)이다. 술반~인반(戌半~寅半)직전까지의 기간은 만물이 휴식·잠장하는 폐물기(閉物期)이다. 그러므로 실제 새해는 개물(開物)이 시작되는 우수절기 이후부터라고 할 수 있다.

紀曆(元亨利貞)	地 支
1. 元曆(365일, 積 1/4일)	巳酉丑인 해 (365일)
2. 亨曆(365일, 積 2/4일)	寅午戌인 해 (365일)
3. 利曆(365일, 積 3/4일)	亥卯未인 해 (365일)
4. 貞曆(365일, 積 1일)	申子辰인 해 (366일)

양력 1월 1일을 신정(新正)이라고 한다. 새로운 해를 맞이하는 경원력상의 신역(新易), 즉 경원설은 입춘에 해당하는 양력 2월 4일경으로부터 16일째이다.

이에 대해 야산선사께서는 "봄은 오행상 목왕(木旺)의 계절로, 친·신(親·

新)에 모두 입목(立木)이 내포되어 있다. 親(立+木+見)은 봄이 시작하는 입목지절(立木之節)이므로, 입춘(立春)인 양력 2월 4일경에 상응한다. 新(立+木+斤)은 이로부터 16일 뒤인 우수(雨水) 다음날을 가리키니, 곧 16냥(兩)이 1근(斤)이 되는 이치이다."고 말씀하였다.[20]

1紀 6周	360易(순차)	易 名	天空易	易象
제1주(復周)	제1역~60역	復(1)-剝(60)	제1역(姤易)	
제2주(臨周)	61역~120역	臨(1)-蠱(60)	제2역(遯易)	
제3주(泰周)	121역~180역	泰(1)-履(60)	제3역(否易)	
제4주(大壯周)	181역~240역	大壯(1)-遯(60)	제4역(觀易)	
제5주(夬周)	241역~300역	夬(1)-益(60)	제5역(剝易)	
제6주(乾周)	301역~360역	乾(1)-小過(60)	제6역(坤易)	

경원력이 가진 가장 큰 장점은 책력과 절기가 지극히 부합한다는 점이다. 대략 제1주인 양력 2월 25일경~4월 25일은 우수~경칩·춘분·청명까지(정월중기~3월절기), 제2주인 양력 4월 26일~6월 24일은 곡우~입하·소만·망종까지(3월중기~5월절기), 제3주인 양력 6월 25일~8월 23일은 하지~소서·대서·입추까지(5월중기~7월절기), 제4주인 양력 8월 24일~10월 22일은 처서~백로·추분·한로까지(7월중기~9월절기), 제5주인 양력 10월 23일~12월 21일은 상강~입동·소설·대설까지(9월중기~11월절기), 제6주인 양력 12월 22일~2월

---

[20] 야산선생은 "학문의 시조리(始條理)이자 학역(學易)의 관문은 『대학』이다. 『대학』의 도를 설명한 삼강령(三綱領)의 둘째 강령에 대해, 경문에서는 친민(親民), 전문에서는 신민(新民)으로 설명한 까닭은, 먼저 백성과 동고동락한 뒤에야 백성이 교화되어 새롭게 됨을 말함이니, 친이신(親而新)의 본말선후를 보여준 것이다."고 말씀하였다.

19일은 동지~소한·대한·입춘까지(11월중기~정월절기)에 해당하나 실제상으로는 우수 날로써 마친다.

24기를 양력으로 보면, 입춘(2월 4일) 우수(2월 19일) 경칩(3월 6일) 춘분(3월 21일) 청명(4월 5일) 곡우(4월 20일) 입하(5월 6일) 소만(5월 21일) 망종(6월 6일) 하지(6월 21일) 소서(7월 7일) 대서(7월 23일) 입추(8월 8일) 처서(8월 23일) 백로(9월 8일) 추분(9월 23일) 한로(10월 8일) 상강(10월 23일) 입동(11월 7일) 소설(11월 22일) 대설(12월 7일) 동지(12월 22일) 소한(1월 6일) 대한(1월 21일)이다.

절기	입춘 정월	경칩 2월	청명 3월	입하 4월	망종 5월	소서 6월	입추 7월	백로 8월	한로 9월	입동 10월	대설 11월	소한 12월
중기	우수	춘분	곡우	소만	하지	대서	처서	추분	상강	소설	동지	대한

6周360易	양력	中氣	節氣	달력	인사
復周 /제1주 (1- 60)	2/25- 4/25	우수 이후	청명까지	自寅月半	선천
臨周 /제2주 (61-120)	4/26- 6/24	곡우 이후	망종까지	自辰月半	선천
泰周 /제3주 (121-180)	6/25- 8/23	하지 이후	입추까지	自午月半	후천
大壯周/제4주 (181-240)	8/24- 10/22	처서 이후	한로까지	自申月半	후천
夬周 /제5주 (241-300)	10/23- 12/21	상강 이후	대설까지	自戌月半	閉藏
乾周 /제6주 (301-360)	12/22- 2/19	동지 이후	우수까지	自子月半	閉藏

2월 19일경의 우수 다음날은 경원설로서 새로운 한 해가 시작되는 때이다. 복주~대장주까지는 우수~상강에 이르는 개물(開物), 쾌주~건주까지는 상강~우수에 이르는 폐물(閉物)의 과정이다. 특히 쾌주 제1역인 양력 10월 23일경

은 상강(霜降), 건주의 마지막역인 양력 2월 19일경은 우수(雨水)이므로, 1년의 폐물기(閉物期)와 정확하게 일치한다.

경세고정과 춘추인필
경세의 고정

선천과 후천을 구체적으로 나누어 설명한 학자는 황극경세(皇極經世)를 지어 선천을 경세한 송대(宋代)의 소강절(邵康節) 선생이다. 그는 복희씨·문왕의 팔괘를 각기 본말선후에 따른 '선천팔괘, 후천팔괘'라 정의하고, 우리 은하계가 일주천하는 대주기를 '1원(元) 129,600년'이라 하여 선천 64,800년과 후천 64,800년으로 보았다.

그리고 1원(元)을 삼분(43,200년×3)하여, 만물이 폐물(閉藏)되는 43,200년을 제외한 나머지 86,400년이 인사의 선후천기간이라고 하였다. 이는 만물이 생성·소멸하는 주기이며, 선천 43,200년과 후천 43,200년으로 반분된다.

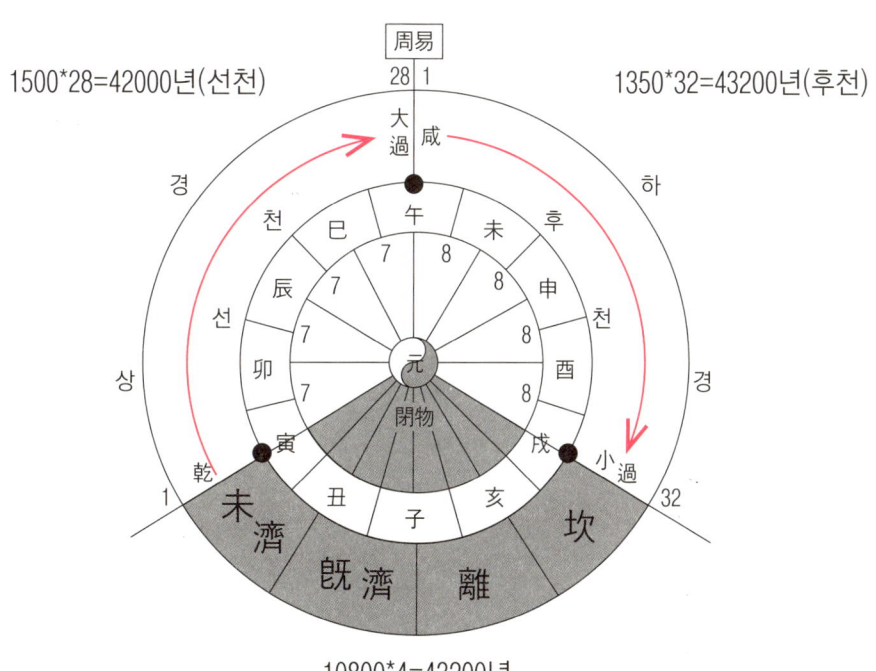

也山선생의 先後天分解圖

소자(邵子)의 경세년표상, 경원력이 창제할 당시는 선천 대과시대가 끝날 무렵이다. 야산선생은 『주역』 혁괘(革卦)에 "책력을 다스려 때를 밝히라(治曆明時)."는 내용과 『논어』에 "대연(大衍) 50의 이치로써 역을 궁리하면 대과를 없앨 수 있으리라(五十而學易 可以無大過)."는 공자말씀에 따라, 황극경세를 고정(考定)하여 미제(未濟)된 선천 대과(大過)도수를 해결하였다. 경원력은 책력상 일중교역(日中交易), 즉 중천교역(中天交易)을 행하여 일월의 역수를 고정한 것이다.

孔子 탄생(경술)	서기전 551년	午會 姤之鼎運(5) 蠱之巽47
孔子 작고(임술)	서기전 479년	午會 姤之鼎運(5) 姤之大過59
春秋(기미-경신: 242년)	서기전 (722년-481년)	= / 大有之大壯56 - 姤之大過57
庚元歷 창제(갑신 半) →庚甲36변도(경신 半) 甲(신사-갑신-정해)半	서기 1944년 8월 24일 庚(정사-경신-계해)半	午會 大過之姤運(12) 巽之渙21 [閏衍36년 虛度數] 午會 大過之姤運(12) 巽之蠱
→중천12己紀(1200년)	先後天考定 완료	午會 鼎之未濟運(15) 解之未濟60

주천도수 365일과 1/4일에 기준한 역수로써 살피면, 4년간 1,440일(360×4)의 주천상수와 20일(5×4)에 하루의 윤일이 늘어난 21일의 기영도수가 생성된다.

이를 만물의 생성활동주기인 개물기(開物期)로 대연(大衍)하면, 1갑은 60년이므로 8會의 1,440갑갑(86,400년) 동안에 발생하는 천도(天道)의 대과(大過)가 21갑(1,260년)이다.[21]

개물기인 86,400세의 대과도수는 밖의 4,536장(86,184세=4,536×19) 가운데 54장(=4,536÷84)인 1,026세와 건책 216세를 합한 1,242년의 역수이다. 대과

---

21. 개물(開物)의 '開'에도 21갑(門:甲坼)의 物(기영도수)이 열려나오는 뜻이 내포되어 있다.

1,242세를 순태음력상으로 계산하면, 54장 속의 378윤(=54×7)과 건책 216세 속의 54윤(=216÷4)을 더한 432윤, 즉 432÷12=36세윤(歲閏)이 더 늘어나서 1,278세(歲)가 된다. 『주역』에서 말한 '36경갑변도(庚甲變度)'와 소자가 말씀한 '36궁도시춘(三十六宮都是春)'이 바로 이것이다.

경원력은 대과(大過)를 마치는 오회(午會) 제12운(運), '大過之姤運의 巽之蠱'에 때맞추어 1,200년을 '손익(損益)공제'하고, 나머지 태음력상의 소과(小過) 36년을 '경갑변도(庚甲變度)'함으로써 선후천을 고정했다. 천도의 상도(常道)가 회복하고 책력상의 음양합일, 즉 일월역수의 합치가 이루어진다.

오회(午會) '大過之姤運(30)'의 경세년표를 살피면, 신사년은 巽之漸(18), 갑신·정해년은 다같이 巽之渙(21, 24)에 해당한다. 그러나 경갑변도를 하여 하나가 여섯을 얻는 이치, 즉 칠일래복(七日來復)으로 미루어 보면,

　　신사년 半(17.5)은 경세의 巽之渙 21(丁巳半, 17.5+3.5=21),
　　임오년 半(18.5)은 巽之渙 28(戊午半, 21+7=28),
　　계미년 半(19.5)은 巽之姤 35(己未半, 28+7=35),
　　갑신년 半(20.5)은 巽之蠱 42(庚申半, 35+7=42),
　　을유년 半(21.5)은 巽之蠱 49(辛酉半, 42+7=49),
　　병술년 半(22.5)은 巽之井 56(壬戌半　49+7=56),
　　정해년 半(23.5)은 巽之井(癸亥半, 59.5)이 된다.

정해년 반(半)으로부터 반년을 더 경과(經過)하면 巽之井(60)을 완전히 종료(終了)하게 된다. 이후 '大過之姤運'의 나머지 4세(世)인 120년과 선천을 마치는 '鼎之未濟'에 이르는 36세(世)는 중천도수인 12己紀(1,200년/40世)로 공제하여야 하는데, 이것이 곧 대과도수를 해결하는 방법인 것이다.

춘추인필(春秋絶筆)에 담긴 십익(十翼) 도수

『춘추』는 공자께서 노나라 은공(隱公)~애공(哀公)까지 242년간의 역사를 말년에 기술한 역사서이다. 서명(書名)인 『춘추(春秋)』가 선천 봄과 후천 가

을을 가리키듯, 242년간의 일을 씨줄(經)로 삼아 후세대법의 날줄(緯)을 베푸시니, '춘추인필(春秋麟筆)'의 도수 또한 경원력창제의 벼리가 된다.

242년의 일을 경(經)으로 하면, '건도내혁(乾道乃革)'하는 건괘(乾卦) 제4효 '혹약재연(或躍在淵)'으로부터 242번째 효인 손괘(損卦) 제5효에 이른다. 그 효사에 "혹 더하면 열 벗이라(或益之 十朋之)."고 하였고, 이를 도전한 익괘(益卦) 제2효에도 "혹 더하면 열 벗이라(或益之 十朋之)."고 하였으니, 춘추 242년을 10배(十益)한 2,420년이 그 위(緯)가 되는 것이다.

공자께서 『춘추』를 마친 경신년으로부터 신유·임술년에 이르는 3년 뒤에 작고하시니, 임술년이 '춘추인필, 춘추절필' 3년이다. 야산선사께서 『대학착간』을 고정한 1957년(丁酉)을 춘추인필 2438년이라 말씀하였으니, 춘추인필 2423년은 곧 1942년(壬午)이다. 갑신년에 경원력이 창제되었으므로, 이 해가 춘추인필 '2420衍5'에 해당한다.

건(乾)괘 제3효에 대해, 공자는 「문언전」에서 "종일건건(終日乾乾)은 여시해행(與時偕行)이라."고 말씀하였다. 이는 선천과 후천을 더불어 행한다는 의미이다. 손익(損益)괘의 단전에서도 모두 '여시해행(與時偕行)'을 언급하고 있다. 선후천의 대과한 기영도수를 손익한 결과가 경원력의 중천감리(中天坎離) 손익도수로 나타난다. 다시 말하면, 종일건건(終日乾乾)한 손익의 도(道)에 의해 천도(天道)의 건도혁시(乾道革時)를 맞이하게 된다고 하겠다. 춘추인필로 표기한 경원력에서, 공자의 천하후세에 대한 지극한 경륜을 엿볼 수 있다.

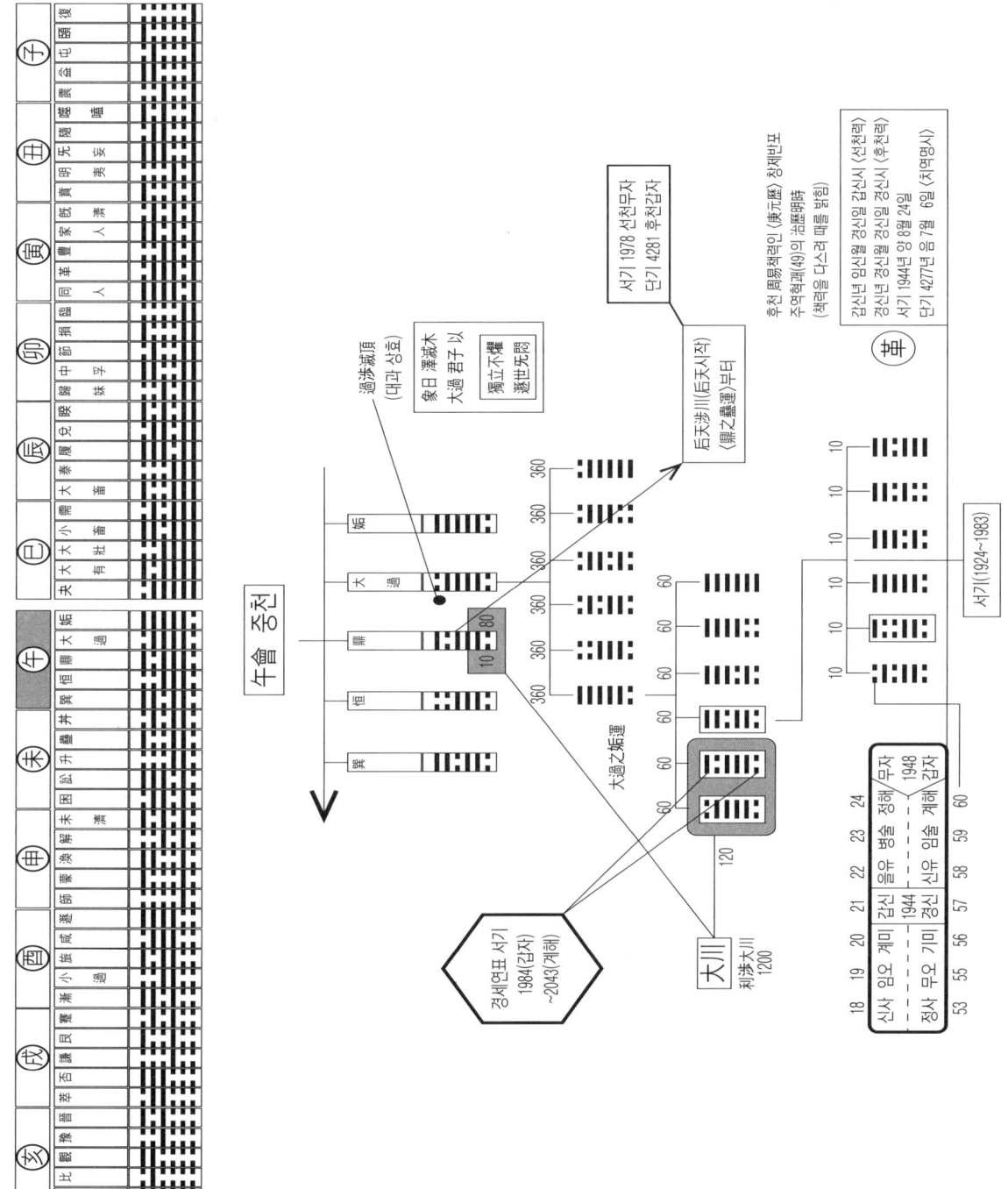

야산선생의 『대학착간고정』 소개

「대학착간고정」의 경전체계

　대개 성인의 말씀을 기록한 글은 부동의 근본인 벼릿줄 역할을 하므로 '경(經)', 성인 문하에서 가르침을 받은 현인의 글은 조금도 훼손됨이 없이 오롯이 후세에 전해주는 역할을 하므로 '전(傳)'이라 이른다. 복희씨의 괘와 문왕·주공이 지은 64괘사·384효사를 묶어 『역경(易經)』이라 일컫는다. 『주역(周易)』은 공자가 후세 사람들이 『역경』을 바르게 이해할 수 있도록 도움을 주기 위해 쓴 십익(十翼)의 전문을 포함한다.

　『대학』도 '성경현전(聖經賢傳)'의 법도에 따라, 경문(經文)은 공자의 말씀을 제자인 증자가 정리한 글이고, 전문(傳文)은 증자의 가르침을 그 문인들이 기술한 글로 보는 것이 통설이다.

　야산선생은 착간(錯簡)된 대학경문을 삼강령 1절에 선후(先后)의 팔조목 2절을 더한 총 3절로써 간단명료하게 정리하여, 강목(綱目)을 기본중심으로 고정하였다. 글자의 수는 총 123자이다.

　주자는 「고본대학」 가운데 대학전문의 '격물장'과 '치지장'에 대한 죽간(竹簡)이 유실되었다고 보고 「보궐장(補闕章)」을 붙였다. 이에 대해 야산선생은 물유본말·수신위본(物有本末·修身爲本) 등 격물의 밑바탕인 '물본(物本)'에 대한 내용을 찾아내어 「격물장」 본연의 모습을 회복하는 한편, '지본(知本)'을 위주로 한 「치지장」 원문도 되살렸다.

　공자는 밝음을 회복하는 복(復)을 '덕의 근본(德之本)'이라고 하여, 복본(復本)의 중요함을 『주역』에서 말씀하였다. 『논어』 학이(學而)편에도 '본립이도생(本立而道生)'이라는 대목이 나온다. 야산선생도 바른 데로 돌아가 근본을

---

1. 필자의 『주역의 관문, 대학』(2018. 담디 간행)에서 발췌

보존하는 '반정존본(反正存本)'의 중요성을 지적하시고,「대학착간고정」과 후천 주역책력인「경원력(庚元歷)」이 나오게 된 것은 복본·정본(復本·正本)을 위해 정성과 노력을 다한 선유덕분임을 밝혔다.

경문 1장(3절)과 전문 10장(64절)

역의 경문(經文)은 체(1)가 되고 전문(傳文) '십익'은 용(10)이 되어, 체용합일을 이룬다. 경문 1장과 전문 10장의 체계를 갖춘 『대학』도 마찬가지이다. 공자의 전문(傳文) 십익(十翼)에 의해 주역경전이 집대성되자[2], 학통(學統)을 이어받은 증자도 스승의 가르침을 그대로 본받아 경문에 대한 해설을 전문 10장으로 구성하였다고 추정된다.

공자가 산정(刪定)[3]한 원초 고본예기에 들어있던 옛 대학경전의 문장절구를 경문(經文) 1장과 전문(傳文) 10장으로 편제를 갈라놓은 것은 주자의 위대한 학문적 업적이다. 야산선생이 고정한「대학착간고정」도 주자의「대학장구(大學章句)」와 동일하게 편제가 같다.

『대학』 경전의 설계도, 하도(河圖)

1~10에 이르는 자연의 10가지 수를 학문적 방편으로 하여, 천지만물의 형상을 세우고 우주자연의 이치를 설명한 『역경』은 복희씨 당시 출현하였다는 하도(河圖)라는 신비한 그림에서 출발한다. 동양인문학의 근원인 음양·오행의 생성변화도 10수에서 전개된다.

---

2. 주역경전은 복희(伏羲)의 64괘와 문왕·주공(文王·周公)의 괘사·효사를 하나로 묶은 경문(經文), 공자가 해설한 열 가지의 해설 전문(傳文)으로 구성된다.
3. 불필요한 글의 자구(字句)를 깎아 정리(整理)함.

『역경』은 성인 복희씨가 하도를 본받아 창안하였다는 선천8괘를 본체로 삼는다. 3획으로 이루어진 소성8괘를 거듭한 것이 대성 64괘인데, 이를 방편으로 하여 천하의 도를 설명한다. 이는 『대학』의 전문 10장 64절목에 있어서도 마찬가지이다.

공자가 말씀한 '일관(一貫)'과 증자가 해설한 '충서(忠恕)'의 도가 체용합일로 조화되듯이[4], 공자가 집대성한 주역경전과 증자에 의한 대학경전도 한 몸이다. 간단히 아래의 도해(圖解)로 정리 설명해 보았다.

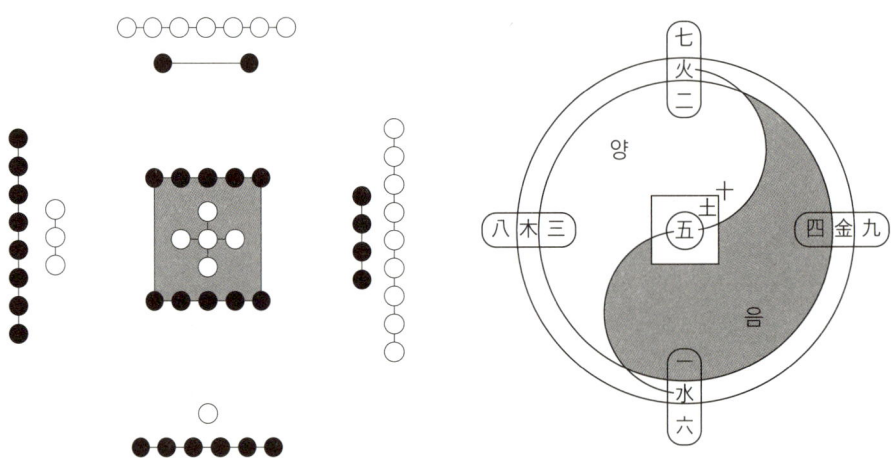

「대학착간고정」 원문도 경문 1장과 전문 10장의 체계를 그대로 따른다. 「대학장구(大學章句)」와 확연히 구분되는 부분은 먼저 경문 1장을 3강령 '1절'과 8조목 '2절'의 총 '3절'로 구성하였다는 점이다. 태극원리에 따라 천지인삼재(天地人三才)가 1·2·3으로 열리는 자연스런 흐름을 쫓아 경문이 구성되었음을 밝혀낸 것이다.

『대학』은 전체 전문의 흐름이 춘하추동 4시 운행변화에 따라, 4절목씩 기본

---

4. 『논어(論語)』이인(里仁)편: 子曰 參乎 吾道 一以貫之 曾子曰 唯 子出 門人 問曰 何謂也 曾子曰 夫子之道 忠恕而已矣.

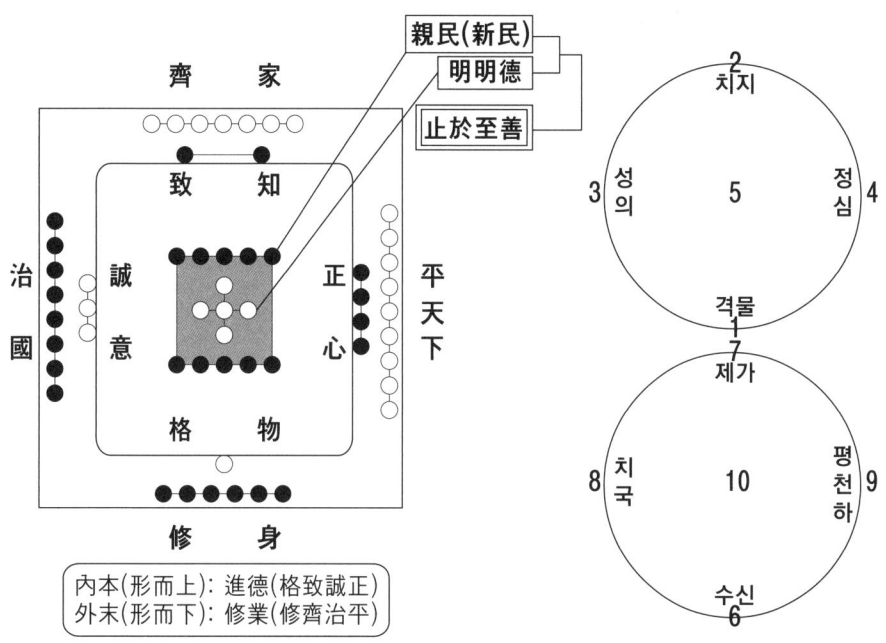
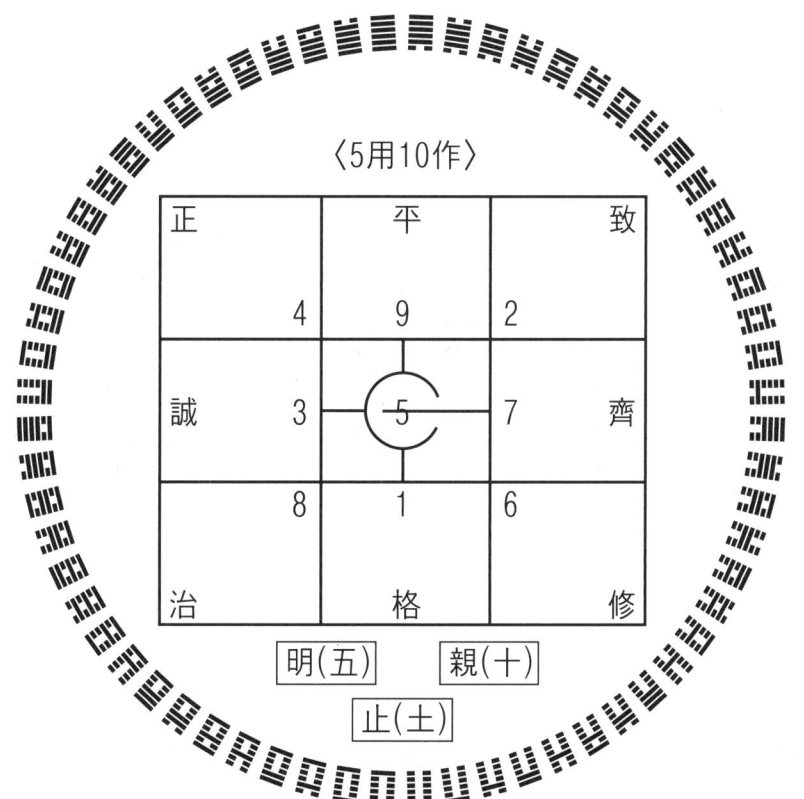

「대학착간고정」의 경전체계 309

문단을 이루면서 기승전결(起承轉結)의 형식체계를 갖추고 있다.[5] 구체적으로 살피면 총 10장으로 된 대학전문이 모두 16문단 64절목이다.

제1~8장까지는 총 8문단으로 32절, 제9장의 2문단과 제10장의 6문단까지는 총 8문단으로 32절로 대비된다.

「대학착간고정」은 경문 123자(=41×3)에다 전문 1640(=41×40)자를 포함하여 모두 1763(=41×43)자이다. 그 중 경문의 삼강령 1절 16자는 4절목씩 전개되는 전문 16문단, 경문의 팔조목 제1절 64자는 전문 64절목에 각기 상응한다.

경문의 팔조목 제2절 43자도 대학경전 전체 원문 1763자가 41자씩 총 43행을 이루는 것과 묘하게 합치한다. 천지자연인 역(易)의 조화가 흐른다고 하겠다.

학역지관(學易之關)인 『대학』

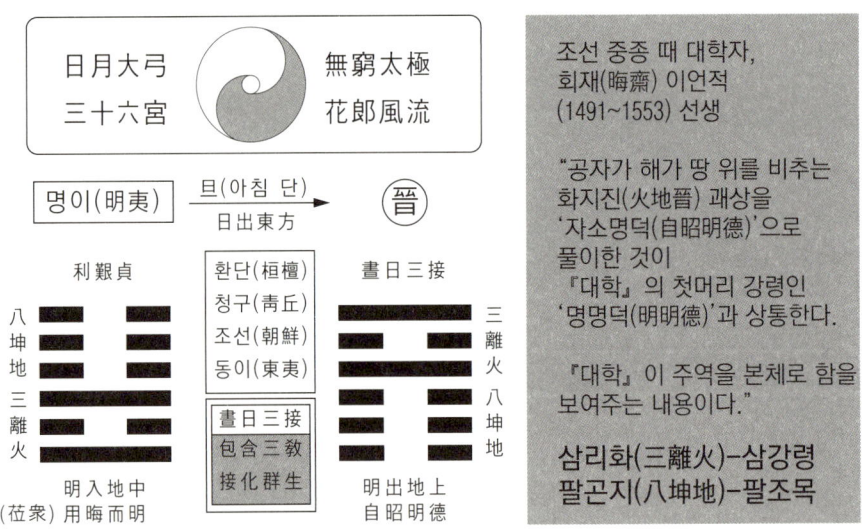

---

[5]. 「대학착간고정」은 「고본대학」의 본문보다 10글자가 추가되었다. 격물장의 "(故)로 自天子以至 於庶人 壹是皆以修身爲本", 마지막 치국평천하장에 유실된 "此謂平天下在治其國"이 그 것이다.

삼강팔목(三綱八目)의 태극지도(太極之道)

야산선생은 역을 배우는 관문이 『대학』이라고 말씀하였다.

『주역』 건(乾)괘에 "건(乾)은 원(元)코 형(亨)코 이(利)코 정(貞)하니라." 하였다. 봄의 덕을 상징하는 원(元)으로써 건(乾)의 머리를 세우고, 그 효(爻)를 동방의 신령한 영물인 청룡에 빗댄 것이다. 봄은 목왕지절(木旺之節)로 춘하추동의 머리이고, 해 뜨는 동방은 동서남북의 으뜸이며, 인(仁)은 인의예지의 근본이다.

나무는 본래 오행(五行)의 수·화·목·금·토 가운데 하나이다. 오행수리로는 3이란 양수와 8이란 음수가 배합하여 나무(木)를 생성함을 '3·8목도'라 이른다.[6]

하늘은 동방의 목도(木道)로써 머리인 원덕(元德)을 삼아 만물을 시생하고, 사람은 이 원덕(元德)에 의해 어진 인성(仁性)을 체득하여 만물의 영장이 된다.

三八木道

8	7	6	5	4	3	2	1	괘서
坤	艮	坎	巽	震	離	兌	乾	팔괘
太陰		小陽		小陰		太陽		사상
陰儀				陽儀				양의
太極								

太는 천지인 三才의 열림
極은 3변(체)하여 8괘(용)로 시공세계를 펼치는 태극의 도
오행 수리로는 三과 八의 배합으로 생성된 '동방목'을 태극으로 표상
『대학(大學)』의 3강령(綱領) 8조목(條目)

---

[6]. 3강령 8조목은 태극이 펼치는 '삼팔목도'에 상응한다. 『주역(周易)』 계사상전(繫辭上傳)에 이른 "역(易)은 태극을 보유하며, 이것의 조화로 양의·사상·팔괘가 생생(生生)한다. 팔괘에서 길흉이 정해지며 대업(大業)을 낳는다.(易有太極 是生兩儀 兩儀生四象 四象 生八卦 八卦定吉凶 吉凶 生大業)"는 글은 공자가 대학경문을 3강령 8조목으로 세운 구체적인 근거가 되는 대목이다.

나무가 뿌리로부터 줄기·가지·잎사귀(열매)로 분화하여 뻗어나가듯이, 태극(太極)은 3변하여 8괘를 전개한다. '천지뇌풍수화산택'으로 표상되는 8괘는 천지의 개벽(開闢)을 거쳐 생성되는 만물이다. 3·8목도(木道)로 표상(表象)이 드러나므로, 동방의 목도(木道)로써 태극을 대표하는 것이다. 양(─)과 음(--)의 부호도 나무의 줄기와 가지로 상징된다.

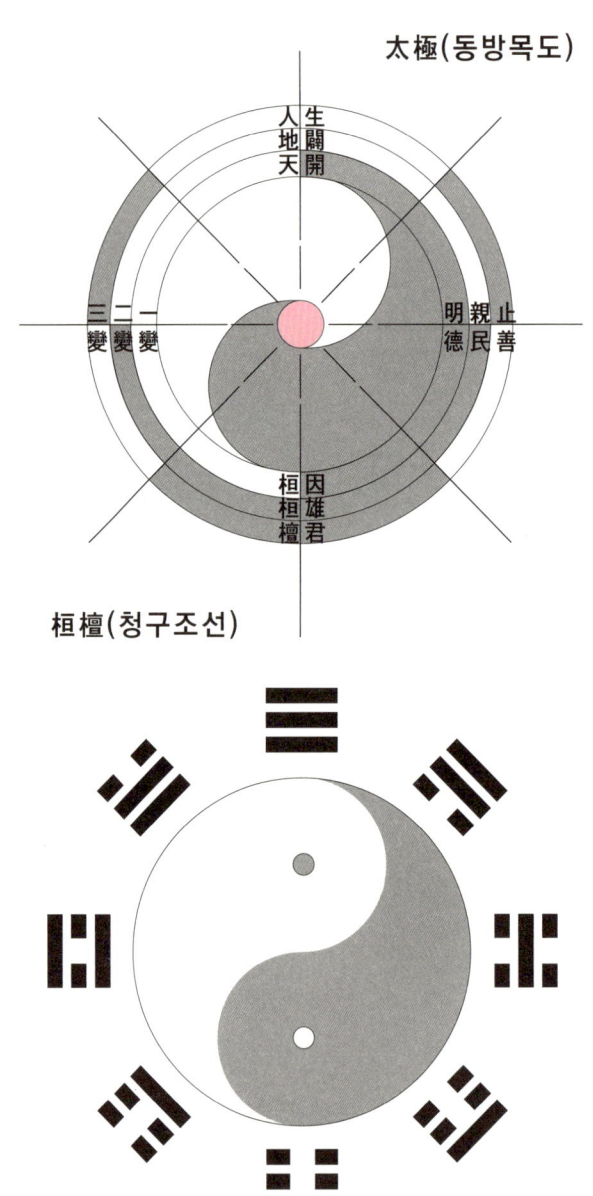

태극(太極)이란 용어도 이러한 뜻을 함축한다. '클 태, 열릴 태(太)'는 천지인·삼재의 열림, '다할 극, 끝 극, 용마루 극(極)'은 목(木)과 '빠를 극(亟)'으로 나무가 재빨리 뻗어나가 완성된다는 뜻이다.[7]

「착간고정본」의 전문 제4장 격물(格物)에 수신위본(修身爲本)을 중심으로 본말(本末)의 선후체용을 강조한 것도 태극의 목도(木道)를 밑바탕으로 한다. '본(本), 말(末), 격(格)'이란 글자가 모두 목부(木部)에 속한 것에서도 분명히 입증된다.

삼강팔목(三綱八目)의 본말선후(本末先後)

8조목은 명명덕(明明德)에 이르는 내적 과정인 '격물 치지 성의 정심'과 친민(親民)에 이르는 외적 과정인 '수신 제가 치국 평천하'로 나뉜다.

필자의 견해이지만, 천지생성·남녀생성의 선후이치로 살피면, '격치성정(格致誠正)'은 천도·남자가 앞서 생(生)하는 과정, '수제치평(修齊治平)'은 지도·여자가 뒤따라 성(成)하는 과정이다.

남녀인사의 내외본말로 볼 때, 내적인 '격치성정(格致誠正)'이 남자인 부친·장남·중남·소남(乾·震·坎·艮, ☰·☳·☵·☶), 외적인 '수제치평(修齊治平)'이 여자인 모친·장녀·중녀·소녀(坤·巽·離·兌, ☷·☴·☲·☱)의 순차적인 흐름에 상응한다.[8]

천도에 의한 음양의 기(氣)는 사상의 위(位: 1 2 3 4), 지도에 의한 강유의 질

---

7. 역(易)은 무위자연(無爲自然) 자체를 일컫기도 하고 대자연의 변화원리를 가리킨다. 공자는 우주자연과 삼라만상을 이끄는 중심주체가 태극임을 '역유태극(易有太極)'으로 표현하였다.
『대학』의 강목(綱目) 또한 태극의 도를 본체로 한다. 그물을 펼치는 벼릿줄과 그물눈에 빗대어 표명한 3강령·8조목이 태극이 3변하여 펼치는 8괘와도 같다.
구체적으로 설명하면, 태극이 1차 분화하여 양의(兩儀), 2차 분화하여 사상(四象), 3차 분화하여 팔괘(八卦)가 생성된다. '삼세판'이라고 하듯이, 3변에 의한 8괘로써 만상(萬象)의 기틀이 마침내 갖춰진다.

8. 필자의 학문적 견해이지만, 역(易)의 사상위수(四象位數)에서 그 체가 되는 사상위 1·2·3·4는 남자, 그 용이 되는 사상수 6·7·8·9는 여자에 상응한다. 남녀순서 또한 선후본말의 흐름이 있다.

(質)은 사상의 수(數: 6 7 8 9)로 간주된다.[9]

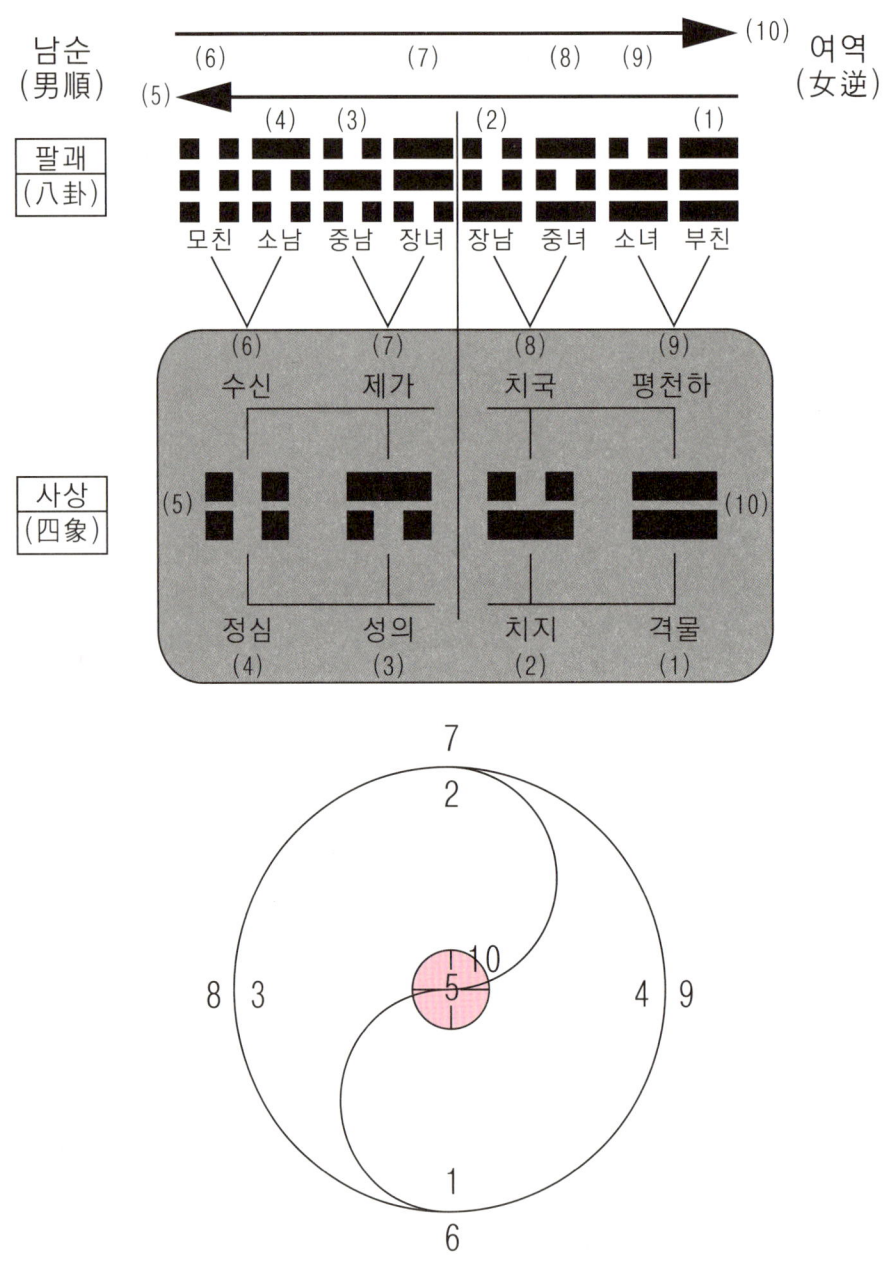

---

9. 천도는 생수 1·2·3·4·5, 지도는 성수 6·7·8·9·10이다. 역의 본원인 하도(河圖)의 수리로 설명하면, 생수와 성수의 순차적인 내외배합을 통하여, 만물의 원소인 수·화·목·금·토 오행이 생성된다.

결론적으로 격물 치지 성의 정심은 내본 양, 수신 제가 치국 평천하는 외말 음의 전개과정과 같다. 팔조목을 내외본말의 선후과정에 따라 밟아 나아가다 보면, 내적 강령인 명명덕(明明德)과 외적 강령인 친민(親民)에 다다를 뿐만 아니라 마침내 지선(至善)의 인(仁)을 그 중심에 체득하는 대인이 된다.

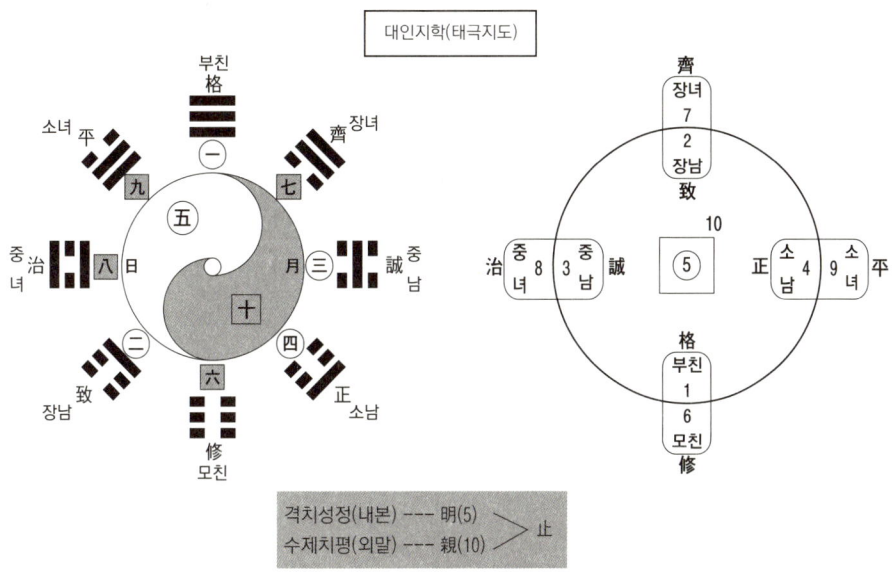

대인지학(大人之學)과 대연오십(大衍五十)

「대학착간고정」에 있어서 전체 문장체계를 보면, 1·2·3·4·5(태극·양의·삼재·사상·오행)의 다섯 단계를 거치는 '설시(揲蓍)' 전개를 따르고 있다. '설시'란 서죽(筮竹) 또는 시초(蓍草) 50개비를 순차적으로 헤아려, 『주역』의 괘효(卦爻)를 구하는 방법이다.

1태극(삼강령 1절목) → 2음양(팔조목 2절목) → 3삼재(경문 총3절목): 경문 1장
4사상(전문 각 4절목) → 5오행(전문 64절목 16문단. 5歲 재윤): 전문 10장

공자는 태극이 펼치는 '대연오십(大衍五十)'에 대해, 시초 50개비를 셈하여

5년 주기로 2번의 윤달을 두는 '오세재윤(五歲再閏)'의 이치로 설명하였다.[10] 이는 60갑자의 운행주기를 기본상수(기틀)로 하여 기영·삭허(氣盈·朔虛)가 하루씩 상대적으로 생성되는 달력법도이다.[11]

효천법지(效天法地)와 이간덕업(易簡德業)

공자가 말씀하신 『주역』 계사상전 머릿장을 살펴보면, 『대학』의 강령조목에 대한 학문적 사상토대를 찾을 수 있다.

"乾以易知요 坤以簡能이니 易則易知요
건 이 이 지   곤 이 간 능   이 즉 이 지

簡則易從이요 易知則有親이요 易從則有功이요
간 즉 이 종   이 지 즉 유 친   이 종 즉 유 공

有親則可久요 有功則可大요 可久則賢人之德이요
유 친 즉 가 구   유 공 즉 가 대   가 구 즉 현 인 지 덕

可大則賢人之業이니 易簡而天下之理 得矣니
가 대 즉 현 인 지 업   이 간 이 천 하 지 리 득 의

天下之理 得而成位乎其中矣니라."
천 하 지 리 득 이 성 위 호 기 중 의

"건(乾)은 쉬움으로써 주장하고 곤(坤)은 간단함으로써 이룬다. 쉬우면 알기 쉽고 간단하면 쫓기 쉽다. 알기 쉬우면 친해지고 쫓기 쉬우면 공을 세운다. 친해지면 오래할 수 있고 공이 있으면 커진다. 오래할 수 있으면 현인의 덕이 되고 커지면 현인의 사업이 되니, 쉽고 간단히 천하의 이치를 얻는다. 천하의 이치를 얻음에 그 중간에서 자리를 이룬다."

---

10. 『주역(周易)』 계사상전(繫辭上傳): 大衍之數 五十 其用 四十有九 分而爲二 以象兩 掛一 以象三 揲之以四 以象四時 歸奇於扐 以象閏 五歲 再閏 故 再扐而後 掛.
11. 『대학』의 3강령·8조목과 경전전체의 문장체계에 대해서는 3개월의 윤(閏)을 8년 주기로 보완하는 '팔세삼윤법(八歲三閏法)'도 지극히 중요하다. 천도의 주기변화를 담은 『주역』의 학문적 실체도 이로 말미암아 밝혀지는데, 대연50의 수리법도가 '팔세삼윤법(八歲三閏法)'에 밑바탕을 두기 때문이다.

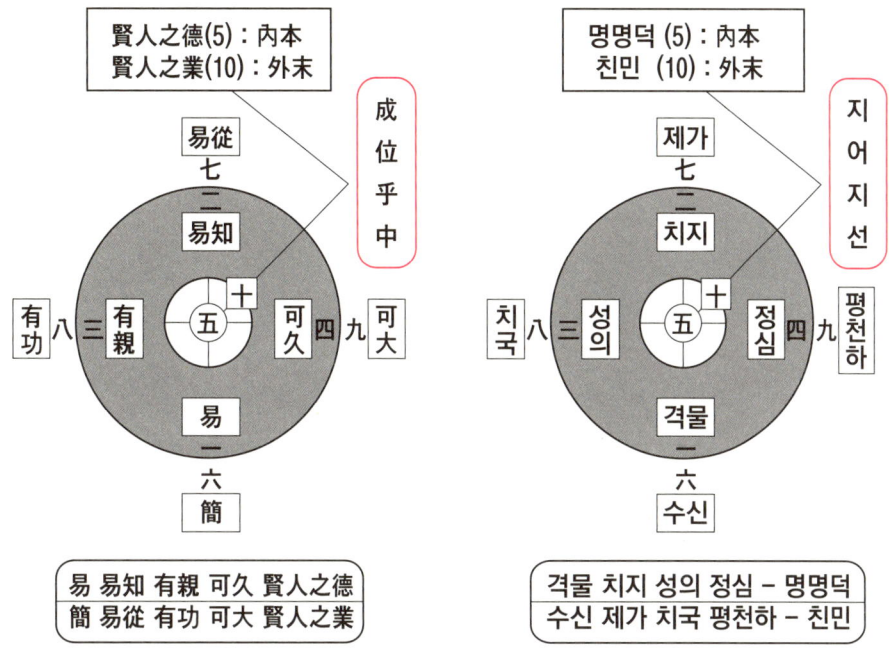

  천지건곤의 이간(易簡)한 이치를 본받아 덕업(德業)을 이루는 것은 인도(人道)의 구체적인 완성과정을 의미한다.[12]

  건도(乾道)에 바탕을 둔 이·이지·유친·가구·현인지덕(易·易知·有親·可久·賢人之德)의 내적과정은 격물·치지·성의·정심(1·2·3·4)을 통한 명명덕(5)으로 나아감과 같다.

  곤도(坤道)에 바탕을 둔 간·이종·유공·가대·현인지업(簡·易從·有功·可大·賢人之業)의 외적과정은 수신·제가·치국·평천하(6·7·8·9)를 통한 친민(10)으로 나아감과 같다.

  현인의 내외덕업을 이루고 천하이치를 체득하여, 중심에 인위(人位)를 이룬다.

---

12. 『주역(周易)』 계사상전 제5장에 "富有之謂大業이요 日新之謂盛德이라." 하였다. 인도(人道)는 진덕수업(進德修業)을 통하여 인의(仁義)를 행하니, 「건문언전(乾文言傳)」에도 사람자리에 해당하는 제3·4효를 설명함에 각기 군자의 진덕수업(進德修業)을 언급하고 있다.

명명덕·친민을 통하여 인의중정(仁義中正)한 지어지선에 도달하는 것이다.[13]

중정(中正)과 사단(四端)

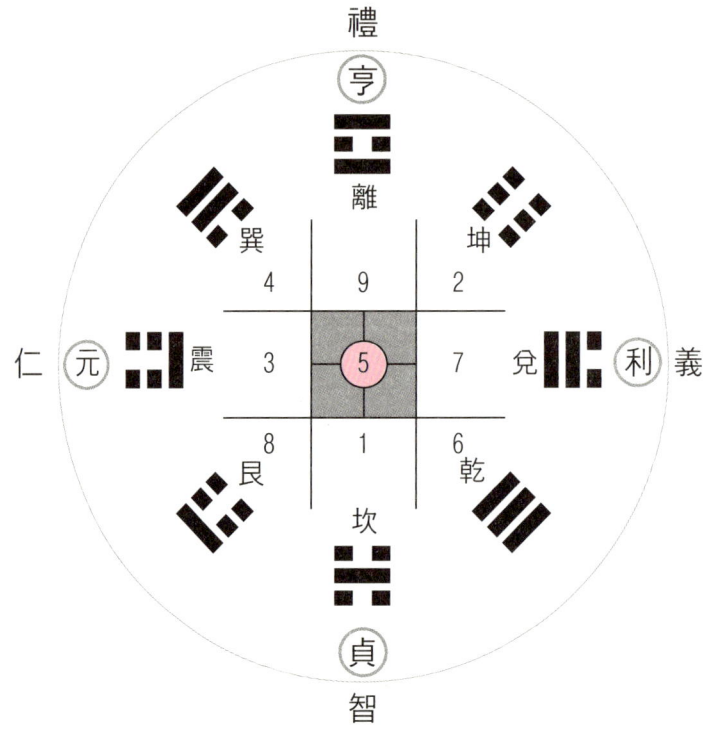

성의(誠意)는 속마음에 품은 뜻이 거짓 없음을 이르고, 정심(正心)은 바깥 사물에 대처하는 마음 씀이 한결같음을 말한다. '바를 정(正)'도 '뜻을 한결같이(一) 해서 마음이 외물에 흔들리지 않고 제 자리에 그치다(止)'는 의미이다.

---

13. 건곤(乾坤)의 이간(易簡)을 생수(1·2·3·4·5)와 성수(6·7·8·9·10)의 시작인 1과 6에 놓은 까닭은 천지부모인 건곤(乾坤)으로부터 자식인 만물이 생성되기 때문이다. 앞에 소개한 계사상전 제1장 글 앞에도 "하늘의 도가 남자를 내고 땅의 도가 여자를 내니(乾道成男 坤道成女), 하늘은 주장하여 크게 비롯고, 땅은 일으켜 물건을 이룬다(乾知大始 坤作成物)."고 하였다. 오행생성은 1·6이 합한 수(水)로부터 시작된다. 천지가 교통하는 태(泰)괘의 명칭인 '열릴 태, 클 태(泰)'에도 건곤(乾坤)의 1.6 합수로 인하여 만물이 생성된다는 뜻을 담고 있다. 하도의 중심에 처한 5.10토(土)는 태극의 본원으로서 50대연수(大衍數)의 본바탕이므로, 체(體)인 삼강령에 합치한다. 1.6, 2.7, 3.8, 4.9 는 태극의 작용이 사방으로 정립된 표상이며, 사상생성과 사시유행에 상응하므로 용(用)인 팔조목에 합치한다.

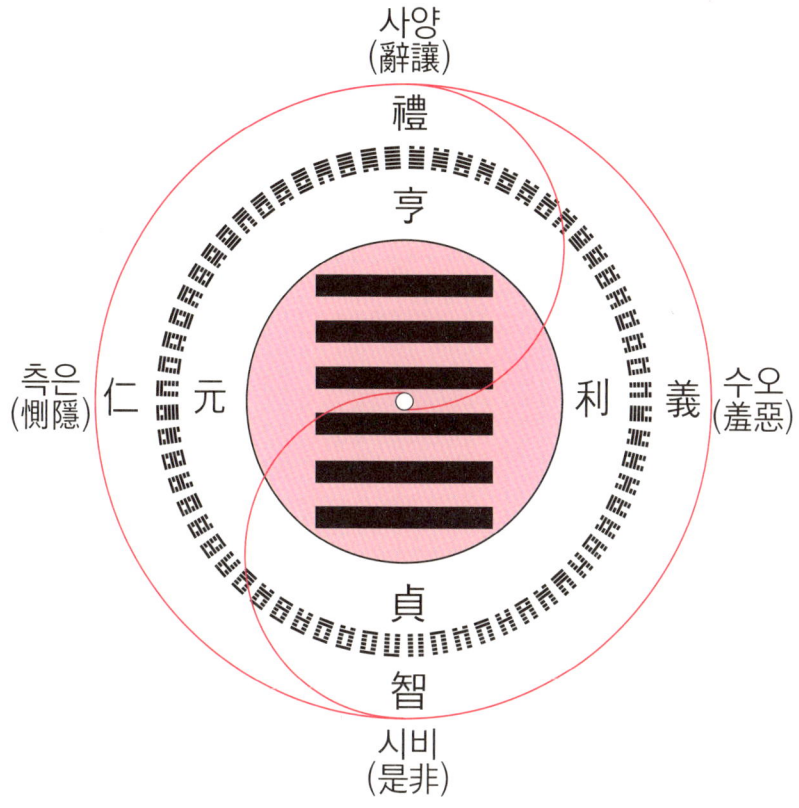

　마음 속(中心)에 뜻이 처하고 이에 따라 마음이 움직이므로, 성의를 추기(樞機)로 하여 정심(正心)이 이루어진다. 성의가 정심의 근본이고 정심이 성의의 작용이므로, 성의장에는 중(中), 정심수신장에는 정(正)을 위주로 설명하였다.

　『중용』제1장에 "희노애락(喜怒哀樂)이 아직 발표(發表)되지 않았을 때를 중(中), 발표되어 절도에 맞음을 화(和)라고 이른다."고 하였다. 미덥게 중(中)을 잡음이 성의(誠意), 절도 있게 감정을 조화(調和)함이 정심(正心)에 상응한다.

　맹자가 말씀한 사단(四端)은 마음의 바름을 얻은 것이다. 측은히 여기는 마음은 인(仁), 사양하는 마음은 예(禮), 부끄러워하고 미워하는 마음은 의(義), 옳고 그름을 따지는 마음은 지(智)의 실마리가 된다.

주자의 「대학장구본」과 야산선생의 「착간고정본」 원문 대조표

	주자 장구본 경문(經文)		야산 착간고정본 경문(經文)
1	大學之道 在明明德 在親民 在止於至善	1	大學之道 在明明德 在親民 在止於至善
2	知止而后 有定 定而后 能靜 靜而后 能安 安而后 能慮 慮而后 能得	2	古之欲明明德於天下者 先治其國 欲治其國者 先齊其家 欲齊其家者 先修其身 欲修其身者 先正其心 欲正其心者 先誠其意 欲誠其意者 先致其知 致知 在格物
3	物有本末 事有終始 知所先後 則近道矣	3	物格而后 知至 知至而后 意誠 意誠而后 心正 心正而后 身修 身修而后 家齊 家齊而后 國治 國治而后 天下平
4	古之欲明明德於天下者 先治其國 欲治其國者 先齊其家 欲齊其家者 先修其身 欲修其身者 先正其心 欲正其心者 先誠其意 欲誠其意者 先致其知 致知 在格物		
5	物格而后 知至 知至而后 意誠 意誠而后 心正 心正而后 身修 身修而后 家齊 家齊而后 國治 國治而后 天下平		
6	自天子以至於庶人 壹是皆以修身爲本		
7	其本 亂而末治者 否矣 其所厚者 薄 而其所薄者 厚 未之有也		

주자 장구본 전문(傳文)		야산 착간고정본 전문(傳文)	
1. 명명덕(明明德)		**1. 명명덕(明明德)**	
1	康誥 曰克明德	1	康誥 曰克明德
2	太甲 曰顧諟天之明命	2	太甲 曰顧諟天之明命
3	帝典 曰克明峻德	3	帝典 曰克明峻德
4	皆自明也	4	皆自明也
2. 신민(新民)		**2. 친민(親民)**	
1	湯之盤銘 曰苟日新 日日新 又日新	1	湯之盤銘 曰苟日新 日日新 又日新
2	康誥 曰作新民	2	詩曰 周雖舊邦 其命維新
3	詩曰 周雖舊邦 其命維新	3	康誥 曰作新民
4	是故 君子 無所不用其極	4	是故 君子 無所不用其極
3. 지어지선(止於至善)		**3. 지어지선(止於至善)**	
1	詩云 邦畿千里 惟民所止	1	詩云 緡蠻黃鳥 止于丘隅 子曰於止 知其所止 可以人而不如鳥乎
2	詩云 緡蠻黃鳥 止于丘隅 子曰於止 知其所止 可以人而不如鳥乎	2	詩云 邦畿千里 惟民所止
3	詩云 穆穆文王 於緝熙敬止 爲人君 止於仁 爲人臣 止於敬 爲人子 止於孝 爲人父 止於慈 與國人交 止於信	3	詩云 穆穆文王 於緝熙敬止 爲人君 止於仁 爲人臣 止於敬 爲人子 止於孝 爲人父 止於慈 與國人交 止於信
4	詩云 瞻彼淇澳 菉竹猗猗 有斐君子 如切如磋 如琢如磨 瑟兮僩兮 赫兮喧兮 有斐君子 終不可諠兮 如切如磋者 道學也	4	詩云 於戱 前王不忘 君子 賢其賢而親其親 小人 樂其樂而利其利 此以沒世不忘也

4	如琢如磨者 自修也 瑟兮僩兮者 恂慄也 赫兮喧兮者 威儀也 有斐君子終不可諠兮者 道盛德至善 民之不能忘也	4	
5	詩云 於戲 前王不忘 君子 賢其賢而親其親 小人 樂其樂而利其利 此以沒世不忘也		

4. 본말(本末)		4. 격물(格物)	
1	子曰 聽訟 吾猶人也 必也使無訟乎 無情者 不得盡其辭 大畏民志 此謂知本	1	物有本末 事有終始 知所先後 則近道矣
		2	其本 亂而末治者 否矣 其所厚者 薄 而其所薄者 厚 未之有也
		3	故 自天子以至於庶人 壹是皆以修身爲本
		4	此謂物格

5. 격물치지(格物致知)		5. 치지(致知)	
1	此謂知本	1	知止而后 有定 定而后 能靜 靜而后 能安 安而后 能慮 慮而后 能得
2	此謂知之至也	2	詩云 瞻彼淇澳 菉竹猗猗 有斐君子 如切如磋 如琢如磨 瑟兮僩兮 赫兮喧兮 有斐君子 終不可諠兮 如切如磋者 道學也 如琢如磨者 自修也 瑟兮僩兮者 恂慄也 赫兮喧兮者 威儀也 有斐君子終不可諠兮者 道盛德至善 民之不能忘也
		3	子曰 聽訟 吾猶人也 必也使無訟乎 無情者 不得盡其辭 大畏民志 此謂知本

		4	此謂知之至也
	6. 성의(誠意)		**6. 성의**(誠意)
1	所謂誠其意者 毋自欺也 如惡惡臭 如好好色 此之謂自謙 故 君子 必愼其獨也	1	所謂誠其意者 毋自欺也 如惡惡臭 如好好色 此之謂自謙 故 君子 必愼其獨也
2	小人 閒居 爲不善 無所不至 見君子 而后 厭然揜其不善 而著其善 人之視己 如見其肺肝 然則何益矣 此謂誠於中 形於外 故 君子 必愼其獨也	2	小人 閒居 爲不善 無所不至 見君子 而后 厭然揜其不善 而著其善 人之視己 如見其肺肝 然則何益矣 此謂誠於中 形於外 故 君子 必愼其獨也
	曾子 曰十目所視 十手所指 其嚴乎	3	康誥 曰如保赤子 心誠求之 雖不中 不遠矣 未有學養子而后 嫁者也
	富潤屋 德潤身 心廣體胖 故 君子 必誠其意	4	富潤屋 德潤身 心廣體胖 故 君子 必誠其意
	7. 정심수신(正心修身)		**7. 정심수신**(正心修身)
1	所謂修身 在正其心者 身 有所忿懥則不得其正 有所恐懼則不得其正 有所好樂則不 得其正 有所憂患則不得其正	1	所謂修身 在正其心者 身 有所忿懥則不得其正 有所恐懼則不得其正 有所好樂則不 得其正 有所憂患則不得其正
2	心不在焉 視而不見 聽而不聞 食而不知其味	2	曾子 曰十目所視 十手所指 其嚴乎
3	此謂修身 在正其心	3	心不在焉 視而不見 聽而不聞 食而不知其味
		4	此謂修身 在正其心
	8. 수신제가(修身齊家)		**8. 수신제가**(修身齊家)
1	所謂齊其家 在修其身者 人 之其所親愛而辟焉 之其所賤惡而辟焉	1	所謂齊其家 在修其身者 人 之其所親愛而辟焉 之其所賤惡而辟焉

1	之其所畏敬而辟焉 之其所哀矜而辟焉 之其所敖惰而辟焉 故 好而知其惡 惡而知其美者 天下 鮮矣	1	之其所畏敬而辟焉 之其所哀矜而辟焉 之其所敖惰而辟焉 故 好而知其惡 惡而知其美者 天下 鮮矣
2	故 諺 有之 曰 人 莫知其子之惡 莫知其苗之碩	2	故 諺 有之 曰 人 莫知其子之惡 莫知其苗之碩
3	此謂身不修 不可以齊其家	3	好人之所惡 惡人之所好 是謂拂人之性 菑必逮夫身
		4	此謂身不修 不可以齊其家

9. 제가치국(齊家治國)

1	所謂治國 必先齊其家者 其家 不可教 而能教人者 無之 故 君子 不出家而成教於國 孝者 所以事君也 弟者 所以事長也 慈者 所以使衆也	1	所謂治國 必先齊其家者 其家 不可教 而能教人者 無之 故 君子 不出家而成教於國 孝者 所以事君也 弟者 所以事長也 慈者 所以使衆也
2	康誥 曰如保赤子 心誠求之 雖不中 不遠矣 未有學養子而后 嫁者也	2	一家 仁 一國 興仁 一家 讓 一國 興 讓 一人 貪戾 一國 作亂 其機如此 此謂一言 僨事 一人 定國
3	一家 仁 一國 興仁 一家 讓 一國 興 讓 一人 貪戾 一國 作亂 其機如此 此謂一言 僨事 一人 定國	3	詩云 樂只君子 民之父母 民之所好 好之 民之所惡 惡之 此之謂民之父母
4	堯舜 帥天下以仁 而民 從之 桀紂 帥天下以暴 而民 從之 其所令 反其所好 而民 不從 是故 君子 有諸己而後 求諸人 無諸己而後 非諸人 所藏乎身 不恕 而能喩諸人者 未之有也	4	故 治國 在齊其家
5	故 治國 在齊其家	5	詩云 桃之夭夭 其葉蓁蓁 之子于歸 宜其家人 宜其家人而后 可以教國人

6	詩云 桃之夭夭 其葉蓁蓁 之子于歸 宜其家人 宜其家人而后 可以教國人	6	詩云 宜兄宜弟 宜兄宜弟而后 可以教國人
7	詩云 宜兄宜弟 宜兄宜弟而后 可以教國人	7	詩云 其儀不忒 正是四國 其爲父子兄弟 足法而后 民 法之也
8	詩云 其儀不忒 正是四國 其爲父子兄弟 足法而后 民 法之也	8	此謂治國 在齊其家
9	此謂治國 在齊其家		

	10. 치국평천하(治國平天下)		**10. 치국평천하**(治國平天下)
1	所謂平天下 在治其國者 上 老老而民 興孝 上 長長而民 興弟 上 恤孤而民 不倍 是以 君子 有絜矩之道也	1	所謂平天下 在治其國者 上 老老而民 興孝 上 長長而民 興弟 上 恤孤而民 不倍 是以 君子 有絜矩之道也
2	所惡於上 毋以使下 所惡於下 毋以事上 所惡於前 毋以先後 所惡於後 毋以從前 所惡於右 毋以交於左 所惡於左 毋以交於右 此之謂絜矩之道	2	所惡於上 毋以使下 所惡於下 毋以事上 所惡於前 毋以先後 所惡於後 毋以從前 所惡於右 毋以交於左 所惡於左 毋以交於右 此之謂絜矩之道
3	詩云 樂只君子 民之父母 民之所好 好之 民之所惡 惡之 此之謂民之父母	3	堯舜 帥天下以仁 而民 從之 桀紂 帥天下以暴 而民 從之 其所令 反其所好 而民 不從
4	詩云 節彼南山 維石巖巖 赫赫師尹 民具爾瞻 有國者 不可以不愼 辟則爲天下僇矣	4	是故 君子 有諸己而後 求諸人 無諸己而後 非諸人 所藏乎身 不恕 而能喩諸人者 未之有也
5	詩云 殷之未喪師 克配上帝 儀監于殷 峻命不易 道得衆則得國 失衆則失國	5	詩云 節彼南山 維石巖巖 赫赫師尹 民具爾瞻 有國者 不可以不愼 辟則爲天下僇矣
6	是故 君子 先愼乎德 有德 此有人 有 人 此有土 有土 此有財 有財 此有用	6	詩云 殷之未喪師 克配上帝 儀監于殷 峻命不易 道得衆則得國 失衆則失國

7	德者 本也 財者 末也	7	康誥 曰惟命 不于常 道善則得之 不善則失之矣
8	外本內末 爭民施奪	8	是故 君子 有大道 必忠信以得之 驕泰以失之
9	是故 財聚則民散 財散則民聚	9	德者 本也 財者 末也
10	是故 言悖而出者 亦悖而入 貨悖而入者 亦悖而出	10	外本內末 爭民施奪
11	康誥 曰惟命 不于常 道善則得之 不善則失之矣	11	仁者 以財發身 不仁者 以身發財
12	楚書 曰楚國 無以爲寶 惟善 以爲寶	12	是故 君子 先愼乎德 有德 此有人 有 人 此有土 有土 此有財 有財 此有用
13	舅犯 曰亡人 無以爲寶 仁親 以爲寶	13	生財 有大道 生之者衆 食之者寡 爲 之者疾 用之者舒 則財恆足矣
14	秦誓 曰若有一个臣 斷斷兮 無他技 其心 休休焉 其如有容焉 人之有技 若己有之 人之彥聖 其心好之 不啻若自其口出 寔能容之 以能保我子孫黎民 尙亦有利哉 人之有技 媢疾以惡之 人之彥聖 而違之 俾不通 寔不能容 以不能保我子孫黎民 亦曰殆哉	14	未有上好仁而下不好義者也 未有好義 其事不終者也 未有府庫財 非其財者也
15	唯仁人 放流之 迸諸四夷 不與同中國 此謂唯仁人 爲能愛人 能惡人	15	長國家而務財用者 必自小人矣 彼爲善之 小人之使爲國家 菑害並至 雖有善者 亦無如之何矣 此謂國 不以利爲利 以義爲利也
16	見賢而不能擧 擧而不能先 命也 見不善而不能退 退而不能遠 過也	16	是故 財聚則民散 財散則民聚
17	好人之所惡 惡人之所好 是謂拂人之性 菑必逮夫身	17	楚書 曰楚國 無以爲寶 惟善 以爲寶

18	是故 君子 有大道 必忠信以得之 驕泰以失之	18	舅犯 曰亡人 無以爲寶 仁親 以爲寶
19	生財 有大道 生之者衆 食之者寡 爲 之者疾 用之者舒 則財恆足矣	19	孟獻子 曰畜馬乘 不察於雞豚 伐冰之家 不畜牛羊 百乘之家 不畜聚斂之臣 與其有聚斂之臣 寧有盜臣 此謂國 不以利爲利 以義爲利也
20	仁者 以財發身 不仁者 以身發財	20	是故 言悖而出者 亦悖而入 貨悖而入者 亦悖而出
21	未有上好仁而下不好義者也 未有好義 其事不終者也 未有府庫財 非其財者也	21	秦誓 曰若有一个臣 斷斷兮 無他技 其心 休休焉 其如有容焉 人之有技 若己有之 人之彦聖 其心好之 不啻若自其口出 寔能容之 以能保我子孫黎民 尙亦有利哉 人之有技 媢疾以惡之 人之彦聖 而違之 俾不通 寔不能容 以不能保我子孫黎民 亦曰殆哉
22	孟獻子 曰畜馬乘 不察於雞豚 伐冰之家 不畜牛羊 百乘之家 不畜聚斂之臣 與其有聚斂之臣 寧有盜臣 此謂國 不以利爲利 以義爲利也	22	唯仁人 放流之 迸諸四夷 不與同中國 此謂唯仁人 爲能愛人 能惡人
23	長國家而務財用者 必自小人矣 彼爲善之 小人之使爲國家 菑害並至 雖有善者 亦無如之何矣 此謂國 不以利爲利 以義爲利也	23	見賢而不能擧 擧而不能先 命也 見不善而不能退 退而不能遠 過也
		24	此謂 平天下 在治其國

『역경(易經)』 체계를 본뜬 대학경전

전체적으로 「대학착간고정」은 주자의 「대학장구」같이 경문1장과 전문10장의 체계를 그대로 따른다. 「대학장구」와 확연히 다른 점은 경문1장을 3강령1절과 8조목2절의 총 3절로만 구성하였다는 점이다. 태극원리에 따라 천·지·인 삼재(天地人三才)가 1·2·3으로 열리는 자연한 흐름을 쫓아 대학경문이 구성되었음을 밝혀낸 것이다.

『대학』은 전체 전문이 춘하추동 4시 운행변화에 따라 4절목씩 기본문단을 이루면서 기승전결(起承轉結)의 형식체계를 갖추고 있다.[14] 총 10장으로 된 대학전문이 모두 16문단 64절목이다.

구체적으로 살피면 전문 제1~8장까지 4절씩 8문단으로 총 32절, 전문 제9장~10장이 4절씩 8문단으로 총 32절을 이루어, 내외가 대비된다.

「대학착간고정」은 경문이 모두 123(=41×3)자, 전문 1640(=41×40)자를 포함하여 전체가 모두 1763(=41×43)자이다.

경문의 삼강령 1절 16자가 마침 4절목으로 전개되는 전문의 16문단에 상응한다. 나아가 경문의 팔조목 제1절 64자는 전문의 64절목, 제2절 43자는 전체 원문 1763자가 41자씩 총 43행을 이루는 것과 절묘하게 합치한다. 전체에 천지자연인 역의 조화가 흐른다고 하겠다.

「대학착간고정」 경전원문 (총 1763자)

배울수록 능해지고(能), 물을수록 알아진다(知). 배우고 묻는 '학문(學問)'을 통하여 사람의 '지능(知能)'도 계발된다. 이간(易簡)한 법도로 지능을 베푸는 부모가 천지자연이다.

『대학(大學)』 공부도 하늘을 본받고 땅을 법하는 '효천법지(效天法地)'가

---

14. 「대학착간고정」은 「고본대학」의 본문보다 10글자가 추가되었다. 격물장의 "(故)로 自天子以至於庶人 壹是皆以修身爲本", 마지막 치국평천하장에 유실된 "(此謂平天下在治其國)"이 그것이다.

그 기본바탕이다. 정직하고 광활한 땅을 설명한 곤괘(坤卦)의 2효에 '직방대(直方大)'가 나온다. 곤도(坤道)가 강건한 건도(乾道)를 유순히 계승하여 펼친다는 뜻이다.

문장체계도 세로 41자씩 가로 43행으로 정확히 직방대체(直方大體)를 이룬다. 그 중 앞의 3행 123자는 3강령·8조목에 대한 경문, 나머지 40행 1640자는 64절목으로 3강령·8조목을 설명한 전문이다.

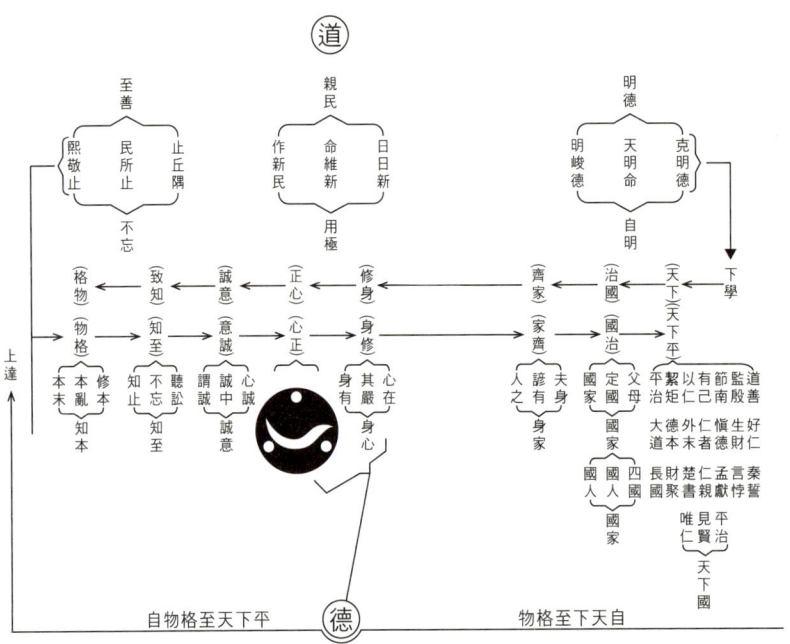

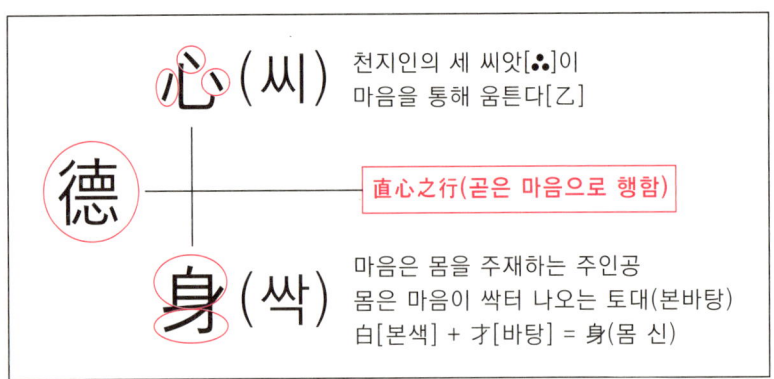

동방목도와 도서팔괘

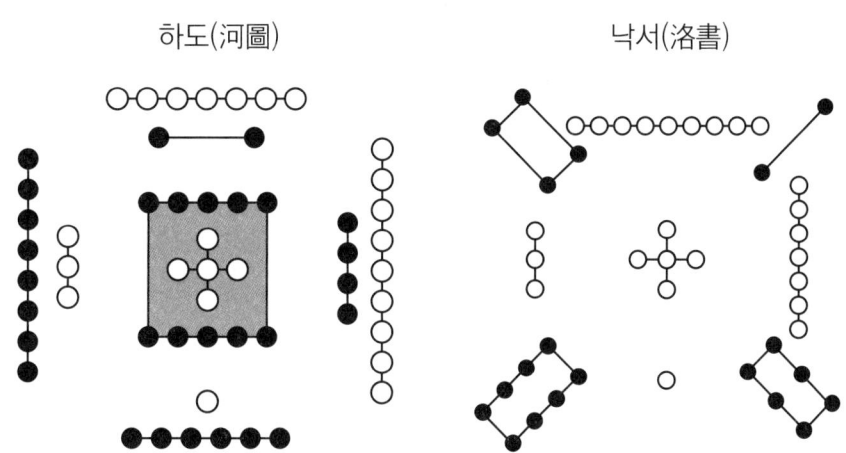

하도(河圖) 낙서(洛書)

역(易)은 끊임없이 변화하는 자연 자체이자 그 원리이다. 자연함 보다 쉬운 것이 없으므로 '쉬울 이'라고도 하지만, 양과 음이 바뀌듯이 쉬움은 어려움을 낳기 마련이다. 역의 기틀이 되는 도서(圖書)와 팔괘(八卦)의 이치는 여전히 난해(難解)하기 그지없다. 선유들의 지극한 노력으로 역학이 발전되어왔고 무수한 학설이 존재하지만, 도서팔괘에 대한 이치가 자연스럽게 흐르는 일관(一貫)된 통설은 아직 없다.

"옛 성인이 역을 지은 까닭은 무엇인가"에 대해, 공자는 사람들이 궁리진성(窮理盡性)을 통한 지명(至命), 즉 하늘의 명에 이르도록 하여 도덕과 의리가 실현되는 아름다운 세상을 만드는 데에 있다고 보았다.[1]

성인의 작역(作易)을 두고 공자의 자문자답이 또 전한다.

"글로는 말을 다하지 못하고 말로는 뜻을 다하지 못하는 법이다. 그렇다면

---

1. 『주역(周易)』 설괘전 1장: 昔者聖人之作易也 幽贊於神明而生蓍 參天兩地而倚數 觀變於陰陽而立卦 發揮於剛柔而生爻 和順於道德而理於義 窮理盡性 以至於命

(역을 지으신) 성인의 뜻을 과연 알 수 없는가?"

"성인이 상을 세워 뜻을 다하며, 괘를 베풀어 진실과 거짓을 다하며, 글을 달아서 그 말을 다하며, 변통하여 그 이로움을 다하며, 고무하여 신을 다하였다."[2]

우주만유를 낳고 이끄는 대자연의 현묘조화는 무궁무진하여 언설(言說)로 다 표현할 수 없다. 성인이 역 속에다 입상·설괘·계사(立象·設卦·繫辭)를 통하여 변통·고무(變通·鼓舞)시켜, 세상을 이롭게 만들고 신명이 나도록 지극한 정성을 다 쏟았다는 말씀이다.

대성(大聖) 공자가 말씀한 유학의 일관지도(一貫之道)는 성인의 법통(연원)이 하나로 이어지는 '사문(斯文)의 도'로서 일관회통(一貫會通)한다. 도학의 본체인 역은 하도낙서와 선후팔괘를 근본으로 삼으며, 동방목도로 표상(表象)되는 태극이 이 모두를 주재한다.

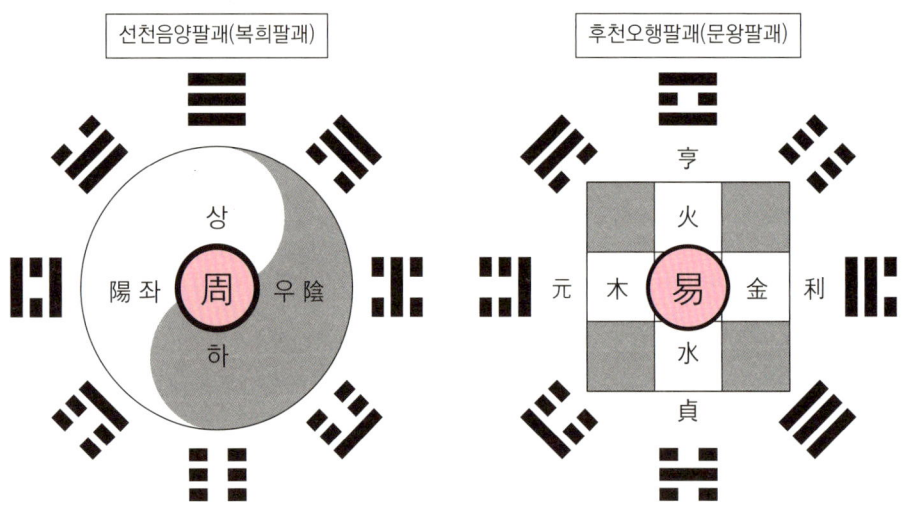

상수리(象數理)가 막힘없이 자연스럽게 흐르는 역의 정설(正說)은 너무나도 중요하다. 틈틈이 도서팔괘에 대해서 관상·추수·정리(觀象·推數·定理)

---

[2]. 『주역(周易)』 계사상전 12장: 子曰書不盡言 言不盡意 然則聖人之意 其不可見乎 聖人 立象 以盡意 設卦 以盡情僞 繫辭焉 以盡其言 變而通之 以盡利 鼓之舞之 以盡神

한 바를 소개하려 한다. 조심스럽기 그지없지만, 홍역학(洪易學)의 기본정설로 삼았으면 하는 소박한 생각이다. 하도를 중심본체(乾)로 삼고 선천팔괘(元) 중천교역(亨) 후천팔괘(利) 무위자연(貞)의 흐름으로 설명한다. 천도변화를 정의한 『주역』 첫 문구 '건원형이정(乾元亨利貞)'에 붙여, 간이하게 도해(圖解)를 중심으로 관찰해보자.

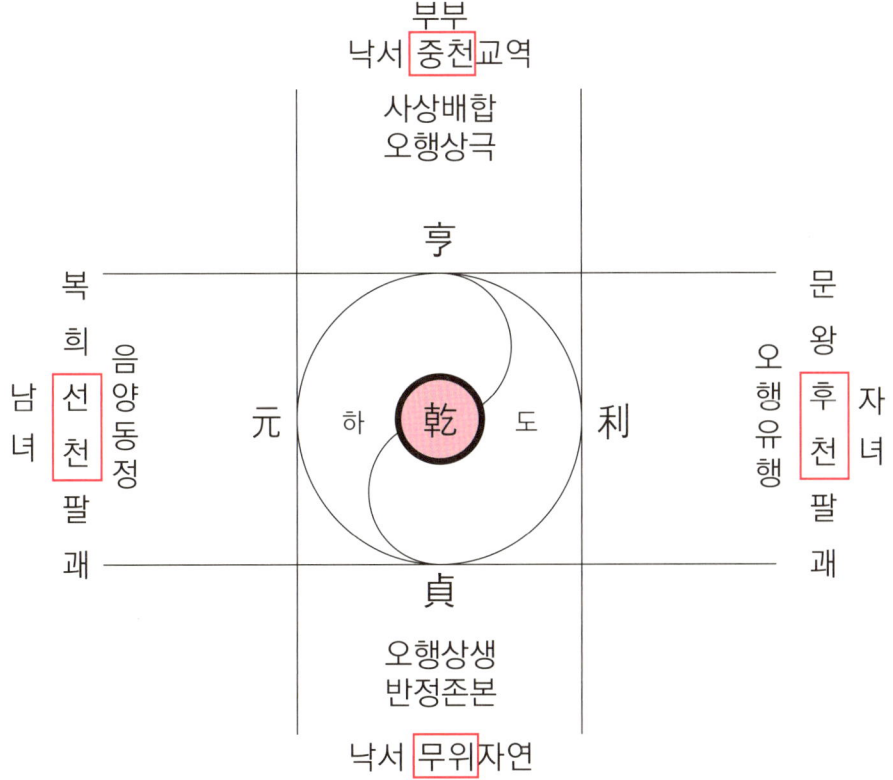

乾(元亨利貞) - 龍馬負圖(하도)

하도(河圖)는 역 전체를 대표한다. 선천팔괘·중천교역·후천팔괘 모두를 포괄하는 본바탕이 되며, 태극·음양·삼재·사상·오행 등의 기본수리가 들어있다. 내본(內本)의 생수(1~5)는 천도, 외말(外末)의 성수(6~10)는 지도로서 인도에 해당하는 중간(中幹)의 오행을 생성한다.

하도 중심부에 자리한 내핵 5는 천극·황극으로서 '건도성남(乾道成南)',

외핵 10은 지극·무극으로서 '곤도성녀(坤道成女)'의 주체이다. 사방내외로 남녀8괘, 부모와 3남3녀를 펼치는 조부·조모(5·10)에 해당한다. 태극에 해당하는 중심본체는 불용이기에, 8괘에는 배속되지 않는 수이다.

사방 내부의 1~4는 건도(五) 성남에 의한
부친·장남·중남·소남(☰1·☳2·☵3·☶4)

사방 외부의 6~9는 곤도(十) 성녀에 의한
모친·장녀·중녀·소녀(☷6·☴7·☲8·☱9)

"物有本末 事有終始 知所先后 則近道矣"
물유본말 사유종시 지소선후 즉근도의

→ 내외 본말 선후 생성 남녀 기질 / 천인합발(天人合發) 만변정기(萬變定基)

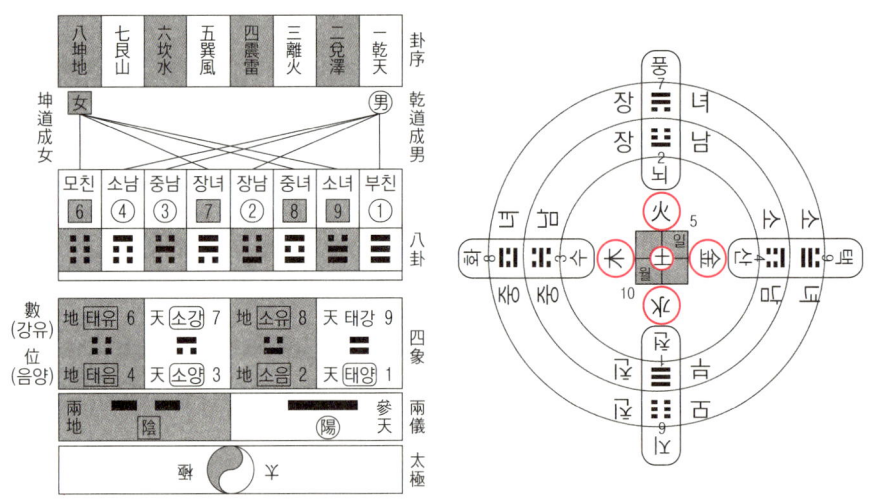

복희 「선천팔괘방위도」와 하도의 사상위수(四象位數)

1~4는 사상의 체위, 1태양위·2소음위·3소양위·4태음위(═·⚌·⚍·⚏)
6~9는 사상의 용수, 6태음수·7소양수·8소음수·9태양수(⚏·⚍·⚌·═)

이를 천도(생수)와 지도(성수)의 기질생성으로 나누어 달리 표명하기도 한다.
천도의 기(氣), 1태양·2소음·3소양·4태음(☰·☱·☲·☳) * 음양의 기
지도의 질(質), 6태유·7소강·8소유·9태강(☷·☶·☵·☴) * 강유의 질

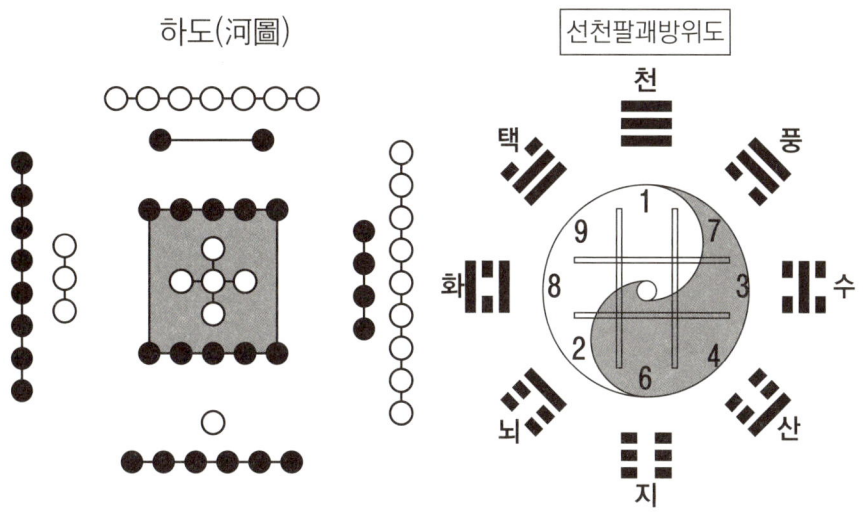

	1	2	3	4	5	6	7	8	9	10
	태양	소음	소양	태음	천극	태유	소강	소유	태강	지극
	부친	장남	중남	소남	조부	모친	장녀	중녀	소녀	조모
	생수	생수	생수	생수	생수	성수	성수	성수	성수	성수
	천수	지수	천수	지수	천수	지수	천수	지수	천수	지수
	기수	우수	기수	우수	기수	우수	기수	우수	기수	우수

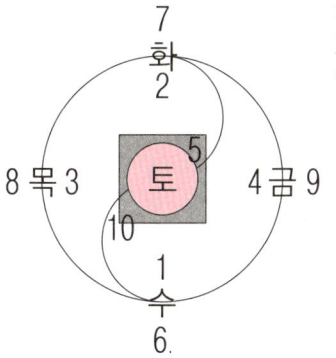

천도(생수- 1 2 3 4 5) 남녀
지도(성수- 6 7 8 9 10) 부부
인도(오행- 수 화 목 금 토) 자녀

삼재일관(三才一貫)

우주재호수(宇宙在乎手)
만화생호신(萬化生乎身)
천인합발(天人合發)
만변정기(萬變定基)

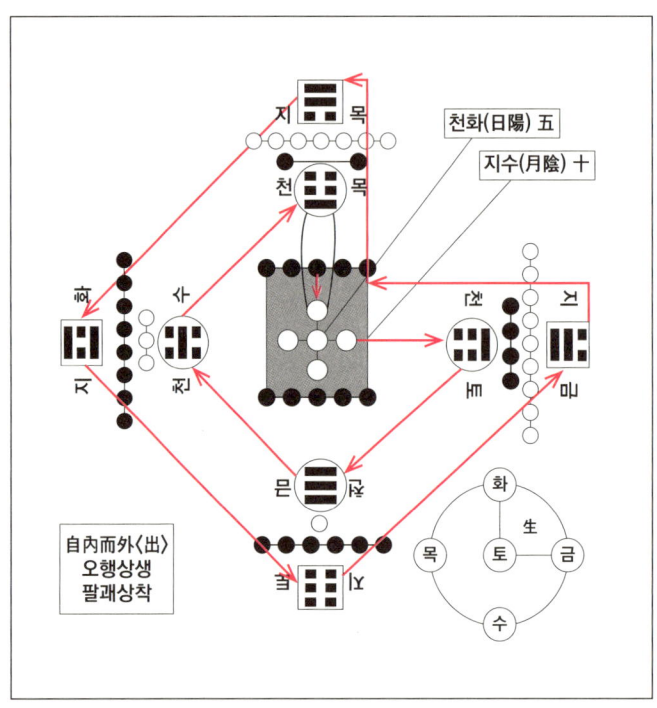

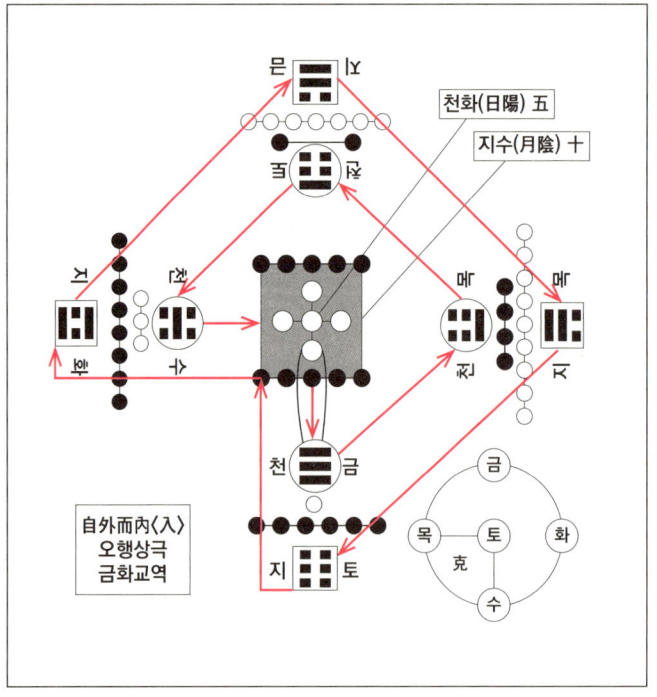

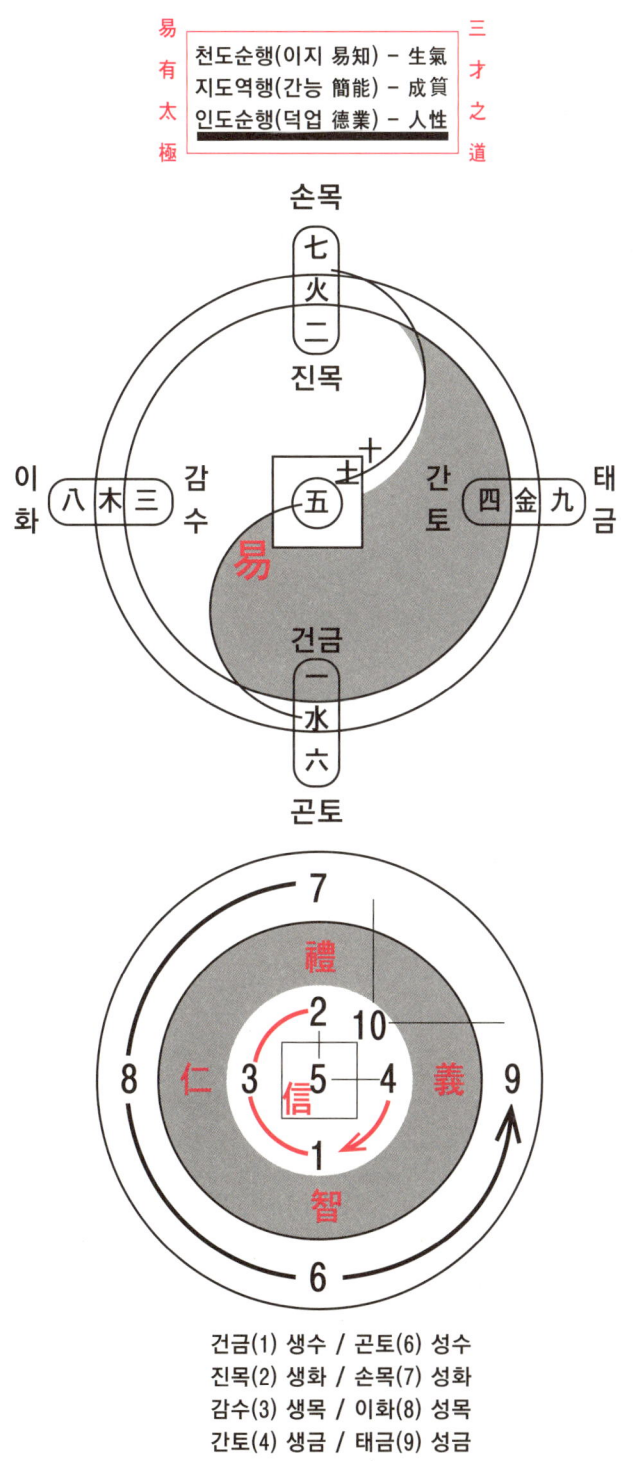

건금(1) 생수 / 곤토(6) 성수
진목(2) 생화 / 손목(7) 성화
감수(3) 생목 / 이화(8) 성목
간토(4) 생금 / 태금(9) 성금
일화(5) 생토 / 월수(10) 성토

元. 선천팔괘(복희)

"복희씨 성인이 하도를 본받아 선천팔괘를 창시한 것은 역에 사상이 있음에서 알 수 있다."고 공자는 말씀하였다.

하출도 성인칙지, 역유사상 소이시야(河出圖 聖人則之, 易有四象 所以示也)

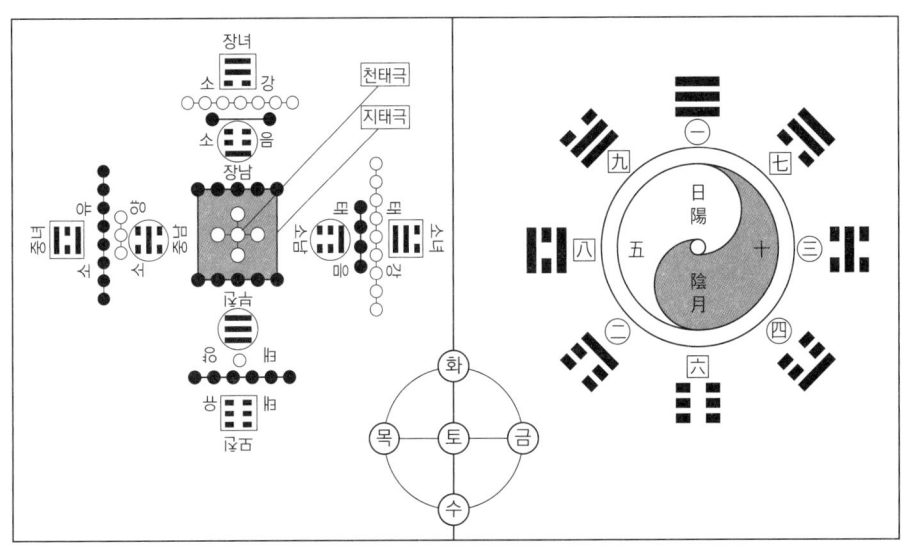

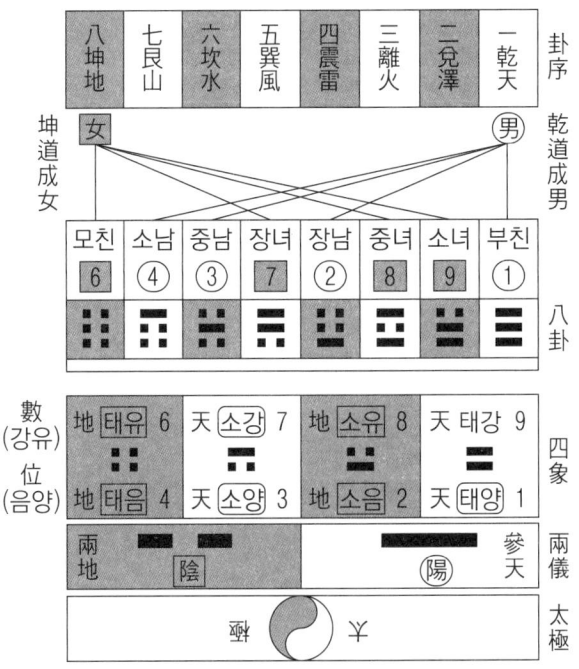

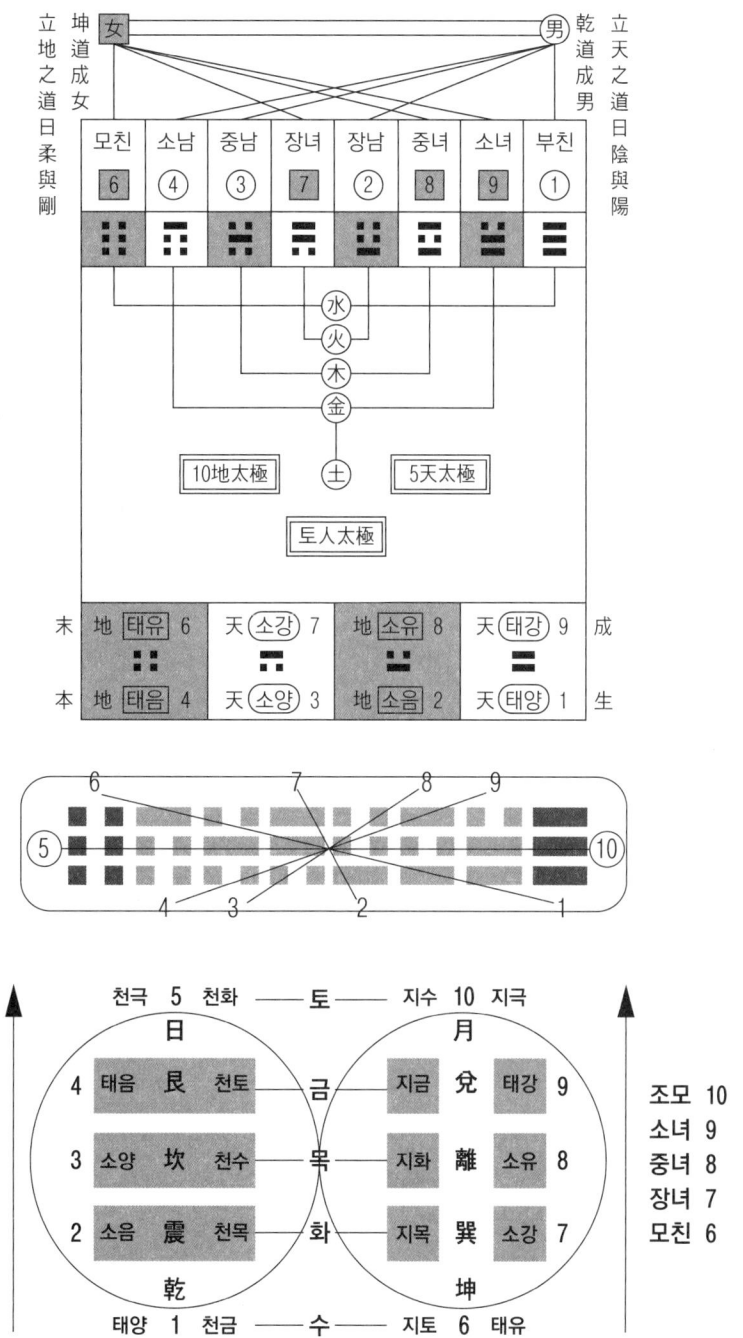

元. 선천팔괘(복희)

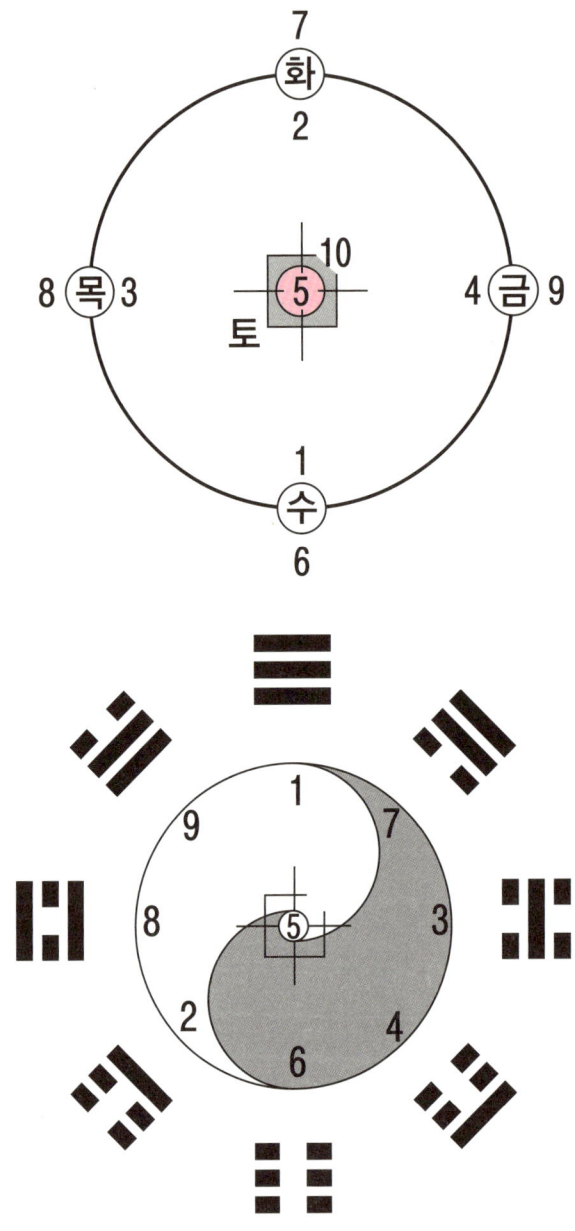

　「선천팔괘방위도」는 음양의 동정변화를 나타내지만, 남녀배합에 의한 오행의 생성이치도 내장 함축되어 있다. 이 뒤에 설명되는 낙서의 구궁전개는 중천교역(中天交易)의 이치를 나타내는데, 그 본바탕이 「선천팔괘방위도」에서 비롯된다고 보아야만 한다.

亨. 神龜背文(낙서)

낙서의 구궁수는 본래「선천팔괘방위도」에서 남녀가 '교역왕래(交易往來)' 하여 부부배합을 이루는 이치이다. 사상위와 사상수, 천도음양과 지도강유의 교역배합에 의해 오행의 기질생성이 있게 된다. 중앙의 5황극(皇極)을 중심으로 두루 종횡 15의 조화를 이루는 가운데, 생성된 오행이 시계반대 방향으로 우회하며 상극하는 모습이다. 여기에서 하나라 우임금이 『서경』 홍범(洪範)의 정치대법인 구주(九疇)를 베풀었다.

天一(태양 선천乾金) 生水 --- 地六(태유 선천坤土) 成水
地二(소음 선천震木) 生火 --- 天七(소강 선천巽木) 成火
天三(소양 선천坎水) 生木 --- 地八(소유 선천離火) 成木
地四(태음 선천艮土) 生金 --- 天九(태강 선천兌金) 成金
天五(천극 선천日火) 生土 --- 地十(지극 선천月水) 成土

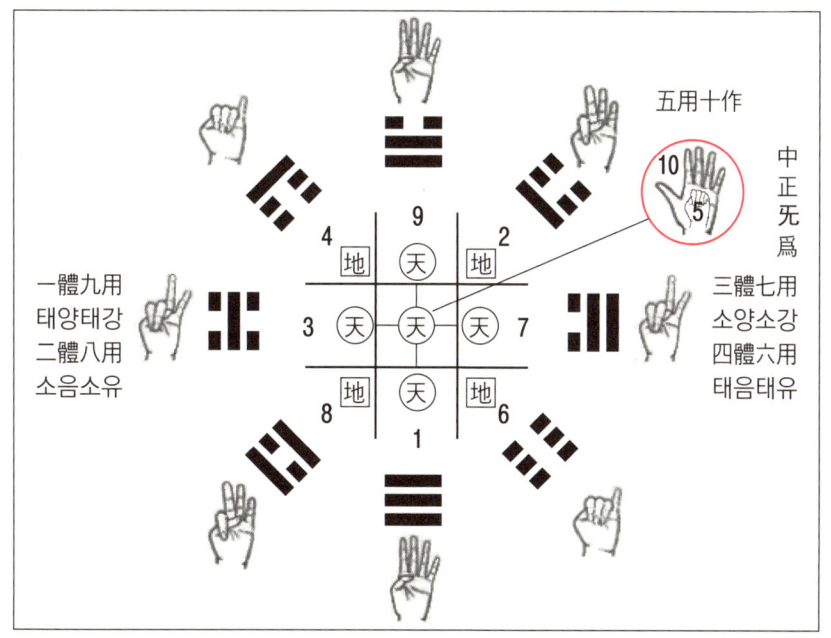

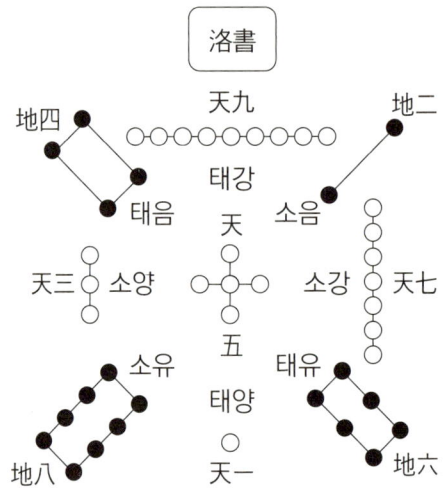

팔괘상착(八卦相錯)

천지(부친+모친) 1·6합수(合水) = 태양(1)+태유(6) ---- 天地定位

뇌풍(장남+장녀) 2·7합화(合火) = 소음(2)+소강(7) ---- 雷風相薄

수화(중남+중녀) 3·8합목(合木) = 소양(3)+소유(8) --- 水火不相射

산택(소남+소녀) 4·9합금(合金) = 태음(4)+태강(9) ---- 山澤通氣

일월(조부+조모) 5·10합토(合土) = 천극(5)+지극(10) -- 日月交合(明)

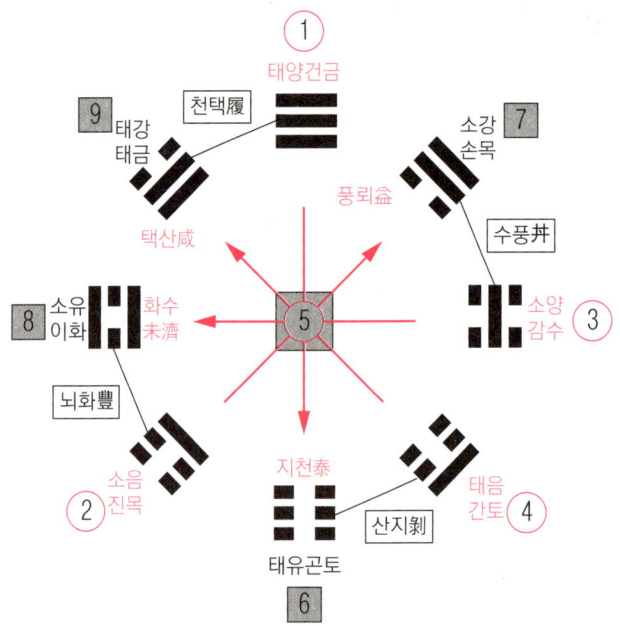

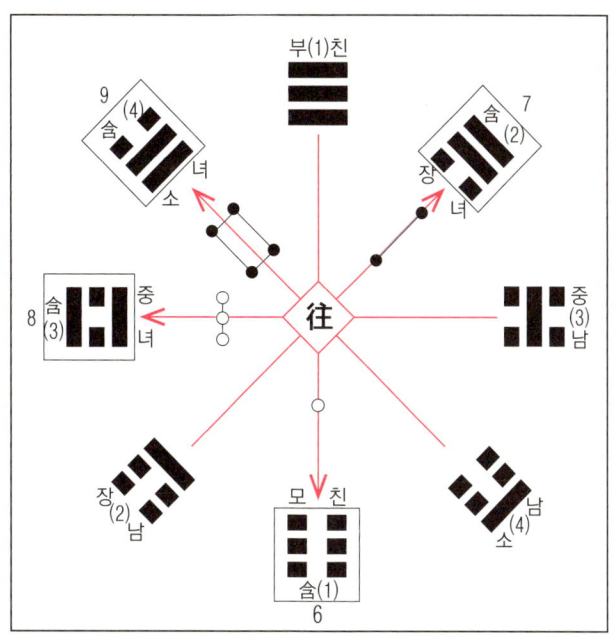

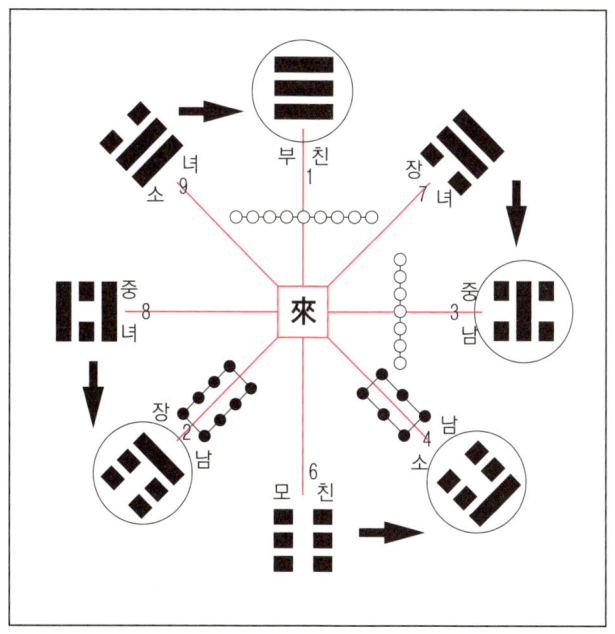

亨. 神龜背文(나서)

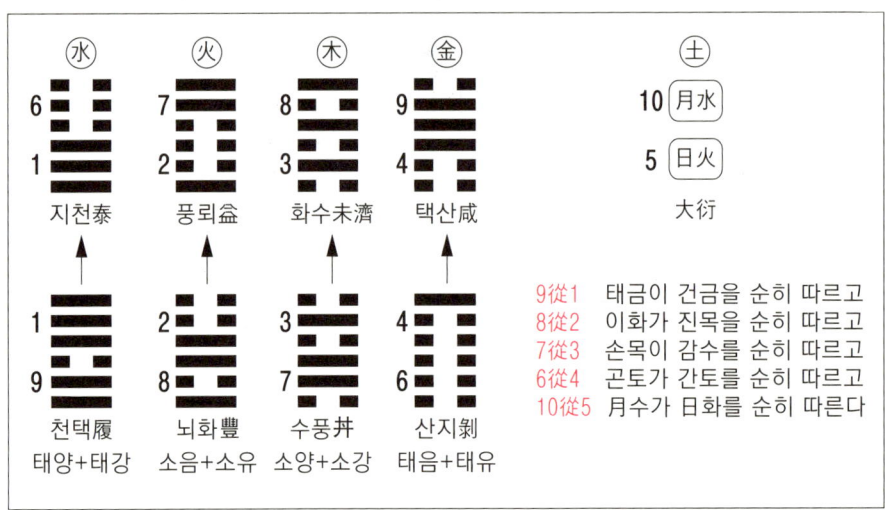

利. 후천팔괘(문왕)

낙서의 구궁수리는 「선천팔괘방위도」의 남녀교역·사상배합에서 비롯되었으며, 여기에서 정치대법인 「홍범구주」가 나와 하나라에 쓰였다. 이를 바탕으로 『역경』 괘사를 달은 문왕의 후천팔괘가 나와 주나라에 쓰였다. 『서경』 등에 보이는 여러 고대문자에 담긴 음양오행의 이치를 미루어볼 때, 후천팔괘의 방위·절기 명칭은 요순 이전의 상고시대에 이미 쓰였을 것으로 추정된다.

복희팔괘는 선천의 음양팔괘, 문왕팔괘는 후천의 오행팔괘로 정의된다. 체용인과관계로 대비되며, 후천팔괘는 낙서구궁의 금(金)과 화(火)가 교역하여 오행상극에서 오생상생, 우회(右回)에서 좌선(左旋)으로 반전[革]되는 외부(후천)적인 계기를 만든다.

서남방(反卦: ☱·☲·☴·☷)에는 여괘(女卦), 동북방(正卦: ☰·☳·☵·☶)에는 남괘(男卦)가 각기 후천적으로 배열한다. 성수에 속하는 여자는 자신이 극(克)하여 뿌리내릴 수 있는 곳, 생수에 속하는 남자는 자신을 생(生)하는 곳으로 찾아간다.

곤괘(坤卦)에서 문왕은 서남득붕·동북상붕(西南得朋·東北喪朋)으로 표현하였다.

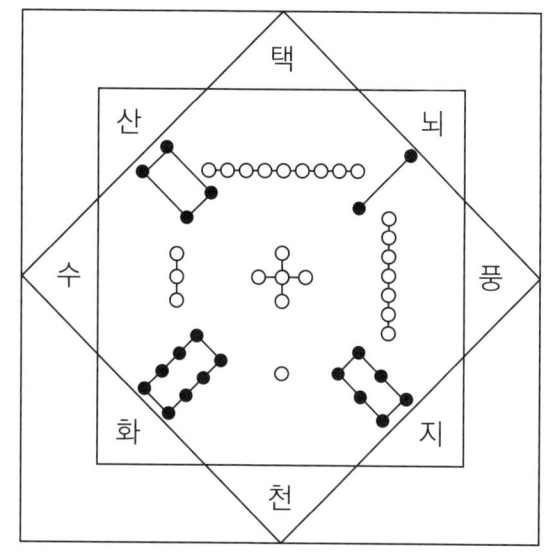

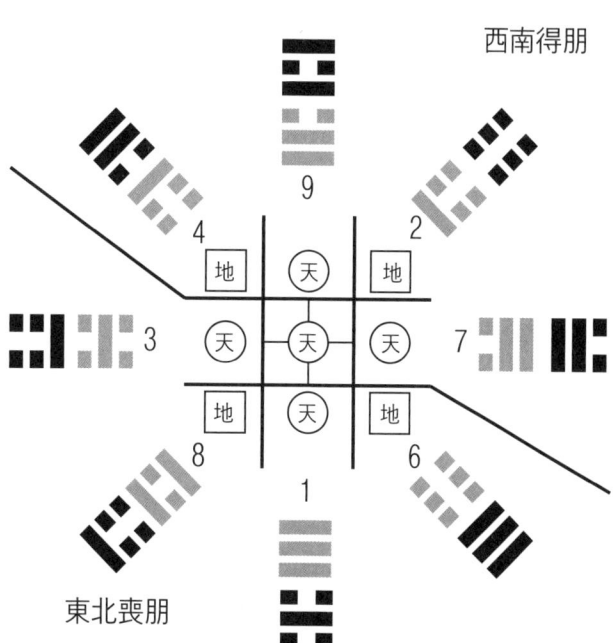

구궁교역(사상배합)과 후천팔괘(오행생성)

선천팔괘의 남녀가 부모·선조라면, 후천팔괘의 남녀는 자녀·후손에 비견된다. 공자는 정동으로부터 시작하여 동북에 이르는 오행의 후천적 흐름을

"帝出乎震 齊乎巽 相見乎離 致役乎坤 說言乎兌
제출호진 제호손 상견호리 치역호곤 열언호태

戰乎乾 勞乎坎 成言乎艮"
전호건 노호감 성언호간

으로 설명하였다.

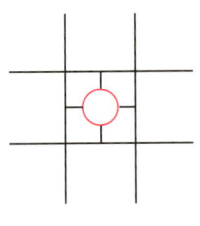

선천(남녀상대)

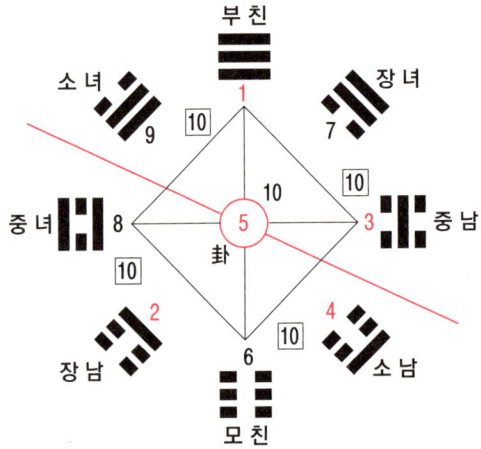

중천(부부배합)

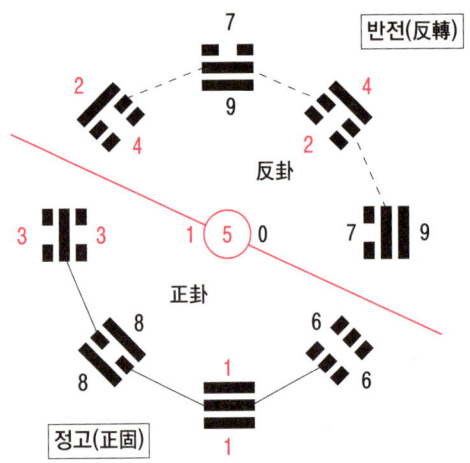

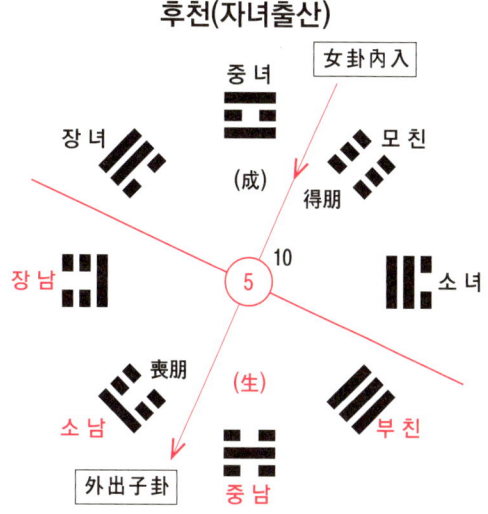

貞. 무위자연(낙서)

　문왕의 후천팔괘는 외부적으로 낙서구궁의 금화교역을 이루게 하여, 우회상극(右回相克)하던 천지오행을 좌선상생(左旋相生)하도록 한다. 하도의 오행상생이 여기에 와서 실제적으로 펼쳐진다. 선후의 중심이 바로 서서 5황극의 도가 행하여짐에 따라, 10무극의 무위조화를 극진히 펼치는 것이다.

　정괘(正卦)인 감·리·건·곤(3·8·1·6)은 바르기에 자리가 변동되지 않지만, 반괘(反卦)인 간·태·진·손(4·9·2·7)은 서로 뒤집어져 자리가 바뀐다. 정괘는 부도전(不倒顚), 반괘는 도전(倒顚)한다.

　"중(中)은 천하의 대본(大本), 화(和)는 천하의 달도(達道)이다. 중화(中和)가 이루어지면 천지가 안정하고 만물이 길러진다."고 하였다.[3] 외부적인 노력에 의해 중(中)을 잡는 것이 "극기복례 천하귀인 (克己復禮 天下歸仁)"이다. 야산선사의 「부문(敷文)」 중에도 "중어선후(中於先后)하야 정기종시(正其終始)라.", '선천과 후천의 가운데(중천)에 때맞추어, 그 끝맺음과 시작함을 바

---

3. 『중용(中庸)』 제1장: 中也者 天下之大本也 和也者 天下之達道也 致中和 天地位焉 萬物 育焉

로잡아야 한다.'는 말씀이 있다.

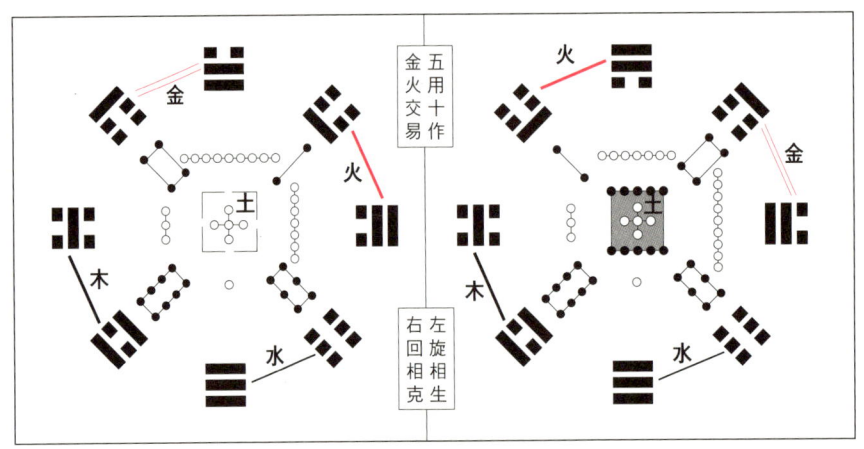

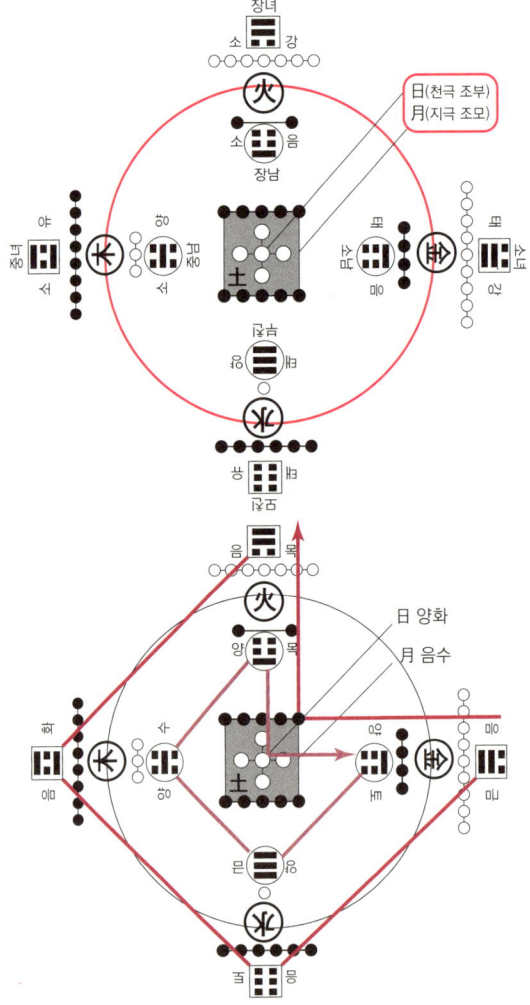

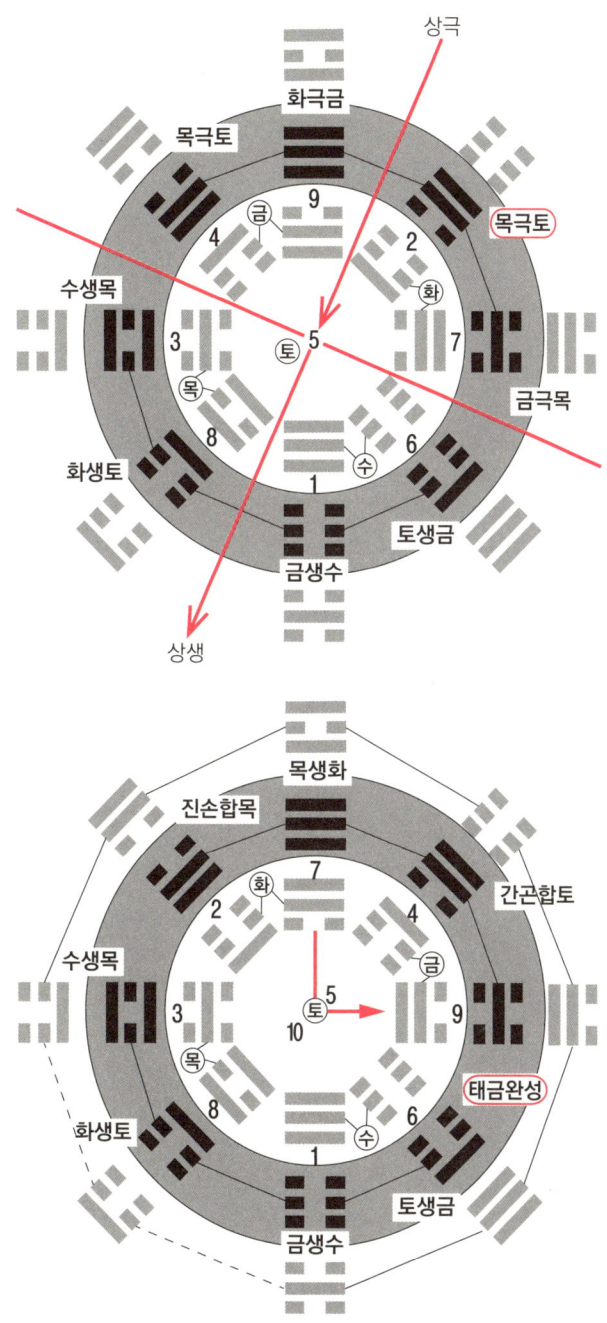

　공자는 선후천 변화흐름에 대한 문왕의 뜻을 「건문언전(乾文言傳)」 구오(九五)에다 비사(秘辭)로 전하였다. 이후 야산선사께서 홀로 선천팔괘에서 후천팔괘로 바뀌는 이치를 「건구오도설(九五圖說)」로 극명하게 밝혀내었다.

  공자는 천도의 선후변화가 반드시 구궁낙서의 중천교역을 통하여 펼쳐진다고 보았다. 「홍범구주(洪範九疇)」의 중심인 5황극(皇極)의 도를 성인이 세상에 펼치는 법도에 입각하여 문장을 지었다. 『홍범』과 『주역』이 하나로 일관(一貫)됨을 볼 수 있는 지극히 중요한 내용이다.

  이는 문장해설을 구오(九五) 9×5=45, 즉 구궁낙서의 총수인 45자로 격식을 맞춘 것에서 확연히 볼 수 있다. 뒤이은 대인(大人)을 정의한 해설에서도 '오용십작(五用十作)에 의한 하도 55수를 담은 문장형식을 갖추어, 오행상극(낙서)에 의한 오행상생(하도)의 조화를 명확히 전하였다. 그 속에 하락총백(河洛總百)과 오십대연(五十大衍)의 극진한 가르침도 들어있다.

  공자가 "극기복례 천하귀인(克己復禮 天下歸仁)"을 말씀한 연유이기도 하다.

(九五曰 飛龍在天 利見大人은 何謂也오 子曰)
구오왈 비룡재천 이견대인 하위야 자왈

同聲相應하며 同氣相求하야 水流濕하며 火就燥하며
동성상응 동기상구 수류습 화취조

雲從龍하며 風從虎라 聖人이 作而萬物이 覩하나니
운종룡 풍종호 성인 작이만물 도

本乎天者는 親上하고 本乎地者는 親下하나니
본호천자 친상 본호지자 친하

則各從其類也니라. - 同聲文 / 45字
즉각종기류야

夫大人者는
부대인자

與天地合其德하며 與日月合其明하며
여천지합기덕 여일월합기명

與四時合其序하며 與鬼神合其吉凶하야
여사시합기서 여귀신합기길흉

先天而天弗違하며 後天而奉天時하나니
선천이천불위 후천이봉천시

天且弗違은 而況於人乎며 況於鬼神乎여. - 合德文 / 55字
천차불위 이황어인호 황어귀신호

『주역』의 64괘·384효 가운데 건구오(乾九五)는 전체 괘효를 대표하며, 만물을 통솔·주재하는 핵심주체로, 『홍범』의 '구주 오황극(九疇 五皇極)'과도 같다. 낙서구궁의 '중정교역(中正交易)'에 의해, 체(體)가 되는 선천부모의 음양원리가 용(用)이 되는 후천자녀의 오행이치로 바뀐다. 낙서구궁(洛書九宮)에 기초한 「홍범구주」의 오행수리는 『주역』이라는 경전이 만들어지는데 결정적인 역할을 한다.

64대성괘의 으뜸은 하늘을 상징하는 '중천건(重天乾)', 전체 384효의 우두머리는 건(乾)괘에서 홀로 '중정(中正)'을 얻은 '건구오(乾九五)'이다.[4] 문왕은 하늘의 굳센 덕을 춘하추동 사시의 덕에 견주어 "건 원형이정(乾 元亨利貞)"이라 해설하였다. 주공은 건(乾)의 구오(九五)를 "비룡재천 이견대인飛

---

4. 中正한 位를 얻은 乾 九五大人을 주체로 하여 大同天下가 구현된다는 뜻이다.

龍在天 利見大人)", 즉 '나는 용이 하늘에 있으니 대인을 만나봄이 이롭다' 고 풀이하였다.

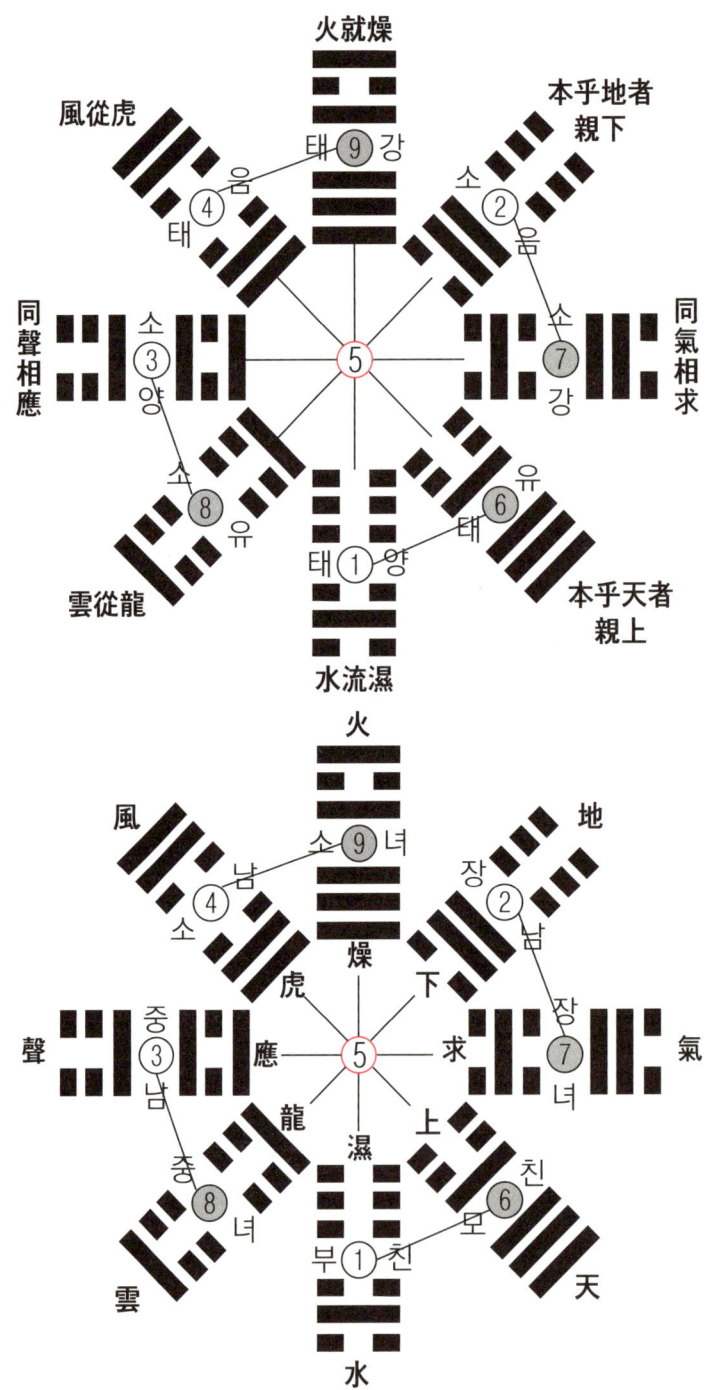

삼라만상을 통어주재(統御主宰)하는 주체는 곧 하늘이다. 비룡은 하늘의 중정(中正)을 얻은 용으로, 천상에 날아올라 풍운조화를 행하고 비를 내리는 권능(權能)을 베푼다. 대인은 하늘처럼 큰 덕(德)과 보배로운 위(位)를 얻은 사람이다.

　역의 위대한 스승 희문주공(羲文周孔) 네 분 성인을 두고 '사성일심(四聖一心)'으로 일컫는다. 사문(斯文)의 도를 집대성한 공자는 「홍범구주」의 밑바탕인 '구궁낙서'의 수리법도에서 '팔괘의 선후인과'를 이끌어내어 후천 오행팔괘를 펼친 전대 성인의 뜻을 심득(心得)하였다. 따라서 「건문언전」 구오(九五) 해설문장 「동성문(同聲文)」과 대인(大人) 해설문장 「합덕문(合德文)」을 통해 후세에 전하였다.

　야산선사는 『대학』의 착간을 극진히 고정하여 원시유학의 근본을 재확립하는 한편, 전대 성인의 도를 전한 『주역』에서 후천시대를 여는 폿대인 경원력(庚元歷)을 창제하여 온 누리를 밝히는 일월등대를 세웠다. 참으로 천추만세에 빛나지 아니하랴!

[참고논문 발췌] - 謙山 임채우 교수

주역의 원형을 찾아서

한국역학사의 조명에 필요한 내용이라 생각되어, 謙山 임채우 교수의 논문을 간단히 축약 정리하여 싣는다

삼국 - 고려시대의 역학사

주역이 우리나라에 전래되어 연구되었던 기록은 삼국시대에서부터 나타난다. 三國史記 高句麗本紀에 소수림왕 2년 太學을 세워 자제를 교육했다고 하고, 周書 및 舊唐書의 列傳에 고구려에 五經 三史 등의 서적이 있었다고 한다. 백제는 사신을 보내 일본에 효경 논어 등과 함께 易經을 전했다고 하며, 신라에서도 國學에서 주역을 가르쳤다고 하고 薛聰은 방언으로 九經을 읽고 가르쳤다는 기록이 삼국사기에 나온다. 이상의 기록이외에 자세한 내용은 알 수 없지만 대체로 삼국은 모두 주역을 연구했음을 알 수 있다.

이외에 삼국사기에 선덕여왕이 자연의 변화를 가지고 친 占例라든지 풍수지리 사상이 퍼져있었던 사실을 말해주는 기록이 있고 백제 고구려 고분벽화에 등장하는 四神圖등을 보면, 이것이 주역과 직접적인 관계를 가진 것은 아니지만 음양오행사상이 상당한 정도로 전파되어 있었던 것 같다.

고려시대에는 6대 성종 때에 國子監과 經學博士를 설치했고 문종 때에 崔忠은 九經과 三史를 중시했다고 한다. 그리고 고려 말에는 성리학의 전래와 함께 주역에 있어서도 새로운 경향이 수입되었던 것 같다. 가령 우탁선생이 중국에 사신으로 갔는데, 중국황제가 입구에 주역의 내용을 기록한 병풍을 세워놓았다. 고려사신이 들어오자 호병풍을 보았는가하고 묻자, 한 글자도 남김없이 줄줄이 외워서 중국의 조정을 깜짝 놀라게 했고, 뒤에 고려로 돌아오게 되자 우리(중국)의 역이 동쪽으로 간다는(吾易東矣) 뜻의 易東이란 호를 내려주었다는 전설이 있다. 아마 이 전설은 사실이라기보다는 우탁을 중심으로

역학의 새로운 경향이 발생했음을 의미한다고 생각한다. 이는 고려사 禹卓列傳에 보면 "우탁은 경서에 통하고 더욱 역학에 깊어 卜筮가 모두 적중하였다. 程傳이 처음 전래되자 동방에 아는 이가 없었는데, 우탁이 문을 닫고 한 달 남짓을 參究하여 해득하고 학생들을 가르치니 理學이 유행하기 시작하였다."고 하는 언급은 필자의 견해로 바로 이런 뜻을 내포하고 있다고 본다. 또한 高麗史 恭愍王 19년조에 과거시험의 주역 시험에 정자 주자주와 古注로 한다고 한 것을 보면 우탁(1263-1342) 무렵에 伊川易傳이 전래되었고 고려 말 공민왕(1330-1374) 무렵에는 이미 伊川易傳 朱子本義를 비롯하여 宋 이전의 古注들이 충분히 연구되었음을 추측할 수 있다.

그러나 사실 고려 때까지 어떤 주석이나 판본이 어떤 경로로 전해졌는지에 대한 자세한 기록은 보이지 않는다. 주역에 대한 전문적인 주석 역시 이름만 전할 뿐 실제로 전해지는 책은 없다. 고려시대 윤언이의 주역주가 있었다고 하지만, 현재 전해지지 않고 있다. 아마도 고려시대의 사상적 경향과 중국과의 관계에 비춰본다면 이 당시에는 위 왕필의 注釋과 당 공영달의 疏가 유행했을 것으로 보이며, 윤언이의 주석 역시 이 왕필과 공영달의 注疏本에 의거했거나 관련이 있었을 것으로 추정된다.

현재 전해지는 주역 주석본은 조선시대 이후에서야 확인할 수 있다. 가령 여말선초의 대학자였던 陽村 權近의 五經淺見錄에 들어있는 周易淺見錄은 주역에 관해 전해지는 최초의 전문서적이라고 할 수 있다. 周易淺見錄이 나올 수 있었던 것은 고려 말에서부터 도입된 정이천의 『역전』과 주자의 『주역본의』 등 성리학의 주역철학에 대한 이해가 심화되었음을 보여주는 실례라고 할 것이다.

조선의 역학전통

조선시대에 있어서 주역 연구는 상당히 활발하게 전개되었다. 성리학을 국가이념으로 삼은 조선은 주자학에 대한 연구가 활발히 진행되었다. 세종 원년(1419)에는 性理大全 四書大全 五經大全 등을 수입하여 이학의 연원이니 널리 강구하라는 반포를 내리는 등 조선유학의 발달에 큰 영향을 끼쳤다.

세조의 명으로 易學啓蒙要解라고 하는 역학계몽 해설서가 편찬되었고(1495년) 尹彦?의 易解, 柳斌의 孤山易圖(1576), 退溪의 啓蒙傳疑(1557) 율곡, 李德弘의 周易質疑, 金邦翰(1635-1697)의 周易集解, 旅軒 張顯光(1554-1637)의 易學圖說 經緯說, 보만 徐命膺(1716-1787) 易學啓蒙集箋, 金錫文의 易學圖解(1697), 遊齋 李玄錫(1647-1703)의 易義窺斑, 趙好益 易象說등이 역학 저작이 나왔고 正祖의 周易講議 경연에서 토론한 내용을 엮은 1783. 주로 주자본의와 역학계몽 및 이천역전을 위주로 한 성리학적 입장에서의 주역 해석 및 논의를 기록한 내용으로 되어있고, 이외에 逸? 李元龜의 心性錄, 星湖 李瀷(1681-1763)의 易經疾書, 茶山 丁若鏞의 易學四箋(1808) 易學緖言(1820)등이 성리학적 시각을 비판하며 실용적인 시각에서 새롭게 주역을 이해하려 한 성과로 들 수 있다. 이상의 역학 연구 성과는 최근 『한국경학자료집성』의 역경부분과 『한국역학대계』로 편찬되어 나온 것이 있다.

우리나라의 주역 연구성과 가운데 특이한 부분은 주역에 대한 口訣 吐 작업이다. 주역에 대한 구결작업으로는 이미 신라시대에 설총이 방언으로 구경을 읽고 가르쳤다고 하는 기록에서부터 그 기원을 찾을 수 있으나 자세한 내용은 알 수 없고, 현존하는 우리나라 최고의 구결자료는 舊譯仁王經으로 12세기 중엽의 작이다. 고려말에 포은 鄭夢周(1337-1392)가 詩에 구결을 달았고 陽村 權近(1352-1409)은 역에 吐를 달았다고 한다. 이는 주역이 본격적으로 우리의 것으로 소화되고 전수되었음을 의미한다. 그러나 삼경구결에 잘못이 많다는 지적이 나오고 세종은 경서의 구결사업을 명하여 崔恒 徐居正 등이 참여하였고 세조 12년 주역구결이 완성되어 成均館에 반사되었다. 이후에도 구결작업은 계속되어 趙穆(1524-1606) 李珥(1536-1584) 崔?(1539-1612) 趙穆은 퇴계의 질정을 받아가며 1596년 주역구결을 완성하였고 李珥는 연보에 주역구결을 저술했다는 기록이 보이기는 하는데 經文에 대한 구결인지 傳義에 대한 것인지가 자세하지 않다.

조선 세조는 널리 세종 때 한글 구결토가 완성되고 세조때 현재 전해지는 구결토가 정해졌으며, 선조 때(1585)에 七經에 언해가 완성되었는데 여기에서의 주역언해는 程傳을 위주로 되어있었는데, 선조 때 崔?(1539-1612)이 朱子本義를 위주로 한 周易本義 口訣을 완성하였다.

그리고 주역의 구절을 우리말로 설명한 退溪의 周易釋疑가 있고 이것을 발전시킨 언해 번역사업이 선조 때에 사서삼경언해가 완성 간행되었다. 주역언해는 周易大全에 의거하여 崔? 鄭述 홍가신 한백겸 등의 참여로 이루어졌다. 여기에는 伊川易傳과 朱子本義가 두 가지로 동시에 언해되었다. 이로써 조선시대의 역학은 이천역전과 주자본의를 중심으로 전개되게 되었다.

조선 후기에 들어와서는 실학의 흐름이 대두되면서, 다소 새로운 경향이 생겨났다. 성호 이익의 역경질서 일수 이원구의 심성록 다산 정약용의 주역사전 등 실학 혹은 고증학에서의 성과가 출현하므로써, 기존의 성리학과 다른 경향의 주역이해가 시도되고 있음을 보여준다고 하겠다.

그러나 보다 거시적인 관점에서 보면 정도의 차이는 있지만 실학이건 성리학이건 간에 이들은 전통유학의 범주 내에 있었고, 중화주의적 세계질서를 중심으로 한 전통적 세계관의 테두리 내에 있었다. 그러다가 서구 제국주의의 침략과 일제의 강점이란 외부적 요인으로 청나라나 조선같은 왕조가 패망하고 전통적 세계질서가 붕괴되면서, 급격한 정치적 사회적 문화적 충격 속에 휩싸이게 되었다. 과연 이런 급변의 사태 속에서 역학은 어떻게 존재하고 있었을까? 혹은 어떻게 이런 혁명적 변화를 이해하고 극복하려 했을까?

한일합방이란 대사건을 통해 조선이란 봉건제국의 멸망은 당시의 지식인들에겐 엄청난 정신적 충격을 주었다. 자주적인 노선을 갖지 못한 채 서구열강의 침탈 앞에 자립능력을 상실한 조선왕조에서 청나라 러시아 혹은 서구 열강에 의존하려 했던 것은 필연적인 것이었을지도 모른다. 그렇지만 5백년을 지속한 조선왕조가 그것도 수천 년의 역사 속에서 우리보다는 늘 한 수 아래로 치부했던 일본에 의해 패망하리라는 것은 누구도 예측하지 못했던 대사건이었고, 더구나 하늘같이 의지했던 중국의 청나라조차도 신해혁명으로 망해버리자, 기존의 질서와 구체제가 무너지면서 중화주의 세계관 자체가 붕괴되어버렸다. 이는 당시의 지식인들에게 감당하기 힘든 정신적 아노미 현상을 일으키기에 충분했다.

아래에서는 조선 말기 제국주의의 침략과 조선의 패망으로 급격하게 맞게 된 근대시기에 있어서 역학이 전통역학과 어떻게 결별하면서 어떤 변화를 맞게 되었는지를 근대시기의 역학자들 중 커다란 족적을 남긴 3분의 역학가를 선정해서 그들의 생애를 통해서 그 역학사상의 특징을 알아본다.

근대한국역학 사상

동학농민전쟁, 임오군란, 민비시해, 한일합방과 일제의 지배 등 경천동지할 사건들을 목도하면서 역사의식이 각성된 일부의 지성인들은 이를 분석하고 대응하기 위해서 주역학이란 동양의 전통적인 방법론을 택하기도 했다. 당시대의 문제를 역학의 방법을 통해 해결하고자 했던 이 당시의 역학자는 많지만 이런 시대적 문제를 가지고 역학을 연구했던 학자로는 一夫 金恒(1826~1898) 眞菴 李炳憲(1870-1940) 也山 李達(1889-1958)을 대표적으로 꼽을 수 있다. 이 세분은 각자의 학문적 입장은 다르지만, 조선말(19세기 말)에 태어나 격동의 시기를 살다간 역학자로서 특히 당시대의 사회정치적 문제를 역학을 통해 극복하고자 했다는 점에서 공통점을 지닌다.

正易으로 널리 알려진 일부 김항의 역학은 그 자신의 원고가 거의 남아있지 않아서 그 전모를 자세하게 알기는 어렵다. 다만 현재 전해지고 있는 正易八卦와 詠歌舞蹈는 새로운 역학을 꿈꾸었던 그리고 역학이론뿐 아니라 역학을 응용한 수련을 강조한 것으로 실천적인 수련적인 성격을 지닌 것이었음을 추정할 수 있다. 당연히 이는 기존의 정주 위주의 역학과는 완연히 다른 모습을 띠는 것이었다.

진암 이병헌의 今文 易學은 강유위의 영향을 받아 현실 개혁을 위한 도구로서의 경학을 도모하는 차원에서 주역을 이해한 것이었다. 이는 서구열강의 침탈과 더불어 조선의 패망과 일제강점이란 엄청난 역사적 시련을 겪으면서 당시의 현실인식을 통해 주역을 새롭게 이해한 결과라고 할 수 있다.

야산 이달이 제창한 洪易學은 기존의 유교경서를 주역중심으로 이해한 것으로, 대학이나 서경 논어 등의 경서를 주역으로 해석하고, 일제강점기와 민족상잔의 전쟁이란 당시 우리의 현실 문제를 가지고 주역의 괘효사를 해석한 독특한 입장을 지닌다. 또한 역학을 曆法으로 응용한 庚元曆이란 새로운 역법을 만들어 새 시대의 도래를 역학적으로 설명했다.

이상 일부 진암 야산의 경우를 통해볼 때 각각 정도의 차이는 있을지언정 이전의 시대와는 확연히 다른 양상을 보인다. 조선시대를 중심으로 한 한국의 역학은 대개가 정이의 『역전』이나 주희의 『주역본의』 및 『역학계몽』을 중심으로 그 뜻을 정확히 이해하려는 시도로서 정리할 수 있다. 그러나 조선말 일부나 일제강점기의 진암이나 대한민국건국초의 야산의 역학은 이전시기에 비해볼 때 두 가지의 특징을 지니고 있다. 첫째는 새로운 창작을 시도했다는 점이고, 둘째는 程朱라는 기존의 전통과는 일정한 거리를 두고 있다는 점이다. 다시 말해 이들은 정주나 혹은 조선전통의 역학을 답습하는 차원에서 머무른 것이 아니라, 적어도 정이나 주희의 영향에서는 벗어나서 새로운 창작을 시도했다고 말할 수 있다. 이들을 통해서 한국의 역학은 새로운 지평을 열수 있었다고 할 수 있다. 특히 일부나 야산은 정역팔괘도나 경원력 등의 제정을 통해 중국 상수역학의 영향을 받긴 했지만 한국의 독자적인 역학의 시대를 열음으로써, 이제 진정한 의미에서 중국과 다른 독자성과 독창성을 언급할 수 있게 되었다.

也山 李達(1889-1958)의 역학
이달의 생애

　　也山 李達(1889-1958)은 1889년 9월 16일 慶北 金陵郡 龜城面 上院里의 마들이(馬杜里)에서 출생했다. 관향은 延安이며 본명은 ?永, 字는 汝會다. '達'이란 이름은 自名이고 也山도 自號이다. 어려서부터 영민하여 고향에서는 金時習의 화신이라는 명성을 들었다고 한다. 15세 되던 해에는 대학의 순서가 錯簡되었음을 지적하였는데, 말년에 大學의 錯簡을 考定해서 현재 전해지는 대학의 순서를 고쳐서 바로 잡기도 했다.

　　15세-19세 무렵에는 숙부의 命으로 三道峰을 중심으로 여러 산을 다니며 修道하였으며 속세로 나왔을 때에는 거짓 미친 척 함으로써 사람들에게 狂人 소리를 듣기도 했다. 당시의 일본경찰들도 주역에 미친 사람이란 의미로 야산을 '李周易'이란 별명으로 불렀다고 한다.

　　19세-20세 무렵에는 甑山先生과 만났다고 한다. 金三一(증산선생의 양외손자)의 말에 의하면, 증산선생이 여러 제자들에게 말하기를 "오는 성인이 있으면 가는 성인도 있는 법이다. 너희들이 앞으로 모르겠거든 야산선생 집의 벼름박(벽)을 보도록 하여라"고 했다 한다. 21세 되던 해에는 母親喪을 당하여 3년을 侍墓하였다. 28세 되던 해(1916)에는 금강산에서 道伴인 최재규, 홍부일, 이세영과 함께 百日공부를 했다. 공부를 마치고 出山하면서 스스로 '達'이라 자명했는데, '달'로 이름 삼은데 대하여 "선천은 양이 주장하고 후천은 음이 주장하니 곧 달로 이름한 뜻이라"고 하였다.

　　30-35세(1918-1923) 무렵에는 전국을 周遊하면서 수도를 했다. 道伴 최재규와 함께 대부분을 지리산에서 수도하였고 주로 전라도 지역을 여행하며 견문을 넓혔다. 36세되던 해(1924)에는 민족을 구원할 方便으로 "돈을 벌어 조선인 모두에게 혜택이 돌아가게 해서 결국 나라의 독립을 이루겠다."는 誓願을 세우고 대구, 영천, 성주, 무주 등에서 米豆와 金鑛事業을 하기도 했다. 이 자금으로 1929년 41세 때에는 강원도 철원지방에 수십만 평을 매입하여 농장

을 크게 짓고 고향 김천에 내려 와서 貧民 20여 호를 이주시키고 5년여 공동생활을 하였다. 1941년 52세 무렵에는 11월 24일 裡里 墨洞으로 이사해서 거짓으로 미친 척하며 생활하였다.

　1944년 56세 되던 해 8월 24일에는 庚元歷이란 주역에 기초한 새로운 달력을 만들었다. 1945년 (57세)2월 대둔산 아래 水落里로 이사했고 58세 되던 이듬해부터는 봄에 비어있던 대둔산의 작은 암자 석천암에서 후진을 양성하기 시작했고, 가을에 홍역학회를 창설했다. 이로부터 본격적으로 주역을 강의하기 시작했는데, 석천사에 '石井'이라 내걸고 108명의 제자들에게 주역과 홍범구주를 깊이 연구하게 했고, 12,000명의 회원을 모았다. 1947년 59세 12월 초 瑞山 安眠島로 이사했고, 1948년 60세 되던 해 10월에는 충남지역의 종교를 묶어 자생적 민간조직단체인 太極之下宗敎聯合會를 결성하였다.

　1951년 63세 1월 13일 부여 은산으로 이주「三一學院」을 짓고 남자 64명과 여자 6명의 제자를 가르쳤다. 5월에는 단군을 모신 檀皇陟降碑를 三一壇 위에 세운 뒤에 매년 10월 3일에 大祭를 거행하였다. 1953년 65세 3월 17일 부여읍 구교리로 이주했고, 1954년 66세 2월 1일 甲午 申命行事를 거행했다. 이듬해인 1955년 67세 11월 百濟學會를 조직했다. 1957년 69세 1월 1일에는 그의 최후의 역저라고 할 수 있는 大學의 錯簡을 바로잡고 大學錯簡考正敍記를 지었다. 그리고 이듬해인 1958년 70세를 일기로 작고했다.

홍역학(洪易學) 사상

　야산의 생애를 살펴보면 그는 10대 후반에서부터 주역에 미친 사람이란 소리를 들을 정도로 주역 연구에 몰두해서, 2-30대에는 공부와 수도에 전념했고, 40대에는 현실 속에서 사회사업을 벌이다가, 50대인 해방직전 부터 경원력 제작을 시작으로 해방 무렵부터 주역의 연구와 전수에 전념했던 것으로 보인다.

　그는 서경 홍범편과 주역과 대학을 특히 중시해서, 이 3편의 이름에서 한 글자씩을 따서 洪易學이란 이름으로 자신의 역학사상을 불렀다고 한다. 야산은 많은 저술을 남겨서 현재 『야산선생문집』이 전해지며, 특히 주역에 관한 도판이 상당수 전해지고 있다. 그중에서도 그의 대표작 중의 하나인 경원력은 그의 독특한 역학사상의 정화로 꼽힌다. 庚元歷과 더불어 그는 지금까지 아무도 설명하지 못했던 선천에서 후천의 변화를 주역의 乾卦 文言傳의 내용에 근거해서 설명한다든지, 주역의 괘효사를 당시의 한국의 현실이나 단군사상이나 우리 전래의 비결 및 당대의 讖謠등과도 연결시켜 우리식으로 설명하는 등 이전과는 판연히 구별되는 독창적인 역학을 수립했다.

한마디로 그는 일제강점기에서 민족상잔의 비극이란 격동기를 겪으면서 後天 즉 새로운 시대의 도래를 역학적으로 설명하면서, 특히 중국이 아닌 우리의 현실을 중심으로 주역을 이해하고 응용하려 한 역학자라고 할 수 있다. 그는 중국의 주역을 수입해 와서 程朱를 답습해가면서 알아보자는 조선시대 성리학자들과는 완연히 구별되는 한국역학 혹은 현대역학의 최고봉이라 불러도 무방하리라 생각한다. 그의 역학사상은 그의 제자들에 의해 오늘날 洪易學會(사단법인 동방문화진흥회의 전신) 아산학회 등으로 계승되어 연구되고 있다.

결론

조선시대는 성리학의 시대였다. 성리학에서는 주역과 중용을 그 이론적 원천이라고 여겨서 이들을 매우 중시하였다. 그래서 성리학을 신봉하던 조선시대의 사람들에게 있어서 주역사상은 하나의 생활규범으로 그들 삶의 일부가 되었다. 그러나 조선왕조의 패망 앞에 유교라는 이데올로기는 그 책임을 면하기 어렵게 되었다. 어떤 경우에는 유림의 고루함과 무기력에 대한 비판이 날카롭게 전개되기도 했다. 일제의 침탈로 인한 조선의 패망은 유교와 유림에 대한 반성을 불러일으켰던 것은 사실이다. 그러나 사실 유교 자체에서는 자신들의 공과를 체계적으로 반성하지도 못했고, 조선의 패망이나 민족상잔의 전쟁이란 민족적 비극을 제대로 설명하지도 새로운 대안을 제시하지도 못했다.

조선패망에서 일제강점 나아가 6.25의 민족상잔이란 엄청난 비극을 겪으면서, 유교가 사회에 대해 누리던 권위에 커다란 손상을 당했던 것은 사실이다. 또한 급속한 근대화 서구화의 물결 속에서 유교적 가치는 이전과 비교할 수 없을 정도로 설득력을 잃은 것도 사실이다. 한편 일본을 비롯하여 한국, 대만, 싱가포르 등 일부 아시아 지역의 경제발전은 기적에 가까운 비약적인 것이었다. 이런 경제발전에 대한 정치 경제 사회 등의 현상에 대한 분석을 통해, 막스베버가 동양의 정체성의 원인으로 지목하였던 유가 사상이 오히려 동아시아적 가치의 원동력으로 순기능을 하는 것으로 재조명되기도 했다. 사실 그간 유교가 지배해왔던 중화문화 2천년의 역사를 살펴본다면 개항이후 100년의 역사가 이들을 다 불식시키지 못한 것은 당연한 사실이다. 그러나 최근 동아시아 각국이 금융위기를 위시한 경제적 어려움을 겪으면서 세계화라는 새로운 조류 속에서 더욱 각자의 전통성이 서구화되고 있는 실정이다.

그렇다면 이렇게 조선의 패망과 중화주의의 붕괴 속에서 힘을 잃은 유교/성리학과는 달리, 왜 주역에서만은 새로운 시각과 연구경향이 일어났으며, 독자적인 근대의 한국주역이 흥기했던 것이었을까? 그 이유로는 우선 전통학문체계에서 갖는 주역의 특별한 성격과 중요성을 생각하지 않을 수 없다. 주역은 유가경전으로 일컬어지는 오경의 으뜸이자 십삼경의 최고봉일 뿐 아니라, 더 나아가 동양문명의 근원으로서 칭송된다는 점에서 다른 경서류와는 구별되는 중요성과 위상을 갖고 있다. 이런 점에서 하늘처럼 믿고 따랐던 조선왕조가 붕괴되어 미개한 나라로 멸시해왔던 일본에 병합되는 전무후무한 격변을 주역의 철리를 통해 이해하려고 했었을 것이다. 또 한 가지는 주역이란 책 자체가 갖는 내용적 속성의 문제에서 살펴볼 수 있다. 즉 일반적으로 주역은 天道의 변화를 토대로 人事의 변화에 대처하는 내용을 담고 있다고 본다. 이런 측면에서 서구 제국주의의 침탈과 조선 및 청나라의 멸망이란 엄청난 변화의 근본원인을 역학적 탐구를 통해 이해하고 극복하는 방안을 찾아보려 했다는 것이다. 그 결과로 일부나 진암 야산과 같은 역학자들이 등장할 수 있었다는 것이 필자의 생각이다.

이렇게 주역을 통해 난세를 극복하려는 이런 경향은 중국이나 일본등지에서 찾아볼 수 없는 조선 역학의 독자적인 흐름과 특징이 되었다. 이런 경향은 근현대에 지속되어서 정주의 역학에서 벗어난 독자적인 역학의 부흥을 맞이할 수 있었다.

일부의 정역은 바로 조선말의 암울한 시기에 새 시대를 역학적으로 알리며 등장한 한국주역의 새로운 지평을 연 것이었다. 진암의 경우 孔敎운동을 전개하면서 유교의 종교적 각성을 주창했다는 점에서 이전 유교와는 구별되는 독특한 위상을 지닌다. 또한 금문경학의 영향을 받아 주역을 통해 새로운 사상을 꿈꾼다든지 단군사상과의 연관관계를 강조한다든지 주역에 있어서 유불선 삼교합일사상이 나타나기도 했다. 야산의 경우에도 단군보다 箕子를 강조하던 이전의 성리학자들과는 달리 민족의 시조이자 새 시대의 표상으로서 단군을 정립하고 천부경을 연구하고 삼일학원이나 삼일단을 건립하는 등에서 단군사상과 주역을 결합시킨 모습을 볼 수 있다.

이와 같이 우리는 근대의 혼란과 전환기에서 특히 주역연구를 통해 위기상황을 이해하고 나아가 그 대안을 역학 속에서 찾았음을 볼 수 있다. 필자의 생각으로 이런 경향은 중국이나 일본에서도 찾아볼 수 없는 우리나라만의 독특한 현상이었다고 본다.

이 과도기의 시대에 이전의 성리학적 관점과는 다른 새로운 역학을 시도한 학자로는 蓮潭 李雲圭, 창부 김영태(1863-1945), 하상역, 범부 김정설, 석곡 李圭晙(1855-1923), 한장경, 이태일, 최석기, 한규성 등을 들 수 있다.

한무제가 유학을 국교로 정하자 유교가 국교로서 대두되었고, 경학이 입신출세의 지름길로 크게 성행하게 되었다. 前漢 초에 들어와서 전국말에서 진을 거쳐 한 대에 이르기까지의 오랜 기간의 전란으로 없어진 경전을 옛날의 학자들에게 암송을 시켜 새로이 경전을 만들었는데, 이를 今文이라고 부른다. 그 뒤 後漢때에 공자의 옛집을 수리하다가 발견되었다고 전해지는 경서가 출현함으로써 경학은 새로운 국면을 맞게 되었다. 즉 전한때 만들어진 今文 경전에 대해 후한 때 발견된 경전은 옛글이라 하여 古文이라 불렸는데, 이 금문과 고문의 일부가 같지 않음으로써 학자 간에 금문과 고문사이의 眞僞에 관한 논의가 치열하게 전개되었다. 특히 청대에 今文經學이 부흥하자, 春秋公羊學을 따라서 흥성하였고, 강유위는 청말에 금문경학에 근거하여 서구열강에 맞서기 위한 유교의 변화를 도모했다.

찾아보기

가

가(柯)	157
가감승제(加減乘除)	47
가색(稼穡)	140, 175, 193
각(格)	157, 166
각기(各其)	64
각종기류(各從其類)	240
간(軋)	121
간난신고(艱難辛苦)	260
간방(艮方)	39, 42, 202, 260
간상련	109, 119, 120, 124, 133, 136
간이(簡易)	22
간이렴	205
간지(干支)	12, 33, 106, 108, 201
간지(幹枝)	33, 106
간토(艮土)	35, 39, 195
감미료(甘味料)	94
감방(坎方. 子방위)	233
감수생목(坎水生木)	142
감중련	109, 119, 120, 124, 133, 136
감초(甘草)	94
갑신년	303, 304, 305
갑을(甲乙)	78, 290
갑을병정무기경신임계	79
갑자기(甲子起)	10
갑자정력(甲子貞曆)	280
갑진년	209
강거목장(綱擧目張)	12, 107
강목(綱目)	12, 19, 306, 313
강유(剛柔)	8
강이색	205
강이의	205
개력(改曆)	43, 285, 286
개물(開物)	298, 300, 302
개물기(開物期)	67, 293, 298, 302
개석(介石)	88
개충(介蟲)	88
거고취신(去古取新)	285
건원형이정(乾元亨利貞)	122, 195, 333, 351
건곤감리	47, 133, 155, 188, 189, 206, 207, 208, 224
건곤일척(乾坤一擲)	277
건구오도설(乾九五圖說)	236, 238
건도내혁(乾道乃革)	296, 304
건도혁시(乾道革時)	304
건삼련(乾三連)	109
건용황극(建用皇極)	176, 219
건장(健壯)	121
건주(乾周)	293
건주건역(乾周乾易)	297
건책(乾策)	294
격국(格局)	166
격물 치지 성의 정심	313, 315, 317
격물장	50, 217, 306, 310, 328
격물치지(格物致知)	36, 59, 64, 165, 166, 217, 322
격치성정(格致誠正)	313
견입용유감(見立春有感)	289
겸(謙)괘	225
경갑변도(庚甲變度)	263, 288, 303
경금(庚金)	224, 264
경력(經歷)	26
경륜(經綸)	206
경문(經文)	306, 307, 320
경성(經星)	279
경세고정	301

경세연표(經世年表)	140	공자가어(孔子家語)	89
경신(庚辛)	78, 290	공자세가(孔子世家)	26, 37
경신년 경신월 경신일 경신시	288, 305	공전(公田)	204
		과녁(貫革)	133
경용오사(敬用五事)	91	과불급	69, 144, 287, 293, 294
경원력(庚元歷)	10, 19, 285, 290, 307, 353	과차(過差)	293
		관상·추수·정리(觀象·推數·定理)	10, 332
경원설날	296		
경위(經緯)	130, 279	관이율	205
계사상전(繫辭上傳)	22, 26, 27, 35, 58, 72, 107, 114, 188, 311, 316	관자(冠者) 오륙인(五六人)	281
		괘도(掛圖)	118
		괘명(卦名)	31, 119
계사하전(繫辭下傳)	27, 106, 107, 109	괘사(卦辭)	25, 214
		괘상(卦象)	31, 119
고대달력	27	괘서(卦序)	31, 119
고대역법	274, 287, 288	괘위(卦位)	235
고대정치대법	204	괘의 덕성(卦德)	124
고대토지제도	131	괘효사(卦爻辭)	217
고본대학	306, 310, 328	교역상착(交易相錯)	160
고본예기	307	교역왕래(交易往來)	341
고요(皐陶)	202, 205	교역팔괘	184, 187, 188, 189, 190, 191, 193, 194, 195, 215, 216, 219, 220, 221, 222, 223, 224, 226, 230, 235, 244, 246, 248, 250, 259, 267, 268, 269, 270
고정(考定)	302		
곡부(曲阜)	89		
곡직(曲直)	82, 139, 174		
곤도(坤道)	70, 317, 329		
곤삼절(坤三絶)	65, 109, 119, 124, 133		
곤작성물(坤作成物)	171, 318		
곤책(坤策)	294	교착(交錯)	188
공동일체(共同一體)	279	교태(交泰)	244
공산혁명	280	교학(敎學)	112
공손(恭遜)	280	교합(交合)	59
공수(拱手)	62, 280	구공(九功)	202
공수래공수거(空手來空手去)	40	구구법(九九法)	157
공자(孔子)	8, 22, 268, 302	구규(九竅)	69, 156

찾아보기 369

구덕(九德)	202, 205	금생수(金生水)	85, 87, 171, 174, 222
구돈비관박곤(姤遯否觀剝坤)	295	금화교역(金火交易)	17, 134, 185, 189, 190, 193, 215, 281, 290
구리(九離)	218		
구역(姤易)	298		
구오(九五)	36, 236, 241, 263, 285, 349, 350, 351, 353	기력(紀曆)	291, 292
		기린(麒麟)	89, 98
구오비룡	236	기삭성윤(氣朔成閏)	69, 145
구육(九六)	65	기산(岐山)	89, 214
구이족(九夷族)	203	기수(奇數)	62
구천(九天)	177	기수(沂水)	281
군신일체(君臣一體)	279	기승전결(起承轉結)	310, 328
군자 종일건건(君子 終日乾乾)	67	기영도수	67, 288, 293, 294, 302, 304
군자유종(君子有終)	225		
군자지풍(君子之風)	103, 104	기영삭허(氣盈朔虛)	67
굴신(屈伸)	48, 62, 104	기자(箕子)	197, 236, 242
궁·상·각·치·우(宮·商·角·徵·羽)	95	기제(旣濟)	270, 293
		기주역시(紀周易時)	291, 292
궁리진성(窮理盡性)	8, 331	기천(氣天)	177, 180, 216
권선징악	197	기축황우	280
귀갑(龜甲)	88		
귀근(歸根)	216	나무불(南無佛)	232
귀신조화(鬼神造化)	64	나충(裸蟲)	88, 90
귀장(歸藏)	37, 40, 42, 286	낙서배괘(洛書配卦)	186, 193
규(圭)	119	난이경(亂而敬 ☰4)	205
규표(圭表)	293	남구여십(男九女十)	69
극기복례 천하귀인(克己復禮 天下歸仁)	194, 217, 347, 350	남녀대대(男女待對)	259
		남녀상착(男女相錯)	218
극생반전(克生反轉)	215	남방 이화(離火,)	54, 90, 190, 223
극이생(克而生)	193	남선여후(男先女後)	71
극즉반(極則反)	17, 193	남순여역(男順女逆)	126
근(根)	35, 39, 202, 203	내본(內本)	76, 165, 333
금간옥첩(金簡玉牒)	202	내재(內在)	52, 76
금극목	88, 184, 198, 223, 290	내전(內田)	204
금단(金丹)	224	넉동빼기	282, 283, 284

년력(年曆)	291		덕업(德業)	187, 317, 337
노(魯)나라	89		도(圖)	44, 45, 46, 50, 152, 193
노소(老少)	117		도(道)	22, 24, 35, 46, 48, 54, 56, 73, 206, 304
노호감(勞乎坎)	233		도기(道器)	12, 46
뇌전(雷電)	287		도산(塗山)	201, 202
뇌지예(雷地豫)	267		도서팔괘	9, 10, 19, 72, 127, 256, 331, 332
뇌화풍(雷火豐)	28, 56, 267, 269		도전반복(倒顚反覆)	193

다
단군	28, 33, 145, 201, 202, 203, 230, 274, 276, 282, 361, 364
단서(丹書)	89
달도(達道)	215, 217, 347
당기지일(當朞之日)	294
대과(大過)	68, 206, 232, 283, 302, 303
대극(對極)	142, 172, 224
대대(待對)	133, 185
대동지선(大同至善)	198, 236
대본(大本)	215, 217, 347
대성(大聖)	8, 332
대성괘	49, 54, 112, 174, 175, 209, 267, 269
대소(大小)	117
대업(大業)	107, 311
대연수(大衍數)	241, 257, 318
대오(大悟)	45
대오(隊伍)	188, 251
대우모(大禹謨)	35, 202
대인지학(大人之學)	315
대인호변	285
대장주(大壯周)	292
대중지정(大中至正)	197, 206
대학장구(大學章句)	307, 308
대학착간고정	19, 145, 306, 307, 308, 310, 315, 328

도정(搗精)	289
돈세무민(遯世无悶)	206
동(棟)	283
동기상구(同氣相求)	56, 238, 269
동방예의지국	34, 280
동북방	34, 35, 38, 39, 123, 195, 224, 235, 239, 244, 344
동성문(同聲文)	241, 353
동성상응(同聲相應)	55, 56, 238, 241, 269
동이족(東夷族)	103
동자(童子) 육칠인(六七人)	281
동지역원	296
득상붕도설(得喪朋圖說)	243
득합(得合)	62, 63

라
력(曆)	41
력(歷)	41
례(禮)	56
룡(龍)	239
리(履)	25, 200, 201, 270
림주(臨周)	292, 293

마
마한・진한・변한(馬韓・辰韓・弁韓)	33
만물도(萬物覩)	239

만민함열・만국함녕(萬民咸悅・萬國咸寧)　230
만이희역(晚而喜易)　26, 37
망(网)　112
명명덕(明明德)　310, 313, 315, 321
명신(名臣)　205
명이동(明以動)　55
모(母)　47
모・언・시・청・사(貌・言・視・聽・思)　91
모춘(暮春)　281
모혜국아(母兮鞠我)　73
목극토　87, 88, 184, 198, 222, 223, 229, 235, 268, 290
목생화(木生火)　86, 142, 171, 174, 221, 223
목왕지절(木旺之節)　106, 108, 311
무(无)　114, 115
무(無)　40, 242
무극이태극(无極而太極)　28, 49, 115, 142
무기(戊己)　78
무시무종(無始無終)　27
무오황마　54
무왕(武王)　197
무우산(舞雩山)　281
무위상생(無爲相生)　230, 248
무위이치(無爲而治)　18, 199, 204
무위자연(無爲自然)　106, 313
무위조화(無爲造化)　250
문답(問答)　241
문언전　296, 304
문왕(文王)　25, 213
물유본말(物有本末)　306
미점유부　285

바 바둑판　69, 274, 275, 277
박달나무　276, 277
박락(剝落)　233
박해(剝害)　233
반괘(反卦)　133, 134, 155, 188, 189, 222, 223, 224, 246, 259, 347
반전(反轉)　133, 189, 259, 346
반정존본(反正存本)　216, 217, 224, 307
방위도(方位圖)　73, 130, 228
백가쟁명(百家爭鳴)　72
백행(百行)　112
백호(白虎)　89, 90
법성게(法性偈)　179
변역(變易)　36
별종(別種)　202
병정(丙丁)　78, 290
보간(補間)　278
보궐장(補闕章)　306
복덕　197
복본(復本)　306
복역(復易)　293
복월(復月)　297
복주(復周)　292, 293
복희씨(伏羲氏)　25, 44
본격(本格)　157, 166
본래(本來)　193
본립이도생(本立而道生)　306
본말선후(本末先後)　313
본호지자친하(本乎地者親下)　240, 269
본호천자친상(本乎天者親上)　240, 269
봉건(封建)　118
봉지(封地)　119
봉토(封土)　118
봉황　45, 58, 89

부(部)	286	사작경신(四作庚申)	284, 288
부대인자(夫大人者)	241, 350	사전(私田)	204
부도전(不倒轉)	133, 188	사진뢰	119, 124, 125, 209, 221, 223
부루(夫婁)	201	사통팔달(四通八達)	131
부음포양(負陰包陽)	257	사평(柶枰)	279
부정모혈(父精母血)	48, 91, 201	사필귀정(事必歸正)	33, 220
부혜생아(父兮生我)	73	삭허도수	67
북·남·동·서·중(北·南·東·西·中)	90	산·함·신·감·고(酸·鹹·辛·甘·苦)	94
북두칠성	279	산뢰이(山雷頤)	269
북방수	78, 137, 153, 193	산정(刪定)	307
불성무물(不誠無物)	234	산정(算定)	287
불수자성수연성(不守自性隨緣性)	179	산지박(山地剝)	267
불역(不易)	36, 130, 163, 186	산풍고(山風蠱)	263, 267, 284, 289
불용(不用)	69	삼강령(三綱領)	299
비결서(秘訣書)	26	삼교(三敎)	112, 201
비사체(秘辭體)	210	삼남삼녀	53, 118
비색(否塞)	281	삼변성도(三變成道)	114, 118
비전서(秘傳書)	41	삼복(三伏: 初伏 中伏 末伏)	86
빈마(牝馬)	108, 243	삼역(三易)	36, 43, 286
		삼오(參伍)	188
사 사단(四端)	93, 318, 319	삼재(三在)	52
사대봉사(四代奉祀)	178	삼재지도(三才之道)	43, 46, 76, 251
사문(斯文)	9, 36, 250, 332, 353	삼진(三震)	218
사분역법(四分曆法)	286	삼천양지(參天兩地)	65, 144
사상교역(四象交易)	193	삼황내문	201
사상배합	108, 161, 163, 215, 245, 333, 344, 345	상(桑)	203
		상(相)	31, 47, 92, 106
사상수(四象數)	117	상견호리(相見乎離)	231
사상위(四象位)	117	상경30괘	41
사상위수(四象位數)	57, 70, 125, 313, 334	상붕(喪朋)	244, 246, 248
		상수리(象數理)	12, 24, 40, 46, 332
사신도(四神圖)	89, 354	상천(象天)	177, 180, 216
사양(辭讓)	93, 98, 319	상형(象形)	22, 47
사유축(巳酉丑)	292	생극조화(生克調和)	194

생생지위역(生生之謂易)	59		114
생성인과(生成因果)	181	선회(旋回)	78
생수(生數)	63	선후인과(先後因果)	241
서간육(噬乾肉)	288	선후주종(先後主從)	165, 248
서경(書經)	56, 108, 197, 202	설괘전(說卦傳)	120, 121, 125, 160, 230, 231, 232, 233, 234, 253, 260
서괘전(序卦傳)	133		
서방정토(西方淨土)	224, 233		
서백(西伯)	214	설시(揲蓍)	287, 315
서법(筮法)	241	설음(舌音)	95
서부(噬膚)	288	성(聲)	95, 238
서석육(噬腊肉)	288	성(誠)	234
서역(書易)	36	성경현전(聖經賢傳)	25, 306
서유기(西遊記)	103	성문정상(成文定象)	251
서이(西夷)	203	성변화(成變化)	63, 65
서죽(筮竹)	145, 315	성선설(性善說)	93
서합(噬嗑)	287, 288	성수(成數)	63
석천암	282, 361	성언호간(成言乎艮)	194, 195, 233, 235
선갑삼일 후갑삼일(先甲三日 後甲三日) 263		성의(誠意)	318, 319, 323
		성인(聖人)	89, 98, 203, 236
선경삼일 후경삼일(先庚三日 後庚三日) 263		성인작(聖人作)	239
		세괘(世卦)	208
선모(旋毛)	44, 45	세수(歲首)	42, 202
선불유(仙佛儒)	201	세월일신(歲月日辰)	206
선사(先史)	44	세차운동	275
선진편	281	소강절(邵康節)	301
선천제석(先天除夕)	282	소과(小過)	68, 289, 303
선천팔괘방위도	16, 39, 73, 103, 115, 130, 131, 132, 133, 134, 135, 136, 137, 155, 160, 163, 167, 168, 170, 176, 185, 195, 204, 209, 255, 257, 259, 270, 334, 340, 341, 344	소성괘	54
		소양수	65, 67, 68, 83, 144, 165, 168, 170, 334
		소양인	117
		소연수(小衍數)	70, 257
		소왕(素王)	89
		소요산책(逍遙散策)	281
		소음수	65, 67, 68, 71, 83, 144, 165, 168, 170, 334
선천팔괘차서도(先天八卦次序圖)			

소음인	117	수지비(水地比)	56, 269
소자(邵子)	65, 67, 125, 126, 206, 216, 280, 302	수출서물(首出庶物)	231
소주역(小周易)	294	수풍정(水風井)	131, 204, 267
소축(小畜)	270	수합(數合)	199
손(巽)	16, 103, 105, 138, 231, 284, 288	순(舜)	39, 152
손(手)	48	순양괘	40, 108, 122
손괘(損卦)	304	순음(脣音)	97
손오공(孫悟空)	103	순음괘	109
손익도수	304	순전(舜典)	35, 108
손하절	109, 119, 120, 124, 133, 136	순행(順行)	125
송대(宋代)	28, 301	승목주허(乘木舟虛)	295, 296
수(壽)	48	시방(十方)	25
수(數)	24, 47, 48, 71, 108, 117, 63, 257	시비(是非)	93, 98, 319
수(繡)	108	시승육룡(時乘六龍)	231
수(隨)	179	시조리(始條理)	299
수(需)	112	시지시행(時止時行)	39
수(首)	48	시초(蓍草)	68, 153, 315
수극화	87, 88, 142, 172, 184, 198, 224, 290	신(信)	93
수기치인(修己治人)	284	신(申)	105, 123
수뢰둔(水雷屯)	267	신(神)	35, 59, 97, 105
수류습(水流濕)	56, 239, 269	신(身)	105
수산건(水山蹇)	288	신·심·간·폐·비(腎·心·肝·肺·脾)	93
수생목(水生木)	85, 142, 171, 174, 222, 223, 235	신고(辛苦)	94, 246, 260
수신 제가 치국 평천하	178, 313, 315, 317	신구(神龜)	88, 152, 153, 241
수신위본(修身爲本)	306, 313	신구배문(神龜背文)	152, 251, 341
수오(羞惡: 수치 혐오/ 부끄러이 여기고 미워함)	93	신급돈어(信及豚魚)	295
수의 기질(氣質)	62	신룡·청룡(神龍·靑龍)	231
수장(首長)	88	신명행사(申命行事)	105, 288
		신묘(辛卯)	283
		신묘문(神妙文)	252
		신물(神物)	236
		신민(新民)	299, 321
		신역(新易)	298
		신자진(申子辰)	292

신정(新正)	298		역산(曆算)	287, 296, 297
심법(心法)	217		역수(逆數)	136
십붕(十朋)	242		역원(曆元)	296, 297
십십지백·백백지만·만만지억(十十之百·百百之萬·萬萬之億)	49		역유사상 소이시야(易有四象 所以示也)	338
십익(十翼)	12, 25, 26, 37, 260, 306, 307		역유태극(易有太極)	27, 46, 104, 106, 141, 170, 173, 195, 199, 257, 313
십진수열(十進數列)	62		역점(易占)	285, 286
십체구용(十體九用)	69, 155		역행(逆行)	184

아

아리랑 쓰리랑	260
안자(顔子)	203, 268
안항(雁行)	75
액기형질체	83
야산선생	19, 30, 145, 202, 205, 215, 217, 241, 274, 282, 283, 289, 299, 302, 306, 307, 311, 320, 360
양괘(陽卦)	109, 119
양극(兩極)	28, 38
양대음소(陽大陰小)	40
양동음정	131, 241
양선음후	31, 40, 116
양의(兩儀)	31, 106, 125, 133, 313
양획	65, 137
양효	37, 47, 65, 109, 137, 283, 288, 295
여성상위(女性上位)	244
여시해행	296, 304
여와(女媧)	103
역·역·혁(歷·曆·革)	41
역도해(易圖解)	19, 262
역명(易名)	293

연(緣)	179, 180
연말정초	282
연모(衍母)	70, 173, 181, 257
연분(緣分)	179
연산(連山)	37, 42, 286
연월일시(年月日時)	292
연유·유래(緣由·由來)	179
연자(衍子)	70, 181, 257
열언호태(說言乎兌)	232
염천(炎天)	86
예절(禮節)	275
오미이생 오미이사	94
오방(五方)	49, 90
오복(五福)	48
오사(五事)	91
오상(五常)	92, 93
오색(五色)	91
오성(五星)	276
오성(五聲)	95, 97
오세재윤(五歲再閏)	316
오손풍	103, 105, 124, 125, 209, 221, 222, 223
오운육기(五運六氣)	67
오위상득	63, 65, 200
오음(五音)	94, 95

오장(五臟)	93		108, 251
오중(五中)	218, 236	용비어천(龍飛御天)	231, 236
오중(午中)	210	용안·용포·용좌·용상(龍顔·龍袍	
오충(五蟲)	88	·龍座·龍床)	89
오행상극	17, 152, 184, 185,	우(宇)	31, 45, 49, 52
	189, 190, 193, 215,	우(禹)	39, 152, 197, 201, 202
	241, 259, 333, 336,	우수(偶數)	62
	344, 350	우주시공(宇宙時空)	193
오행상생	17, 87, 97, 152,	우주재호수(宇宙在乎手)	257, 335
	173, 184, 185, 189,	우회상극	85, 189, 193, 194,
	191, 193, 215, 228,		268, 347
	230, 235, 241, 250,	우회상생	192
	255, 259, 262, 333,	운삼사(運三四)	67
	336, 347, 350	운종룡(雲從龍)	239, 269
오행치수(五行治水)	202	원(○)	52
오회 말판	284	원년(元年)	284
오회반(午會半)	206, 277	원대(元大)	28, 56, 88, 195,
왕고래금(往古來今)	45, 50		231
왕도(王道)	203	원덕(元德)	55, 108, 195, 311
왕래교통(往來交通)	187	원도(圓圖)	208
왕래불궁(往來不窮)	35	원시반종(原始反終)	33
왕래순역(往來順逆)	163, 165	원양(元陽)	85
외강내유(外剛內柔)	117	원이공	205
외말(外末)	76, 165, 333	원통회·회통운·운통세·세통세·	
외유내강(外柔內剛)	116	세통월·월통일·일통신	207
외재(外在)	52, 76	월령절기	26, 185
외전(外田)	204	월행(月行)	288
요이의	205	위성(緯星)	279
요전(堯典)	35, 56, 108, 155,	위정편	279
	178, 209	위편삼절(韋編三絶)	26, 37
요지부동(搖之不動)	203	유극(有極)	14, 28, 73, 203,
용(龍)	54, 55		236
용괘(用卦)	206, 208	유리옥(羑里獄)	214
용덕(龍德)	89, 108	유물유칙(有物有則)	12, 35, 179
용마부도(龍馬負圖)	44, 45, 54, 56,	유불선(儒佛仙)	103

유이립	205	이곤(二坤)	218
유학(儒學)	26, 112	이력(履歷)	43
육감수	124, 125, 130, 209, 222, 223	이섭대천(利涉大川)	232, 274, 280
육합(六合)	49	이오지십(二五之十)	49
윤괘(閏卦)	206, 208, 293	이오지정(二五之精)	200
윤하(潤下)	82, 137, 138, 174	이원론(二元論)	66
율력지(律曆志)	286	이인(里仁)편	308
윷놀이	75, 276, 277, 279, 282, 283	이중유물(頤中有物)	287
윷판	60, 61, 274, 277, 276, 280, 282, 283	이태택	124, 125, 209, 222, 223
		이허중	109, 119, 120, 124, 133, 136
은공(隱公)~애공(哀公)	303	익직(益稷)	202
은나라	37, 40, 42, 88, 153, 197, 214, 282, 286, 287	인·의·예·지·신(仁·義·禮·智·信)	92
은하(銀河)	44, 45	인과응보(因果應報)	179
을시구 절시구	279	인문학	21, 307
음간(陰干)	262	인생어인(人生於寅)	42
음괘(陰卦)	109, 119	인시(寅時)	42, 286
음귀양신(陰鬼陽神)	59	인역(人易)	36, 37
음양상박(陰陽相薄)	233	인연과(因緣果)	180
음양오행	12, 34, 49, 52, 56, 77, 81, 136, 170, 177, 216, 236, 344, 354	인오술(寅午戌)	292, 298
		인의중정(仁義中正)	318
		인자(因子)	109
음의	24, 28, 31, 41, 46, 47, 48, 103, 106, 115, 116, 117, 125, 130, 133, 166, 200	인정세수(人正歲首)	286
		일감(一坎)	218
		일건천	124, 125, 209, 221, 223
음획	65, 137	일관지도(一貫之道)	36, 332
음효	37, 47, 65, 109, 137	일관회통(一貫會通)	12, 332
응(應)	238	일동일정(一動一靜)	115
의(義)	92, 93, 116, 319	일생이법	31, 66, 118
의상(義湘)	179	일오중천(日午中天)	185, 238, 285, 286
의일중(宜日中)	285	일원론(一元論)	66
이각유합	63, 64, 65, 166, 200	일월기삭	26
이간(易簡)	317, 328	일월명(日月明)	43
이견대인(利見大人)	232, 239	일음일양지위도	35
		일이삼	43

일점(、) 22
일정팔회(一貞八悔) 209
일중견두 286
일중교역(日中交易) 210, 287, 302
일중위시 교역이퇴(日中爲市 交易而退)
　　　　　287
일출부상(日出扶桑) 202, 203
일합일벽(一闔一闢) 35
일행(日行) 288, 295
임계(壬癸) 78, 290
임괘(臨卦) 45
임역(臨易) 293
입목지절 299
입상·설괘·계사(立象·設卦·繫辭)
　　　　　332

자 자강불식(自彊不息) 275
자무이유(自無而有) 40
자부선생 201
자시(資始) 297
자지이행(自止而行) 40
작명(作名) 97
작역(作易) 25, 37, 331
장(章) 60, 69, 277, 278, 286
재윤법 146, 288
재지성형(在地成形) 23, 46, 47
재천성상(在天成象) 23, 46, 47
적선지가 필유여경(積善之家 必有餘慶)
　　　　　220
적중(的中) 133
전호건(戰乎乾) 230, 233
절구(臼) 124
절굿공이 289
절용(節用) 54, 209
절이제도(節以制度) 295

점·선·면(點·線·面) 50
점서(占書) 27, 260
점심(點心) 282
정(井) 131, 132, 133, 270
정(正) 318, 319
정(精) 97
정(貞) 88, 108, 311
정(鼎) 206
정·신·혼·백·의(精·神·魂·魄·意) 97
정기종시(正其終始) 215, 217, 285, 347
정반합(正反合) 133, 134
정분(井分) 204
정심(正心) 318, 319
정위(定位) 185, 255
정의입신(精義入神) 231
정전도(井田圖) 204, 205
정전법(井田法) 204
정전제(井田制) 202
정해년 282, 284, 303
제가(齊家) 231
제왕세기(帝王世紀) 202
제왕학 26
제출호진(帝出乎震) 194, 230, 231
제호손(齊乎巽) 230, 231
조(燥) 239
조선(朝鮮) 34, 202, 310
조종(祖宗) 104
조화옹·조물주(造化翁·造物主) 27
종(綜) 188
종즉유시(終則有始) 69, 285
종혁(從革) 82, 140, 175
좌선상생(左旋相生) 189, 193, 347
좌양우음(左陽右陰) 116, 130
주(宙) 31, 45, 50, 52

주(疇)	197	지라(脾)	93
주(紂)	214	지뢰복(地雷復)	263
주나라	37, 42, 54, 197, 203, 204, 214, 282, 286, 287, 297, 344	지벽어축(地闢於丑)	42
주렴계	19, 28	지본(知本)	306
주신씨(周愼氏)	202	지성여신(至誠如神)	234
주자(朱子)	26, 125, 127	지수(地數)	59, 62, 73
주작(朱雀)	89, 90, 98	지인안민(知人安民)	205
주종(主從)	52, 166	지자요수(知者樂水)	88
주천기삭(周天氣朔)	41	지정(地正)	42, 287
주천도수	26, 293, 302	지천태(地天泰)	138, 187, 200, 244, 267
주천상수	69, 208, 274, 275, 287, 292, 293, 294, 297, 298, 302	지풍승(地風升)	269
		직방대(直方大)	329
중괘(重卦)	206	직이온	205
중부섭천(中孚涉川)	294	진덕수업(進德修業)	112, 317
중산간(重山艮)	37, 40	**차**	
중앙토	76, 78, 97, 109, 193	차서도(次序圖)	73, 114, 218
중어선후(中於先后)	215, 217, 347	찬역(贊易)	37
중절(中節)	293	창룡(蒼龍)=청룡(靑龍)	89
중지곤(重地坤)	40	창수(蒼水)	202
중천감리(中天坎離)	304	책력(冊曆)	41
중천건(重天乾)	40, 351	책수(策數)	68
중천교역(中天交易)	160, 187, 217, 302, 340	척사(擲柶)	277
		천(千)	283
중천도수	293, 295, 303	천간(天干)	78
중풍손(重風巽)	105, 263	천개어자(天開於子)	42, 297
중화(中和)	18, 178, 217, 293, 294, 347	천공도수(天空度數)	294
		천공역	292, 293, 295, 296
증자	306, 307, 308	천구지십(天九地十)	63, 65, 69
증점(曾點)	281	천도변화(天道變化)	260
지공무사(至公無私)	203	천동지정(天動地靜)	52
지괘(之卦)	208, 295	천라지망(天羅之網)	12, 108, 112
지능(知能)	328	천명지위성(天命之謂性)	92
		천부경(天符經)	28, 67, 145, 146

천산돈(天山遯)　　269
천삼지사(天三地四)　　63, 65, 66
천수(天數)　　59, 62, 73
천수송(天水訟)　　267
천역(天易)　　36
천오지십(天五地十)　64, 69
천오지육(天五地六)　63, 67
천원지방(天圓地方)　52, 68
천인합발 만변정기(天人合發 萬變定基)
　　127, 334, 335
천자문　45, 94
천정(天正)　　42, 287
천지뇌풍수화산택　119, 312
천지비(天地否)　　187
천지위언 만물육언(天地位焉 萬物育焉)
　　294
천지일월사시귀신 241
천지현황 우주홍황(天地玄黃 宇宙洪荒)
　　45
천체윷판　　280
천칠지팔(天七地八)　63, 65, 67
천택리(天澤履)　　200, 267
천풍구(天風姤)　185
천하귀인(天下歸仁) 18, 193, 194, 204,
　　217, 236, 268, 347,
　　350
청탁·동정·남녀·생성·본말 71
체괘(體卦)　　208
체불용(體不用)　156, 172, 257
초상지풍(草上之風)　　103
초점·관점·시점(焦點·觀點·視點)
　　241
최고(最古)　　26
최고봉(最高峰)　　26
최치원　　103, 201

춘복기성(春服旣成)　　281
춘추 242년　304
춘추인필　301, 303, 304
춘추절필　304
충서(忠恕)　　98, 308
측은(惻隱)　93, 98, 319
치(徵)　　95
치수(治水)　198
치역명시(治歷明時) 43, 284
치역호곤(致役乎坤) 230, 232
치윤(置閏)　287
친민(親民)　299, 313, 315, 321
친이신(親而新)　299
칠간산　124, 125, 209, 222
칠일래복(七日來復) 303
칠칠맞다　133
칠태(七兌)　218

카　쾌주(夬周)　292, 296, 299, 300

타　태(太)　28, 70, 106, 200, 313
태극·음양·삼재·사상·오행·팔
괘　71, 315, 333
태극도　19, 27, 30, 145
태상절　109, 119, 120, 124, 133, 136
태양력　277
태양역수 288, 291, 292
태양인　117
태음역수 288
태음인　117
태음태양력　27, 69
태주(泰周)　292, 296, 299, 300
택수곤　56, 269
택화혁　41, 43, 118, 133, 260, 267
토극수　87, 88, 138, 140, 142, 173,

찾아보기　381

	174, 175, 184, 198, 224, 229, 235, 249, 290
토생금	78, 85, 86, 87, 88, 94, 97, 139, 142, 171, 175, 192, 193, 221, 222, 229, 236, 249, 263, 349
토왕 72甲	280
통수(通水)	202

파

파자해(破字解)	121
팔가(八家)	204
팔간(八艮)	218
팔곤지	124, 125, 209, 221, 222, 223, 310
팔괘상착(八卦相錯)	135, 342
팔세삼윤법(八歲三閏法)	316
팔정	197, 199, 200
팔조목	19, 146, 306, 310, 315, 318, 328
팔팔(八八)	59
편당(偏黨)	198
폐물(閉物)	300
포박자(抱朴子)	201
풍(風)	34, 103, 132, 239
풍·체·예(豊·體·禮)	56
풍괘(豊卦)	285
풍뢰익(風雷益)	139, 267
풍류	103, 104, 112, 132, 133, 201, 281
풍산	201
풍종호(風從虎)	239, 269
풍택중부(風澤中孚)	267, 269
풍화가인(風火家人)	231
피혁위(皮革韋)	133
피흉취길	214

하

하경34괘	41
하나라	37, 39, 40, 42, 202, 210, 282, 286, 287, 341, 344
하도	12, 13, 14, 15, 17, 19, 40, 42, 44, 45, 46, 48, 49, 50, 52, 53, 54, 55, 56, 57, 58, 59, 60, 62, 63, 69, 70, 71, 72, 73, 76, 77, 78, 81, 82, 84, 102, 104, 109, 110, 111, 121, 144, 146, 152, 153, 154, 155, 156, 157, 166, 170, 171, 173, 176, 184, 185, 189, 191, 192, 193, 199, 200, 201, 202, 216, 218, 230, 232, 235, 236, 241, 242, 250, 257, 259, 263, 307, 308, 314, 318, 331, 333, 334, 335, 338, 347, 350
하락총백	48, 49, 144, 145, 156, 157, 241, 242, 350
하수	44, 45, 58, 72, 89
하은주	286, 287
하출도 성인칙지	338
하출도·낙출서	230
학역지관(學易之關)	310
한(韓)	133
한열(寒熱)	82
한족(漢族)	203
함림(咸臨)	45
합덕문(合德文)	241, 242, 350, 353
항(恒)	270
해함하담(海鹹河淡)	94
행귀신(行鬼神)	64, 65
행신문(行神文)	58, 59, 166, 200
향명이치(嚮明而治)	231
혁언삼취	118, 287

현묘지도(玄妙之道)	103	·黃矢·黃金)	232
현무(玄武)	88, 90, 98, 153	황우지혁(黃牛之革)	280
형이상	22, 24, 45, 46, 48, 52, 54, 71, 73, 108, 119, 153, 155	황제음부경(黃帝陰符經)	60, 275
		황제중경(黃帝中經)	202
형이하	22, 24, 45, 48, 52, 54, 71, 73, 108, 119, 153, 155	회(會)	207, 208, 209, 277
		회귀유극	203
호(互)괘	283	획상(畫象)	119
호(虎)	239	획역(畫易)	25, 37
호생지덕(好生之德)	220	효(孝)	112
혹약재연(或躍在淵)	304	효(效)	112
혼(昏)	38, 123	효(爻)	112
혼백(魂魄)	97	효천법지(效天法地)	112, 316, 328
홀짝	63	효칙(效則)	15, 58, 107
홍범구주(洪範九疇)	16, 178, 193, 196, 202, 204, 236, 350	후(候)	67, 275
		후·설·아·치·순(喉·舌·牙·齒·脣)	94
홍역학(洪易學)	215, 333, 359, 361, 362	후천수	154, 156, 241
화극금	41, 86, 87, 88, 184, 198, 223, 236, 249, 290, 349	후천팔괘	12, 16, 17, 19, 34, 35, 36, 38, 39, 41, 55, 56, 59, 72, 73, 75, 90, 105, 123, 124, 131, 155, 176, 180, 188, 194, 195, 213, 214, 215, 216, 217, 218, 224, 226, 228, 229, 230, 235, 241, 245, 246, 250, 253, 255, 259, 262, 264, 267, 268, 269, 276, 301, 333, 344, 345, 347, 349
화산려(火山旅)	267		
화생토(火生土)	85, 86, 142, 171, 194, 222, 224, 235, 236		
화천대유(火天大有)	56, 236, 269		
화취조(火就燥)	56, 239, 269		
화택규(火澤睽)	260		
환(渙)	281, 282		
환단·진단(桓檀·震檀)	201	후한서(後漢書)	286
환인·환웅·단군(桓因·桓雄·檀君) 33, 203, 230		흉례(凶禮. 상례)	62
		흑·적·청·백·황(黑·赤·靑·白·黃)	91
황건유극(皇建有極)	203, 236		
황극경세	19, 206, 208, 301	희노애락	294, 319
황극불어수(皇極不語數)	283	희문주공(羲文周孔)	12, 35, 353
황도(黃道)	275	힘(力)	24
황마(黃馬)	54		
황상·황우·황시·황금(黃裳·黃牛			